D1573582

Schriften zum Medien- und Informationsrecht

herausgegeben von
Prof. Dr. Boris P. Paal, M.Jur.

Band 14

Bardia Kian, LL.M. (LSE)

Cloud Computing

Herausforderung für das Rechtssystem

Nomos

Die Deutsche Nationalbibliothek verzeichnet diese Publikation in
der Deutschen Nationalbibliografie; detaillierte bibliografische
Daten sind im Internet über http://dnb.d-nb.de abrufbar.

Zugl.: Regensburg, Univ., Diss., 2015

ISBN 978-3-8487-2474-1 (Print)
ISBN 978-3-8452-6554-4 (ePDF)

1. Auflage 2016
© Nomos Verlagsgesellschaft, Baden-Baden 2016. Printed in Germany. Alle Rechte, auch
die des Nachdrucks von Auszügen, der fotomechanischen Wiedergabe und der Übersetzung, vorbehalten. Gedruckt auf alterungsbeständigem Papier.

Meinen Eltern

Vorwort

Diese Arbeit wurde von der Fakultät für Rechtswissenschaft der Universität Regensburg im Sommersemester 2015 als Dissertation angenommen. Literatur und Rechtsprechung wurden bis zum Februar 2015 berücksichtigt.

Mein ganz besonderer Dank gebührt meinem Doktorvater Herrn *Prof. Dr. Jörg Fritzsche*, der in der Phase meiner Forschungstätigkeit jederzeit mit wertvollem Rat zur Verfügung stand. Ich blicke mit Freude auf die langjährige Anstellung an seinem Lehrstuhl zurück – eine Zeit, die für mich in menschlicher wie in fachlicher Hinsicht einen besonderen Stellenwert eingenommen hat.

Herzlich danken möchte ich auch Herrn *Prof. Dr. Jürgen Kühling* für die besonders zügige Erstellung des Zweitgutachtens.

Bedanken möchte ich mich auch bei den weiteren Personen, die mit hervorragenden und inspirierenden Vorlesungen und Seminaren die vielschichtige Materie der Informationsgesellschaft vermitteln, namentlich Herrn *Prof. Dr. Robert Uerpmann-Wittzack* und Herrn *Prof. Dr. Gerrit Manssen*.

Herrn *Dr. Alexander Tettenborn* und Herrn *Prof. Dr. Georg Borges* danke ich herzlich für die Möglichkeit der Mitarbeit im Kompetenzzentrum Trusted Cloud.

Herrn *Prof. Dr. Boris P. Paal* möchte ich für die Aufnahme in die Reihe „Schriften zum Medien- und Informationsrecht" danken.

Mein Dank gebührt ferner Herrn *Prof. Dr. Haimo Schack* und der *Studienstiftung ius vivum* für die großzügige Unterstützung der Veröffentlichtung dieser Arbeit.

Ebenso möchte ich Herrn *Dr. Philip Radlanski* danken, mit dem ich während unseres Forschungsaufenthalts in London datenschutzrechtliche Fragestellungen im Zeitalter moderner Informationstechnologien untersuchen konnte.

Frau *Sina Schuckert* danke ich herzlich für ihre unermüdliche Unterstützung und die ausführliche Durchsicht des Manuskripts trotz hoher Arbeitsbelastung.

Hongkong, im Sommer 2015   *Bardia Kian*

Inhaltsverzeichnis

A. Einführung 15
I. Was ist Cloud Computing? 16
   1. Definitionsansätze 16
   2. Abgrenzung von anderen netzgebundenen Technologien 19
      a) Ebenenstruktur 20
         aa) IaaS 21
         bb) PaaS 22
         cc) SaaS 22
      b) Zielgruppen 23
      c) Technik 24
      d) Cloud ist nicht gleich Cloud 25
   3. Vorteile und Nachteile 26
II. Entwicklung und Ausblick 28
III. Gang der Darstellung 30

B. Bürgerliches Recht 32
I. Der Cloud-Vertrag 33
   1. Vertragsart 33
      a) Cloud-unmittelbare Leistungen (Cloud-Dienste) 35
         aa) Überlassung von Speicherkapazität (IaaS) 35
         bb) Überlassung von Rechenleistung (IaaS) 38
         cc) Bereitstellung einer Laufzeitumgebung (PaaS) 39
         dd) Überlassung von Cloud-Software (SaaS) 40
      b) Erbringung weiterer Leistungen 42
      c) Ergebnis 45
   2. Vertragsgestaltung 45
      a) Vergütung 46
      b) Gewährleistung 47
         aa) Verfügbarkeitsvereinbarungen 48
         bb) Haftungsbeschränkungen und Haftungsausschlüsse 52
         cc) Reaktionszeitvereinbarungen 54
         dd) Festlegung von Sanktionen 54
      c) Pflegevereinbarungen 55
      d) Beendigung 56
      e) Rückabwicklung 57

Inhaltsverzeichnis

		f)	Datenschutz	58
		g)	Nutzungsrechte	59
		h)	Weitere Vereinbarungen	59
		i)	Ergebnis	60
	II.	Anwendbares Recht		62

- II. Anwendbares Recht — 62
    1. Anwendbares Vertragsrecht — 62
        - a) Rechtswahlvereinbarung — 63
        - b) Anknüpfung bei fehlender Rechtswahlvereinbarung — 63
        - c) Sonderfall Verbraucherverträge — 65
        - d) Ergebnis — 67
    2. Anwendbares Deliktsrecht — 68
        - a) Cloud-spezifische Delikte — 68
            - aa) Beschädigung von Cloud-Daten — 68
            - bb) Persönlichkeitsverletzungen durch Cloud-Daten — 70
        - b) Anwendbares Recht bei Beschädigung von Cloud-Daten — 71
            - aa) Rechtswahlvereinbarung — 71
            - bb) Anknüpfung bei fehlender Vereinbarung — 72
                - (1) Daten verbleiben lediglich in einem Staat — 73
                - (2) Daten können in verschiedene Staaten gelangen — 73
            - cc) Ergebnis — 80
        - c) Anwendbares Recht bei Persönlichkeitsverletzungen durch Cloud-Daten — 80
            - aa) Rechtswahlvereinbarung — 81
            - bb) Anknüpfung bei fehlender Vereinbarung — 81
                - (1) Handlungsort — 82
                - (2) Erfolgsort — 82
                - (3) »wesentlich engere Verbindung« bei grenzüberschreitender Cloud-Architektur — 85
            - cc) Ergebnis — 85
        - d) Sonderfall geistiges Eigentum — 86
- III. Gerichtsstands- und Schiedsvereinbarungen — 87
- IV. Fazit zum Bürgerlichen Recht — 88

C. Urheberrecht — 90

- I. Urheberrechtliche Verhältnisse beim Cloud Computing — 92
- II. Zustimmungsbedürftige Handlungen nach dem UrhG — 92
    1. Nutzung von Cloud-Software — 93
        - a) Dreiseitiges Verhältnis — 94
            - aa) Durch Cloud-Anbieter eingebrachte Cloud-Software Dritter — 94

		(1) Handlungen des Cloud-Anbieters	94
		(2) Handlungen des Cloud-Nutzers	113
		bb) Durch Cloud-Nutzer hochgeladene Cloud-Software Dritter	120
		(1) Handlungen des Cloud-Nutzers	121
		(2) Handlungen des Cloud-Anbieters	122
	b)	Zweiseitiges Verhältnis	122
		aa) Cloud-Anbieter als Rechtsinhaber von Cloud-Software	122
		bb) Cloud-Nutzer als Rechtsinhaber von Cloud-Software	123
	2.	Nutzung sonstiger Werke im Rahmen von Cloud-Diensten	123
		a) Vervielfältigungshandlungen des Cloud-Nutzers auf seinem Endgerät	124
		b) Vervielfältigungshandlungen des Cloud-Nutzers auf den Cloud-Servern	127
		aa) Zulässigkeit von Privatkopien	127
		bb) Aushöhlung der Vergütungspflicht durch Cloud-Technologie?	128
		c) Öffentliche Zugänglichmachung des Cloud-Nutzers auf den Cloud-Servern	130
	3.	Ergebnis	130
III.	Anwendbares Recht		131
	1.	Anwendbares Recht bei Vervielfältigung	133
		a) Problem	134
		b) Lösungsvorschlag	134
	2.	Anwendbares Recht bei öffentlicher Zugänglichmachung	136
		a) Ort der Einstellung ins Internet	136
		b) Ort der Einstellung und alle Länder, in denen eine Abrufmöglichkeit besteht	137
		c) Ort der Einstellung und alle Orte der bestimmungsgemäßen Abrufbarkeit	138
		d) Übertragung auf das Cloud Computing	139
	3.	Ergebnis	140
IV.	Fazit zum Urheberrecht		141

D.	Datenschutzrecht		143
I.	Datenschutzrechtliche Verhältnisse beim Cloud Computing		144
	1.	Zweiseitiges Verhältnis	144
	2.	Mehrseitiges Verhältnis	144

Inhaltsverzeichnis

II.	TMG und TKG		145
	1. §§ 91 ff. TKG		145
	2. §§ 11 ff. TMG		146
III.	BDSG		148
	1. Anwendbarkeit des BDSG		148
	a) Sachliche Anwendbarkeit		148
	aa) Personenbezogene Daten		149
	(1) Beispiele		150
	(2) Anonymisierung von Daten im Rahmen des Cloud Computings		151
	bb) Datenschutzrechtlich relevante Handlungen		155
	(1) Erhebung		155
	(2) Verarbeitung		158
	(3) Nutzung		166
	cc) Einsatz von Datenverarbeitungsanlagen (§ 1 Abs. 1 Nr. 3 BDSG)		167
	dd) Ausnahme für persönliche oder familiäre Tätigkeiten		168
	ee) Ergebnis		169
	b) Räumliche Anwendbarkeit		169
	aa) Verantwortliche Stelle		170
	(1) Stellung des Cloud-Anbieters		171
	(2) Stellung des Cloud-Nutzers		177
	(3) Ergebnis		180
	bb) Standort des Datenumgangs und der verantwortlichen Stelle		181
	(1) Konstellationen		182
	(2) Konkreter Ort des Datenumgangs		186
	(3) Problematik länderübergreifender Cloud-Architekturen		187
	c) Ergebnis		200
	2. Wirksamkeit der Auftragsdatenverarbeitung (§ 11 BDSG)		201
	a) Schriftformerfordernis und Mindestinhalt des Auftrags		201
	aa) Konstitutiver Charakter von Schriftformerfordernis und Mindestinhalt		202
	bb) Einhaltung des Mindestinhalts		203
	b) Sorgfältige Auswahl und Kontrollpflicht des Auftraggebers		205
	aa) Schwierigkeiten bei Auswahl und Kontrolle		206
	bb) Abhilfe durch Prüfberichte bzw. Zertifikate		207
	cc) Sonderfall Subunternehmer		211

	c) Pflicht des Auftragnehmers, nur auf Weisung zu handeln	212
	d) Ergebnis	213
3.	Allgemeine Zulässigkeit des Datenumgangs im Rahmen des Cloud Computings	214
	a) Einwilligung	214
	b) Erlaubnisvorschrift	215
	aa) § 28 Abs. 1 S. 1 BDSG	215
	(1) Nr. 1	216
	(2) Nr. 2	217
	bb) § 32 Abs. 1 S. 1 BDSG	219
	cc) § 28 Abs. 6 bis 9 BDSG	220
	c) Ergebnis	221
4.	Zulässigkeit der Bekanntgabe personenbezogener Daten an den Cloud-Anbieter	222
	a) Bekanntgabe im Inland	222
	b) Grenzüberschreitende Bekanntgabe	223
	aa) Bekanntgabe innerhalb des EU/EWR-Raumes	223
	bb) Bekanntgabe ins Drittausland	224
	(1) Keine Privilegierung der Bekanntgabe ins Drittausland	224
	(2) Kein schutzwürdiges Interesse des Betroffenen am Ausschluss der Übermittlung (§ 4b Abs. 2 S. 2 BDSG)	228
	(3) Übermittlung trotz unangemessenen Datenschutzniveaus	229
	cc) Ergebnis	239
IV.	Fazit zum Datenschutzrecht	240
E.	Zusammenfassung	244
Anhang		251
Literaturverzeichnis		255

A. Einführung

Das Cloud Computing stellt als nächste Stufe der ortsunabhängigen Nutzung von Ressourcen eine spürbare Evolution in der IT-Landschaft dar. Es wird gar als ähnlich folgenreich angesehen, wie die Einführung des Internets.[1] Zumindest aus rechtlicher Sicht sind die Konsequenzen der Cloud-Technologie jedoch derart weitreichend, dass ohne weiteres auch von einer Revolution ausgegangen werden kann. Durch seinen ubiquitären Charakter, die Unabhängigkeit von bestimmten fest installierten Rechnern und einem stetigen Datenfluss zwischen oft unbekannten Orten stellt die »Cloud« unser Rechtssystem vor Herausforderungen, auf die es ursprünglich nicht zugeschnitten worden war. Zwar sind die dem Cloud Computing zugrundeliegenden Prozesse und Möglichkeiten schon länger als gängiger Standard zu betrachten, weshalb es nicht völlig fernliegt, das Cloud Computing als »alten Wein in neuen Schläuchen«[2] zu bezeichnen. Bei der Betrachtung der einzelnen Merkmale des Cloud Computings, lassen sich jedoch feine Unterschiede zu Vorgängertechnologien ausmachen, welche es erfordern, die Thematik als ein eigenes, abgegrenztes Forschungsgebiet zu behandeln. Diese Arbeit widmet sich der Darstellung der durch das Cloud Computing bedingten Schwierigkeiten nebst Lösungsvorschlägen in den Bereichen des Bürgerlichen Rechts, des Urheberrechts und des Datenschutzrechts. Hierbei werden die Beziehungen der am Cloud Computing maßgeblich beteiligten Akteure untereinander, sowie deren Rechte und Pflichten erörtert. Namentlich sind dies die Nutzer von Cloud-Diensten, die Anbieter von Cloud-Diensten sowie gegebenenfalls weitere Personen, die von der Cloud-Nutzung in rechtlich erheblicher Weise betroffen sind.

---

1 Stellungnahme des Europäischen Wirtschafts- und Sozialausschusses zum Thema »Cloud Computing in Europa« (Initiativstellungnahme), ABl. 2012/C 24/08, S. 41.
2 So *Biebl*, WuM 1/2012, S. 22 (22); ähnlich *Martin*, JPTOS Vol. 92, Iss. 2, 2010, S. 283 (285).

A. Einführung

I. Was ist Cloud Computing?

Nicht nur mit Blick auf die inflationäre Nennung in Werbung, Fachpresse und im Bereich der Wirtschaft, stellt das Cloud Computing die wohl aktuell wichtigste Neuerung in der IT-Landschaft dar. Die Cloud-Technologie steckt schon seit geraumer Zeit nicht mehr in den Kinderschuhen; vielmehr haben Cloud-Dienste bereits die Stufe der Massentauglichkeit überschritten. Vielen Nutzern ist oft nicht bewusst, dass zahlreiche von ihnen rege genutzte Online-Dienste dem Cloud Computing zugerechnet werden. Dies liegt mitunter darin begründet, dass konventionelle Architekturen hinter bekannten Kulissen sukzessive durch Cloud-Technologie ersetzt werden und ein Dienst »aus der Cloud« für den Anwender nicht notwendigerweise Unterschiede offenbart.

Der englische Begriff »Cloud« deutet auf eine Wolke hin, also auf eine Architektur, die abseits jeglicher Fixierung schwebt, keine festen Konturen hat und sich jederzeit verändern kann. Dies mag zwar einen Hinweis darauf geben, dass es hierbei unter anderem auch um ein »Internet Computing« bzw. eine »Datenverarbeitung über das Internet« gehen kann.[3] Eine romantisierte Vorstellung von einer wabernden Internet-Wolke wird jedoch, ohne weitere Konkretisierung, der hohen Komplexität des Cloud Computings in keiner Weise gerecht. Die zahlreichen, einer Datenverarbeitung per Cloud Computing zugrundeliegenden Prozesse, Eigenschaften und Risiken würden bei einer Reduzierung auf eine bloße »Wolke« in den Hintergrund gedrängt. Deshalb ist es zunächst geboten zu klären, was wirklich hinter dem Begriff des Cloud Computings zu verstehen ist.

1. Definitionsansätze

Eine einheitliche und griffige Definition des Cloud Computings ist aufgrund dessen Komplexität kaum möglich. Vom Grundgedanken her stellt das Cloud Computing eine Informationstechnologie dar, welche die lokale Nutzung und Speicherung von Daten und Diensten inklusive Plattformen in ein Netzwerk von Rechnern verlagert.[4] Hierbei stellt der Cloud-

---

3 *Biebl*, WuM 1/2012, S. 22.
4 *Spies*, MMR 2009, S. XI; *Stögmüller*, in: Leupold/Glossner, Teil 4. Rn. 1 ff.; *Schulz*, in: Taeger/Wiebe, S. 403; *Gervais/Hyndman*, JTHTL Vol. 10 2012, S. 53 (56).

Anbieter (Cloud Service Provider oder CSP) Kapazitäten wie Hard- oder Software über ein Netzwerk wie dem Internet zur Verfügung, sodass der Cloud-Nutzer die Möglichkeit erhält, diese rein bedarfsbedingt zu nutzen.[5] Der Zugriff kann hierbei theoretisch mit jedem netzwerkfähigen Gerät, wie etwa einem Laptop oder einem Smartphone, erfolgen.[6]

Das Bundesamt für Sicherheit in der Informationstechnik (BSI) hat unter Bündelung verschiedenster Aspekte des Cloud Computings eine Definition festgelegt:

> »Cloud Computing bezeichnet das dynamisch an den Bedarf angepasste Anbieten, Nutzen und Abrechnen von IT-Dienstleistungen über ein Netz. Angebot und Nutzung dieser Dienstleistungen erfolgen dabei ausschließlich über definierte technische Schnittstellen und Protokolle. Die Spannbreite der im Rahmen von Cloud Computing angebotenen Dienstleistungen umfasst das komplette Spektrum der Informationstechnik und beinhaltet unter anderem Infrastruktur (z. B. Rechenleistung, Speicherplatz), Plattformen und Software.«[7]

Eine besonders gängige und ausführliche Definition wurde derweil durch das U.S. National Institute of Standards and Technology (NIST) formuliert.[8] Diese kann zur weiteren Konkretisierung herangezogen werden:

> »Als Cloud Computing ist ein Modell anzusehen, welches einen allgegenwärtigen und komfortablen Netzwerkzugang zu einem gemeinsamen Pool konfigurierbarer Rechenressourcen (z.B. Netzwerke, Server, Speicherplatz, Applikationen und Dienste) auf Abruf ermöglicht, die mit einem minimalen Verwaltungsaufwand bzw. minimaler Einwirkung des Anbieters rasch zur Verfügung gestellt und ausgelöst werden können.«

In diesem Kontext spricht das NIST dem Cloud Computing fünf wesentliche Eigenschaften zu:

> »Selbstbedienung auf Abruf ohne weitere menschliche Interaktion mit dem Cloud-Anbieter.«

Der Nutzer kann sich also, wie an einer Selbstbedienungstheke, bei den Cloud-Diensten jederzeit in jedem Umfang bedienen, ohne auf eine Kontaktaufnahme mit dem Cloud-Anbieter angewiesen zu sein. Wer etwa den

---

5 *Stögmüller*, in: Leupold/Glossner, Teil 4. Rn. 1 ff.; *Söbbing*, in: Leible/Sosnitza, S. 35 (50) zieht insoweit einen Vergleich zum Abruf von »Strom aus der Steckdose«.
6 *Pötters*, NZA 2013, S. 1055.
7 https://www.bsi.bund.de/DE/Themen/CloudComputing/Grundlagen/Grundlagen_node.html.
8 *Mell/Grance*, S. 2; herangezogen etwa vom BSI, https://www.bsi.bund.de/DE/Themen/CloudComputing/Grundlagen/Grundlagen_node.html.

Dienst Google Docs[9] nutzen möchte, nimmt selbst Interaktionen mit diesem Programm vor, indem er sich einloggt, Dokumente erstellt, diese abspeichert oder verschickt.

> »Verfügbarkeit über das Netz, ohne Bindung an bestimmte Endgeräte und Plattformen.«

Ein wesentliches Charakteristikum des Cloud Computings ist die untrennbare Verknüpfung mit einem Netzwerk, ob Intranet oder Internet. Hierfür sind nicht notwendigerweise besondere Clients erforderlich, denn eine weitestgehend plattform- und endgerätübergreifende Kompatibilität ist regelmäßig vorhanden. Dies kann etwa am Cloud-Dienst Dropbox[10] veranschaulicht werden, welcher per Computer-Browser, aber auch per Smartphone-Applikation auf Android- und iOS-Geräten genutzt werden kann.

> »Zugriff einer Vielzahl von Anwendern auf einen nach Kundenwunsch zugeteilten Pool von physischen und virtuellen Ressourcen (Multi-Tenancy-Modell). Der Anwender hat hierbei in der Regel keine Kontrolle über oder Kenntnis von der genauen Position der angebotenen Ressourcen. Allerdings können Standorte eventuell grob eingegrenzt werden (z.B. auf Staaten, Bundesländer oder Datenzentren). Als Ressourcen kommen beispielsweise Speicherplatz, Rechenkapazität, Arbeitsspeicher und Netzwerkbandbreite in Betracht.«

Die Unkenntnis vom jeweiligen Datenstandort ist, wie noch zu sehen sein wird, eine der primären Ursachen der rechtlichen Schwierigkeiten beim Umgang mit dem Cloud Computing. Dem kann durch die Eingrenzung möglicher Serverstandorte nur bedingt abgeholfen werden.

> »Schnelle, elastische und bedarfsorientierte Zurverfügungstellung der Dienste, teilweise auch automatisiert. Dem Anwender erscheint das Leistungsvermögen der Cloud-Dienste oft unbegrenzt, die Leistungen sind jederzeit und in jedem Umfang nutzbar.«

Dem Cloud Computing ist eine bedarfsorientierte Skalierbarkeit nach oben und unten immanent.[11] Im Vergleich zur lokalen Gerätenutzung, bei welcher der Nutzer mit begrenztem Speicherplatz und endlicher Rechenkapazität konfrontiert wird, verfügt das Cloud Computing über theoretisch unbegrenzte Ressourcen[12]. Diese jederzeitige Skalierbarkeit hat auch zur

---

9   http://www.docs.google.com/.
10 http://www.dropbox.com/.
11 *Biebl*, WuM 1/2012, S. 22 (24); *Hoyle*, Mondaq, 26.10.2010.
12 *Fedderrath*, ZUM 2014, S. 1 (2).

Folge, dass im Vorfeld der Cloud-Nutzung nicht klar ist, auf welche konkreten Ressourcen der Cloud-Architektur zurückgegriffen wird.[13]

>>Cloud Systeme kontrollieren und optimieren Ressourcen durch den Einsatz von Service-abhängigen Messprozessen (typischerweise mit einer Abrechnung nach Nutzung, ›pay-per-use‹). Die Nutzung von Ressourcen kann überwacht, kontrolliert und gemeldet werden, um eine Transparenz für den Anbieter und den Anwender zu ermöglichen.<<

Das Charakteristikum der Skalierbarkeit und Elastizität wird konsequenterweise auf die Ebene der Vergütung übertragen. Möchte der Kunde also mehr Leistungen in Anspruch nehmen, muss er dafür gegebenenfalls mehr zahlen. Nutzt er die Cloud Services in geringerem Umfang, wird sich eine etwaige Zahlungspflicht eventuell verringern. Welche Zeiträume tatsächlich zur Berechnung der vergütungspflichtigen Nutzung herangezogen werden, ist Teil der Vereinbarung zwischen den Parteien.

2. Abgrenzung von anderen netzgebundenen Technologien

Das Cloud Computing grenzt sich maßgeblich dadurch von zahlreichen anderen netzgebundenen Technologien ab, dass die wesentlichen Rechen- und Speicherprozesse nicht mehr auf dem Endgerät des Nutzers, sondern auf den Cloud-Servern vorgenommen werden. Das Endgerät hat hierbei nur die dienende Funktion, den Zugriff auf Cloud-Dienste und deren Wahrnehmbarmachung zu ermöglichen. Von servergestützten Diensten wie dem Hosting[14] oder dem Application-Service-Providing (ASP)[15] ist das Cloud Computing hingegen dadurch abzugrenzen, dass es ein breit gefächertes Spektrum von Diensten auf mehreren Ebenen, und zu jeder Zeit im Umfang variable Leistungen, ohne das Erfordernis eines Rückgriffs auf

---

13 *Funke/Wittmann*, ZD 2013, S. 221 (222).
14 Beim Hosting stellt der Diensteanbieter dem Kunden Speicherplatz (sog. »Webspace«) zur Verfügung, auf welchen dieser über das Internet zugreifen kann; vertiefend *Ballhausen/Roggenkamp*, in: Kilian/Heussen, 1. Abschnitt Teil 2 Providerverträge Rn. 20 ff. sowie *Bertermann*, in: Heise Online-Recht, A. Kapitel II Rn. 89 ff.
15 Bei ASP-Diensten wird Software auf einem Server bereitgestellt, auf welche über das Internet zugegriffen werden kann, wobei auch die wesentliche, zur Nutzung nötige Rechenleistung von diesen Servern bewerkstelligt wird; vertiefend *Ballhausen/Roggenkamp*, in: Kilian/Heussen, 1. Abschnitt Teil 2 Providerverträge Rn. 46 ff. sowie *Bertermann*, in: Heise Online-Recht, A. Kapitel II Rn. 133 ff.

A. Einführung

vorher festgelegte Rechner, ermöglicht. Zudem kann eine Vielzahl von Kunden gleichzeitig und ohne Überschneidungen auf einen einzigen Dienst zugreifen.[16]

Im Rahmen dieser Abgrenzung sollen im Folgenden die den Cloud-Diensten zugrundeliegende Ebenenstruktur, potenzielle Nutzergruppen sowie die technischen Gesichtspunkte von Cloud-Architekturen dargestellt werden. Die Aufschlüsselung dieser Aspekte ist gerade für die rechtliche Würdigung des Cloud Computings zwingend erforderlich.

a) Ebenenstruktur

Das Cloud Computing kann nicht als ein einheitliches umfassendes Angebot verstanden werden. Dem privaten Nutzer mögen beim Begriff »Cloud« etwa regelmäßig Speicher-Dienste wie der populäre Dienst Dropbox[17] oder der Musik-Dienst SoundCloud[18] in den Sinn kommen. Diese sind jedoch nur eine von vielen Ausprägungen des Cloud Computings und stellen nur einen Teilaspekt der Thematik dar. Im Laufe der Entwicklung des Cloud Computings hat sich eine gängige Unterteilung in drei aufeinander aufbauende Cloud-Ebenen etabliert. Namentlich sind dies Infrastructure as a Service (IaaS), Platform as a Service (PaaS) und Software as a Service (SaaS).[19] Auch das BSI[20] und das NIST[21] ziehen diese Ebenen zur näheren Umschreibung des Cloud Computings heran. Eine Einteilung in verschiedene Ebenen ist durchaus vorteilhaft. Viele bereits bestehende Dienste, aber auch neue Innovationen können so erfasst, klassifiziert und unterschieden werden. Auch die rechtliche Betrachtung wird durch eine Anknüpfung an einzelne Cloud-Ebenen greifbarer und übersichtlicher.[22]

---

16 *Stögmüller*, in: Leupold/Glossner, Teil 4. Rn. 6 f.; *Weiss*, in: Niemann/Paul, S. 18 (19 f.).
17 http://www.dropbox.com/.
18 https://soundcloud.com/.
19 *Stögmüller*, in: Leupold/Glossner, Teil 4. Rn. 2 ff.; *Buxmann/Lehmann/Draisbach/Koll/Diefenbach/Ackermann*, in: Leible/Sosnitza, S. 21 (22).
20 https://www.bsi.bund.de/DE/Themen/CloudComputing/Grundlagen/Grundlagen_node.html.
21 *Mell/Grance*, S. 2 f.
22 Zur Ebenenstruktur vgl. auch Anhang Abb. 1.

aa) IaaS

Die grundlegende Schicht einer Cloud stellt die IaaS-Ebene dar.[23] Beim IaaS steht eine Infrastruktur im Vordergrund – also die Erbringung von Leistungen wie Speicherplatz, Rechenleistung und Netzwerke. Der Cloud-Nutzer kann hierbei eigenhändig Dateien oder Software hochladen und online ausführen.[24] Als populäre Beispiele sind die im Rahmen der Amazon Web Services[25] angebotenen Produkte EC2[26] und S3[27] zu nennen, wobei ersteres die Bereitstellung von Rechenleistung und letzteres die Bereitstellung von Onlinespeicher beinhaltet. Zu Speicher-Clouds zählen zudem Dienste wie Google Drive[28] und Dropbox[29]. Auch sogenannte »Music-Clouds« zählen zu den IaaS-Diensten. Statt der lokalen Speicherung von Musik auf einem Endgerät und dem Anhören über einen Musikplayer, ermöglichen solche Dienste das Abrufen von Musik-Dateien (Streaming) aus und gegebenenfalls das Hochladen von Musik-Dateien in Cloud-Umgebungen.[30] Anbieter von Music-Clouds wie etwa SoundCloud[31] stellen einen Speicherort für Musikdateien bereit, welche anschließend im Browser oder per Smartphone-Applikation angehört, und durch Weitergabe von Links geteilt werden können. Bei anderen Diensten wie Spotify[32] geht es hingegen darum, dem Nutzer Zugang zu einem bereits bestehenden Pool von Musik zu verschaffen. Die Musik wird dann auf ein Endgerät gestreamt. Der Anwender möchte zwar strenggenommen keinen Speicherplatz, sondern die Verfügbarkeit von abrufbarer Musik erlangen. Aus technischer Sicht kann jedoch auch diese Form zur IaaS-Ebene gezählt werden, mit dem Unterschied, dass die im Cloud-Speicher vorhandenen Daten bereits vom Cloud-Anbieter eingebracht worden sind.

---

23 *Matzer*, VDI Nachrichten, 11/2011, S. 11.
24 *Buxmann/Lehmann/Draisbach/Koll/Diefenbach/Ackermann*, in: Leible/Sosnitza, S. 21 (22).
25 http://aws.amazon.com/de/.
26 http://aws.amazon.com/de/ec2/.
27 http://aws.amazon.com/de/s3/.
28 https://drive.google.com/.
29 https://www.dropbox.com/.
30 *Hansen*, c't 23/2011, S. 98 (99 f.).
31 https://soundcloud.com/.
32 https://www.spotify.com/.

bb) PaaS

Die PaaS-Ebene, welche als mittlere Schicht zwischen der SaaS- und IaaS-Ebene angesiedelt ist, befindet sich verglichen mit den anderen Services noch in einer frühen Entwicklungsphase.[33] Hierbei geht es um Dienste, bei welchen – aufbauend auf der Schicht des IaaS – dem Kunden eine Softwareumgebung bereitgestellt wird, auf der Software entwickelt[34] (Entwicklungsumgebung) und ausgeführt werden kann (Laufzeitumgebung).[35] Entwickler sind dadurch nicht mehr auf die Inanspruchnahme eigener Rechenleistung und Software-Umgebungen angewiesen und können ihre Software für den späteren Einsatz testen und optimieren. Die zugrundeliegende IaaS-Ebene muss vom Nutzer nicht eingerichtet werden und bleibt für diesen versteckt.[36] Durch die Integration in die Cloud-Umgebung ist auch die PaaS-Ebene nach Kundenwunsch skalierbar und flexibel und erfordert somit nicht die Anbindung an ein bestimmtes Endgerät. Beispiele für etablierte PaaS-Angebote sind etwa Microsoft Windows Azure[37], die Google App Engine[38] und Amazon Elastic Beanstalk[39].

cc) SaaS

Die dritte und höchste Schicht des Cloud Computing stellt die SaaS-Ebene dar. Der Cloud-Nutzer erhält in diesem Rahmen Zugang zu webbasierter Software[40], welche auf die Server-Architektur der Cloud ausgelagert ist[41] und beispielsweise über einen Browser genutzt werden kann.[42] Der Kunde kann die Software dabei entweder selbst auslagern oder vom Cloud-

---

33 *Quack*, Computerwoche, 02.02.2012; *Schaffry*, Computerwoche, 04.12.2012.
34 *Stögmüller*, in: Leupold/Glossner, Teil 4. Rn. 3.
35 *Raines/Pizette*, S. 1 f.; *Brennscheidt*, S. 33 f.
36 http://www.microsoft.com/de-de/cloud/glossar/platform_as_a_service.aspx.
37 http://www.microsoft.com/windowsazure/.
38 https://developers.google.com/appengine/.
39 http://aws.amazon.com/de/elasticbeanstalk/.
40 *Buxmann/Lehmann/Draisbach/Koll/Diefenbach/Ackermann*, in: Leible/Sosnitza, S. 21 (23).
41 *Spies*, MMR 2009, S. XI.
42 *Stögmüller*, in: Leupold/Glossner, Teil 4. Rn. 3.

Anbieter bereitgestellte Software nutzen.[43] Populäre SaaS-Dienste sind etwa Google Apps[44], Google Docs[45] und Microsoft Office 365[46]. Auch sogenannte »Gaming-Clouds« wie Gaikai[47] und OnLive[48] sind der SaaS-Ebene zuzuordnen. Im Gegensatz zur lokalen Installation von Spielen auf einem Endgerät, lässt der Cloud-Anbieter die Spielesoftware hier auf den Cloud-Servern laufen, die dann vom Nutzer abgerufen und gespielt werden kann.[49]

b) Zielgruppen

Weiterhin kann unterschieden werden, an welche Nutzer sich ein Cloud Angebot richtet. Generell wird hierbei zwischen Private Clouds und Public Clouds als Oberkategorien unterschieden.[50]

Private Clouds richten sich an einen geschlossenen Nutzerkreis zur exklusiven Nutzung. Externen Dritten ist ein Zugriff verwehrt und die Daten verlassen die Cloud-Umgebung nicht.[51] Unternehmen können dadurch ihre IT standortübergreifend in virtualisierter Form verfügbar halten.[52] Die Architektur einer Private Cloud unterfällt dem Verantwortungsbereich einer einzigen Stelle, zu welcher sowohl der Cloud-Nutzer als auch der Cloud-Anbieter gehören.[53] Eine eingeschränktere Form von Private-Clouds stellen reine In-House Clouds dar, deren Server nur innerhalb eines Unternehmensstandortes betrieben werden.[54] Im Gegensatz dazu ste-

---

43 *Stögmüller*, in: Leupold/Glossner, Teil 4. Rn. 3.
44 http://www.google.com/enterprise/apps/business/.
45 http://www.docs.google.com/; vgl. auch https://www.youtube.com/watch?v=6_hJ3R8jEZM.
46 http://office.microsoft.com/de-de/business/.
47 http://www.gaikai.com/.
48 https://games.onlive.com/.
49 Vertiefend *Austinat/Fechteler/Gieselmann*, c't 21/2010, S. 76 ff.
50 *Mell/Grance*, S. 3.
51 *Stögmüller*, in: Leupold/Glossner, Teil 4. Rn. 9; *Martin*, JPTOS Vol. 92, Iss. 2, 2010, S. 283 (287); *Mell/Grance*, S. 3.
52 *Pohle/Ammann*, CR 2009, S. 273 (274); *Stögmüller*, in: Leupold/Glossner, Teil 4. Rn. 9.
53 *Weichert*, DuD 2010, S. 679; *Schröder/Haag*, ZD 2011, S. 147 (148); *Federrath*, ZUM 2014, S. 1 (3).
54 *Weichert*, DuD 2010, S. 679 (680); *Mell/Grance*, S. 3.

hen Dienste einer Public Cloud einer Vielzahl von Nutzern aus der breiten Öffentlichkeit zur Verfügung.[55]

Einen Unterfall der Private Cloud stellt die Community Cloud dar, bei der sich etwa Unternehmen aus der gleichen Branche zusammenschließen und eine gemeinsame exklusive Cloud-Umgebung betreiben.[56] Hybrid Clouds sind demgegenüber eine Kombination von Public Clouds und Private Clouds, welche miteinander interagieren können.[57]

c) Technik

Zu betrachten sind auch die technischen Aspekte des Cloud Computings. Cloud-Architekturen sind komplexe Gebilde, die nicht auf einer eigenständigen Technologie, sondern auf einer Bündelung verschiedenster Technologien basieren.[58] In deren Mittelpunkt steht die Virtualisierungstechnik, welche es erlaubt, Hardware und Software voneinander zu trennen und in mehrere virtuell eigenständige Ressourcen zu verteilen.[59] Die Virtualisierung entspricht ganz dem Gedanken der Elastizität und Skalierbarkeit. Konventionelle Rechen- und Speicherprozesse sind auf die Verfügbarkeit eigener dedizierter Server mit jeweils eigenem Prozessor, Speicher und Betriebssystem angewiesen, also auf Ressourcen, die nicht selten begrenzt sind. Durch die Virtualisierung und den Rückgriff auf ein leistungsfähiges Netzwerk von Rechnern[60] wird ein einheitlicher Zustand von physisch vollständigen Rechnern vorgegaukelt.[61] Ein virtualisierter Server kann beispielsweise seine Rechenleistung von einem Standort, die Speicherleistung hingegen von anderen Orten beziehen. Hierbei kann es durchaus dazu kommen, dass Daten auf mehrere Serverstandorte aufgeteilt

---

55 *Biebl*, WuM 1/2012, S. 22 (26); *Stögmüller*, in: Leupold/Glossner, Teil 4. Rn. 9; *Mell/Grance*, S. 3.
56 *Mell/Grance*, S. 3; http://www.itwissen.info/definition/lexikon/Community-Cloud-community-cloud.html.
57 *Stögmüller*, in: Leupold/Glossner, Teil 4. Rn. 9; *Mell/Grance*, S. 3.
58 *Biebl*, WuM 1/2012, S. 22 (23).
59 *Birk/Wegener*, DuD 2010, S. 641 (642); *Pohle/Ammann*, CR 2009, S. 273 (274); *Nägele*, ZUM 2010, S. 281.
60 Also einer sogenannten Grid, vgl. *Söbbing*, in: Leible/Sosnitza, S. 35 (37), *Funke/Wittmann*, ZD 2013, S. 221 (222); *Nordmeier*, MMR 2010, 151 (152).
61 *Koenen*, Handelsblatt Topic Nr. 86, S. 5.

werden und auf wiederum anderen Servern verarbeitet werden.[62] Cloud-Nutzern ist hierbei in der Regel unbekannt, wo und wann sich die Daten innerhalb einer Cloud-Architektur bewegen.[63] Auch Cloud-Anbietern wird die jederzeitige Lokalisierung von Daten kaum möglich sein.[64] Aufgrund des so ermöglichten Zugriffs auf einen weiten Pool von Ressourcen, kann die vom Cloud-Nutzer benötigte Leistung je nach Bedarf und ohne Beschränkungen elastisch steigen oder sinken.

Die Virtualisierung wird hierbei durch den Einsatz eines sog. »Virtual Machine Monitors« erreicht – einer Software, welche die Funktion eines Hypervisors übernimmt.[65] Dadurch wird es ermöglicht, im Bedarfsfall nicht genutzte Kapazitäten automatisch und flexibel einem anderen Nutzer zuzuweisen, ohne diese zu verschwenden.[66] Da sich durch die Virtualisierung auch verschiedene Cloud-Nutzer dieselbe physische Cloud-Architektur zeitgleich teilen können, und jedem eine eigene virtualisierte Umgebung zur Verfügung steht, ohne dass es zu Überschneidungen kommt, spricht man in diesem Rahmen von einer Mehrmandantenfähigkeit (Multi-Tenancy-Modell) des Cloud Computings.[67]

d) Cloud ist nicht gleich Cloud

In Anbetracht des inflationären Gebrauchs des Wortes »Cloud« und werbewirksamer Floskeln wie »ab in die Cloud« ist das Cloud Computing auch zu einem Modebegriff gereift.[68] Zu beachten ist hierbei allerdings, dass entgegen der landläufigen Meinung nicht jeder internetbasierte Dienst auch als Cloud Computing bezeichnet werden kann. Nur Dienste, die über eine Virtualisierungstechnik verfügen und dadurch eine flexible und bedarfsorientierte Nutzung auf mindestens einer der drei Ebenen IaaS, PaaS und SaaS ermöglichen, sind dem Cloud Computing zuzurechnen.

---

62 *Nordmeier*, MMR 2010, S. 151 (152).
63 KOM(2012) 529 endg., S. 3.
64 *Söbbing*, in: Leible/Sosnitza, S. 35 (61).
65 *Birk/Wegener*, DuD 2010, S. 641 (642); *Schwenk*, in: Borges/Schwenk, S. 3 (4 f.).
66 *Birk/Wegener*, DuD 2010, S. 641 (642).
67 *Stögmüller*, in: Leupold/Glossner, Teil. 4. Rn. 7; *Nägele*, ZUM 2010, S. 281; *Mell/Grance*, S. 2; zur »Multi-Tenancy-Architektur«, vgl. http://www.itwissen.in fo/definition/lexikon/Multi-Tenancy-Architektur-multitenancy-architecture.html.
68 So auch *Federrath*, ZUM 2014, S. 1 (2).

A. Einführung

Die irrtümliche Verwendung des Wortes Cloud ist jedenfalls nicht weiter verwunderlich. Denn auch dem Grundgedanken des Cloud Computings entspricht es gerade, einen Wandel von der lokalen Rechnernutzung zur Interaktion im Netz mittels eines Endgerätes zu ermöglichen.

3. Vorteile und Nachteile

Die Nutzung von Cloud-Diensten verspricht für Anwender und Anbieter zahlreiche Vorteile, weshalb sich bereits ein signifikanter Markt gebildet hat, mit dessen stetigem Wachsen zu rechnen ist. Hieraus folgt auch die Unumgänglichkeit einer rechtlichen Betrachtung der Thematik.

Der aus wirtschaftlicher Sicht wohl relevanteste Vorteil, ist das mit dem Cloud Computing verbundene Einsparpotenzial. Dies ergibt sich zum einen daraus, dass sich Cloud-Kunden zur Nutzung der Dienste keine eigene Hard- und Software beschaffen müssen. Da die Notwendigkeit einer eigenen komplexen IT-Architektur wegfällt, können etwaige erwachsende Instandhaltungskosten ebenso eingespart werden[69] wie der stetige Einkauf von Hard- und Software die dem Stand der Technik entspricht. Auch die unerwünschte Folge, dass bei einer Schwankung der Belegschaft in Unternehmen, zuvor erworbene Software-Lizenzen ungenutzt bleiben, kann bei einer Inanspruchnahme von bedarfsgerecht angebotenen Cloud-Lösungen verhindert werden.[70]

Zum anderen können Cloud-Anbieter ihre Leistungen deutlich kostengünstiger anbieten, da es möglich ist, mehreren Kunden gleichzeitig und ohne Überschneidungen den Zugriff auf Cloud-Angebote zu verschaffen.[71] Aufgrund der Flexibilität der Angebote und der bedarfsorientierten Nutzungsmöglichkeit werden den Kunden nur die tatsächlich in Anspruch genommenen Leistungen in Rechnung gestellt[72]; die Verschwendung von Ressourcen kann so minimiert werden. Der Kostenvorteil bei der Inanspruchnahme von Cloud-Software ergibt sich auch dadurch, dass Softwarehersteller die etwaige spätere unbefugte Nutzung ihrer Programme nicht durch erhöhte Preise abfedern müssen. Denn eine Softwareüberlassung an den Endnutzer ist bei der Inanspruchnahme von Cloud-Diensten

---

69 *Karger/Sarre*, in: Taeger/Wiebe, S. 427 (428).
70 *Pohle/Ammann*, CR 2009, S. 273.
71 Zur »Multi-Tenancy-Architektur« vgl. Fn. 67.
72 *Heidrich/Wegener*, MMR 2010, S. 803; *Sujecki*, K&R 2012, S. 312.

I. Was ist Cloud Computing?

gerade nicht mehr nötig. Vielmehr reicht es aus, die bloße Abrufmöglichkeit über ein Netzwerk einzuräumen, was zur Folge hat, dass die empfangbaren Inhalte es nicht ermöglichen, die Software anderen Personen zur weiteren Nutzung zur Verfügung zu stellen. Rechtsinhaber haben deshalb die Aussicht, ihre Software im Cloud-Betrieb zur Verfügung zu stellen und für die tatsächliche Nutzung vergütet zu werden, ohne dass illegale und unvergütete Kopien angefertigt werden können.[73] Auch die Möglichkeit für Rechtsinhaber, mit der Bereitstellung ihrer urheberrechtlichen Werke durch Cloud-Dienste einen erweiterten Nutzerkreis ansprechen zu können, vermag den Preis eines solchen Werkgenusses zu reduzieren.

Zudem ermöglicht das Cloud Computing die ortsunabhängige Nutzung von IT-Diensten. Nutzer können von einem netzwerkfähigen Endgerät theoretisch weltweit auf Dienste und Daten in der Cloud zugreifen. Beispielsweise wird es Entwickler-Teams aus verschiedenen Regionen ermöglicht, ihre Anwendungen auf einer einzigen Plattform gemeinsam zu entwickeln.[74] Mitarbeiter eines Unternehmens können von verschiedenen Orten aus gemeinsam ein Dokument bearbeiten. Gleichsam müssen Audio- und Videodateien nicht mehr händisch auf verschiedene Endgeräte kopiert werden; Cloud-Nutzer können im Rahmen von Streaming-Diensten von überall auf diese zugreifen.[75]

Ein weiterer Vorteil des Cloud Computings ist die vom Cloud-Anbieter gewährleistete Datensicherheit, da die Cloud-Daten häufig mehrfach redundant verfügbar gehalten werden.[76]

Allerdings bestehen beim Einsatz von Cloud-Technologie auch Nachteile. Denn durch die Nutzung von Cloud-Diensten begibt sich der Kunde in die Abhängigkeit des Cloud-Anbieters, da es an der Möglichkeit des physischen Zugriffs auf eigene Hardware fehlt[77]. Kann der Anbieter entgegen der Erwartungen keinen Zugang zu den bereitgestellten Diensten ermöglichen, könnte dies empfindliche Folgen für den Kunden haben.[78]

---

73 *Bisges*, GRUR 2013, S. 146 (147); *ders.* MMR 2012, S. 574 (578).
74 *Birk/Wegener*, DuD 2010, S. 641 (642).
75 Zu Musik-Clouds *Hansen*, c't 1/13, S. 102 ff.
76 *Meyer-Spasche*, HMD 275 (2010), S. 71 (72).
77 *Heidrich/Wegener*, MMR 2010, S. 803 (803).
78 Ausfälle bei Cloud-Diensten waren in der Vergangenheit keine Seltenheit. Im Herbst 2009 trat beim Microsoft Dienst Sidekick ein Datenverlust ein, der Amazon Dienst EC2 hingegen war im April 2011 von vielen Kunden über vier Tage lang nicht abrufbar, *Raphael*, Computerwoche, 08.11.2012; im Juni 2012 waren die Amazon Cloud-Dienste wegen eines Stromausfalls in einem Rechenzentrum

A. Einführung

Zudem würden die durch die Nutzung von Cloud-Leistungen erhofften Vorteile schnell verloren gehen. Das Potenzial möglicher Zugangsschwierigkeiten und Störungsanfälligkeiten wird zudem dadurch erhöht, dass für den Zugriff auf die Cloud-Umgebung gegebenenfalls auch die Anspruchnahme anderer Akteure wie beispielsweise Internet Service Provider (ISP) notwendig ist.

Ferner besteht zumindest die theoretische Möglichkeit, dass die wegen der Multi-Tenancy-Architektur nötige Trennung der Bereiche verschiedener Kunden dadurch aufgehoben werden könnte, dass jemand Zugriff auf den Hypervisor der Cloud (Virtual Machine Monitor) erlangt.[79] Mögliche Risiken sind beim Einsatz von Cloud-Diensten somit nicht völlig auszuschließen.[80]

Je mehr Daten in eine Cloud-Umgebung transferiert werden, desto schwieriger kann sich zudem ein Anbieterwechsel erweisen. Denn die Möglichkeit der Interaktion zwischen verschiedenen Cloud-Anbietern entspricht gerade nicht der Natur des Cloud Computings.[81] So kann es mangels Kompatibilität zu Cloud-Diensten anderer Anbieter erforderlich sein, selbst eingebrachte Daten zunächst auf lokale Zwischenspeicher übertragen zu müssen, welche dem Cloud-Kunden gerade zum Zweck der Kostenersparnis nicht zur Verfügung stehen.

II. Entwicklung und Ausblick

Wie dargestellt wurde, bündelt das Cloud Computing eine Vielzahl von Technologien. Während das World Wide Web im Zusammenspiel mit grafikfähigen Browsern die Internetnutzung in den 1990er Jahren entscheidend vorangetrieben hat, konnten die Bestrebungen, Synergien verschiedener Rechner für den Ausgleich fehlender Rechenressourcen einzusetzen,

---

nicht mehr erreichbar, was sich auch auf darauf basierende Dienste wie Netflix und Instagram ausgewirkt hat, http://www.heise.de/ix/meldung/Weiterer-Stromausfall-in-Amazons-Cloud-1629610.html; im August 2013 waren die meisten Cloud-Dienste von Google minutenlang und der Microsoft Cloud-Dienst Outlook.com über mehrere Tage unerreichbar, http://www.inside-it.ch/articles/33450.

79 *Birk/Wegener*, DuD 2010, S. 641 (642).
80 Vertiefend zu den Risiken des Cloud Computings *ENISA*, Critical Cloud Computing; vgl. auch *Bieber/Schröder*, in: Niemann/Paul, S. 36 ff.
81 *Uehlecke*, Wolkige Versprechen.

II. Entwicklung und Ausblick

durch die Entwicklung des sogenannten Grid Computings beantwortet werden. Hierdurch wurde es möglich, besonders rechenintensive Aufgaben auszuführen[82], für welche einzelne Rechner nicht genügend Kapazitäten besitzen.[83] Im Lichte des IT-Outsourcings, also des Auslagerns von IT in externe Rechenzentren[84], hat das Grid Computing zusammen mit der Virtualisierungstechnik den Weg für das Cloud Computing geebnet[85], welches durch die Möglichkeit der netzgebundenen Nutzung und das World Wide Web massentauglich wurde. Hierzu hat auch entscheidend das auf der Virtualisierungstechnik basierende Multi-Tenancy-Modell beigetragen, das die kostengünstige Erbringung von Cloud-Diensten ermöglicht.

Im Jahr 2011 bedienten sich 28% aller deutschen Unternehmen einer Form des Cloud Computings, im Jahr 2012 stieg der Anteil an der Cloud-Nutzung in Unternehmen auf 37%.[86] 2013 nutzten bereits 40 Prozent der Unternehmen in Deutschland Cloud-Dienste.[87] Im privaten Bereich ist die Akzeptanz sogar noch höher; hier nutzten im Jahr 2012 vier von fünf Personen einen Cloud-Dienst.[88] Diese Entwicklung spiegelt sich auch im Markt für Cloud-Lösungen wieder. Prognosen sehen die Ausgaben deutscher Unternehmen für Cloud-Dienste im Jahr 2014 bei 6,4 Milliarden Euro, während im Jahr 2013 noch 4,4 Milliarden Euro auf den Markt für Business-Clouds entfielen.[89] Im B2B-Bereich wird daher mit einer durchschnittlichen jährlichen Wachstumsrate von 35 Prozent bis zum Jahr 2018 gerechnet.[90]

---

82 Beispielsweise wird bei der aufwändigen Suche nach dem Higgs Boson beim CERN maßgeblich die Grid-Technologie eingesetzt, *Trösch*, Handelsblatt Online, 08.09.2008.
83 Vertiefend c't 22/2001, S. 208 ff.
84 *Grützner/Jakob*, Outsourcing.
85 *Söbbing*, MMR 2008, S. XII.
86 KPMG Cloud Monitor 2013, S. 10, http://www.kpmg.com/DE/de/Documents/cloudmonitor-2014-kpmg.pdf.
87 KPMG Cloud Monitor 2013, S. 10, vgl. Fn. 86.
88 http://www.bitkom.org/files/documents/BITKOM_Presseinfo_Online-Daten_01_04_2012.pdf.
89 http://www.zdnet.de/88210317/deutscher-markt-fuer-cloud-computing-waechst-2014-schwaecher-als-erwartet/.
90 http://www.bitkom.org/de/presse/81149_80724.aspx.

A. Einführung

In Anbetracht dieser Wachstumsraten[91] ist das Cloud Computing schon lange kein Zukunftsmodell mehr, sondern sehr bald ein weltweiter Standard für die Nutzung von IT-Ressourcen. Das Geschäftsmodell von Anbietern klassischer Software und Hardware für den lokalen Gebrauch wird zukünftig nur noch eine untergeordnete Rolle spielen, da durch die Nutzung von Cloud-Diensten die Notwendigkeit der Installation von vergleichsweise teurerer Software und des Zukaufs immer schnellerer und größerer Rechnerkomponenten wegfällt.[92] Zudem bieten Cloud-Lösungen einen höheren Komfort als konventionelle IT-Dienste, da sie theoretisch von überall und von verschiedenen Endgeräten genutzt werden können.

III. Gang der Darstellung

Beginnend mit dem Bürgerlichen Recht soll zunächst die Beziehung zwischen Cloud-Kunden und dem Cloud-Anbieter, insbesondere die rechtliche Einordnung und Gestaltung des Vertrages über die Erbringung Cloud-gestützter Leistungen, sowie das anwendbare Vertrags- und Deliktsrecht erörtert werden.

Der zweite Teil beschäftigt sich mit den urheberrechtlichen Aspekten des Cloud Computings. Die Darstellung geht dabei auf die Frage ein, in welcher Form die Verwertungsrechte von Rechtsinhabern tangiert werden können, wenn geschützte Werke ihren Weg in eine Cloud-Umgebung finden. Ferner erfordert gerade die technische Ausgestaltung des Cloud Computings auch die Behandlung der Frage nach dem anwendbaren Urheberrecht.

Der dritte Teil ist dem Datenschutzrecht gewidmet. Im Mittelpunkt steht dabei die Erörterung, wann im Rahmen des Cloud Computings ein datenschutzrechtlich relevanter Umgang mit personenbezogenen Daten Betroffener stattfindet und wann deutsches Datenschutzrecht einschlägig ist. Klärungsbedarf besteht ferner bei der Frage, ob und wie eine Cloud-basierte Auftragsdatenverarbeitung wirksam vorgenommen werden kann und ob ein grenzüberschreitender Transfer personenbezogener Daten an einen Cloud-Anbieter zulässig sein kann.

---

91 Vertiefend zum Wachstumsmarkt des Cloud Computings *Bieber/Schröder*, in: Niemann/Paul, S. 36 (37 ff.).
92 Führende Software Unternehmen wie Oracle sehen die Zukunft im Cloud Computing und passen bereits ihre Geschäftsmodelle an, *Fritsch*, CRN, 25.06.2014.

III. Gang der Darstellung

Die Arbeit legt ihren Fokus hierbei auf die in der Praxis bedeutsamste Form der Public Cloud, bei welcher die Nutzbarkeit der Cloud-Dienste nicht für bestimmte Stellen reserviert ist. Private Clouds, bei welchen Anbieter und Nutzer einer einzigen Stelle zugerechnet werden, sind dagegen nicht Gegenstand dieser Arbeit.[93]

---

93 Aufgrund des kleineren Kreises von Akteuren sind rechtliche Schwierigkeiten bei Private Clouds in ihrem Umfang beschränkt. Letztlich kann jedoch auch bei Private Clouds auf die hier angestellten Erwägungen zurückgegriffen werden.

B. Bürgerliches Recht

Auf der bürgerlich-rechtlichen Ebene ist vor allem bei der Gestaltung des Vertrages zwischen dem Kunden und dem Anbieter von Cloud-Diensten auf die spezifischen Besonderheiten des Cloud Computings Rücksicht zu nehmen, wobei bereits die Frage nach der vertragstypologischen Einordnung solcher Verträge nicht ohne weiteres beantwortet werden kann. Schwierigkeiten ergeben sich zudem bei der Ermittlung des anwendbaren Vertrags- und Deliktsrechts.

I. Der Cloud-Vertrag

Grundlage des Verhältnisses von Cloud-Nutzer und Cloud-Anbieter ist der Vertrag über die Erbringung von Cloud-Diensten und weiterer Leistungen. Dieser Cloud-Vertrag wird im Sinne der Parteien – vor allem bei der entgeltlichen Zurverfügungstellung von Cloud-Diensten – regelmäßig viele Fragen abdecken müssen, um den vielschichtigen und komplexen Prozessen einer Cloud gerecht werden zu können.

1. Vertragsart

Insbesondere damit klar feststeht, welche vertraglichen Pflichten die Parteien zu erfüllen haben und welche Vorschriften bei Leistungsstörungen herangezogen werden können, ist die primäre Frage beim Cloud Computing zunächst, welche Vertragsart für die Beziehung zwischen dem Cloud-Nutzer und dem Cloud-Anbieter maßgeblich ist. Der Cloud-Vertrag dient als Basis für eine Gestaltung durch die Parteien. Beispielsweise muss, da den im alltäglichen Geschäftsverkehr häufig verwendeten Allgemeinen Geschäftsbedingungen durch die §§ 307 ff. BGB Grenzen gesetzt sind, feststehen, welche konkreten Vorschriften zwischen den Parteien Geltung erlangen.

Die Frage, welcher Natur ein Cloud-Vertrag ist, kann deshalb nicht pauschal beantwortet werden, da die gesetzlich geregelten Vertragsformen vom Wortlaut her nur auf sehr eingeschränkte Fälle zugeschnitten sind. Das BGB stößt mit Blick auf seine lange Geschichte bei neuen technischen Errungenschaften und modernen Formen der Leistungserbringung oft an seine Grenzen. Werden Verträge nicht komplett individuell ausgehandelt, erfordert die Zuordnung zu einer gesetzlich geregelten Vertragsart nicht selten einen erhöhten Auslegungsaufwand. Gerade um das Cloud Computing, welches etwa 100 Jahre nach der Kodifizierung des Bürgerlichen Rechts im BGB in Erscheinung getreten ist, interessengerecht einzuordnen, muss eine besonders genaue Prüfung erfolgen. Denn welche Leistung bei der Erbringung von Cloud-Diensten geschuldet ist, variiert je nach dem jeweils in Anspruch genommenen Cloud-Modell und den Bedürfnissen und Wünschen der Kunden. Mit Blick auf die Flexibilität des Cloud Computings kommt dabei hinzu, dass es Cloud-Kunden nicht selten ermöglicht wird, zu jeder Zeit weitergehende Leistungen hinzuzubuchen.

Wie noch zu sehen sein wird, handelt es sich bei einem Cloud-Vertrag in der Regel gerade nicht um einen atypischen Vertrag eigener Art, sondern um einen typischen oder auch typengemischten[94] Vertrag, der Elemente verschiedener gesetzlich geregelter Vertragsarten in sich vereint. Damit ist auch der Cloud-Vertrag zur Riege derjenigen IT-Verträge zu zählen, die bereits höchstrichterlich als typische Verträge eingeordnet worden sind. Namentlich sind dies insbesondere der Access-Providing-Vertrag[95], der Application-Service-Providing-Vertrag[96] und der Internet-System-Vertrag[97].

Die Vermischung von Elementen verschiedener Vertragstypen wirft allerdings die Frage auf, welche konkrete Vertragsart beim Cloud Computing maßgeblich sein soll. Als Abgrenzungshilfe haben sich hierbei besonders zwei Ansätze hervorgetan. Bei der Absorptionsmethode wird der im Vordergrund stehende Vertragstyp einheitlich für alle Leistungen herangezogen.[98] Bei der Kombinationsmethode wird hingegen für jede in Frage stehende Leistung der Vertragstyp einzeln festgestellt.[99] Allerdings besteht

---

94 So *Eckhardt*, IM 25 (2010) 4, S. 55 (56); *Schulz/Rosenkranz*, ITRB 2009, S. 232 (233); *Pohle/Ammann*, CR 2009, S. 273 (274 f.); *Niemann/Paul*, K&R 2009, S. 444 (447); *Nägele/Jacobs*, ZUM 2010, S. 281 (284); *Splittgerber/Rockstroh*, BB 2011, S. 2179; zum Österreichischen Recht *Marko*, in: Blaha/Marko/Zellhofer/Liebel, S. 15 (30).
95 Einordnung als Dienstvertrag, BGH MMR 2005, S. 373.
96 Einordnung als Mietvertrag, BGH MMR 2007, S. 243.
97 Einordnung als Werkvertrag, BGH MMR 2010, S. 398.
98 Begründet von *Lotmar*, S. 686 ff.; *Grüneberg*, in: Palandt, Überbl v § 311 Rn. 24.
99 Begründet von *Rümelin, S. 320 ff. und Hoeniger*, S. 320 ff.; *Grüneberg*, in: Palandt, Überbl v § 311 Rn. 24.

I. Der Cloud-Vertrag

heutzutage weitestgehend Einigkeit, dass eine pauschale Einordnung nach den genannten Methoden nicht (mehr) weiterführend ist. Dies wird vor allem bei neueren Phänomenen wie dem Cloud Computing deutlich, da hier in der Regel keine Leistung derart im Mittelpunkt steht, dass alle Leistungen nur einem Vertragstyp zuzuordnen sind und bei welchem breit gefächerte Parteiinteressen und verschiedenste Sachverhalte aufeinander treffen. Vielmehr hat die Entscheidung ausgehend vom Willen der Parteien nach Sinn und Zweck des jeweiligen Vertrages unter Berücksichtigung der Umstände des Einzelfalles zu erfolgen.[100] Kommen demnach mehrere Vorschriften in Betracht, so haben die Vorschriften desjenigen Vertragstyps Vorrang, welcher den jeweiligen rechtlichen oder wirtschaftlichen Schwerpunkt ausmacht.[101] Zur Klärung der Frage, welche Vorschriften für Cloud-Verträge herangezogen werden können, ist es daher zunächst hilfreich, die gängigsten Cloud-Leistungen abstrakt einem passenden Vertragstyp zuzuordnen.[102]

a) Cloud-unmittelbare Leistungen (Cloud-Dienste)

Primär geht es beim Cloud Computing um die Erbringung von netzwerkgestützten Diensten auf den drei Cloud-Ebenen IaaS, PaaS und SaaS, welche vorliegend als Cloud-unmittelbare Leistungen bezeichnet werden.

aa) Überlassung von Speicherkapazität (IaaS)

Wird auf der untersten Ebene einer Cloud dem Kunden Speicherkapazität gegen ein Entgelt zur Verfügung gestellt, erscheinen verschiedene Vertragsarten denkbar. Hält man sich etwa an den englischen Wortlaut (»as a service«), so könnte dieser eine dienstvertragliche Einordnung i.S.v. § 611 BGB implizieren. Das Vorliegen eines derartigen dienstvertraglichen

---

100 BGH NJW 2008, S. 1072 (1073); *Gehrlein/Sutschet*, in: Bamberger/Roth, § 311 Rn. 20; *Emmerich*, in: MüKo BGB, § 311 Rn. 29; *Stadler*, in: Jauernig, § 311 Rn. 33.
101 BGH NJW 2010, S. 150 (151); *Grüneberg*, in: Palandt, Überbl v § 311 Rn. 25 f.; *Gehrlein/Sutschet*, in: Bamberger/Roth, § 311 Rn. 20.
102 *Paul*, in: Niemann/Paul, S. 160 (167 ff.); *Wicker*, MMR 2012, S. 783 (784); *Bräutigam/Thalhofer*, in: Bräutigam, Teil 14 Rn. 130.

B. Bürgerliches Recht

Elements wurde zumindest für Webhosting-Verträge, also der Zurverfügungstellung von Speicherplatz zum Betreiben von Webseiten, vertreten.[103] Bei der Auslegung des Parteiwillens scheitert eine solche Sichtweise jedoch daran, dass bei IaaS-Speicher nicht nur ein bloßes Leistungsbemühen des Cloud-Anbieters im Rahmen seines Leistungsvermögens[104] gewollt ist, sondern die kontinuierliche Bereitstellung von Speicherplatz für den Cloud-Nutzer.[105] Das Interesse des Cloud-Nutzers ist dabei gerichtet auf das »Haben« von Speicherplatz in gleicher Weise, wie es der Fall wäre, wenn er eine lokale Festplatte vor Ort bedienen würde.

Demgemäß kann auch ein für Webhosting-Verträge angenommener werkvertraglicher Charakter[106] nicht auf Cloud-spezifische Speicherdienste übertragen werden. Den Parteien kommt es nämlich gerade nicht auf einen konkreten Erfolg[107] an, sondern auf die jederzeitige Nutzbarkeit und kontinuierliche Zurverfügungstellung der Speicherumgebung.

Auch eine Klassifizierung als Verwahrungsvertrag gemäß § 688 BGB[108] vermag nicht zu überzeugen. Hierbei geht es um die Gewährung von Raum und die Übernahme einer Obhut für die vom Verwahrer in diesem Raum hinterlegte Sache.[109] Eine solche, über die allgemeinen schuldrechtlichen Rücksichtnahmepflichten i.S.v. § 241 Abs. 2 BGB hinausgehende Pflicht zur Obhut über die Daten wird regelmäßig bei der Zurverfügungstellung von Speicherplatz nicht geschuldet.[110] Dem Cloud-Nutzer wird mit dem Cloud-Speicher lediglich eine bloße Umgebung gewährt, in die er eigene Daten einbringen kann. Eine stetige Kontrolle, Bewachung und Pflege dieser Daten findet hingegen nicht statt. Die Überlassung von Speicherkapazität ähnelt vielmehr der Konstellation, dass Geld in ein bereitgestelltes Bankschließfach eingebracht wird. Anders als die Aufbewah-

---

103 *Härting*, Rn. 541; *Roth*, in: Loewenheim/Koch, S. 57 (78); ähnlich *Schuppert*, in: Spindler, S. 3 (18).
104 BAG NJW 2004, S. 2545; *Weidenkaff*, in: Palandt, § 611 Rn. 26.
105 *Wicker*, MMR 2012, S. 783 (784).
106 *Redeker*, Rn. 1105.
107 *Voit*, in: Bamberger/Roth, § 631 Rn. 6; *Busche*, in: MüKo BGB, § 631 Rn. 1.
108 So für Speicherungen im Rahmen von ASP-Diensten *Koch*, ITRB 2001, S. 39 (42).
109 BGHZ 3, S. 200 (202); *Gehrlein*, in: Bamberger/Roth, § 688 Rn. 3; *Henssler*, in: MüKo BGB, § 688 Rn. 7.
110 *Wicker*, MMR 2012, S. 783 (785).

rung von Geld in einer fremden Geldbörse[111], kann die Gewährung eines eigenen Bankschließfachs kein Verwahrungsverhältnis begründen[112].

Herrschend ist hingegen die Auffassung, die entgeltliche Überlassung von Cloud-Speicher als mietvertraglich einzustufen.[113] Dem ist auch zuzustimmen. Zum einen spricht für eine solche Sichtweise die beim Cloud Computing übliche Bindung über einen mehr oder weniger längeren Zeitraum. Zum anderen entspricht die hierbei geschuldete Leistung des Cloud-Anbieters der des § 535 Abs. 1 BGB. Wird dem Nutzer Speicherplatz zum Gebrauch auf Zeit überlassen, ähnelt dies dem Fall, dass einer Partei ein Rechner samt einer Festplatte zur Nutzung bereitgestellt wird. Hier dürfte eine mietvertragliche Einordnung nicht in Zweifel stehen. Obwohl Nutzer- und Serverstandort beim Cloud Computing auseinanderfallen, ist eine Übertragung dieser Erwägungen auch auf Cloud-Sachverhalte möglich. Es kann nämlich nicht darauf ankommen, ob die bereitgestellte Hardware in Form einer Rechner-Festplatte vor Ort genutzt wird oder ob der gleiche Zweck durch den Fernzugriff auf die Festplatte eines Cloud-Servers erreicht wird. Auch diese Konstellation kann unter § 535 Abs. 1 BGB subsummiert werden, da zwar als Hauptleistungspflicht eine Gebrauchsüberlassung, jedoch keine Besitzverschaffung geschuldet sein muss.[114] Schließlich steht der mietvertraglichen Einordnung auch nicht entgegen, dass die angesprochenen Rechner nur virtualisiert verfügbar sind und gegebenenfalls erst durch den zeitgleichen Zugriff auf mehrere Ressourcen gebildet werden. Denn dass bei der Virtualisierung nicht die wahren physischen Gegebenheiten abgebildet werden, ist deswegen unbeachtlich, weil der Kunde letztlich eine für ihn ansprechbare (Speicher-)Einheit erhält.[115] Unerheblich ist auch, dass beim Cloud Computing theoretisch mehrere Nutzer auf die gleichen Ressourcen zurückgreifen können, da je-

---

111 BGH NJW 1987, S. 2812 (2813); *Schur*, in: Soergel, § 688 Rn. 11.
112 RGZ 141, S. 99 (101).
113 *Sujecki*, K&R 2012, S. 312 (316); *Nägele/Jacobs*, ZUM 2010, S. 281 (284); *Eckhardt*, IM 25 (2010) 4, S. 55 (56), der wohl die Rechen- und Speicherkapazität im Rahmen von IaaS meint, welche auch beim darauf aufbauenden PaaS genutzt werden; generell nur von Hardware sprechend *Pohle/Ammann*, CR 2009, S. 273 (274 f.); ebenso *Stögmüller*, in: Leupold/Glossner, Teil 4. Rn. 10 sowie *Schulz/Rosenkranz*, ITRB 2009, S. 232 (233); wohl auch *Söbbing*, in: Leible/Sosnitza, S. 35 (45).
114 BGH MMR 2007, S. 243 (244); *Häublein*, in: MüKo BGB, § 535 Rn. 67.
115 So zu SaaS *Pohle/Ammann*, CR 2009, S. 273 (275).

dem Nutzer ein eigener, abgeschotteter Bereich zur Verfügung gestellt wird und es zu keinen Überschneidungen kommt.

Schließen die Parteien jedoch – wie es etwa bei den Diensten Dropbox oder Google Drive der Fall ist – einen Vertrag über die unentgeltliche Bereitstellung von Speicherkapazitäten, ist aufgrund der dargestellten Vergleichbarkeit ein leihvertragliches Element i.S.v. § 598 BGB anzunehmen. Auch in diesem Fall ist die Ortsungebundenheit der Leistungserbringung unschädlich. Soweit der Kunde den Speicherplatz nutzen kann, ist eine Besitzverschaffung nicht notwendig.[116]

bb) Überlassung von Rechenleistung (IaaS)

Auch die Überlassung von Rechenleistung auf der IaaS-Ebene ist nicht anders zu beurteilen als das Bereitstellen eines Cloud-Speichers. Man könnte zwar erwägen, die Hergabe von Rechenleistung seitens des Cloud-Anbieters als dienstvertraglich einzustufen. Allerdings scheitert dies am Willen der Parteien. Denn für den Cloud-Nutzer soll vielmehr eine fortlaufende und tatsächliche Möglichkeit der Inanspruchnahme von Rechenleistung bestehen;[117] der Nutzer möchte ein Computersystem zur Verfügung gestellt bekommen, das er jederzeit und nach seiner Wahl für Rechenaufgaben einsetzen kann.[118]

Da auch in diesem Fall kein konkreter Erfolg gewünscht ist, entspricht eine werkvertragliche Einordnung ebenfalls nicht der Realität des Cloud Computings.

Vielmehr werden bei der Bereitstellung von dezentraler Rechenleistung ebenfalls mietvertragliche Elemente vereinbart.[119] Auch hier gilt, dass an-

---

116 BGH NJW-RR 2004, S. 1566 (1566); *Häublein*, in: MüKo BGB, § 598 Rn. 19.
117 Ähnlich *Wicker*, MMR 2012, S. 783 (784); anders jedoch *Splittgerber/Rockstroh*, BB 2011, S. 2179; ebenso *Zech*, ZUM 2014, S. 3 (8).
118 Ob der Cloud-Anbieter tatsächlich zu jeder Zeit die Cloud-Ressourcen bereitstellen kann, und ob bzw. wann er deshalb zu haften hat, wird auf der Ebene der Gewährleistung und der konkreten Vertragsgestaltung relevant, hierzu vgl. B.I.2.b).
119 *Eckhardt*, IM 25 (2010) 4, S. 55 (56), der wohl die Rechen- und Speicherkapazität im Rahmen von IaaS meint, welche auch beim darauf aufbauenden PaaS genutzt werden; generell nur von Hardware sprechend *Pohle/Ammann*, CR 2009, S. 273 (274 f.); ebenso *Stögmüller*, in: Leupold/Glossner, Teil 4. Rn. 10 sowie *Schulz/Rosenkranz*, ITRB 2009, S. 232 (233); wohl auch *Söbbing*, in: Leib-

statt bei einem angemieteten Rechner vor Ort, ein Zugriff auf die Rechenleistung eines virtualisierten Cloud-Servers ermöglicht wird. Der Cloud-Nutzer erhält hierbei wiederum auf Abruf funktionierende Hardware, was mit Blick auf die Erwägungen bei der Überlassung von Speicherkapazität[120] eine Beurteilung nach mietvertraglichen Vorschriften erfordert.

Entsprechend sind Vereinbarungen hinsichtlich der unentgeltlichen Zurverfügungstellung von Rechenleistung leihvertraglicher Natur.

cc) Bereitstellung einer Laufzeitumgebung (PaaS)

Auf der mittleren Ebene des PaaS werden für den Nutzer skalierbare Entwicklungs- und Laufzeitumgebungen zur Softwareentwicklung bereitgestellt. Diese bauen maßgeblich auf der zugrundeliegenden IaaS-Ebene auf. Der Cloud-Kunde soll also in die Lage versetzt werden, zu jeder Zeit und im gewünschten Umfang derartige Plattformen in Anspruch nehmen zu können. Wie bei der Überlassung von Speicherkapazität[121] ist auch auf der PaaS-Ebene nicht bloß ein bloßes Bemühen zur Leistungserbringung gewollt, sondern die jederzeitige Verfügbarkeit der Leistung, weshalb kein dienstvertragliches Element vorliegt.[122] Dem Nutzer kommt es dabei gerade auf die Bereitstellung und Nutzbarkeit eines konkreten Computersystems an. Die angebotenen Plattformen bedienen sich direkt der zugrundeliegenden IaaS-Ebene und greifen somit auf virtualisierte Rechner zurück. Sie sind ein Bindeglied für das Ansprechen von Software und so maßgeblich auf die Rechenleistung und den Speicherplatz der Rechner angewiesen, weshalb Leistungen auf der PaaS-Ebene erkennbare Gemeinsamkeiten mit IaaS-Diensten aufweisen.

Ein werkvertragliches Element ist abzulehnen, da im Rahmen von PaaS-Diensten keine konkrete, auf den Nutzer abgestimmte Werkleistung erbracht wird.[123] Sowohl die Cloud-Rechner, als auch die Plattformen sind bereits vorhanden und können theoretisch von einer Vielzahl von Nutzern

---

le/Sosnitza, S. 35 (45); a.A. ohne Begründung *Nägele/Jacobs*, ZUM 2010, S. 281 (284) sowie *Sujecki*, K&R 2012, S. 312 (317).
120 Vgl. B.I.1.a)aa).
121 Vgl. B.I.1.a)aa)..
122 Ähnlich *Wicker*, MMR 2012, S. 783 (784).
123 *Wicker*, MMR 2012, S. 783 (784).

in Anspruch genommen werden. Der Umfang der Dienste wird indes nur durch den jeweiligen Nutzer und dessen Nutzungsverhalten bestimmt.

Da es dem Nutzer letztlich auf die Bereitstellung der Hardware für den Fernzugriff ankommt und eine Vergleichbarkeit mit der Nutzung eines lokalen Rechners besteht, ist bei der Erbringung von PaaS-Diensten von einem mietvertraglichen Element auszugehen.[124] Dass lediglich eine bloße Gebrauchsüberlassung und keine Besitzverschaffung an der Hardware erfolgt, ist dabei unschädlich.[125]

Stellt der Cloud-Anbieter hingegen einen PaaS-Dienst unentgeltlich zur Verfügung, handelt es sich entsprechend um eine leihvertragliche Ausgestaltung.

dd) Überlassung von Cloud-Software (SaaS)

Schließlich ist zu klären, ob SaaS-Dienste in ihrer vertraglichen Einordnung anders zu beurteilen sind als IaaS- und PaaS-Dienste. Aufgrund des Dauercharakters und der dezentralen Bereitstellung der Software wäre zunächst an ein dienstvertragliches Element zu denken, bei welchem der Cloud-Anbieter Eingaben entgegennimmt und Ergebnisse liefert. In tatsächlicher Hinsicht stellt er jedoch nur ein Programm zur Nutzung bereit. Sein Versprechen kann vor allem nicht als eine bloße dienstvertragstypische Leistungsbemühung verstanden werden.[126] Denn der Cloud-Anbieter ist regelmäßig willens die Cloud-Software zu jeder Zeit verfügbar zu halten. Der Nutzer hingegen möchte die Programme kontinuierlich auf Abruf zur Verfügung haben.[127]

Auch ist bei der Nutzung von Cloud-Software regelmäßig kein konkreter Erfolg geschuldet, der eine werkvertragliche Einordnung i.S.v. § 631 BGB zuließe. Die Software ist auf den Cloud-Servern verfügbar und kann nach Kundenwunsch mehr oder weniger intensiv genutzt werden. Insoweit besteht kein Unterschied zu einer lokal installierten Programmkopie. Vor

---

124 So im Ergebnis *Wicker* MMR 2012, S. 783 (786), welche auf die Gebrauchsvorteile des Cloud-Dienstes abstellt; so auch, ohne Begründung, *Bierekoven*, ITRB 2010, S. 42 (43); a.A. ohne Begründung *Sujecki*, K&R 2012, S. 312 (317).
125 BGH MMR 2007, S. 243 (244); *Häublein*, in: MüKo BGB, § 535 Rn. 67.
126 *Pohle/Ammann*, K&R 2009, S. 625 (626); *Wicker*, MMR 2012, S. 783 (784).
127 Ähnlich *Wicker*, MMR 2012, S. 783 (784).

I. Der Cloud-Vertrag

allem beinhaltet die kontinuierliche Bereitstellung und Zugangsvermittlung keine Anpassungsleistung des Cloud-Anbieters.[128]

Richtigerweise wird die zeitweise Überlassung von Cloud-Software gegen Entgelt daher überwiegend als Miete angesehen.[129] Hierbei wird insbesondere auf eine Entscheidung des BGH[130] Bezug genommen, in der das Gericht die entgeltliche Zurverfügungstellung von Software im Rahmen von ASP – also der Bereitstellung und Ausführung von Software auf festen, nicht-virtualisierten Rechnern zum Fernabruf[131] – als Miete qualifiziert hat. Zwar fällt die bereitgestellte Software wegen ihres unkörperlichen Charakters selbst nicht unter den Begriff einer »Sache«, deren Überlassung ja gemäß § 535 BGB zu erfolgen hat.[132] Der BGH hat jedoch in seinem Urteil die herrschende Auffassung[133] aufgegriffen, nach der der Datenträger auf dem die Software verkörpert ist, als Sache angesehen werden kann. Obwohl hierbei die Software vom Kunden genutzt werde, ohne in seiner Sphäre verkörpert vorzuliegen, sei die genutzte Software letztlich auf den Datenträgern im Rechenzentrum des ASP-Betreibers verkörpert. Dies reiche für die Einschlägigkeit der mietrechtlichen Vorschriften aus, da hier zwar eine Gebrauchsüberlassung, jedoch keine Besitzverschaffung vorausgesetzt werde.[134]

Diese – wegen der Flexibilisierung typisierter Verträge bei neuartigen Leistungen – begrüßenswerte Erwägung kann auch auf das Cloud Computing übertragen werden. Auch bei SaaS-Diensten ist die Software beim Kunden nicht körperlich verfügbar, sondern wird von diesem, etwa im

---

128 *Wicker*, MMR 2012, S. 783 (784); anders sind jedoch Fälle der auf Kundenwunsch zugeschnittenen Programmierung von Software zu beurteilen, welche als werkvertraglich eingestuft werden können; bezüglich derartiger Zusatzleistungen vgl. B.I.1.b).
129 *Pohle/Ammann*, CR 2009, S. 273 (274 f.); *dies.*, K&R 2009, S. 625 (626 f.); *Niemann/Paul*, K&R 2009, S. 444 (447); *Eckhardt*, IM 25 (2010) 4, S. 55 (56); *Splittgerber/Rockstroh*, BB 2011, S. 2179; *Stögmüller*, in: Leupold/Glossner, Teil 4. Rn. 10; *Söbbing*, in: Leible/Sosnitza, S. 35 (52); *Roth-Neuschild*, ITRB 2012, S. 67 (68); *Dreier*, in: Dreier/Schulze, § 69c Rn. 36a.
130 BGH MMR 2007, S. 243.
131 Vgl. A.I.2.
132 *Fritzsche*, in: Bamberger/Roth, § 90 Rn. 25; *Ellenberger*, in: Palandt, § 90 Rn. 2; so bezüglich Hörbücher LG Bielefeld GRUR-RR 2013, S. 281 (282), allgemein bezüglich Computerdaten LG Konstanz NJW 1996, S. 2662.
133 BGH NJW 1993, S. 2436 (2437 f.); *Ellenberger*, in: Palandt, § 90 Rn. 2; *Stresemann*, in: MüKo BGB, § 90 Rn. 25.
134 BGH MMR 2007, S. 243 (244); *Häublein*, in: MüKo BGB, § 535 Rn. 67.

B. Bürgerliches Recht

Browser oder mit einer besonderen Client-Software, vom Cloud-Server abgerufen. Verkörpert ist die Software hingegen auf den Cloud-Servern, und zwar regelmäßig auf einem magnetischen oder elektronischen Speicher. Etwas anderes kann auch nicht deswegen gelten, dass dem Cloud Computing eine Virtualisierungstechnik zugrunde liegt und die vom Kunden genutzten Speicher nicht die wahren physischen Begebenheiten in der Cloud-Infrastruktur wiedergeben. Denn zu jeder Zeit ist für den Nutzer eine einheitliche Ressource vorhanden, auf der die Software verteilt ist.[135] Auch die Tatsache, dass theoretisch mehrere Kunden auf ein und dieselbe Software zugreifen können, kann für die vertragliche Einordnung keine Rolle spielen. Denn letztlich kann jeder Nutzer eine für ihn bereitgestellte und abgeschottete Software-Instanz ausführen.

Hingegen ist dann, wenn SaaS-Dienste unentgeltlich erbracht werden, von einer Leihe i.S.v. § 598 BGB auszugehen.[136] Auch in diesen Fällen ist eine Besitzverschaffung nicht zwingend notwendig, solange eine Nutzungsmöglichkeit verschafft wird.[137]

b) Erbringung weiterer Leistungen

Neben den als mietvertraglich einzustufenden Cloud-unmittelbaren Leistungen auf IaaS-, PaaS- und SaaS-Ebene wünschen Cloud-Nutzer nicht selten auch weitere, darüber hinausgehende Dienste. In Betracht kommen vor allem vorbereitende Leistungen für den Beginn des Cloud-Einsatzes, sowie pflegende, sichernde und unterstützende Leistungen während des Zeitraums der Cloud-Nutzung. Anders als die Cloud-unmittelbaren Leistungen ist hier eher an dienst- oder werkvertragliche Elemente zu denken.[138] Eine präzise Abgrenzung im Einzelfall ist daher unentbehrlich und zwar dahingehend, ob die Erbringung einer Tätigkeit als solche (dienstvertragliches Element) oder ein bestimmter Erfolg (werkvertragliches Ele-

---

135 *Pohle/Ammann*, CR 2009, S. 273 (275).
136 *Pohle/Ammann*, CR 2009, S. 273 (275); *dies.*, K&R 2009, S. 625 (627); *Schulz/Rosenkranz*, ITRB 2009, S. 232 (233).
137 BGH NJW-RR 2004, S. 1566; *Häublein*, in: MüKo BGB, § 598 Rn. 19.
138 *Schulz/Rosenkranz*, ITRB 2009, S. 232 (234); *Niemann/Paul*, K&R 2009, S. 444 (447); *Pohle/Ammann*, CR 2009, S. 273 (275); *dies.*, K&R 2009, S. 625 (627); wohl auch *Dreier*, in: Dreier/Schulze, § 69c Rn. 36a.

ment) geschuldet ist.[139] Einige in der Praxis besonders relevante Leistungen sollen im Folgenden aufgezählt und eingeordnet werden.

Die Installation von Software für den Cloud-Nutzer stellt einen Werkvertrag dar, da ein konkreter Erfolg geschuldet ist.[140] Auch wenn die Software implementiert werden soll, steht ein werkvertragliches Element im Raum, da ein auf den Kunden maßgeschneiderter Erfolg gewünscht wird.[141] Nichts anderes gilt für Softwareanpassungen[142] oder die Neuherstellung von Software[143].

Dem stehen unterstützende Tätigkeiten gegenüber. Vereinbaren die Parteien die Bereitstellung eines Kundensupports, handelt es sich um ein dienstvertragliches Element.[144] Der Cloud-Kunde verlangt hierbei regelmäßig die Tätigkeit an sich, also die Bereitschaft zur Problemlösung. Ebenso dienstvertraglicher Natur sind Schulungstätigkeiten des Cloud-Anbieters.[145] Werden kontinuierliche Sicherheitsleistungen wie das Backup von Cloud-Daten vereinbart, sind diese ebenfalls dienstvertraglich einzustufen.

Auch bei der Software- und Hardwarepflege spricht einiges für eine dienstvertragliche Einordnung. Denn es entspricht dem Interesse des Kunden, dass sich der Cloud-Anbieter fortwährend um die Cloud-Architektur kümmert, um seine Leistungen bestmöglich zur Verfügung stellen zu können. Damit ist nicht bloß ein bestimmter Erfolg geschuldet, sondern die Pflegetätigkeit per se.[146] Dennoch zählt ein anderer Ansatz, der entgeltlich erbrachte Cloud-unmittelbare Leistungen richtigerweise als mietvertraglich einstuft, die Software- und Hardwarepflege ebenfalls zu den mietvertraglichen Pflichten des Cloud-Anbieters. Denn nach § 535 Abs. 1 S. 2

---

139 BGH NJW 2002, S. 3323 (3324); *Fuchs*, in: Bamberger/Roth, § 611 Rn. 11.
140 *Niemann/Paul*, K&R 2009, S. 444 (447); *von Diemar*, IP Manager 1/2010, S. 52 (55); *Sujecki*, K&R 2012, S. 312 (317); *Nägele/Jacobs*, ZUM 2010, S. 281 (284).
141 *Splittgerber/Rockstroh*, BB 2011, S. 2179; *von Diemar*, IP Manager 1/2010, S. 52 (55); *Niemann/Paul*, K&R 2009, S. 444 (447); *Nägele/Jacobs*, ZUM 2010, S. 281 (284).
142 *Pohle/Ammann*, CR 2009, S. 273 (275); *von Diemar*, IP Manager 1/2010, S. 52 (55); *Sujecki*, K&R 2012, S. 312 (316); *Niemann/Paul*, K&R 2009, S. 444 (447); *Nägele/Jacobs*, ZUM 2010, S. 281 (284).
143 *Wicker*, MMR 2012, S. 783 (786).
144 *Splittgerber/Rockstroh*, BB 2011, S. 2179 (2179); *Niemann/Paul*, K&R 2009, S. 444 (447); *Sujecki*, K&R 2012, S. 312 (316).
145 *Pohle/Ammann*, CR 2009, S. 273 (275); *Grapentin*, in: Bräutigam, Teil 3 Rn. 94.
146 Für die dienstvertragliche Einordnung der Softwarepflege im Rahmen des Cloud Computings *Niemann/Paul*, K&R 2009, S. 444 (447).

BGB habe der Cloud-Anbieter die Mietsache in vertragsgemäß nutzbarem Zustand zu halten, weshalb bei derartigen Pflegeleistungen gerade kein eigenständiger dienstvertraglicher Charakter angenommen werden könne.[147]

Vorliegend gilt es, die Besonderheiten des Cloud Computings zu berücksichtigen und klar zu unterscheiden. Zur Erhaltungspflicht des Vermieters zählen im Sinne eines vertragsgemäßen und verkehrssicheren Zustands zum einen die Behebung von Mängeln und zum anderen auch Instandhaltungspflichten, welche Schäden überhaupt verhindern sollen.[148] Wenn also Mängel im Zusammenhang mit den mietvertraglich einzustufenden Cloud-unmittelbaren Leistungen behoben werden sollen, handelt es sich um Erhaltungspflichten des Vermieters. Auch die Fehlervorsorge bei der über die Cloud-Architektur bereitgestellten Hardware und Software fällt demnach unter § 535 Abs. 1 S. 2 BGB. Werden hingegen Verbesserungen vorgenommen oder ganze Neuerungen eingepflegt, dann stellen diese Handlungen ein »mehr« dar und gehen über die Erhaltung des vertragsgemäßen Zustands i.S.v. § 535 Abs. 1 S. 2 BGB hinaus. Denn der Vermieter hat keine gesetzliche Pflicht zur Vornahme derartiger Modernisierungen.[149] Die auf eine gewisse Dauer angelegte Gewährleistung von Aktualisierungen und Erneuerungen ist vielmehr dem Dienstvertragsrecht der §§ 611 ff. BGB zuzuordnen. Denkbar sind jedoch auch Fälle, in denen nur einige konkrete Verbesserungen seitens des Cloud-Kunden gewünscht sind. Dann liegt ein werkvertragliches Element vor.[150]

Wünscht der Kunde also Modernisierungen, so muss dies zwischen den Parteien zusätzlich vereinbart werden, etwa dass die Software und Hardware »state-of-the-art« sein soll. Dies gilt auch dann, wenn der Cloud-Anbieter aus eigenem Antrieb Softwareupdates bzw. -upgrades einpflegen will. Anders als bei lokal installierbarer Software steht es dem Kunden in diesen Fällen nämlich nicht frei, zu entscheiden, ob er die Verbesserungen oder Neuerungen installiert. Da derartige einseitige Qualitätsverbesserun-

---

147 *Pohle/Ammann*, CR 2009, S. 273 (275).
148 *Häublein*, in: MüKo BGB, § 535 Rn. 101; *Ebert*, in: Schulze u.a., § 535 Rn. 6.
149 BGH NJW 2005, S. 218 (219); *Ehlert*, in: Bamberger/Roth, § 535 Rn. 189; *Weidenkaff*, in: Palandt, § 535 Rn. 39.
150 Zum Meinungsstand bei Soft- und Hardwarepflegeverträgen vgl. *von dem Bussche/Schelinski*, in: Leupold/Glossner, Teil 1. Rn. 405 ff./417.

gen in der Regel zu einer Änderung der geschuldeten Leistung führen, muss eine gesonderte, hierauf gerichtete Vereinbarung erfolgen.[151]

Zudem ist zu beachten, dass für die unentgeltliche Bereitstellung von Cloud-unmittelbaren Leistungen, die als Leihe einzustufen sind, keine gesetzlich geregelte Erhaltungspflicht vorgesehen ist, sodass es beim Abschluss von Pflegevereinbarungen immer auf eine Auslegung des Parteiwillens ankommt.

Der Katalog an weitergehenden Leistungen lässt sich beliebig erweitern. Der zunehmende technische Fortschritt ermöglicht Cloud-Anbietern – über die drei Cloud-Ebenen hinaus – eine Vielzahl von Diensten anzubieten, die jeweils im Einzelfall vertragstypologisch einzuordnen sind.

c) Ergebnis

Cloud-unmittelbare IaaS-, PaaS- und SaaS-Dienste sind aufgrund ihrer Ausgestaltung und der Würdigung des Könnens und Wollens der Parteien in der Regel nach mietvertraglichen Vorschriften zu behandeln. Im Rahmen der unentgeltlichen Erbringung solcher Dienste sind hingegen leihvertragliche Vorschriften maßgeblich. Bei darüber hinausgehenden Leistungen können zusätzlich auch dienst- und werkvertragliche Elemente in Betracht kommen. Kombiniert der Cloud-Vertrag Elemente verschiedener Vertragstypen, so sind diejenigen Vorschriften anzuwenden, die dem Willen der Parteien und dem Sinn und Zweck des jeweiligen Vertrages entsprechen. Bei Kollisionen ist auf den jeweils in Frage stehenden rechtlichen bzw. wirtschaftlichen Schwerpunkt abzustellen. Somit kommt es immer auf eine Prüfung im konkreten Einzelfall an.

2. Vertragsgestaltung

Sodann ist zu erörtern, wie Verträge im Rahmen des Cloud Computings sinnvoll und interessengerecht gestaltet werden können. Ein Vertrag, der lediglich eine Pflicht zur Bereitstellung von Cloud-Leistungen vorsieht, wird die technischen Besonderheiten des Cloud Computings nicht ausreichend berücksichtigen können. Aufgrund der Komplexität von Cloud-

---

151 Zu Pflegevereinbarungen insbesondere durch AGB vgl. B.I.2.c).

Architekturen kann es an unzähligen Stellen zu Leistungsstörungen kommen. Da die Bereitstellung von Cloud-Diensten von verschiedensten Faktoren abhängt, besteht für Cloud-Anbieter ein großes Interesse, nichts dem Zufall zu überlassen und spezifische Vereinbarungen zu treffen. Hierzu gehören neben Modifikationen des Leistungsumfangs und entsprechender Gewährleistungsrechte auch die Berücksichtigung öffentlich-rechtlicher Normen und etwaiger Rechte Dritter. Hingegen entspricht es dem Interesse von Cloud-Kunden, vertraglich vereinbarte Leistungen ohne Einschränkungen in Anspruch nehmen zu können und Klarheit bezüglich preislicher Modalitäten zu haben. Zudem besteht ein Bedürfnis nach Rechtssicherheit und der Kenntnis eigener Rechte im Falle von Leistungsstörungen. Im Folgenden werden die regelmäßig wichtigsten zu berücksichtigenden Aspekte der Gestaltung von Cloud-Verträgen darstellt.

a) Vergütung

Im Mittelpunkt der Vertragsgestaltung steht die Frage nach der Vergütung für die Erbringung von Cloud-Diensten. Mit Blick auf die in der Regel mietvertragliche Einordnung von Vereinbarungen über die entgeltliche Erbringung Cloud-unmittelbarer Leistungen[152], ergibt sich die Vergütungspflicht für derartige Leistungen aus § 535 Abs. 2 BGB. Ob sich die Parteien für die Entrichtung der vereinbarten Miete auf eine Zahlung entsprechend des konkreten Verbrauchs (sog. »pay-per-use«) oder eine Pauschalzahlung einigen, wirkt sich auf die mietvertragliche Qualifikation jedenfalls nicht aus.[153]

In der Praxis werden regelmäßig verschiedene Preisbildungsfaktoren kombiniert. Bei PaaS- und IaaS-Diensten spielen hier etwa die Zahl der genutzten Instanzen, die Rechenzeit, der in Anspruch genommene Speicherplatz oder die Summe der transferierten Daten eine Rolle. Auf der SaaS-Ebene sind etwa die Zahl der genutzten Arbeitsplätze oder der angebotenen Programme für die Preisgestaltung maßgeblich.[154] Gerade bei Cloud-Verträgen mit langer Laufzeit können Preisanpassungsklauseln da-

---

152 Vgl. B.I.1.a).
153 *Wicker*, MMR 2012, S. 783 (786).
154 *Splittgerber/Rockstroh*, BB 2011, S. 2179 (2184); vertiefend BITKOM, Leitfaden 2009, S. 46 f., http://www.bitkom.org/files/documents/BITKOM-Leitfaden-CloudComputing_Web.pdf.

bei helfen, das Gleichgewicht zwischen den Interessen der Parteien zu sichern.[155] Hierdurch wird dem Verwender das Risiko langfristiger Berechnungen genommen und der Vertragspartner vor der Einpreisung von Sicherheitszuschlägen bei Vertragsschluss verschont.[156] Damit solche Klauseln im Rahmen einer Inhaltskontrolle nach § 307 ff. BGB bestehen, müssen sie die Voraussetzungen und den Umfang von Preisveränderungen in nachvollziehbarer Weise spezifizieren. Zudem darf der Verwender hierdurch nicht das Verhältnis von Leistung und Gegenleistung zu seinem Vorteil gestalten.[157]

Die Vergütung weitergehender Leistungen richtet sich hingegen nach dem jeweils geltenden Vertragstypus.[158]

b) Gewährleistung

Da nach dem Willen der Vertragsparteien regelmäßig nicht eine Leistung den ganzen typengemischten Cloud-Vertrag bestimmen soll[159], ist bei der Geltendmachung von Gewährleistungsrechten zunächst das jeweilige Gewährleistungsregime des in Frage stehenden Vertragstyps einschlägig[160]. So gilt beispielsweise bei der bloßen Erbringung von SaaS-Diensten das mietvertragliche[161] und bei der Implementierung der Software das werkvertragliche Gewährleistungsregime[162]. Der Cloud-Anbieter ist bei vertragswidriger Leistung gegebenenfalls zur Nacherfüllung[163] verpflichtet. Zudem kann für den Cloud-Nutzer die Möglichkeit entstehen, eine geminderte Gegenleistung zu erbringen[164], kausal entstandene Schäden geltend

---

155 *Trusted Cloud*, Vertragsgestaltung, S. 20.
156 *Wurmnest*, in: MüKo BGB, § 307 Rn. 95.
157 BGH NJW-RR 2008, S. 134; *Wurmnest*, in: MüKo BGB, § 307 Rn. 95; *Graf von Westphalen*, Teil »Klauselwerke« Telefonanlagenmiete Rn. 22.
158 Vgl. B.I.1.b).
159 Vgl. B.I.1.b).
160 BGH NJW 2008, S. 1072 (1073); *Emmerich*, in: MüKo BGB, § 311 Rn. 29; zu Gewährleistungsrechten bei Mängeln *von dem Bussche/Schelinski*, in: Leupold/Glossner, Teil 1. Rn. 360.
161 Vgl. B.I.1.a)dd).
162 Vgl. B.I.1.b).
163 §§ 634 Nr. 1, 635 BGB.
164 §§ 536 bzw. 634 Nr. 3 i.V.m. 638 BGB.

B. Bürgerliches Recht

zu machen[165] oder sich etwa durch außerordentliche Kündigung[166] oder Rücktritt[167] vom Vertrag zu lösen.

Wurde das Gewährleistungsrecht durch die Vertragsgestaltung modifiziert, dann gelten – vorbehaltlich ihrer rechtlichen Zulässigkeit – die getroffenen Vereinbarungen.[168] In Betracht kommen insoweit Modifizierungen durch Individualvereinbarungen und Allgemeinen Geschäftsbedingungen.

Im Folgenden werden gängige, beim Cloud Computing relevante Modifizierungen der Gewährleistung beleuchtet.

aa) Verfügbarkeitsvereinbarungen

Sofern der Cloud-Nutzer kostenpflichtige Cloud-unmittelbare Dienste in Anspruch nimmt, wird der Fokus auf einem mietvertraglichen Element liegen.[169] Die mietvertraglichen Gewährleistungsvorschriften sind dem Wortlaut nach primär auf Fälle gemünzt worden, in denen der Mieter direkten Zugriff auf einen körperlichen Gegenstand[170] erhält, und dessen Gebrauch der Vermieter während der Vertragslaufzeit zu ermöglichen hat. Die Bereitstellung ortsungebundener Cloud-Dienste weist jedoch nur noch wenige Gemeinsamkeiten mit einer derartigen Konstellation auf, mit der Folge, dass die Pflicht zur Einhaltung der mietvertraglichen Vorschriften für den Cloud-Anbieter einen hohen Aufwand bedeuten kann. Wird nämlich die in § 535 Abs. 1 S. 2 BGB normierte Pflicht des Cloud-Anbieters, Software und/oder Hardware während der Mietzeit zu überlassen, ohne weitergehende Vereinbarungen Bestandteil des Cloud-Vertrags, so muss der Cloud-Anbieter die Cloud-Dienste regelmäßig zu jeder Zeit uneingeschränkt verfügbar halten, also eine Verfügbarkeit von 100 % garantieren[171], und zwar über die gesamte Vertragslaufzeit hinweg[172].

---

165 §§ 536a bzw. 280, 281, 283 und 311a ggf. i.V.m. 634 Nr. 4 BGB.
166 §§ 543 bzw. 626 BGB.
167 §§ 634 Nr. 3 i.V.m. 636, 323 bzw. 326 Abs. 5 BGB.
168 Zum Cloud-spezifischen Mängelgewährleistungsrecht bei einer mietvertraglichen Einordnung vgl. *Wicker*, MMR 2012, S. 783 (787).
169 Vgl. B.I.1.a).
170 Also einer »Sache« i.S.v. § 90 BGB, *Häublein*, in: MüKo BGB § 535 Rn. 62; *Ehlert*, in: Bamberger/Roth, § 535 Rn 2.
171 Vgl. schon BGH NJW 2001, S. 751 (752); *Pohle/Ammann*, CR 2009, S. 275; *Wicker*, MMR 2012, S. 783 (787). Sofern Cloud Services (IaaS, PaaS und SaaS)

Problematisch ist jedoch, dass dies dem Cloud-Anbieter selbst beim heutigen Stand der Technik nicht immer gelingen wird. Nicht selten wird etwa eine kurze Unterbrechung der Diensterbringung eine Voraussetzung für die Gewährleistung der Funktionsfähigkeit sein. Der Cloud-Anbieter wird jedoch auch in diesen Fällen haften,[173] und zwar auch dann, wenn er gar nicht imstande ist, den Ausfall zu verhindern. Ein Ausschluss der Gewährleistung aufgrund vorvertraglicher Kenntnis oder fahrlässiger Unkenntnis des Cloud-Nutzers von einer konkreten Nichtverfügbarkeit der Cloud-Dienste i.S.v. § 536b BGB kommt demgegenüber nicht in Betracht, da der Cloud-Nutzer regelmäßig keinen Einblick in die Prozesse des Cloud-Anbieters erhält.[174]

Können die Dienste wegen Störungen der Cloud-Architektur nicht in Anspruch genommen werden, so stellt dies einen Mangel aus der Sphäre des Cloud-Anbieters dar, da die Tauglichkeit der Mietsache zum vertragsgemäßen Gebrauch i.S.v. § 536 BGB eingeschränkt wird.[175] Gemäß § 536a Abs. 1 BGB ist der Cloud-Anbieter dann zum Schadensersatz verpflichtet.

In diesem Rahmen kann die in § 252 S. 1 BGB normierte Erstreckung der zu ersetzenden Schadensposten auf entgangenen Gewinn den Cloud-Anbieter besonders spürbar tangieren. Selbst kurze Unterbrechungen der Zugriffsmöglichkeit können empfindliche Folgen für den Cloud-Kunden haben und hohe Schäden verursachen, und zwar vor allem dann, wenn er den Großteil seiner IT-Systeme in die Cloud-Umgebung verlagert und in hohem Maße von dieser abhängig ist.

Unabhängig von der Frage der Haftung generiert das Streben nach einer hundertprozentigen Verfügbarkeit der Cloud-Dienste auch entsprechend hohe Kosten, welche erfahrungsgemäß an die Cloud-Kunden weitergegeben werden, und die Nutzung von Cloud-Diensten unattraktiv machen können.

---

kostenlos überlassen werden, liegt ein leihvertragliches Element nach §§ 596 ff. BGB vor. In diesem Fall besteht keine dem § 535 Abs. 1 S. 2 BGB entsprechende Vorschrift.
172 *Karger/Sarre*, in: Taeger/Wiebe, S. 427 (428); *Wicker*, MMR 2012, S. 783 (787).
173 Anders wohl *Wicker*, MMR 2012, S. 783 (787), jedoch ist nicht ersichtlich, weshalb etwa ein durch Wartungsarbeiten begründeter Ausfall der Cloud-Dienste und hierdurch entstehende Schadensposten vom Nutzer hingenommen werden müssen.
174 *Wicker*, MMR 2012, S. 783 (787).
175 So auch im Ergebnis *Wicker*, MMR 2014, S. 715 (716).

Um die so zwangsläufig entstehenden widerstreitenden Interessen der Vertragsparteien in Einklang zu bringen, kann auf verschiedene Möglichkeiten zurückgegriffen werden. Nicht selten wird versucht, durch sog. »Service-Level-Agreements« oder »SLAs« den Umfang der geschuldeten Leistung zu reduzieren. Hierbei wird ein Rahmenvertrag als Grundlage abgeschlossen, der den grundsätzlichen Rechte- und Pflichtenkatalog der Parteien beinhaltet.[176] An diesen werden dann – oft in Form einer Anlage – SLAs als Module angedockt[177].[178] SLAs dienen der Festlegung und Konkretisierung der geschuldeten Leistung, in welchen bestimmte quantitative und qualitative Leistungsmerkmale festgelegt werden, die der Anbieter zu erfüllen hat.[179] Gleichsam ermöglichen sie die Regelung von Rechtsfolgen bei Verstößen gegen eine so konkretisierte Leistungspflicht.[180] Durch SLAs wird etwa die Verfügbarkeit der Cloud-Dienste auf einen bestimmten Satz, z.B. auf eine monatliche Verfügbarkeit von mindestens 99,9 %[181], festgesetzt. Weitere zu regelnde Aspekte sind dann sinnvollerweise die Messzeiträume, die Messmethoden sowie die Dokumentation der Verfügbarkeit.[182] Zudem sollte geregelt werden, an welchen konkreten Aspekt die Verfügbarkeit anknüpft – ob es also schon einen Verstoß darstellt, wenn der Zugriff auf Cloud-Dienste über eine Weboberfläche zeitweise nicht möglich ist, über eine Applikation jedoch schon.[183]

Werden diese SLAs, wie es regelmäßig geschieht, standardisiert eingesetzt, stellen sie zudem Allgemeine Geschäftsbedingungen dar, die nach §§ 305 ff. BGB zu behandeln sind.[184] Diese Normen schränken die Gestaltungsfreiheit des Verwenders ein, um eine Waffengleichheit zwischen den Parteien herzustellen.[185] In diesem Rahmen ist die maßgebliche Recht-

---

176 *Schumacher*, MMR 2006, S. 12 (13).
177 *Bräutigam*, CR 2004, S. 248; *Schumacher*, MMR 2006, S. 12 (13).
178 *Schumacher*, MMR 2006, S. 12 (13).
179 *von dem Bussche/Schelinski*, in: Leupold/Glossner, Teil 1. Rn. 26; *Schumacher*, MMR 2006, S. 12 (12 ff.); zur uneinheitlichen Nutzung des Begriffs SLA vgl. *Niemann/Paul*, K&R 2009, S. 444 (447).
180 *Schumacher*, MMR 2006, S. 12 (12 ff.); *Trusted Cloud*, Vertragsgestaltung, S. 18.
181 Amazon S3 SLAs, vgl. aws.amazon.com/de/s3-sla/; eine Verfügbarkeit von 99,9 % entspricht je nach gewünschter Betriebsdauer einer maximalen Gesamtausfallzeit von 8,76 Stunden im Jahr, *Lenz*, Tecchannel, 10.01.2007.
182 Mit konkreten Beispielen *Roth-Neuschild*, ITRB 2012, S. 67 (68 f.).
183 Ähnlich *Trusted Cloud*, Vertragsgestaltung, S. 18.
184 *Niemann/Paul*, K&R 2009, S. 444 (447); *Pohle/Ammann*, CR 2009, S. 273 (275).
185 *Becker*, in: Bamberger/Roth, § 305 Rn. 1.

sprechung zu beachten. Durch die bloße Beschreibung der Leistung durch SLAs, welche die Art, den Umfang und die Qualität der geschuldeten Leistung festlegen, wird weder gemäß § 307 Abs. 3 S. 1 BGB von Rechtsvorschriften abgewichen, noch werden diese ergänzt. Solche SLAs unterliegen damit keiner Inhaltskontrolle.[186] Demgegenüber sieht die Rechtsprechung Klauseln, in denen die Leistungspflicht zwar beschrieben, jedoch vom Umfang der Verfügbarkeit her eingeschränkt wird, aufgrund der Einschränkung des Hauptleistungsversprechens als von der Inhaltskontrolle umfasst an.[187] Zudem werden derartige formularmäßige Beschränkungen der Verfügbarkeit als eine unzulässige Haftungsbeschränkung angesehen[188], da die mit der Einschränkung einhergehende Haftungsbefreiung ohne Rücksicht auf das Verschulden des Leistenden zur Unwirksamkeit derartiger Klauseln nach § 309 Nr. 7 lit. b BGB[189] führe. Daher stellt sich die Frage, ob eine für den Cloud-Anbieter durchaus sinnvolle Beschränkung der Verfügbarkeit generell unzulässig ist. Viel Spielraum für eine andere Sichtweise hat der BGH jedenfalls nicht gelassen. Dennoch wird man die Rechtsprechung so auffassen müssen, dass es ausgeschlossen sein soll, dem Vertragspartner den Eindruck uneingeschränkter Verfügbarkeit (100 %) zu vermitteln, um sie dann durch AGB zu relativieren.[190]

Abhilfe schafft hier die Ausgestaltung von Klauseln dergestalt, dass sie nicht als Einschränkung eines Hauptleistungsversprechens auszulegen sind, sondern als Formulierung eines wie auch immer begrenzten Hauptleistungsversprechens per se.[191] In diesem Fall fielen die SLA-Klauseln nicht unter die Inhaltskontrolle nach §§ 307 ff. BGB, da sie lediglich den konkreten Umfang der Leistung festlegen.[192] Die Praxis, in Cloud-Verträgen störungsbezogene und geplante Wartungszeiten von den Ausfallzeiten auszunehmen, ist in diesem Lichte wohl als zulässig anzusehen.

---

186 BGH NJW 2001, S. 1934 (1935); OLG München NJW 2006, S. 2416 (2417); *Schmidt*, in: Bamberger/Roth, § 307 Rn. 77.
187 BGH K&R 2001, S. 217 u.a. bezugnehmend auf BGH NJW 1999, 2279 (2280).
188 BGH K&R 2001, S. 217.
189 Der BGH hatte über eine Vereinbarkeit mit § 11 Nr. 7 AGBG a.F. zu entscheiden, vgl. Fn. 188.
190 *Eckhardt*, IM 25 (2010), S. 55 (57).
191 *Söbbing*, in: Leible/Sosnitza, S. 35 (56); *Eckhardt*, IM 25 (2010), S. 55 (57); *Pohle/Ammann*, CR 2009, S. 273 (275); *dies.*, K&R 2009, S. 625 (627); *Roth-Neuschild*, ITRB 2012, S. 67 (68).
192 Vgl. Fn. 186.

B. Bürgerliches Recht

Die bloße Tatsache, dass die Formulierung der SLAs über deren rechtliche Behandlung entscheiden kann, spricht jedenfalls nicht für das Vorliegen einer unzulässigen Umgehung i.S.v. § 306a BGB, zumal Umgehungen von § 307 BGB nur in äußersten Ausnahmefällen angenommen werden können[193].

bb) Haftungsbeschränkungen und Haftungsausschlüsse

Deutlich schwieriger wäre es, wie soeben dargelegt[194], nicht den Umfang der Verfügbarkeit und Sanktionen für die Nichteinhaltung festzulegen, sondern die vertragliche Haftung zu beschränken. Für den Cloud-Anbieter wird die gemäß § 536a BGB statuierte verschuldensunabhängige Garantiehaftung für bei Vertragsschluss vorhandene Mängel besonders einschränkend sein, welche als mietvertragliche Vorschrift bei Cloud-unmittelbaren entgeltlich erbrachten Diensten Anwendung findet[195]. Diese kann zwar grundsätzlich durch Individualvereinbarungen und AGB abbedungen werden.[196] Zu beachten ist jedoch, dass dem Cloud-Anbieter gemäß § 276 Abs. 3 BGB die eigene Haftung wegen Vorsatz nicht im Voraus erlassen werden kann, also etwa in Fällen, in welchen er um anstehende Unterbrechungen weiß und diese dennoch verursacht[197].

Zudem ist, sofern der Kunde – wie es etwa beim Einsatz von Office 365 für den Privatgebrauch der Fall wäre – als Verbraucher i.S.v. § 13 BGB auftritt, ein formularmäßiger Haftungsausschluss für eigenes Verschulden oder das Verschulden von gesetzlichen Vertretern und Erfüllungsgehilfen wegen § 309 Nr. 7 lit. b BGB nur für leicht fahrlässiges Verhalten möglich.[198] Beispielsweise wäre deshalb die Ausnahme ganzer Schadenspositionen wie entgangenem Gewinn von der Haftung des Cloud-Anbieters unzulässig.[199] Auch die Beschränkung der Haftung bei der Verletzung des

---

193 *Basedow*, in: MüKo BGB, § 306a Rn. 3.
194 Vgl. B.I.2.b)aa).
195 Vgl. B.I.1.a).
196 BGH NJW 2010, S. 3152 (3153); *Ehlert*, in: Bamberger/Roth, § 536a Rn. 36a; *Söbbing*, in: Leible/Sosnitza, S. 35 (49).
197 Allgemein zu § 276 Abs. 3 BGB vgl. BGH NJW 1965, S. 962 (963) sowie *Unberath*, in: Bamberger/Roth, § 267 Rn. 10.
198 *Trusted Cloud*, Vertragsgestaltung, S. 26.
199 *Trusted Cloud*, Vertragsgestaltung, S. 26; gilt jedoch für den Cloud-Vertrag ausländisches Recht, so sind wirksame Haftungsausschlüsse denkbar, vgl. etwa die

Lebens, des Körpers oder der Gesundheit ist Verbrauchern gegenüber gemäß § 309 Nr. 7 lit. a BGB nicht möglich. Gerade für Cloud-Verträge gilt jedoch, dass die Haftungsbegrenzung selbst bezüglich leicht fahrlässiger Pflichtverletzungen unwirksam sein kann. Dies ist etwa der Fall, wenn der Verstoß gegen eine wesentliche Vertragspflicht formularmäßig von der Haftung ausgenommen wird, obwohl gerade diese Pflicht eine ordnungsgemäße Durchführung des Vertrages ermöglicht.[200] Bei Cloud-unmittelbaren Leistungen gehört die Verfügbarkeit und der sorgfältige Umgang mit den Nutzerdaten zu den wesentlichen Vertragspflichten des Cloud-Anbieters, auf die der Cloud-Kunde besonders vertraut.[201] Entsprechend wäre etwa eine formularmäßige Freizeichnung von der Haftung für einen leicht fahrlässig verursachten Datenverlust unwirksam.[202]

Ein Verstoß gegen § 309 Nr. 7 lit. a und b BGB führt zur Unwirksamkeit der Klausel. Gemäß § 306 Abs. 1 BGB bleibt der Vertrag dann im Übrigen wirksam, mit der Maßgabe, dass die entstandene Lücke gemäß Abs. 2 regelmäßig durch die gesetzlichen Vorschriften aufgefüllt wird. In solchen Fällen käme deshalb wieder die Haftung für sämtliche Schäden sowie der allgemeine Verschuldensmaßstab der §§ 276, 278 BGB, also die Haftung für Vorsatz und jede Form der Fahrlässigkeit, auch der Erfüllungsgehilfen, zur Geltung.

Im unternehmerischen Einsatz gelten die Einschränkungen des § 309 BGB gemäß § 310 Abs. 1 S. 1 BGB zwar nicht. Zu weite formularmäßige Abweichungen vom gesetzlichen Leitbild des jeweiligen Vertragstyps können jedoch auch hier zu einer Unwirksamkeit i.S.v. § 307 BGB führen.[203]

---

nach kalifornischem Recht zu bemessenden AGB des Anbieters Dropbox welche im Absatz »Haftungsbeschränkung« regeln, dass »soweit gesetzlich zulässig [...] Dropbox [...] keinesfalls für (a) indirekte Schäden, Einzelfallschäden, Nebenschäden, Strafschadensersatz, verschärften Schadensersatz, Folgeschäden oder Schäden durch entgangene Nutzung, Datenverlust, entgangene Geschäfte und entgangenen Gewinn [...]« haftet, https://www. dropbox.com/dmca#terms.
200 BGH NJW 2002, S. 673 (674 f.); *Becker*, in: Bamberger/Roth, § 309 Nr. 7 Rn. 20 ff.; *Wicker*, MMR 2014, S. 787 (788).
201 *Intveen/Hilber/Rabus*, in: Hilber, Teil 2 Rn. 231; *Wicker*, MMR 2014, S. 787 (788).
202 *Wicker*, MMR 2014, S. 787 (788).
203 *Wicker*, MMR 2014, S. 787 (787); *Intveen/Hilber/Rabus*, in: Hilber, Teil 2 Rn. 238; vertiefend, insbesondere zur einschlägigen Rechtsprechung *Becker*, in: Bamberger/Roth, § 309 Nr. 7 Rn. 46 ff.

B. Bürgerliches Recht

cc) Reaktionszeitvereinbarungen

Im Interesse des Cloud-Nutzers können zudem Reaktionszeiten festgelegt werden, innerhalb derer der Cloud-Anbieter auf dienstbezogene Störungsmeldungen reagieren muss.[204] Für die Überschreitung dieser Zeiten können Sanktionen vereinbart werden. Hierbei kann beispielsweise an den Zeitpunkt des Bearbeitungsbeginns oder an den Zeitpunkt der endgültigen Behebung eines Problems angeknüpft werden.[205] Ähnlich wie bei der Vereinbarung der Verfügbarkeit von Cloud-Diensten, können dabei durchschnittliche Reaktionszeiten – etwa pro Monat oder Jahr – vereinbart werden.[206]

dd) Festlegung von Sanktionen

Um den Interessen der Kunden entgegenzukommen, bietet es sich an, in den SLAs für die Nichteinhaltung der Leistungspflichten Sanktionen festzulegen, da das gesetzliche Haftungsregime nicht für jeden Einzelfall eine interessengerechte Antwort parat hat und sich die Berechnung von Schäden und die Feststellung konkreter Mängel als schwierig erweisen können.[207]

Gängige Sanktionsformen sind etwa die Vereinbarung von pauschalen Minderungen der Vergütung[208], pauschalem Schadensersatz sowie Vertragsstrafen zugunsten des Cloud-Kunden.[209] Dies ist für den Kunden vorteilhaft, da er bei entsprechender Vereinbarung das konkrete Ausmaß der Pflichtverletzung nicht darlegen muss. Der Anbieter wiederum hat demgegenüber die Sicherheit, nur bis zu einer gewissen Höhe in Anspruch ge-

---

204 *Schumacher*, MMR 2006, S. 12 (14); *Grützner/Jakob*, in: Grützner/Jakob, Service Level Agreement.
205 *Schumacher*, MMR 2006, S. 12 (14); *Trusted Cloud*, Vertragsgestaltung, S. 38.
206 Sog. »MTTR« oder »Mean Time to Repair«, *Schumacher*, MMR 2006, S. 12 (14); *Trusted Cloud*, Vertragsgestaltung, S. 38; für konkrete Beispiele vgl. *Roth-Neuschild*, ITRB 2012, S. 67 (70).
207 *Schumacher*, MMR 2006, S. 12 (14 f.); Heymann, CI 1999, S. 173 (174 f.).
208 Sog. »Service Credits«, vgl. z.B. Google Apps SLAs, http://www.google.com/apps/intl/de/terms/sla.html.
209 *Meyer-Spasche*, HMD 275 (2010), S. 71 (73 ff.); *Splittgerber/Rockstroh*, BB 2011, S. 2179 (2183); *Niemann/Paul*, K&R 2009, S. 444 (447); zu SLAs beim IT-Outsourcing *Bräutigam*, CR 2004, S. 248 (251).

nommen werden zu können.[210] Gleichsam ist es möglich, die Geltendmachung eines weiteren Schadens zu regeln oder dem Cloud-Anbieter den Nachweis eines geringeren Schadens zuzubilligen.[211] Die formularmäßige Pauschalisierung von Schadensersatz ist mit Blick auf § 309 Nr. 5 lit. a BGB jedenfalls nur dann wirksam, wenn sie den zu erwartenden Schaden nach dem gewöhnlichen Lauf der Dinge überschreitet. Dieser Gedanke gilt über § 307 BGB auch für Verträge zwischen Unternehmern.[212]

c) Pflegevereinbarungen

Es kann ferner sinnvoll sein, Vereinbarungen hinsichtlich der Software- und Hardwarepflege seitens des Cloud-Anbieters zu treffen.[213] Möchte der Cloud-Anbieter etwa gesichert wissen, dass er die bereitgestellten Dienste auf dem neuesten Stand der Technik halten darf, ist, wenn es um Veränderungen der dem Cloud-Kunden zugesagten Leistung geht, das Klauselverbot des § 308 Nr. 4 BGB zu beachten. Das formularmäßig vereinbarte Recht zur einseitigen Veränderung der versprochenen Leistung muss auf konkrete und bestimmte Fälle begrenzt werden, um dem Vertragspartner noch zumutbar sein zu können.[214] Dieser Grundgedanke gilt ebenso im Rahmen des unternehmerischen Verkehrs.[215] Aufgrund der sehr engen Auslegung durch die Rechtsprechung[216], sind im Rahmen von Cloud-Verträgen kaum triftige und zumutbare Gründe denkbar, die, selbst wenn sie dem Kunden in objektiver Hinsicht Vorteile versprächen, eine solche einseitige Veränderung zuließen.[217] Dies gilt umso mehr, da Cloud-Nutzer durch die Inanspruchnahme der Cloud-Dienste und den Verzicht auf eigene IT-Ressourcen oftmals eng an den Cloud-Anbieter gebunden sind und auf die gleichbleibende Qualität dessen Leistungen angewiesen sind. Von den Klauselverboten der §§ 307 ff. BGB nicht erfasst sind indes Handlun-

---

210 Vgl. vertiefend *Schumacher*, MMR 2006, S. 12 (15 f.).
211 *Trusted Cloud*, Vertragsgestaltung, S. 19.
212 BGH NJW 1998, S. 592 (593); *Becker*, in: Bamberger/Roth, § 309 Nr. 5 Rn. 39.
213 Zur vertraglichen Einordnung von Pflegeleistungen vgl. B.I.1.b).
214 Zur Unwirksamkeit einer Klausel des Anbieters Samsung bezüglich der Zustimmung zur automatischen Installation von App-Updates LG Frankfurt/Main MMR 2013, S. 645 (646).
215 BGH NJW 1984, S. 1182; *Becker*, in: Bamberger/Roth, § 308 Nr. 4 Rn. 40.
216 Vgl. die Übersicht bei *Wurmnest*, in: MüKo BGB, § 308 Nr. 4 Rn. 11.
217 *Paul*, in: Niemann/Paul, S. 160 (186 f.).

B. Bürgerliches Recht

gen wie die Aktualisierung der Soft- und Hardware zur Schließung von kritischen Sicherheitslücken oder zur Verbesserung der Dienstestabilität, da diese aus Sicht des Cloud-Nutzers keine primäre Veränderung der Leistung darstellen.

d) Beendigung

Für die Beendigung des Cloud-Vertrages sind die für den jeweiligen Vertragsteil geltenden gesetzlichen Regelungen im Zusammenspiel mit den vertraglichen Vereinbarungen und Konkretisierungen zu beachten. Bei entgeltlich erbrachten Cloud-unmittelbaren Leistungen sind regelmäßig die mietvertraglichen Vorschriften einschlägig.[218] Entscheiden sich die Parteien für eine befristete Nutzung solcher Leistungen, endet das Verhältnis gemäß § 542 Abs. 2 BGB nach Ablauf der vereinbarten Frist.

Zudem besteht die Möglichkeit der fristlosen Kündigung aus wichtigem Grund gemäß § 543 BGB. Aufgrund des sehr abstrakten Gesetzeswortlautes ist es jedoch sinnvoll, im Cloud-Vertrag derartige wichtige Gründe zu spezifizieren.[219] Ein entsprechender Grund kann beispielsweise der Verstoß gegen durch SLAs geregelte Pflichten sein.[220]

Allerdings werden Cloud-Nutzer nicht selten wesentliche Elemente ihrer IT-Anlagen in die Cloud verlagern und von der Architektur des Cloud-Anbieters in hohem Maße abhängig sein. Sofern die Parteien keine Bestimmungen über die Fristen einer ordentlichen Kündigung treffen, hätte dies zur Folge, dass bei einer ordentlichen Kündigung der Cloud-Nutzer mit unmittelbarer Wirkung jegliche Handlungsmöglichkeit, und vor allem die Möglichkeit, auf seine Daten zugreifen und mit diesen gegebenenfalls zu einem anderen Anbieter umziehen zu können, verlieren würde. Aus Nutzerschutzgründen ist deshalb für derartige Fälle eine entsprechende Anwendung des für Geschäftsräume einschlägigen § 580a Abs. 2 BGB zu fordern, der dem Gekündigten einen gewissen Handlungsspielraum ermöglichen soll.[221] Eine ähnliche Vergleichbarkeit der Sachlage hat das LG Mannheim bereits für einen Webhostingvertrag angenommen, um den Gekündigten angemessen in die Lage zu versetzen, einen neuen Anbieter

---

218 Vgl. B.I.1.a).
219 *Trusted Cloud*, Vertragsgestaltung, S. 27; *Schumacher*, MMR 2006, S. 12 (16).
220 *Schumacher*, MMR 2006, S. 12 (16).
221 *Wicker*, MMR 2012, S. 783 (787).

aufsuchen zu können.[222] Umso mehr muss dies beim Cloud Computing gelten, bei dem gegebenenfalls Leistungen nicht nur wie beim Webhosting auf der Speicherebene zu erbringen sind, sondern auch die Bereitstellung von Rechenleistung, Plattformen oder Software geschuldet ist, was für den Kunden eine noch stärkere Abhängigkeit vom Anbieter bedeuten kann.

e) Rückabwicklung

Wird das Cloud-Verhältnis beendet, so sind bezüglich der Cloud-unmittelbaren Leistungen wiederum die mietvertraglichen Vorschriften einschlägig.[223] Gemäß § 546 BGB ist der Mieter verpflichtet, die Mietsache nach Beendigung des Mietverhältnisses zurückzugeben. Beim Cloud Computing wird, da der Nutzer gar keinen unmittelbaren physischen Zugriff auf die Mietsache erhält, diese Pflicht dadurch erfüllt, dass der Anbieter ab Beendigung des Vertrages den Zugang zur Cloud-Architektur sperrt.[224] Allerdings ist er zum Einbehalt der Cloud-Daten des Nutzers regelmäßig nicht berechtigt und muss diese herausgeben oder vernichten.[225]

Problematisch ist insoweit, dass der Cloud-Nutzer hinsichtlich der eingebrachten Daten und der Möglichkeit, Cloud-Dienste zu nutzen, nicht selten in vollständiger Abhängigkeit zum Cloud-Anbieter steht. Hat er aufgrund einer Zugangssperrung durch den Cloud-Anbieter keine Möglichkeit mehr, die in der Cloud-Umgebung in Anspruch genommenen Daten und Dienste anderweitig zu nutzen, können ihm einschneidende Konsequenzen drohen. Die Situation würde weiter verschärft, wenn es an einer Standardisierung von Dateiformaten und Applikationen fehlt und damit ein Umzug zu einem anderen Anbieter erschwert wird.[226] Um eine reibungslose Rückabwicklung zu ermöglichen, ist daher ein interessengerechtes Exit-Management von größter Bedeutung. Der drohende Interessenkonflikt sollte durch vertragliche Regelungen, etwa bezüglich von

---

222 LG Mannheim, Urteil v 7.12.2010 – 11 O 273/10.
223 Vgl. B.I.1.a).
224 *Wicker*, MMR 2012, S. 783 (787).
225 *Wicker*, MMR 2012, S. 783 (788); ähnlich *Eckhardt*, IM 25 (2010) 4, S. 55 (60).
226 *von dem Bussche/Schelinski*, in: Leupold/Glossner, Teil 1. Rn. 397.

B. Bürgerliches Recht

Übergangsphasen, der Migration, der Form der Datenrückgabe und etwaiger Sanktionen für die Nichteinhaltung, abgewendet werden.[227]

f) Datenschutz

Um einen einheitlichen Rahmen für die Cloud-Nutzung zu gewährleisten, sollte der Cloud-Vertrag zugleich auch datenschutzrechtliche Aspekte abdecken. Da das Cloud Computing innerhalb des EU/EWR-Raumes als Auftragsdatenverarbeitung i.S.v. § 11 BDSG ausgestaltet werden kann[228], ist zu beachten, dass die Auftragserteilung gemäß § 11 Abs. 2 S. 2 BDSG der Schriftform i.S.v. § 126 BGB bedarf. Die ausdrückliche Bezeichnung des Verhältnisses von Cloud-Nutzer und Cloud-Provider als »Auftragsdatenverarbeitung« ist dabei zur Klarstellung sinnvoll.[229] Zudem ist der Katalog von § 11 Abs. 2 S. 2 BDSG zu berücksichtigen, da dessen Maßgaben für eine wirksame Auftragsdatenverarbeitung konstitutiv sind.[230] Werden bei der Nutzung der Cloud-Dienste zum Zweck einer zulässigen Übermittlung von Daten in unsichere Drittstaaten die von der Kommission anerkannten EU-Standardvertragsklauseln eingesetzt, können auch diese dem Cloud-Vertrag angefügt werden.[231] Auch ist es zweckmäßig und geboten, den mitteilungspflichtigen Rückgriff auf Safe-Harbor zertifizierte Cloud-Anbieter, an welche die Übermittlung personenbezogener Daten zulässig ist, im Cloud-Vertrag zu erwähnen.[232]

---

227 *Splittgerber/Rockstroh*, BB 2011, S. 2179 (2184); *Trusted Cloud*, Vertragsgestaltung, S. 20; vertiefend zum Exit-Management beim IT-Outsourcing *Bräutigam*, in: Bräutigam, Teil 13 Rn. 315 ff.
228 Zur Auftragsdatenverarbeitung vgl. D.III.1.b)aa)(1)(c)(bb) und D.III.4.b)bb)(1).
229 *Bräutigam/Thalhofer*, in: Bräutigam, Teil 14 Rn. 161; *Bräutigam*, in: Bräutigam, Teil 13 Rn. 242.
230 Hierzu vgl. D.III.2.a).
231 *Trusted Cloud*, Vertragsgestaltung, S. 20; zu den EU-Standardvertragsklauseln vgl.D.III.4.b)bb)(3)(a).
232 *Bräutigam/Thalhofer*, in: Bräutigam, Teil 14 Rn. 164; zum Safe-Harbor-Programm vgl. D.III.4.b)bb)(3)(b).

g) Nutzungsrechte

Sofern der Cloud-Anbieter im Rahmen der Erbringung von Cloud-Diensten urheberrechtlich geschützte Werke wie Software oder Videos bereitstellt, ist der Nutzer gegebenenfalls auf die Einräumung von Nutzungsrechten angewiesen. Auch der Cloud-Anbieter bräuchte entsprechende Befugnisse, wenn geschützte Werke in die Cloud-Umgebung eingebracht werden, und er zur Leistungserbringung urheberrechtlich relevante Handlungen vornehmen muss.[233] Die Erteilung von Lizenzen gemäß § 31 UrhG kann sinnvollerweise im Rahmen des Cloud-Vertrages erfolgen.[234]

h) Weitere Vereinbarungen

Cloud-Anbieter werden sich auch in anderen Bereichen durch besondere Vereinbarungen und Klauseln absichern wollen, sodass etwa bei Leistungsstörungen hierauf Bezug genommen werden kann. Hierzu gehören beispielsweise leistungsbezogene Aussagen zur Performance, also der durch Bandbreite und Latenzzeit bedingten Antwortzeit.[235] Derartige Vereinbarungen haben zudem den Vorteil, dass auch finanzielle Aspekte der Auslagerung in die Cloud, wie etwa das Einsparungspotenzial, besser abgeschätzt und verschiedene Cloud-Anbieter besser miteinander verglichen werden können.[236]

Da bei Cloud-Sachverhalten neben den Vertragsparteien auch weitere Akteure eine bestimmende Rolle einnehmen, sind zudem Regelungen zur Verantwortlichkeit bei Schlechtleistungen Dritter, wie etwa TK-Anbieter[237] oder anderer Cloud-Anbieter, auf deren Services der Hauptanbieter zurückgreift, sinnvoll. Im Interesse der Kunden liegen sicherlich auch Vereinbarungen über die Vertraulichkeit der Daten und der Datensi-

---

233 Ähnlich *von dem Bussche/Schelinski*, in: Leupold/Glossner, Teil 1. Rn. 390.
234 Zu den urheberrechtlichen Aspekten des Einsatzes von Cloud-Diensten vgl. C.
235 *Roth-Neuschild*, ITRB 2012, S. 67 (70 ff.); *Meyer-Spasche*, HMD 275 (2010), S. 71 (72 ff.); *Pohle/Ammann*, K&R 2009, S. 625 (627 f.).
236 *Marko*, in: Blaha/Marko/Zellhofer/Liebel, S. 15 (36); allgemein zu SLAs *Schumacher*, MMR 2006, S. 12 (13).
237 *Pohle/Ammann*, K&R 2009, S. 625 (628); *Meyer-Spasche*, HMD 275 (2010), S. 71 (73).

cherheit[238], über Eskalationsstrategien, sowie über ein Notfall-Management.[239] Schließlich können die neben den Cloud-unmittelbaren Leistungen gewünschten weiteren Leistungen – etwa kundenspezifische Softwareimplementierungen und Schulungsprogramme – mitgeregelt werden. Auch auf das anwendbare Recht und Gerichtsstände können die Vertragsparteien Einfluss nehmen;[240] dies kann beispielsweise durch SLAs erfolgen[241].

Spezifische Vereinbarungen in Cloud-Verträgen sind in vielfältiger Weise möglich und können nicht abschließend aufgezählt werden. Letztlich kommt es auf die Wünsche und Interessen der Parteien an, wobei immer auch etwaige Einschränkungen durch die AGB-spezifischen Vorschriften der §§ 305 ff. BGB zu beachten sind.[242]

i) Ergebnis

Bei der Vereinbarung über die Erbringung von Cloud-Leistungen spielt die jeweilige Gestaltung zwischen Cloud-Kunden und Cloud-Anbietern eine wichtige Rolle. Neben den Vergütungsmodalitäten stehen dabei Fragen der Haftung im Mittelpunkt. Während Cloud-Nutzer eine jederzeitige Verfügbarkeit der Cloud-unmittelbaren Dienste erwarten, und nach der gesetzlichen Konzeption auch einen Anspruch hierauf haben, müssen Cloud-Anbieter diese faktisch nicht immer zu realisierende Erwartung durch Verfügbarkeitsvereinbarungen abfedern. Hierbei wird regelmäßig auf SLAs zurückgegriffen, um Art, Umfang und Qualität der geschuldeten Leistung festzulegen. Solche SLAs können dann wirksam eingesetzt wer-

---

238 Für einen Überblick über erstrebenswerte Maßnahmen vgl. etwa die BSI Sicherheitsempfehlungen für Cloud Computing Anbieter – Mindestanforderungen in der Informationssicherheit, https://www.bsi.bund.de/SharedDocs/Downloads/DE/BSI/Mindestanforderungen/Eckpunktepapier-Sicherheitsempfehlungen-CloudComputing-Anbieter.pdf?__blob=publicationFile.
239 *Schulz/Rosenkranz*, ITRB 2009, S. 232 (234); *Marko*, in: Blaha/Marko/Zellhofer/Liebel, S. 15 (45); *Nägele/Jacobs*, ZUM 2010, S. 281 (284).
240 Hierzu vgl. B.III.
241 *Doubrava/Münch*, BSI Forum 5/2012, S. 36 (38).
242 Ausführlich zur Gestaltung von Cloud-Verträgen *Trusted Cloud*, Vertragsgestaltung, S. 1 ff.; zur Gestaltung von Cloud-Verträgen durch SLAs *Doubrava/Münch*, BSI Forum 5/2012, S. 36 (36 ff.); allgemein zur Gestaltung durch SLAs *Schumacher*, MMR 2006, S. 12 (12 ff.) sowie *Bräutigam*, CR 2004, S. 248 (248 ff.).

den, wenn sie von vornherein ein begrenztes Hauptleistungsversprechen formulieren, statt eine solche Leistung einzuschränken. Bei einer derartigen Ausgestaltung unterfallen sie nicht der Inhaltskontrolle nach §§ 307 ff. BGB.

Die Gestaltung wirksamer formularmäßiger Haftungsbeschränkungen gegenüber Verbrauchern ist indes nur schwerlich möglich. Diese sind nur wirksam, wenn die Haftung des Cloud-Anbieters für leicht fahrlässiges Handeln beschränkt wird, ohne dass dadurch die Haftung für die Verletzung des Lebens, des Körpers oder der Gesundheit abbedungen würde. Auch darf sich die Haftungsbeschränkung nicht auf die Folgen mangelnder Verfügbarkeit oder des Umgangs mit Nutzerdaten beziehen, da diese eine wesentliche Vertragspflicht darstellen, auf die der Cloud-Kunde besonders vertraut. Diese Wertungen können auch im unternehmerischen Bereich eine gewisse Wirkung entfalten.

Im Cloud-Vertrag können mit Blick auf die Schwierigkeiten bei der Errechnung von Schäden im digitalen Bereich, Vereinbarungen über pauschale Minderungen, Vertragsstrafen und pauschalen Schadensersatz getroffen werden. Die formularmäßige Vereinbarung von pauschalem Schadensersatz ist allerdings nur wirksam, wenn dadurch der zu erwartende Schaden nach dem gewöhnlichen Lauf der Dinge überschritten wird.

Bei formularmäßigen Vereinbarungen über die Pflege von Software und Hardware ist zu beachten, dass einseitige Leistungsänderungsrechte in Cloud-Verträgen regelmäßig unwirksam sein werden.

Weitere wichtige Vereinbarungen sind beispielsweise die Modalitäten der Vertragsbeendigung und, vor allem mit Blick auf den hohen Grad der Abhängigkeit der Cloud-Nutzer von den Cloud-Anbietern, die Rückabwicklung und Rückführung der Daten. Sinnvoll ist es, auch die Erteilung eines Auftrags i.S.v. § 11 BDSG im Cloud-Vertrag mitzuregeln bzw. gegebenenfalls EU-Standardvertragsklauseln anzufügen. Der Cloud-Vertrag sollte zudem Bestimmungen zu etwaigen urheberrechtlichen Nutzungsrechten enthalten.

Den Parteien stehen letztlich zahlreiche Gestaltungsmöglichkeiten zu, welche, im Falle formularmäßiger Vereinbarungen, durch die Vorschriften der §§ 305 ff. BGB begrenzt werden. In der Praxis wird jedoch der Cloud-Anbieter häufig darauf bedacht sein, einen eigenen Entwurf zur Grundlage des Cloud-Vertrages zu machen; individuelle Verhandlungen werden, jedenfalls im Verbraucherbereich, die Ausnahme darstellen.

B. Bürgerliches Recht

II. Anwendbares Recht

Da dem Cloud Computing durch seine Ortsunabhängigkeit ein ubiquitärer Charakter zukommt, können Bezüge zu verschiedenen Rechtssystemen entstehen. Denn durch die Virtualisierungstechnik und die Anbindung an das Internet können die Standorte der Cloud-Architektur ebenso auf verschiedene Länder verteilt sein, wie der Sitz des Cloud-Anbieters und der Aufenthaltsort oder Sitz des Cloud-Kunden. In diesen Fällen stellt sich mangels eines einheitlichen universellen Vertrags- und Deliktsrechts die Frage, welches Recht beim Cloud Computing anzuwenden ist, zumal Cloud-Anbieter und Cloud-Kunden nicht selten ein Interesse daran haben, das für ihr Verhältnis maßgebliche Rechtsregime durch Abreden zu beeinflussen. Beispielsweise beharren prominente Cloud-Anbieter oft auf ihrem Heimatrecht.[243] Im Folgenden werden zunächst das beim Cloud Computing anwendbare Vertragsrecht und im Anschluss das anwendbare Deliktsrecht dargestellt.

1. Anwendbares Vertragsrecht

Bei der Frage nach dem anwendbaren Vertragsrecht ist vorrangig die in der gesamten Europäischen Union unmittelbar geltende Rom-I-Verordnung[244] maßgeblich. Haben die Parteien des Cloud-Vertrages eine Rechtswahlvereinbarung getroffen, ergibt sich das anwendbare Recht aus Art. 3 Rom-I-VO. Fehlt es an einer solchen Vereinbarung, so bestimmt sich das anwendbare Recht nach Art. 4 Rom-I-VO. Ist der Cloud-Vertrag zugleich ein Verbrauchervertrag, kommt indes die speziellere Vorschrift des Art. 6 Rom-I-VO zur Anwendung.[245]

---

243 Die AGB der Amazon Web Services erklären das Recht des Staates Washington für maßgeblich, http://aws.amazon.com/de/agreement/; bei Verträgen mit dem Anbieter Dropbox gilt laut den AGB das Recht des Staates Kalifornien, https://www.dropbox.com/terms2014.
244 VO (EG) 593/2008, ABl. EG v. 04.07.2008, Nr. L 177/6.
245 Die Bestimmung des anwendbaren Rechts geht den Erörterungen zur einschlägigen Vertragsart (B.I.1.) und zur Vertragsgestaltung (B.I.2.) zwar vor, wird jedoch maßgeblich durch die vertragliche Einordnung des Verhältnisses von Cloud-Anbieter und Cloud-Kunden mitgeprägt.

a) Rechtswahlvereinbarung

Cloud-Verträge richten sich aufgrund des in Art. 3 Rom-I-VO statuierten Grundsatzes der Parteiautonomie primär nach dem von den Parteien gewählten Recht.[246] Die Vertragsparteien können mit einer derartigen Vereinbarung auch solche Rechtsregime für anwendbar erklären, die weder einen Anknüpfungspunkt zu ihrem Heimrecht, noch zum Erfüllungs- und Erfolgsort der vertraglichen Leistungen haben.[247]

Die Rechtswahlvereinbarung kann zum einen expressis verbis etwa per Individualabrede, per Verweis auf Regelungen eines anderen Vertrages oder formularmäßig erfolgen.[248] Zum anderen ist auch eine konkludente Rechtswahl möglich, sofern eine tatsächliche Willensübereinkunft der Parteien besteht. Ob eine konkludente Übereinkunft vorliegt, ergibt sich aus dem jeweiligen Einzelfall, wenn nämlich eindeutige Indizien für einen tatsächlichen Parteiwillen vorhanden sind.[249] Auch eine Gerichtsstandsvereinbarung stellt grundsätzlich einen Anhaltspunkt für die Ermittlung des Parteiwillens dar.[250]

b) Anknüpfung bei fehlender Rechtswahlvereinbarung

Wurde keine Rechtswahl getroffen, gilt für Cloud-Verträge gemäß Art. 4 Abs. 2 Rom-I-VO das Recht des gewöhnlichen Aufenthaltsortes des Cloud-Anbieters, da dieser die charakteristische Leistung – also die Leistung, die einen Vertrag von anderen Verträgen unterscheidet[251] – zu er-

---

246 *Sujecki*, K&R 2012, S. 312 (314); *Splittgerber/Rockstroh*, BB 2011, S. 2179 (2184); *Spickhoff*, in: Bamberger/Roth, VO (EG) 593/2008 Art. 3 Rn. 3.
247 *Thorn*, in: Palandt, Rom I 3 Rn. 4; *Spickhoff*, in: Bamberger/Roth, VO (EG) 593/2008 Art. 3 Rn. 8.
248 *Martiny*, in: MüKo BGB, VO (EG) 593/2008 Art. 3 Rn. 42; *Staudinger*, in: Schulze u.a., VO (EG) 593/2008 Art. 3 Rn. 3.
249 *Sujecki*, K&R 2012, S. 312 (314); *Spickhoff*, in: Bamberger/Roth, VO (EG) 593/2008 Art. 3 Rn. 19; *Martiny*, in: MüKo BGB, VO (EG) 593/2008 Art. 3 Rn. 45 ff.
250 *Spickhoff*, in: Bamberger/Roth, VO (EG) 593/2008 Art. 3 Rn. 19; *Martiny*, in: MüKo BGB, VO (EG) 593/2008 Art. 3 Rn. 48; vgl. hierzu auch B.III.
251 *Spickhoff*, in: Bamberger/Roth, VO (EG) 593/2008 Art. 4 Rn. 53; *Martiny*, in: MüKo BGB VO (EG) 593/2008 Art. 4 Rn. 148.

bringen hat.[252] Charakteristisch ist bei gegenseitigen Verträgen nicht die Zahlungsverpflichtung, sondern die – gegebenenfalls gegen Zahlung – erbrachte Leistung.[253] Ist die Partei, die die charakteristische Leistung zu erbringen hat, keine natürliche Person, wird gemäß Art. 19 Abs. 1 Rom-I-VO der Ort ihrer Hauptverwaltung dem Ort des gewöhnlichen Aufenthalts gleichgestellt. Maßgeblich ist damit regelmäßig das Recht am Ort der Hauptverwaltung des Cloud-Anbieters.[254] Ist der Cloud-Vertrag hingegen im Rahmen des Betriebs einer Niederlassung geschlossen worden oder ist gemäß den vertraglichen Vereinbarungen eine Niederlassung verantwortlich, gilt gemäß Art. 19 Abs. 2 Rom-I-VO der Ort der Niederlassung als maßgeblicher Aufenthaltsort des Cloud-Anbieters.

Art. 4 Abs. 2 Rom-I-VO ist grundsätzlich für alle Cloud-Verträge einschlägig. Denn haben die Parteien nur Cloud-unmittelbare Dienste gegen Entgelt und ohne weitergehende Leistungen vereinbart, dann ist gemäß der vorangegangenen Erwägungen[255] in der Regel von einem Mietvertrag über bewegliche Sachen auszugehen.[256] Dieser unterfällt gerade nicht Art. 4 Abs. 1 lit. c Rom-I-VO, sondern Art. 4 Abs. 2 Rom-I-VO.[257] Diese Anknüpfung trifft auch für einen Cloud-Vertrag mit leihvertraglichem Element zu.[258]

Art. 4 Abs. 2 Rom-I-VO gilt jedoch auch für komplexere Vertragsverhältnisse, welche mehreren Vertragstypen innerhalb oder außerhalb des Katalogs von Art. 4 Abs. 1 Rom-I-VO zuzuordnen sind.[259] Dies wäre etwa der Fall, wenn über die grundsätzlich nach mietvertraglichen Vorschriften

---

252 *von dem Bussche/Schelinski*, in: Leupold/Glossner, Teil 1. Rn. 400; *Stögmüller*, in: Leupold/Glossner, Teil 4. Rn. 11; wohl auch *Nordmeier*, MMR 2010, S. 151 (152).
253 *Sujecki*, K&R 2012, S. 312 (316); ebenso *Spickhoff*, in: Bamberger/Roth, VO (EG) 593/2008 Art. 4 Rn. 53.
254 Von »Sitz« sprechend *von dem Bussche/Schelinski*, in: Leupold/Glossner, Teil 1. Rn. 400; *Söbbing*, in: Onlinerecht 2.0, S. 35 (58); *Martiny*, in: MüKo BGB, VO (EG) 593/2008 Art. 19 Rn. 4.
255 Vgl. B.I.1.a).
256 Ähnlich *Trusted Cloud*, Vertragsgestaltung, S. 12.
257 *Martiny*, in: MüKo BGB VO (EG) 593/2008 Art. 4 Rn. 167; *Thorn*, in: Palandt, Rom I 4 Rn. 25.
258 *Martiny*, in: MüKo BGB VO (EG) 593/2008 Art. 4 Rn. 168; *Thorn*, in: Palandt, Rom I 4 Rn. 25.
259 *Pfeiffer/Weller/Nordmeier*, in: Spindler/Schuster, 4. Teil A. Kap. II Art. 4 Rn. 16; mit weiteren Abgrenzungsmerkmalen *Spickhoff*, in: Bamberger/Roth, VO (EG) 593/2008 Art. 4 Rn. 52.

zu behandelnden Cloud-unmittelbaren Leistungen hinaus auch weitergehende Leistungen gewünscht sind, die etwa werk- oder dienstvertraglich einzuordnen sind.[260]

Nur subsidiär gilt bei einer offensichtlich engeren Verbindung des Vertrages zu einem anderen Staat als dem des Aufenthaltsortes des Cloud-Anbieters gemäß Art. 4 Abs. 3 Rom-I-VO das Recht dieses Staates.[261] Da die Vorschrift allerdings restriktiv zu handhaben ist[262], kommt ihr im Rahmen des Cloud Computings kaum Bedeutung zu.

c) Sonderfall Verbraucherverträge

Haben ein Cloud-Kunde als Verbraucher und ein Cloud-Anbieter, der regelmäßig als Unternehmer zu qualifizieren ist, einen Vertrag geschlossen, hierbei jedoch keine Rechtswahl getroffen, ist Art. 6 Rom-I-VO einschlägig. Der Cloud-Kunde ist Verbraucher, wenn der Zweck des Cloud-Vertrages nicht, oder nur zu einem unwesentlichen Teil seiner beruflichen oder gewerblichen Tätigkeit zuzurechnen ist[263], also etwa dann, wenn ein Vertrag über die private Nutzung von Cloud-Diensten wie Google Drive geschlossen wird.

Unabhängig[264] von der vertragstypologischen Einordnung des Cloud-Vertrages gilt in solchen Fällen gemäß Art. 6 Abs. 1 lit. a und b Rom-I-VO grundsätzlich das Recht des Staates, in dem der Verbraucher seinen gewöhnlichen Aufenthalt hat, sofern der Cloud-Anbieter entweder seine berufliche oder gewerbliche Tätigkeit in diesem Staat ausübt oder dessen berufliche oder gewerbliche Tätigkeit sich allein oder mitunter auf diesen

---

260 Pauschale Einordnung des Cloud Computings unter Art. 4 Abs. 1 lit. b Rom-I-VO trotz Anerkennung des im Wesentlichen mietvertraglichen Charakters von Cloud-Verträgen *Schulz/Rosenkranz*, ITRB 2009, S. 232 (236); ohne Berücksichtigung von Art. 4 Abs. 2 Rom-I-VO bei typengemischten Verträgen *Sujecki*, K&R 2012, S. 312 (317).
261 Vertiefend *Spickhoff*, in: Bamberger/Roth, VO (EG) 593/2008 Art. 4 Rn. 79; *Pfeiffer/Weller/Nordmeier*, in: Spindler/Schuster, 4. Teil A. Kap. II Art. 4 Rn. 26.
262 *Spickhoff*, in: Bamberger/Roth, VO (EG) 593/2008 Art. 4 Rn. 79; *Thorn*, in: Palandt, Rom I 4 Rn. 29.
263 *Spickhoff*, in: Bamberger/Roth, VO (EG) 593/2008 Art. 6 Rn. 20; *Thorn*, in: Palandt, Rom I 6 Rn. 5.
264 *Leible/Lehmann*, RIW 2008, S. 528 (537); *Mankowski*, IHR 2008, S. 133 (141).

B. Bürgerliches Recht

Staat ausrichtet. Ansonsten ist gemäß Art. 6 Abs. 3 Rom-I-VO wiederum die Regelanknüpfung i.S.v. Art. 4 Rom-I-VO maßgeblich.

Für Cloud-Sachverhalte ist vor allem das Kriterium des »Ausrichtens« einer beruflichen oder gewerblichen Tätigkeit auf den gewöhnlichen Aufenthaltsstaat des Verbrauchers gemäß Art. 6 Abs. 1 lit. b Rom-I-VO relevant. Die Vorschrift trägt dem elektronischen Geschäftsverkehr Rechnung[265] und erfasst absatzfördernde Tätigkeiten und Vertragsangebote[266], die letztendlich kausal zu einem Vertragsschluss geführt haben[267]. Die Frage nach der Ausrichtung der Tätigkeit auf einen Staat erweist sich wegen des allgegenwärtigen und grenzüberschreitenden Charakters des Internets allerdings als kompliziert. Das Merkmal der »Ausrichtung« wurde aus der EuGVVO[268] übernommen,[269] über deren Auslegung bereits der EuGH zu entscheiden hatte. Hierbei hat das Gericht die bloße Abrufmöglichkeit einer Webseite, die ein Angebot von Produkten beinhaltet, nicht als für das Merkmal des Ausrichtens der gewerblichen Tätigkeit ausreichend angesehen.[270] Dies solle nur der Fall sein, wenn Anhaltspunkte vorliegen, anhand derer sich der Wille feststellen lasse, ob die Tätigkeit auf den konkreten Aufenthaltsstaat ausgerichtet sei. Als solche kommen etwa die Angabe, Produkte in namentlich genannten Mitgliedstaaten anzubieten, die Angabe von Telefonnummern mit internationaler Vorwahl, die Verwendung einer anderen Sprache[271] oder einer anderen Top Level Domain (TLD) als der des Staates der Niederlassung des Gewerbetreibenden in Betracht.[272] Zur Einschränkung des geographischen Aktionsradius kann der Cloud-Anbieter jedoch eine ausdrückliche Einschränkung auf seiner

---

265 *Pfeiffer/Weller/Nordmeier*, in: Spindler/Schuster, 4. Teil A. Kap. II Art. 6 Rn. 13; *Sujecki*, K&R 2012, S. 312 (314).
266 *Martiny*, in: MüKo BGB, VO (EG) 593/2008 Art. 6 Rn. 26; *Spickhoff*, in: Bamberger/Roth, VO (EG) 593/2008 Art. 6 Rn. 26.
267 Erwägungsgrund 25 Rom-I-VO; *Staudinger*, in: Schulze u.a., VO (EG) Nr. 593/2008 Art. 6 Rn. 11; *Staudinger*, in: Ferrari u.a., VO (EG) 593/2008 Art. 6 Rn. 63.
268 VO (EG) 44/2001, ABl. EG v. 13.01.2001, Nr. L 12/1.
269 Erwägungsgrund 25 Rom-I-VO.
270 EuGH NJW 2011, S. 505 – Pammer/Schlüter und Hotel Alpenhof.
271 Hier weicht der EuGH vom Erwägungsgrund 24 S. 4 Rom-I-VO ab, der allerdings nur auf eine gemeinsame Erklärung von Rat und Kommission verweist, indem diese »zu beachten« ist, weshalb insoweit keine Bindungswirkung vorliegt, vgl. *Staudinger*, in: Ferrari u.a., VO (EG) 593/2008 Art. 6 Rn. 53; *ders.*, in: Schulze u.a., VO (EG) 593/2008 Art. 6 Rn. 11.
272 EuGH NJW 2011, S. 505 (508) – Pammer/Schlüter und Hotel Alpenhof.

Seite vornehmen (Disclaimer).[273] Bietet demnach ein Cloud-Anbieter auf einer auf den gewöhnlichen Aufenthaltsstaat eines Verbrauchers ausgerichteten Webseite den Abschluss eines Cloud-Vertrages an und kommt hierdurch ein Cloud-Vertrag ursächlich zustande, so gilt das Recht dieses Staates.

Ungeachtet dessen können der Cloud-Anbieter und der Cloud-Kunde, der als Verbraucher auftritt, gemäß Art. 6 Abs. 2 Rom-I-VO das anwendbare Recht durch vertragliche Rechtswahl gemäß Art. 3 Rom-I-VO festlegen. Hierbei gilt es jedoch, die in S. 2 normierte Einschränkung zu beachten. Die Rechtswahl darf nicht dazu führen, dass das Schutzniveau derjenigen zwingenden Vorschriften unterlaufen würde, die gelten würden, wenn das Recht des gewöhnlichen Aufenthaltsstaates des Verbrauchers nach Abs. 1 einschlägig wäre. Zwingende Vorschriften in diesem Sinne sind vor allem Verbraucherschutznormen, die den schwächeren Vertragsteil schützen sollen.[274] Um diesen vorgegebenen Mindeststandard nicht abzuschwächen, muss daher für die Frage der Zulässigkeit einer Rechtswahl bei Verbraucherverträgen auch ein Günstigkeitsvergleich vorgenommen werden.[275]

d) Ergebnis

Mangels Rechtswahlvereinbarung gilt für Cloud-Verträge zwischen Unternehmern, die Cloud-unmittelbare oder zusätzlich auch weitergehende Leistungspflichten enthalten, das Recht der Hauptverwaltung bzw. der verantwortlichen Niederlassung des Cloud-Anbieters. Ist der Cloud-Kunde hingegen ein Verbraucher, gilt das Recht seines Aufenthaltsortes, sofern der Cloud-Anbieter seine Tätigkeit auf dieses Land ausgerichtet hat und es dadurch zu einem Vertragsschluss gekommen ist. Ansonsten ist wiederum das Recht der Hauptverwaltung bzw. der verantwortlichen Niederlassung des Cloud-Anbieters maßgeblich. Wird bei Verbraucherverträgen eine

---

273 *Staudinger*, in: Schulze u.a., VO (EG) Nr. 593/2008 Art. 6 Rn. 11; *Pfeiffer/Weller/Nordmeier*, in: Spindler/Schuster, 4. Teil A Kap. II Art. 6 Rn. 15; *Sujecki*, K&R 2012, S. 312 (315).
274 Vertiefend zu zwingenden Verbraucherschutznormen *Martiny*, in: MüKo BGB, VO (EG) 593/2008 Art. 6 Rn. 43.
275 *Pfeiffer/Weller/Nordmeier*, in: Spindler/Schuster, 4. Teil A. Kap. II Art. 6 Rn. 22; *Spickhoff*, in: Bamberger/Roth, VO (EG) 593/2008 Art. 6 Rn. 32.

B. Bürgerliches Recht

Rechtswahl vorgenommen, darf hierdurch der Standard des Rechts des gewöhnlichen Aufenthaltsortes des Verbrauchers nicht durch die Abbedingung zwingender Vorschriften unterlaufen werden.

2. Anwendbares Deliktsrecht

Auch deliktische Aspekte können im Rahmen des Cloud Computings eine Rolle spielen und zwar vor allem dann, wenn die Interessen von am Cloud-Vertrag unbeteiligter Dritter tangiert werden. Zur Abgrenzung von anderen, nicht Cloud-spezifischen Konstellationen bzw. solchen, die sich auch bei anderen Sachverhalten ergeben können, geht es vorliegend nur um Schädigungen, die im Zusammenhang mit Daten innerhalb einer Cloud-Architektur entstehen. Betroffen sind damit Daten auf jeder Cloud-Ebene, etwa auf die IaaS-Ebene hochgeladene Daten, im Rahmen von PaaS entwickelte Anwendungen oder per SaaS generierte Daten. In solchen Fällen stellt sich regelmäßig die Frage, nach welchem Recht gegebenenfalls erwachsende Ansprüche zu beurteilen sind.

a) Cloud-spezifische Delikte

Cloud-spezifische Delikte können grob in zwei Arten eingeteilt werden, für die jeweils unterschiedliche kollisionsrechtliche Vorschriften einschlägig sind. Zum einen kann es um Konstellationen gehen, in denen Daten innerhalb einer Cloud-Umgebung beschädigt werden. Zum anderen ist es denkbar, dass Cloud-Daten zu der Verletzung von Persönlichkeitsrechten beitragen.[276]

aa) Beschädigung von Cloud-Daten

Beispielhaft für die Fallgruppe der Beschädigung von Daten innerhalb einer Cloud-Umgebung sind etwa Sachverhalte, bei welchen in der Cloud gespeicherte Daten durch Dritte, oder gar dem Cloud-Anbieter selbst, ver-

---

276 Zum anwendbaren Recht bei der Verletzung von Geistigem Eigentum vgl. hingegen B.II.2.d) und C.III.

ändert, gelöscht oder unlesbar gemacht, und damit geschädigt werden. Dies kann beispielsweise durch einen unbefugten Zugang[277], das Einschleusen von Viren und Würmern oder der Nachlässigkeit des Cloud-Anbieters geschehen.

Nach deutschem Recht ist neben einem vertraglichen Anspruch wegen der Verletzung von Leistungs- und Schutzpflichten gemäß §§ 280 Abs. 1 i.V.m. 241 Abs. 2 BGB, der allerdings primär nur zwischen dem Cloud-Anbieter und dem Cloud-Kunden gilt[278], auch an einen Anspruch aus § 823 Abs. 1 BGB zu denken. Ob ein solcher deliktischer Anspruch bei der Beeinträchtigung von Daten einschlägig ist, ist sehr fraglich. Denn dass an Daten auch Eigentum begründet werden kann, wird weder in der Literatur noch in der Rechtsprechung ernsthaft vertreten. Ihnen fehlt, mangels Körperlichkeit und gesondertem gesetzlichen Schutz, der dem Eigentum immanente Exklusivitätscharakter. Allerdings hat das OLG Karlsruhe richtigerweise entschieden, dass an magnetischen Datenträgern eine Eigentumsverletzung dadurch eintritt, dass durch die Veränderung von Daten deren Magnetisierung modifiziert wird.[279] Entsprechend kommt es zu einer Eigentumsverletzung, wenn eine unbefugte Datenveränderung in der Cloud vorgenommen wird, da die Festplatten der Cloud-Server in ihrer ursprünglichen Magnetisierung verändert werden. Anknüpfend an diese Auffassung ist es ferner konsequent, eine Eigentumsverletzung auch dann anzunehmen, wenn die Cloud-Server mit Flash-Speichern wie SSDs ausgerüstet sind. Denn eine Datenveränderung hat zur Folge, dass der konkrete Zustand der elektrischen Ladungen auf dem sog. »Floating Gate« des Speichermediums beeinträchtigt wird.[280]

Allerdings ist im Rahmen des Cloud Computings der Kunde regelmäßig nicht Eigentümer der Festplatten und anderen Speichermedien, auf denen seine Daten gespeichert werden, weshalb ein Anspruch aus § 823 Abs. 1 BGB verneint werden muss. Abhilfe würde nur ein Recht am eigenen Datenbestand als »sonstiges Recht« i.S.v. § 823 Abs. 1 BGB schaffen. Ein solches Recht ist zwar nicht allgemein anerkannt[281]; dessen Bejahung ist

---

277 Etwa durch Erlangung des Passworts zum Cloud-Account – so geschehen bei einem Autor des Magazins Wired, *Kutter/Schadwinkel*, Zeit Online, 16.08.2012.
278 Zum anwendbaren Vertragsrecht vgl. B.II.1.
279 OLG Karlsruhe NJW 1996, S. 200 (201).
280 Zur Funktion von Flash-Speicher und SSD *Layton*, Linux Magazine, 27.10.2009.
281 Dafür *Meier/Wehlau*, NJW 1998, 1585 (1588 f.); ebenso *Spindler*, in: Bamberger/Roth, § 823 BGB Rn. 93; a.A. *Wagner*, in: MüKo BGB, § 823 BGB Rn. 103.

jedoch gerade für Cloud-Sachverhalte sachgemäß, da es die Lücke schließt, die entsteht, wenn zwar eigene Daten, aber fremde Rechner betroffen sind. Denn eine Verletzung kann nicht deswegen unbeachtlich bleiben, dass zufälligerweise keine dem Eigentum des Kunden unterfallende Verkörperung vorliegt.[282] Weiterhin wäre an einen Anspruch aus § 823 Abs. 2 BGB i.V.m. § 303a und § 303b StGB als Schutzgesetze[283] zu denken. Bei § 303a StGB reicht bereits eine eigentümerähnliche Verfügungsbefugnis des Verletzten aus[284], während bei § 303b StGB ein Interesse an der ungestörten Funktionsfähigkeit von Datenverarbeitungsanlagen bestehen muss[285].

bb) Persönlichkeitsverletzungen durch Cloud-Daten

Zudem kann der unerlaubte Umgang mit Daten betroffener Personen im Rahmen des Cloud Computings eine Verletzung von Persönlichkeitsrechten darstellen. Auch diese Rechtsgüter unterfallen dem Schutz von § 823 Abs. 1 BGB.[286] Darüber hinaus kann der Verstoß gegen öffentlich-rechtliche, den Schutz von Persönlichkeitsrechten bezweckende Datenschutznormen wie die des BDSG eine Schutzgesetzverletzung nach § 823 Abs. 2 BGB darstellen.[287] Ein solcher zivilrechtlicher Anspruch kann neben etwaigen datenschutzrechtlichen Schadensersatzansprüchen aus dem BDSG stehen.[288]

---

282 *Spindler*, in: Bamberger/Roth, § 823 BGB Rn. 93.
283 *Rossnagel/Schnabel*, NJW 2008, S. 3534 (3536); *Trautmann*, Law-Blog, 03.11.2005.
284 OLG Nürnberg BeckRS 2013, 03553; *Hilgendorf/Valerius*, Rn. 588.
285 Amtl. Begr. BT-Drs. 16/3656, S. 13; *Wieck-Noodt*, MüKo StGB, § 303b Rn. 1/9.
286 *Nink*, in: Spindler/Schuster, 3. Teil § 823 Rn. 1 ff.; *Teichmann*, in: Jauernig, § 823 Rn. 12 ff.
287 Etwa ein Verstoß gegen § 4 BDSG, OLG Hamm NJW 1996, S. 131; *Junker*, in: MüKo BGB, Art. 40 EGBGB Rn. 86.
288 *Franzen*, in: ErKo ArbR, § 7 BDSG Rn. 1; *Jotzo*, MMR 2009, S. 232 (233).

b) Anwendbares Recht bei Beschädigung von Cloud-Daten

Werden Daten innerhalb einer Cloud-Umgebung deliktisch geschädigt, ist bei grenzüberschreitenden Sachverhalten die Rom-II-VO[289] zur Bestimmung des anwendbaren Rechts maßgeblich. Die Rom-II-VO regelt für weite Teile deliktischer Ansprüche die Frage nach dem anzuwendenden Recht, gilt unmittelbar in der gesamten Europäischen Union und verdrängt, soweit sie anwendbar ist, Art. 40 EGBGB[290]. Das nach der VO anzuwendende Recht ist gemäß des in Art. 3 Rom-II-VO deklarierten Universalcharakters auch dann einschlägig, wenn dieses nicht das Rechtsregime eines Mitgliedstaates, sondern das eines Drittstaates ist. Die Rom-II-VO sieht im Kern zwei Möglichkeiten vor, das anzuwendende Recht zu bestimmen. Die Beteiligten können hinsichtlich des Deliktsstatuts eine Rechtswahlvereinbarung treffen, deren Wirksamkeit sich nach Art. 14 Rom-II-VO bemisst. Fehlt es hingegen an einer solchen Vereinbarung, gilt die allgemeine Kollisionsnorm des Art. 4 Rom-II-VO.

aa) Rechtswahlvereinbarung

Die Vertragsparteien können gemäß Art. 14 Abs. 1 lit. a Rom-II-VO das anwendbare Recht nach Eintritt des schadensbegründenden Ereignisses selbst wählen. Gehen beide Parteien jedoch einer kommerziellen Tätigkeit nach, so kann dies auch gemäß Art. 14 Abs. 1 S. 1 lit. b Rom-II-VO durch eine vor Eintritt des schadensbegründenden Ereignisses frei ausgehandelte Vereinbarung geschehen. Diese Möglichkeit steht insbesondere Unternehmern i.S.v. § 14 BGB und i.S.d. Verbraucherrichtlinien der Union offen.[291] Daher ist eine, etwa im Cloud-Vertrag erfolgende Vereinbarung des anwendbaren Rechts vor Schadenseintritt mit einem Cloud-Nutzer, der nur als Verbraucher auftritt, nicht möglich.

Zu beachten ist in diesem Rahmen, dass Art. 14 Abs. 2 und 3 Rom-II-VO einen gewissen Mindeststandard festschreiben, auf den eine Rechtswahlvereinbarung keinen Einfluss hat. Gemäß Art. 14 Abs. 2 Rom-II-VO

---

289 VO (EG) 864/2007, ABl. EG v. 31.07.2007, Nr. L 199/40.
290 *Spickhoff*, in: Bamberger/Roth, Art. 40 EGBGB Rn. 4; *Junker*, in: MüKo BGB, Art. 40 EGBGB Rn. 16.
291 *Spickhoff*, in: Bamberger/Roth, VO (EG) 864/2007 Art. 14 Rn. 5; *Pfeiffer/Weller/Nordmeier*, in: Spindler/Schuster, 4. Teil B. Art. 14 Rn. 3.

B. Bürgerliches Recht

kann bei einem reinen Inlandssachverhalt das gewählte Recht eines anderen Mitgliedstaates nur in den Grenzen des dispositiven Rechts desjenigen Staates wirken, mit dem der Sachverhalt allein verbunden ist.[292] Gemäß Art. 14 Abs. 3 Rom-II-VO kann, sofern der gesamte deliktische Sachverhalt nur innerhalb der Europäischen Union angesiedelt ist, nicht von zwingenden Vorschriften des Unionsrechts durch Wahl des Rechts eines Drittstaates abgewichen werden.[293] Damit die sich teilweise überschneidenden[294] Rechtswahlgrenzen überhaupt eingreifen, müssen alle Elemente des Sachverhalts beisammen liegen; dies sind alle nach Artt. 4 bis 12 Rom-II-VO relevanten Anknüpfungspunkte wie Tatort, gewöhnlicher Aufenthalt der Parteien, Gerichtsstandsvereinbarungen aber auch die, die Ausweichklausel von Art. 4 Abs. 3 Rom-II-VO auslösenden Momente.[295] Letztlich kommt es damit auf eine Prüfung im konkreten Einzelfall an.

bb) Anknüpfung bei fehlender Vereinbarung

Fehlt es hingegen an einer Rechtswahlvereinbarung, ist auf die allgemeine Kollisionsnorm des Art. 4 Rom-II-VO zurückzugreifen. Maßgeblich ist gemäß Art. 4 Abs. 1 Rom-II-VO nur das Recht des Schadenseintrittsortes (lex loci damni). Haben allerdings beide Parteien ihren gewöhnlichen Aufenthalt in demselben Staat, so gilt gemäß Art. 4 Abs. 2 Rom-II-VO für die unerlaubte Handlung das Recht dieses Staates. Im Folgenden soll die Fallgruppe des Abs. 1 Rom II-VO beleuchtet werden, bei der Schädiger und Geschädigter ihren gewöhnlichen Aufenthalt nicht in demselben Staat haben. Gerade diese Konstellation wirft beim Cloud Computing einige Fragen auf.

---

292 *Pfeiffer/Weller/Nordmeier*, in: Spindler/Schuster, 4. Teil B. Art. 14 Rn. 5; *Junker*, in: MüKo BGB, (EG) Nr. 864/2007 Art.14 Rn. 39 ff.
293 *Pfeiffer/Weller/Nordmeier*, in: Spindler/Schuster, 4. Teil B. Art. 14 Rn. 6; *Junker*, in: MüKo BGB, (EG) Nr. 864/2007 Art.14 Rn. 42 ff.
294 *Junker*, in: MüKo BGB, (EG) Nr. 864/2007 Art.14 Rn. 45.
295 *Spickhoff*, in: Bamberger/Roth, VO (EG) 864/2007 Art. 14 Rn. 8; *Junker*, in: MüKo BGB, (EG) Nr. 864/2007 Art.14 Rn. 40; zu den Elementen der »offensichtlich engeren Verbindung« *Junker*, in: MüKo BGB, (EG) Nr. 864/2007 Art.4 Rn. 12 ff.

II. Anwendbares Recht

(1) Daten verbleiben lediglich in einem Staat

Bei der Bestimmung des Schadenseintrittsortes ist es naheliegend, den jeweiligen Standort der in Frage stehenden Daten für maßgeblich zu erachten. Denn eine etwaige Beschädigung von Daten tritt primär dort ein, wo diese sich befinden. Obwohl die beschädigten Daten nicht auf einem eindeutig lokalisierbaren Rechner verortet sind, stellt sich aufgrund der Virtualisierungstechnik der Schaden für den Inhaber als ein einheitlicher dar. Steht somit fest, dass die Daten sich nur innerhalb eines einzigen Staates befinden – etwa weil der Cloud-Anbieter auf Server in nur einem Staat zurückgreift – liegt der Ort des Schadenseintritts ebenfalls in diesem Staat.[296] Fehlt es also an einer Rechtswahlvereinbarung, so ist das Recht dieses Staates anzuwenden.

(2) Daten können in verschiedene Staaten gelangen

Unklarheiten bestehen allerdings dann, wenn aufgrund des Aufbaus der Cloud-Architektur die Möglichkeit besteht, dass Daten auf Cloud-Server in verschiedenen Staaten gelangen können. In solchen Fällen kann der Ort des Schadenseintritts aufgrund der Natur des Cloud Computings nicht ohne weiteres ermittelt werden.

(a) Standort der Daten

Die Anknüpfung an den jeweiligen Datenstandort im Zeitpunkt der Schädigung ist im Fall des grenzüberschreitenden Cloud Computings, also bei einer Cloud-Umgebung, die auf Server in verschiedenen Ländern zurückgreift, nicht zielführend. Wie bereits festgestellt wurde, sind Cloud-Architekturen grundsätzlich über mehrere verschiedene Rechner verteilt. Die Nutzer einer Cloud haben regelmäßig keine Kenntnis vom jeweiligen Standort ihrer Daten und auch für Cloud-Anbieter ist die Bestimmung in der Regel mit Schwierigkeiten verbunden.[297] Hinzu kommt, dass Daten innerhalb einer Cloud-Umgebung aus Skalierungs- und Flexibilitätsgrün-

---

296 So wohl auch *Nordmeier*, MMR 2010, S. 151 (154); *Mankowski*, RabelsZ 1999, S. 203 (281).
297 Vgl. A.I.2.c).

den ständigen Ortsveränderungen ausgesetzt sind und Ländergrenzen ohne weiteres passiert werden können. Sofern nicht der Cloud-Anbieter eine nahtlose und speicherintensive Dokumentation der Speicherorte anfertigt, wird eine nachträgliche Ermittlung eines Schadenseintrittsortes kaum möglich sein.[298] Allerdings ist schon fraglich, ob eine solche Dokumentation überhaupt so genau erfolgen kann, dass sie bei der Bestimmung des anwendbaren Rechts in Anspruch genommen werden könnte. Hat sich etwa ein Datum nur kurzzeitig auf einem bestimmten Server befunden, müsste eine Messung extrem genau sein, um einen Schädigungserfolg eindeutig einem sich binnen Millisekunden ändernden Standort zuordnen zu können. Zudem wäre es höchst zweifelhaft, wenn eine zufällig mögliche Lokalisierung über das anwendbare Recht entscheiden könnte.

Erschwert wird die Anknüpfung an den Datenstandort dann, wenn die Daten als Fragmente auf mehreren Cloud-Servern verteilt sind und sich physisch nicht als Ganzes an einem Ort befinden.[299] Würde in solchen Fällen beispielsweise ein Datum geschädigt, könnten wegen der Anknüpfung gemäß Art. 4 Abs. 1 Rom-II-VO mehrere Schadenseintrittsorte in Betracht kommen.[300] Hätte nämlich die Schädigung des ganzen Datums zur Folge, dass dessen, auf verschiedene Länder verteilte Fragmente verändert würden, wäre das Recht aller betroffenen Länder bezüglich des jeweils eingetretenen Schadens einschlägig. Dies führt jedoch bei solchen Streuschäden zu einer uferlosen und mitunter unerwünschten Ausweitung des anwendbaren Rechts. Für die Geltendmachung von Schadensersatz durch den Geschädigten müsste zudem wegen der herrschenden Mosaikbetrachtung[301] erst berechnet werden, welcher konkrete Prozentsatz der Daten an einem bestimmten Ort geschädigt worden ist.[302] Auch diese Berechnung wird,

---

298 In diese Richtung *Nordmeier*, MMR 2010, S. 151 (154).
299 Zur Fragmentierung von Daten vgl. auch D.III.1.b)bb)(3)(a).
300 *Schulz/Rosenkranz*, ITRB 2009, S. 232 (236); *Marko*, in: Blaha/Marko/Zellhofer/Liebel, S. 15 (46); *Nordmeier*, MMR 2010, S. 151 (154); *Stögmüller*, in: Leupold/Glossner, Teil 4. Rn. 15.
301 Bei Streuschäden ist an jedem Erfolgsort nur der jeweils entstandene Schaden liquidierbar, vgl. *Dörner*, in: Schulze u.a., VO (EG) Nr. 864/2007 Art. 4 Rn. 5; *Junker*, in: MüKo BGB, (EG) Nr. 864/2007 Art. 4 Rn. 32; *Pfeiffer/Weller/Nordmeier*, in: Spindler/Schuster, 4. Teil B. Art. 4 Rn. 4; *Spickhoff*, in: Bamberger/Roth, VO (EG) 864/2007 Art. 4 Rn. 9.
302 *Nordmeier*, MMR 2010, S. 151 (154); *Stögmüller*, in: Leupold/Glossner, Teil 4. Rn. 15.

II. Anwendbares Recht

sofern sie überhaupt möglich ist, mit enormen Schwierigkeiten verbunden sein.

Der Standort der Daten kann folglich bei grenzüberschreitenden Clouds in der Regel nicht, oder nur mit großen technischen Schwierigkeiten als Schadenseintrittsort herangezogen werden und ist damit vor allem mit Blick auf den Aspekt der Rechtssicherheit als Kriterium ungeeignet.

(b) Ort der Abrufbarkeit

Statt der Anknüpfung an den Datenstandort könnte man jedoch erwägen, bei Cloud-spezifischen Delikten den Ort des Abrufs des jeweils geschädigten Inhalts als Schadenseintrittsort zu werten.[303] Dies wird zumindest für solche Fälle vertreten, in welchen deliktische Inhalte auf Webseiten hochgeladen werden.[304] Allerdings scheitert es bereits an der Vergleichbarkeit des Abrufs von beschädigten Daten und des Abrufs eines Datums mit deliktischem Inhalt. Denn zwar greift der Cloud-Kunde mit seinem Endgerät auf die beschädigten Daten innerhalb der Cloud-Architektur zu. Sein Endgerät ermöglicht jedoch nur die bloße Kenntnisnahme, dass es zu einer Beschädigung eines Datums auf einem Cloud-Server gekommen ist. Der Schaden selbst strahlt indes, im Gegensatz zum Abruf eines deliktischen Inhalts, nicht auf das Endgerät aus und verbleibt innerhalb der Cloud-Architektur. Verdeutlicht werden kann dies anhand folgenden Vergleichs: Wird ein angezündetes Haus durch ein Fernglas betrachtet, tritt durch die bloße Betrachtung eines entfernten Schadens an dem Fernglas selbst kein Schaden ein.[305]

(c) Vorliegen einer »offensichtlich engeren Verbindung«

Aufgrund der angesprochenen Schwierigkeiten bei der Bestimmung des anwendbaren Rechts im Falle der Beschädigung von Daten innerhalb grenzüberschreitender Cloud-Umgebungen könnte es sinnvoll sein, auf das vorhandene Instrumentarium der Rom-II-VO zurückzugreifen. Hilf-

---

303 *Barnitzke*, S. 112 ff.
304 BGH NJW 2009, S. 3371 (3372); *Pfeiffer/Weller/Nordmeier*, in: Spindler/Schuster, 4. Teil B. Art. 4 Rn. 7; *Thorn*, in: Palandt, Rom II 4 Rn. 29.
305 So *Nordmeier*, MMR 2010, S. 151 (155).

reich erscheint hierbei die Regelung des Art. 4 Abs. 3 Rom-II-VO, welche die Herstellung einer Einzelfallgerechtigkeit ermöglichen soll[306], die über die Regelanknüpfungen von Art. 4 Abs. 1 und 2 Rom-II-VO nicht immer erreicht werden kann. Im Lichte dieser Ratio könnte man erwägen, die interessenwidrigen Schwierigkeiten bei der Bestimmung des anwendbaren Rechts durch die Annahme einer etwaigen »offensichtlich engeren Verbindung« zu einem bestimmten Staat zu überwinden.

(aa) Handlungsort

Es entspricht gerade den Besonderheiten des grenzüberschreitenden Cloud Computings, dass der Geschädigte wegen der Schwierigkeiten der Lokalisierung von Schäden kaum Möglichkeiten hat, seine Ansprüche adäquat geltend zu machen. Demgegenüber ist der Schädiger nicht selten in der Position, trotz maßgeblichem Einfluss auf den Schadenseintritt nicht belangt werden zu können. Somit erscheint es zunächst nicht unbillig, im Falle der Schädigung von Daten in einer Cloud, eine offensichtlich engere Verbindung zum Handlungsort des Schädigers anzunehmen. Eine solche Vorgehensweise ist auch nicht durch Art. 4 Abs. 3 S. 1 Rom-II-VO gesperrt, da in diesem Rahmen nicht nur die Berücksichtigung von Umständen rechtlicher sondern auch tatsächlicher Natur möglich ist[307].

Allerdings erscheint die – in anderen Kollisionsvorschriften wie etwa Art. 40 EGBGB enthaltene – Anknüpfung an den Handlungsort bei einer teleologischen Auslegung von Art. 4 Abs. 1 und 3 Rom-I-VO für sich genommen, und speziell bei Cloud-Sachverhalten, als ungeeignet. Denn aus dem klaren Wortlaut der Erwägungsgründe 15 und 16 Rom-II-VO ergibt sich, dass der europäische Gesetzgeber wegen möglicher Rechtsunsicherheiten keine Anknüpfung an den Tatort (lex loci delicti commissi) intendiert hatte. Diese Rechtsunsicherheiten sollten dann auch nicht durch die Anwendung des insoweit subsidiären Art. 4 Abs. 3 Rom-II-VO wieder aufleben. Letztlich würde man jedenfalls bei der Heranziehung des Handlungsortes für die Bestimmung des anwendbaren Rechts bei grenzüberschreitenden Sachverhalten wie dem Cloud Computing, dem Schädiger

---

306 *Thorn*, in: Palandt, Rom II 4 Rn. 10; *Pfeiffer/Weller/Nordmeier*, in: Spindler/Schuster, 4. Teil B. Art. 4 Rn. 17.
307 *Spickhoff*, in: Bamberger/Roth, VO (EG) 864/2007 Art. 4 Rn. 17; *Schaub*, in: Prütting/Wegen/Weinreich, VO (EG) 864/2007 Art. 4 Rn. 12.

eine einfache Manipulationsmöglichkeit an die Hand geben. Er könnte die schädigende Handlung von Orten ausführen, an welchen der deliktische Schutz von Rechtsgütern nicht ausreichend ausgeprägt ist oder an denen eine Durchsetzbarkeit von Rechten deutlich erschwert wäre. Der Geschädigte wäre bei einer Anknüpfung an den Handlungsort unangemessen beeinträchtigt, da er seine Interessen nicht entsprechend durchsetzen könnte.[308]

(bb) Aufenthaltsort bzw. Sitzort des geschädigten Dateninhabers

Demgegenüber könnte die Anknüpfung an den Aufenthaltsort bzw. den Sitzort des Dateninhabers eine offensichtlich engere Verbindung zu einem Staat begründen. Dies wäre insofern vorteilhaft, als der Schädiger das anwendbare Recht nicht selbstständig beeinflussen könnte, dem Geschädigten hingegen die Wahrnehmung seiner Rechte erleichtert würde. Auch wäre die Lokalisierung in der Regel deutlich einfacher zu bewerkstelligen, als die Ermittlung des Schadenseintrittsortes.

Allerdings passt eine solche einseitige Anknüpfung an den Aufenthaltsort bzw. den Sitz des Dateninhabers nicht in die Systematik der Rom-II-VO. Zwar findet sich in Art. 4 Abs. 2 Rom-II-VO eine ähnliche Regelung; sie gilt jedoch nur dann, wenn Schädiger und Geschädigter ihren Aufenthaltsort in demselben Staat haben. Andere Situationen sollen nach dem Willen des europäischen Gesetzgebers gerade nicht einer entsprechenden Anknüpfung unterfallen. Der Regelung des Art. 4 Abs. 2 Rom-II-VO liegt als »besonderer Anknüpfung«[309] die Erwägung zugrunde, dass der Aufenthaltsort bzw. der Sitzort nur dann einen Einfluss auf das Deliktsstatut haben soll, wenn das Rechtsregime sowohl für den Geschädigten als auch für den Schädiger das »heimische« ist. Diese Situation wäre bei einer einseitigen Anknüpfung an den Aufenthaltsort bzw. Sitzort des Dateninhabers nicht gegeben. Im Übrigen fehlt es an einer insoweit »engeren Verbindung«, da die Daten gerade nicht beim Dateninhaber geschädigt werden, sondern auf einer für ihn fremden Cloud-Architektur. Zudem hängt die Tatsache, wessen Daten im Einzelfall innerhalb der Cloud-Umgebung beschädigt worden sind, nicht selten vom Zufall ab.

---

308 Ähnlich *Nordmeier*, MMR 2010, S. 151 (155 f.); wohl auch *Stögmüller*, in: Leupold/Glossner, Teil 4. Rn. 17.
309 Erwägungsgrund 18 Rom-II-VO.

(cc) Recht des Cloud-Vertrages bzw. Ort der Hauptverwaltung

Demgegenüber wird vertreten, eine offensichtlich engere Verbindung zu einem Staat könne aus dem Bestehen eines Cloud-Vertrages zwischen Cloud-Anbieter und Cloud-Kunden abgeleitet werden. Aus den Gesamtumständen ergebe sich, dass das für die vertragliche Beziehung zwischen den Parteien geltende Recht derart prägend sei, dass es auch für das anzuwendende Deliktsrecht herangezogen werden müsse.[310] Eine derartige Auslegung erscheint durchaus sinnvoll, da das für Cloud-Verträge maßgebliche Recht nach den vorangegangenen Erwägungen durch stabile Kriterien festgestellt werden kann, also etwa das auf einer Rechtswahlvereinbarung basierende Vertragsrecht, das Recht des Hauptverwaltungs- bzw. Niederlassungsortes bzw. das Recht des gewöhnlichen Aufenthaltsortes des Verbrauchers.[311] Diese Sichtweise wird auch durch den Wortlaut von Art. 4 Abs. 3 S. 2 Rom-II-VO gestützt, der ausdrücklich die Möglichkeit des Gleichlaufs der Anknüpfung mit einem bereits bestehenden Vertrag unterstreicht. Gerade der Cloud-Vertrag führt durch seine prägende Wirkung zu einer offensichtlich engeren Verbindung, da es ohne ein solches Vertragsverhältnis für den Schädiger gar nicht die Möglichkeit gäbe, Daten eines anderen innerhalb einer Cloud-Umgebung zu schädigen.[312] Durch die akzessorische Anknüpfung an den Cloud-Vertrag und der damit einhergehenden Stabilität, erübrigt sich auch die komplizierte Ermittlung eines konkreten Schadenseintrittsortes.

Dem könnte man zwar entgegenhalten, dass als Schädiger und Geschädigter nicht immer nur eine Vertragspartei in Betracht kommt, sondern auch Dritte, die Daten innerhalb einer Cloud beschädigen und Dritte, deren Daten beschädigt werden. Denn das Vertragsverhältnis zwischen Cloud-Anbieter und seinen Kunden hat mit dem deliktischen Verhältnis zu Dritten keinerlei rechtliche Berührungspunkte[313], wohingegen der Wortlaut des Art. 4 Abs. 3 S. 2 Rom-II-VO erkennen lässt, dass der Vertrag gerade zwischen Schädiger und Geschädigtem bestehen muss.

Aus der in Abs. 3 S. 2 gewählten Formulierung »insbesondere« ergibt sich jedoch, dass der Gesetzgeber die Frage, wann eine »offensichtlich

---

310 *Nordmeier*, MMR 2010, S. 151 (155); *Stögmüller*, in: Leupold/Glossner, Teil 4. Rn. 17.
311 Vgl. B.II.1.
312 *Nordmeier*, MMR 2010, S. 151 (156).
313 Diesen Aspekt erkennt auch *Nordmeier*, MMR 2010, S. 151 (156).

engere Verbindung« vorliegt, nicht hat abschließend regeln wollen. Die Annahme einer ausstrahlenden Wirkung des Cloud-Vertrages auf ein nur mittelbar betroffenes deliktisches Verhältnis, verstößt damit nicht gegen den Wortlaut der Norm. Ferner steht auch der Ausnahmecharakter von Abs. 3[314] einem solchen Vorgehen nicht entgegen. Denn andere Möglichkeiten der Anknüpfung offenbaren Schwächen und erscheinen gerade nicht interessengerecht, wohingegen das Abstellen auf das Vertragsverhältnis zwischen Cloud-Anbieter und Cloud-Nutzer ohne Rücksicht darauf, welcher Person die schädigende Handlung zuzurechnen bzw. welche Person konkret geschädigt worden ist, zu einer Einzelfallgerechtigkeit führt. Durch einen Gleichlauf von Cloud-Vertrag und Deliktsstatut liegt gerade auch im Sinne der Rechtssicherheit ein stabiler Anknüpfungspunkt vor. Ein weiterer Vorteil dieses Ansatzes ist zudem, dass der Schädiger selbst keinen Einfluss auf das anwendbare Recht hat.[315]

Fehlt es hingegen gänzlich an einem relevanten Verhältnis zwischen Cloud-Anbieter und Kunden – etwa wenn ein Dritter nur Daten des Cloud-Anbieters schädigt – so soll der Cloud-Anbieter als Geschädigter dadurch nicht schlechter gestellt werden. Die »Gesamtheit der Umstände« i.S.v. Art. 4 Abs. 3 S. 1 Rom-II-VO ergeben dann eine offensichtlich engere Verbindung mit dem Staat seines gewöhnlichen Aufenthaltes, also in der Regel des Ortes der Hauptverwaltung gemäß Art. 23 Abs. 2 S. 1 Rom-II-VO.[316] Denn der Ort des gewöhnlichen Aufenthaltes wäre auch bei einem fiktiven Cloud-Vertrag zwischen Unternehmern bzw. bei einer fehlenden Ausrichtung auf den Staat eines Verbrauchers maßgeblich gewesen.[317] Zudem ist eine Anknüpfung an den Ort der Hauptverwaltung auch sachgerecht, da von hier aus die Bereitstellung der Cloud-Dienste ermöglicht wird und Schädigungen letztlich auch die Hauptverwaltung negativ tangieren können.

---

314 *Spickhoff*, in: Bamberger/Roth, VO (EG) 864/2007 Art. 4 Rn. 12; *Junker*, in: MüKo BGB, (EG) Nr. 864/2007 Art.4 Rn. 46.
315 *Nordmeier*, MMR 2010, S. 151 (156); *Stögmüller*, in: Leupold/Glossner, Teil 4. Rn. 17.
316 Im Ergebnis *Nordmeier*, MMR 2010, S. 151 (156).
317 Vgl. B.I.1.

cc) Ergebnis

Werden Daten innerhalb einer Cloud-Umgebung, bei der die Möglichkeit besteht, dass Daten auf Server in verschiedenen Staaten gelangen können, beschädigt, und haben Schädiger und Geschädigter ihren gewöhnlichen Aufenthaltsort nicht in demselben Staat, so kann die mangels Rechtswahlvereinbarung einschlägige Kollisionsvorschrift des Art. 4 Abs. 1 Rom-II-VO nicht ohne Schwierigkeiten angewendet werden. Die in diesem Rahmen maßgebliche Anknüpfung an den Schadenseintrittsort ist für grenzüberschreitende Cloud-Sachverhalte in den meisten Fällen ungeeignet. Weder kann der Standort der Daten im Zeitpunkt der Schädigung ausnahmslos bestimmt werden, noch kann – mangels eines weiteren Schadenseintritts – der Abrufort als Schadenseintrittsort herangezogen werden. Auch der Handlungsort des Schädigers bzw. der Aufenthalts- oder Sitzort des Geschädigten kann mit Blick auf die Intention des Gesetzgebers und der Gefahr möglicher Manipulationen kein adäquater Anknüpfungspunkt sein.

Um einen »gerechten Ausgleich« zwischen den Parteiinteressen i.S.d. Erwägungsgrundes 16 der Rom-II-VO zu erreichen, ist allerdings im Cloud-Vertrag selbst eine »offensichtlich engere Verbindung« zum anwendbaren Vertragsrecht i.S.v. Art. 4 Abs. 3 Rom-II-VO zu sehen. Dies ermöglicht im Rahmen des Cloud Computings einen interessengerechten Gleichlauf von Vertrags- und Deliktsrecht. Werden hingegen nur Daten des Cloud-Anbieters von einem Dritten geschädigt, ist mangels Existenz eines relevanten Cloud-Vertrages an den Ort der Hauptverwaltung des Cloud-Anbieters anzuknüpfen.

Die dargestellten Anknüpfungsschwierigkeiten bestehen allerdings nicht, wenn die jeweilige Cloud-Architektur lediglich auf Servern in einem einzigen Staat basiert. Der Schadenseintrittsort ist dann auf diesen Servern und im entsprechenden Staat zu verorten.

Um Schwierigkeiten zu vermeiden, ist es jedoch in jedem Fall sinnvoll, nach dem Eintritt eines schadensbegründenden Ereignisses eine Rechtswahl gemäß Art. 14 Abs. 1 S. 1 lit. a Rom-II-VO vorzunehmen.

c) Anwendbares Recht bei Persönlichkeitsverletzungen durch Cloud-Daten

Geht es um Ansprüche, die nicht auf der Beschädigung von Daten in der Cloud beruhen, sondern auf Persönlichkeitsrechtsverletzungen, die etwa durch einen rechtswidrigen Umgang, das Erstellen oder das Hochladen von Daten innerhalb der Cloud erfolgen, fallen diese gemäß Art. 1 Abs. 2 lit. g der Rom-II-VO nicht in den Anwendungsbereich der Verordnung. In diesen Fällen sind vielmehr die Artt. 40 ff. EGBGB maßgeblich.[318] Die Parteien haben gemäß Art. 42 EGBGB auch hier die Möglichkeit einer Rechtswahlvereinbarung. Fehlt es an einer solchen Vereinbarung, bestimmt sich das anwendbare Recht nach Artt. 40 und 41 EGBGB.

aa) Rechtswahlvereinbarung

Den Parteien steht es gemäß Art. 42 EGBGB frei, nach Entstehung des deliktischen Anspruches, das für sie geltende Recht zu wählen. Eine vorherige Rechtswahl ist hingegen aufgrund des insoweit klaren Wortlautes nicht möglich.[319]

bb) Anknüpfung bei fehlender Vereinbarung

In Ermangelung einer Rechtswahlvereinbarung kommt zunächst Art. 40 EGBGB zum tragen. Gemäß Abs. 1 unterliegen Ansprüche aus unerlaubter Handlung dem Recht des Handlungsortes oder, sofern der Verletzte es verlangt, dem Recht des Erfolgsortes. Als Handlungsort gilt der Ort, an dem der Schädiger die maßgeblichen Schritte der deliktischen Handlung vornimmt.[320] Erfolgsort ist hingegen der Ort, an dem ein geschütztes Rechtsgut verletzt worden ist.[321] Lediglich wenn der Ersatzpflichtige und der Verletzte zum Zeitpunkt der Rechtsgutsverletzung ihren gewöhnlichen Aufenthalt bzw. die Hauptverwaltung oder beteiligte Niederlassung in demselben Staat haben, gilt gemäß Art. 40 Abs. 2 EGBGB das Recht dieses Staates. Wiederum soll die Frage beleuchtet werden, welches Recht

---

318 *Junker*, in: MüKo BGB, Art. 40 EGBGB Rn. 20; *Jotzo*, MMR 2009, S. 232 (233).
319 *Dörner*, in: Schulze u.a., Artikel 42 EGBGB, Rn. 2; *Spickhoff*, in: Bamberger/Roth, Art. 42 EGBGB.
320 *Pfeiffer/Weller/Nordmeier*, in: Spindler/Schuster, 4. Teil C. Art. 40 Rn. 3; *Spickhoff*, in: Bamberger/Roth, Art. 40 EGBGB Rn. 18.
321 *Pfeiffer/Weller/Nordmeier*, in: Spindler/Schuster, 4. Teil C. Art. 40 Rn. 4; *Spickhoff*, in: Bamberger/Roth, Art. 40 EGBGB Rn. 22.

B. Bürgerliches Recht

anwendbar ist, wenn der gewöhnliche Aufenthaltsort des Ersatzpflichtigen und des Verletzten auseinanderfallen.

(1) Handlungsort

Bei einer Anknüpfung an den Handlungsort des Schädigers ist die Bestimmung des anwendbaren Rechts weniger komplex, als bei einer Anknüpfung an den Schadenseintrittsort. Denn werden persönlichkeitsverletzende Inhalte in die Cloud-Umgebung geladen, ist der Ort des Uploadings und nicht der Standort der Server maßgeblich.[322] Somit kommt es in der Regel auf den Standort des Endgeräts des Schädigers an. Auch wenn in persönlichkeitsverletzender Weise mit Daten innerhalb der Cloud-Umgebung umgegangen wird, ist festzuhalten, dass der Schädiger per Fernzugriff vom Standort seines Endgerätes Rechtsgutsverletzungen hervorruft, weshalb auch hier der Standort des Endgerätes maßgeblich ist.

Die Schwäche der Anknüpfung an den Handlungsort offenbart sich jedoch bei grenzüberschreitenden Sachverhalten wie dem Cloud Computing, weil dadurch die unerwünschte Situation entsteht, dass der Schädiger das Deliktsstatut zu seinem Vorteil beeinflussen kann. Dies wird zwar durch die Möglichkeit des Geschädigten, die Anwendbarkeit des Rechts des Erfolgsortes zu verlangen, in gewissem Maße abgeschwächt. Ist der Erfolgsort jedoch, wie sogleich zu sehen sein wird, nur schwer zu ermitteln, trägt der Geschädigte das Risiko daraus erwachsender Rechtsunsicherheiten.

(2) Erfolgsort

Verlangt der Verletzte, dass das Recht des Erfolgsortes angewandt wird, muss im Rahmen des Cloud Computings unterschieden werden. Denn der Erfolgsort variiert je nachdem, ob die Rechtsgutsverletzung in der Kenntnisnahme von Inhalten oder dem rechtswidrigen Umgang mit Daten zu sehen ist.

---

322 So für das Hochladen deliktischer Inhalte ins Netz *Junker*, in: MüKo BGB, Art. 40 EGBGB Rn. 75; *Pfeiffer/Weller/Nordmeier*, in: Spindler/Schuster, 4. Teil C. Art. 40 Rn. 10; *Mankowski*, RabelsZ 1999, S. 203 (257 ff.).

(a) Persönlichkeitsverletzung durch Kenntnisnahme von Cloud-Inhalten

Wird der Geschädigte dadurch in seinen Rechten beeinträchtigt, dass Nutzer innerhalb der Cloud-Umgebung befindliche Inhalte abrufen, ist die für Webseiten mit deliktischem Inhalt entwickelte Anknüpfung an den Abrufort[323] anzuwenden. Befindet sich etwa ein durch den Schädiger eingebrachtes Dokument mit ehrverletzendem Charakter innerhalb der Cloud, so hat jeder Abruf des Dokuments durch einen Cloud-Nutzer eine erneute Persönlichkeitsverletzung zur Folge. Da allerdings, je nach Ausgestaltung eines Cloud-Dienstes, theoretisch jeder Nutzer auf der Welt auf einen solchen Inhalt zugreifen kann[324], ist, wie auch bei Webseiten mit deliktischem Inhalt, ein über die bloße Abrufbarkeit hinausgehender Inlandsbezug[325] erforderlich. Ansonsten würde die Anknüpfung an den Erfolgsort zu einer uferlosen Ausweitung des jeweiligen Rechts führen.

Das Recht eines Abrufortes ist nur dann heranzuziehen, wenn eine Kenntnisnahme vom beanstandeten Inhalt nach den konkreten Umständen im jeweiligen Inland wahrscheinlicher ist, als dies aufgrund der bloßen Abrufmöglichkeit der Fall wäre, und die Kenntnisnahme im Inland auch eine Persönlichkeitsrechtsverletzung darstellen könnte.[326] Kriterien für eine höhere Wahrscheinlichkeit der Kenntnisnahme im Inland sind etwa die für den deliktischen Inhalt genutzte Sprache oder der Aufenthaltsort und die Nationalität der mit dem verletzenden Inhalt adressierten Personen.[327] Kommen aufgrund dieser Anknüpfung dennoch mehrere Erfolgsorte in Betracht und verlangt der Geschädigte auch die Geltung des Rechts der Erfolgsorte, so kann er gemäß des Mosaikprinzips pro Erfolgsort nur denjenigen Schaden geltend machen, der an dem jeweiligen Ort tatsächlich

---

323 BGH NJW 2009, S. 3371 (3372); *Pfeiffer/Weller/Nordmeier*, in: Spindler/Schuster, 4. Teil C. Art. 40 EGBGB Rn. 10; *Thorn*, in: Palandt, EGBGB 40 Rn. 10.
324 Beim Cloud-Dienst Dropbox kann beispielsweise per Direktlink auf jegliche Daten eines Nutzers zugegriffen werden, https://www.dropbox.com/news/2012 0423.
325 BGH GRUR 2010, S. 461 (463); BGH GRUR 2010, S. 261 (263 f.); *Pfeiffer/Weller/Nordmeier*, in: Spindler/Schuster, 4. Teil C. Art. 40 EGBGB Rn. 10.
326 BGH GRUR 2010, S. 461 (463); BGH GRUR 2010, S. 261 (263 f.).
327 BGH GRUR 2010, S. 261 (263 f.); ähnlich *Thorn*, in: Palandt, EGBGB 40 Rn. 10.

eingetreten ist.[328] Anders als bei der für beschädigte Daten diskutierten Anknüpfung an den Datenstandort und der damit verbundenen Schwierigkeiten bei Datenfragmenten kommt es beim Ort der Abrufbarkeit nicht zu unsachgemäßen Ergebnissen[329], da beim Abruf von Cloud-Inhalten dem Abrufenden immer ein vollständiges Datum angezeigt wird.

(b) Persönlichkeitsverletzung durch Umgang mit Cloud-Daten

Stellt hingegen der rechtswidrige Umgang des Schädigers mit Daten innerhalb einer Cloud-Umgebung eine Persönlichkeitsverletzung dar, so tritt die Rechtsgutsverletzung primär innerhalb der Cloud ein. Beispielhaft sind Fälle, in denen der Schädiger unerlaubt persönliche Daten eines Betroffenen in einer Cloud-Umgebung bearbeitet, verschiebt, speichert, deren Verfügbarkeit erhöht oder diese seiner oder der Sphäre eines anderen zuführt. In solchen Konstellationen fallen der Erfolgsort und der nach der Rom-II-VO maßgebliche Schadenseintrittsort zusammen, sodass eine Vergleichbarkeit mit der Fallgruppe der Beschädigung von Daten besteht. Verbleiben also die persönlichkeitsverletzenden Daten innerhalb der Cloud lediglich in einem Staat, so gilt das Recht dieses Staates. Können sich die betreffenden Daten jedoch auf Cloud-Server in anderen Staaten bewegen, ist man mit der Schwierigkeit konfrontiert, dass die relevanten Serverstandorte kaum zweifelsfrei bestimmt werden können und, sofern Datenfragmente vorliegen, eine Abgrenzung noch weiter erschwert wäre[330]. Der Erfolgsort kann aufgrund des technischen Aufbaus einer Cloud kaum adäquat bestimmt werden, sodass bei einer dahingehenden Anknüpfung keine Rechtssicherheit erwartet werden kann. Deshalb ist auch in diesem Fall – wie auch bei einer Anknüpfung an den Handlungsort – eine alternative Vorgehensweise notwendig.

---

328 *Pfeiffer/Weller/Nordmeier*, in: Spindler/Schuster, 4. Teil C. Art. 40 Rn. 4; *Dörner*, in: Schulze u.a., Artikel 40 EGBGB, Rn. 9.
329 Vgl. B.II.2.b)bb)(2)(a).
330 Vgl. B.II.2.b)bb)(2)(a).

(3) »wesentlich engere Verbindung« bei grenzüberschreitender Cloud-Architektur

Ist bei Persönlichkeitsverletzungen an den Handlungsort anzuknüpfen, führt dies beim Cloud Computing wegen möglicher Manipulationsmöglichkeiten zu unsachgemäßen Ergebnissen. Verlangt der Verletzte hingegen wegen Persönlichkeitsverletzungen »aufgrund eines Datenumgangs« in einer grenzüberschreitenden Cloud-Umgebung das Recht des Erfolgsortes, geht auch dies zu seinen Lasten, da die Bestimmung des Erfolgsortes kaum möglich ist.

Im Rahmen dieser zwei Fallgruppen schafft wiederum die Annahme einer »wesentlich engeren Verbindung« i.S.d. Vorschrift des Art. 41 EGBGB Abhilfe, welche ähnlich zu Art. 4 Abs. 3 Rom-II-VO ausgestaltet ist. Mit den gleichen Erwägungen wie bei der Fallgruppe der Beschädigung von Daten, ist das Recht des zwischen dem Cloud-Anbieter und dem Cloud-Kunden abgeschlossenen Cloud-Vertrages auch auf das deliktische Verhältnis zwischen Ersatzpflichtigem und dem in seinen Persönlichkeitsrechten Verletzten anzuwenden. Fehlt es an einem relevanten Cloud-Vertrag, ist das Recht des Ortes der Hauptverwaltung bzw. der beteiligten Niederlassung[331] des Cloud-Anbieters anzuwenden.[332]

cc) Ergebnis

Die Parteien können bei Persönlichkeitsverletzungen innerhalb einer Cloud-Umgebung durch entsprechende Vereinbarung nach Entstehen des deliktischen Anspruchs das anzuwendende Recht wählen. Fehlt es an einer solchen Vereinbarung, ist zunächst der Handlungsort maßgeblicher Anknüpfungspunkt. Beim Cloud Computing führt die Bestimmung des Handlungsortes, wegen der dem vernetzten Rechnen zuzuschreibenden Ubiquität, zu unsachgemäßen Ergebnissen, da das anwendbare Recht durch den Schädiger leicht manipuliert werden kann.

Verlangt der Verletzte hingegen, dass das Recht des Erfolgsortes anzuwenden ist, so kann bei Persönlichkeitsverletzungen – anders als bei der Beschädigung von Daten – der Ort der Abrufbarkeit herangezogen wer-

---

331 Art. 40 Abs. 2 S. 2 EGBGB lässt dies anders als Art. 23 Abs. 1 S. 2 Rom-II-VO zu.
332 Vgl. B.II.2.b)bb)(2)(c)(cc).

B. Bürgerliches Recht

den, sofern die Kenntnisnahme von Inhalten aus der Cloud eine Persönlichkeitsverletzung darstellt. Dann müsste der Inhalt jedoch einen ausreichenden Bezug zu diesem Ort haben und nach dem Recht dieses Staates weiterhin auch eine Persönlichkeitsverletzung darstellen. Besteht die Persönlichkeitsverletzung indes darin, dass innerhalb einer Cloud-Umgebung ein unerlaubter Umgang mit Daten stattfindet, ist die Bestimmung des Erfolgsortes bei einer grenzüberschreitenden Cloud entweder nicht möglich oder zu kompliziert, was zu Rechtsunsicherheiten führen kann.

Zur Lösung der Schwierigkeiten bei der Anknüpfung an den Handlungsort bzw. bei der Anknüpfung an den Erfolgsort für den Fall, dass im Rahmen grenzüberschreitender Clouds ein persönlichkeitsverletzender Datenumgang stattfindet, kann auf die Erkenntnisse bei der Fallgruppe der Beschädigung von Daten zurückgegriffen werden. In derartigen Konstellationen ist im Sinne einer »wesentlich engeren Verbindung« an das Recht des Cloud-Vertrages bzw. beim Fehlen eines derartigen Verhältnisses an den Ort der Hauptverwaltung bzw. der beteiligten Niederlassung des Cloud-Anbieters anzuknüpfen.

d) Sonderfall geistiges Eigentum

Für außervertragliche Schuldverhältnisse aus einer Verletzung von Rechten des geistigen Eigentums, ist gemäß Art. 8 Abs. 1 Rom-II-VO das Recht des Staates anzuwenden, für den der Schutz beansprucht wird. Hierdurch wird die Geltung des Schutzlandprinzips (lex loci protectionis) statuiert.[333] Zu beachten ist jedoch, dass bei Gemeinschaftsmarken- und patenten zunächst auf das Gemeinschaftsrecht, und zur Lückenfüllung auf das Recht des Handlungsortes abgestellt werden muss, da es bei diesen Schutzrechten an einem singulären nationalen Schutzland fehlt.[334] Zudem ist eine Rechtswahl für außervertragliche Schuldverhältnisse aus einer Verletzung von Rechten des geistigen Eigentums gemäß Art. 8 Abs. 3 Rom-II-VO nicht möglich. Weitere Ausführungen zur Vorschrift des Art. 8 Abs. 1 Rom-II-VO im Zusammenspiel mit dem Cloud Computing und insbesondere zur Frage, wann bei Cloud-Sachverhalten eine Verlet-

---

333 *Spickhoff*, in: Bamberger/Roth, VO (EG) 864/2007 Art. 8 Rn. 4; *Pfeiffer/Weller/Nordmeier*, in: Spindler/Schuster, 4. Teil B. Art. 8 Rn. 4.
334 *Thorn*, in: Palandt, Rom II 8 Rn. 8; *Schulz/Rosenkranz*, ITRB 2009, S. 232 (236).

zung von Urheberrechten stattfinden kann, finden sich im Kapitel über das Urheberrecht.[335]

III. Gerichtsstands- und Schiedsvereinbarungen

Da das Cloud Computing häufig einen grenzüberschreitenden Bezug aufweisen kann, mag es für die Parteien erstrebenswert sein, spezielle Gerichtsstandsvereinbarungen zu treffen. Aus Gründen der Sachkenntnis der Gerichte ist es jedoch sinnvoll, dass der Gerichtsstand und das gewählte Recht nicht auseinanderfallen.[336] Die Wahl eines deutschen Zivilgerichts durch eine internationale Gerichtsstandsvereinbarung bestimmt sich nach § 38 Abs. 2 ZPO, bei Bezügen zur EU hat in diesen Fällen jedoch Art. 25 EuGVVO[337] Vorrang.[338] Ferner können die Parteien auch, anstatt der Einholung einer Entscheidung vor staatlichen Gerichten, etwaige Konflikte durch Schiedsrichter klären lassen, sofern eine dahingehende Vereinbarung getroffen worden ist. Dies kann insbesondere dann vorteilhaft sein, wenn Schiedsrichter mit Cloud-spezifischem Spezialwissen eingebunden werden können.[339] Derartige Schiedsvereinbarungen erfreuen sich jedenfalls immer größerer Beliebtheit.[340] Ein prominentes Beispiel für eine Schiedsvereinbarung im Rahmen von Cloud-Diensten findet sich beim Anbieter Dropbox. Kunden sind hier grundsätzlich verpflichtet, ihre dienstebezogenen Ansprüche durch ein Schiedsverfahren der American Arbitration Association klären zu lassen.[341]

---

335 Vgl. C.
336 *Trusted Cloud*, Vertragsgestaltung, S. 12.
337 VO (EG) 1215/2012, ABl. EG v. 20.12.2012, Nr. L 351/1.
338 Zu Art. 23 EuGVVO a.F. *Patzina*, in: MüKo ZPO, § 38 Rn. 25 ff.; *Heinrich*, in: Musielak, § 38 Rn. 14 ff.; ausführlich zu Gerichtsstandsvereinbarungen beim Cloud Computing, *Sujecki*, K&R 2012, S. 312 (312 ff.).
339 *Trusted Cloud*, Vertragsgestaltung, S. 12 f.
340 Zur Entwicklung und Bedeutung internationaler Schiedsvereinbarungen, *Schwab/Walter*, in: Schwab/Walter, Zweiter Teil, Kapitel 41 Rn. 1 ff.
341 https://www.dropbox.com/terms2014.

B. Bürgerliches Recht

IV. Fazit zum Bürgerlichen Recht

Grundlage des Verhältnisses von Cloud-Nutzer und Cloud-Anbieter ist der Cloud-Vertrag. Dieser regelt in erster Linie die Erbringung Cloudunmittelbarer Dienste auf den Cloud-Ebenen IaaS, PaaS und Saas. Solche Dienste sind mit Blick auf die Möglichkeiten und Interessen der Parteien regelmäßig als mietvertraglich einzustufen. Werden im Cloud-Vertrag Zusatzleistungen vorbereitender, pflegender, sichernder und unterstützender Natur vereinbart, können daneben insbesondere auch dienstvertragliche oder werkvertragliche Elemente vorliegen. Die im Einzelfall anzuwendenden Vorschriften ergeben sich aus dem im konkreten Fall betroffenen rechtlichen oder wirtschaftlichen Schwerpunkt des Cloud-Vertrags.

Bei der Vertragsgestaltung treffen verschiedenste Interessen von Cloud-Kunden und Cloud-Anbietern zusammen und sind miteinander in Einklang zu bringen. Da Cloud-Anbieter die Cloud-unmittelbaren Dienste nach der gesetzlichen Konzeption ohne jegliche Unterbrechungen bereitstellen müssten, werden, was rechtswirksam möglich ist, Verfügbarkeitsvereinbarungen getroffen. Die Vereinbarung von Haftungsbeschränkungen und die Konkretisierung des Sanktionskatalogs bei Nichteinhaltung der Leistungspflichten sind indes nur unter sehr engen Voraussetzungen wirksam. Geht es um Pflegevereinbarungen, ist zu beachten, dass die einseitige, formularmäßig vereinbarte Möglichkeit der Leistungsveränderung durch den Cloud-Anbieter regelmäßig unwirksam ist. Die Gestaltungsmöglichkeiten im Vertrag sind sehr vielschichtig, können jedoch im Einzelfall durch AGB-spezifische Vorschriften beschränkt sein. Die Parteien haben beispielsweise häufig Fragen der Beendigung und Rückabwicklung des Cloud-Vertrags, datenschutzspezifische Aspekte und das Bestehen möglicher urheberrechtlicher Verwertungsrechte zu beachten.

Das anwendbare Vertragsrecht richtet sich in Ermangelung einer gesonderten Vereinbarung nach dem Rechtsregime der Hauptverwaltung oder der verantwortlichen Niederlassung des Cloud-Anbieters. Ist der Cloud-Kunde ein Verbraucher und richtet der Cloud-Anbieter seine Tätigkeit auf das Aufenthaltsland des Cloud-Kunden aus, ist allerdings das Recht des Aufenthaltslandes maßgeblich. Bei einer Rechtswahl in Verbraucherverträgen darf der Standard des gewöhnlichen Aufenthaltsortes des Verbrauchers nicht unterlaufen werden.

Bei deliktischen Ansprüchen, die im Rahmen von Cloud-Sachverhalten entstehen, ist zwischen der Beschädigung von Daten und Persönlichkeitsverletzungen zu unterscheiden. Fehlt eine Rechtswahlvereinbarung, die zudem in Verbraucherverträgen nur nachträglich erfolgen kann, ist im Fal-

IV. Fazit zum Bürgerlichen Recht

le der Beschädigung von Daten innerhalb von Cloud-Architekturen, die sich nur in einem Land befinden, an das Recht dieses Landes anzuknüpfen. Bei grenzüberschreitenden Clouds, die auf Server in verschiedenen Staaten zurückgreifen, bestimmt sich das Deliktsstatuts wegen der Schwierigkeiten bei der Ermittlung eines Schadenseintrittsortes, nach dem Recht eines bestehenden Cloud-Vertrages bzw. – bei Fehlen eines solchen – nach dem Ort der Hauptverwaltung des Cloud-Anbieters.

Bei Persönlichkeitsverletzungen innerhalb einer Cloud-Umgebung ist in Ermangelung einer Rechtswahlvereinbarung – die im Übrigen nur nach Schadenseintritt erfolgen kann – statt an den Handlungsort des Schädigers, an das Recht eines bestehenden Cloud-Vertrages, ansonsten an das Recht der Hauptverwaltung bzw. der beteiligten Niederlassung des Cloud-Anbieters anzuknüpfen. Dies ist zur Verhinderung von Manipulationen und den Schwierigkeiten bei der Bestimmung des Standortes von sich stetig bewegenden Daten geboten. Das gleiche gilt, wenn der Geschädigte im Falle ubiquitärer, grenzüberschreitender Cloud-Architekturen die Geltung des Rechts des Erfolgsortes verlangt.

Aufgrund des häufig grenzüberschreitenden Bezugs, bieten sich ferner spezielle Gerichtsstandsvereinbarungen und Schiedsvereinbarungen zwischen den Parteien des Cloud-Vertrages an.

Zwar scheinen viele bürgerlich-rechtliche Vorschriften nicht ohne Weiteres auf Sachverhalte mit Cloud-Bezug anwendbar zu sein. Jedoch ermöglichen sie im Einzelfall immer auch eine entsprechend moderne Auslegung. Es kann daher festgestellt werden, dass in diesem Rahmen ein gesetzeskonformer und interessengerechter Einsatz von Cloud-Diensten möglich ist.

C. Urheberrecht

Das Cloud Computing wirft auch im Bereich des Urheberrechts zahlreiche Fragen auf. Aus urheberrechtlicher Sicht kann das Cloud Computing als dritte Phase der Überlassung von Werken angesehen werden. Während zur ersten Phase die Bereitstellung verkörperter Werke wie Bücher und Software-CDs zählen, ist der zweiten Phase die Überlassung unverkörperter Werke immanent, deren Genuss erst durch einen Datenempfang etwa per Download möglich wird. Das Cloud Computing entwickelt die Abkehr von der Verkörperung noch weiter, mit der Folge, dass dem Nutzer die Werke nicht mehr direkt überlassen, sondern in virtueller Form innerhalb der Cloud-Architektur zum Abruf aus der Ferne bereitgestellt werden.[342]

Trotz der mit dem Cloud Computing einhergehenden Dezentralisierung der Werknutzung muss festgestellt werden, dass Fragen der Lizenzierung – beispielsweise bezüglich der Nutzung von Software in der Cloud – gerade nicht an Bedeutung verloren haben. Vielmehr werden diese Aspekte, vor allem bedingt durch komplexe technische Prozesse, noch weiter in den Mittelpunkt gerückt, sodass bei der Inanspruchnahme von Cloud-Diensten ein korrektes Lizenzmanagement unumgänglich ist.[343] Schwierigkeiten bei der urheberrechtlichen Einordnung von Handlungen in der Cloud beruhen maßgeblich auf den besonderen technischen Eigenarten und der Charakteristik, dass Cloud-Dienste regelmäßig von zahlreichen Cloud-Servern gestützt werden, die nicht selten weit über Staatsgrenzen hinaus verstreut sind. Dementsprechend ist die Frage, auf welche Nutzungsrechte die Beteiligten des Cloud Computings angewiesen sind, ebenso schwierig zu beantworten, wie die Ermittlung der gegebenenfalls einschlägigen Urheberrechtsregime.

Vorliegend soll daher zunächst dargestellt werden, auf welche Rechte die Beteiligten nach deutschem Urheberrecht für die Nutzung urheberrechtlich geschützter Werke angewiesen sind. Sodann ist auf die Frage nach dem jeweils anwendbaren Urheberrecht einzugehen.

---

342 *Zech*, ZUM 2014, S. 3 (4).
343 *Doubrava/Münch/Leupold*, in: Leupold/Glossner, Teil 4. Rn. 110.

C. Urheberrecht

I. Urheberrechtliche Verhältnisse beim Cloud Computing

Für die urheberrechtliche Betrachtung des Cloud Computings ist eine Abgrenzung der verschiedenen möglichen Verhältnisse zwischen den Beteiligten unumgänglich. Grundsätzlich kann dabei insbesondere auf zwei Konstellationen abgestellt werden. Im dreiseitigen Verhältnis stehen sich der Rechtsinhaber eines geschützten Werkes, der Cloud-Anbieter sowie der Cloud-Nutzer gegenüber. Denkbar ist auch ein zweiseitiges Verhältnis, also immer dann, wenn sich Cloud-Anbieter und Cloud-Nutzer gegenüberstehen und einer von beiden gleichzeitig auch Rechtsinhaber eines geschützten Werkes ist.[344]

II. Zustimmungsbedürftige Handlungen nach dem UrhG

Sofern ein Werk dem urheberrechtlichen Schutz gemäß §§ 1 i.V.m. 2 UrhG unterfällt, stehen dem Urheber auch die Verwertungsrechte i.S.v. § 15 UrhG zu. Dem Urheber wird es dadurch ermöglicht, Art und Umfang der Werknutzung zu überwachen und die Nutzung von der Zahlung einer Vergütung abhängig zu machen.[345] Nutzen daher Dritte das in Frage stehende Werk in einer Weise, die den in § 15 UrhG aufgezählten Handlungen entspricht, so sind sie für diese Nutzungsarten[346] regelmäßig auf die Einräumung entsprechender Nutzungsrechte i.S.d. §§ 31 ff. UrhG angewiesen.[347] Wurden indes keine Nutzungsrechte eingeholt und besteht auch keine gesetzliche Befugnis zur Nutzung des Werkes, so stellen derartige Handlungen eine Urheberrechtsverletzung dar.[348]

Relevante, im Rahmen des Cloud Computings genutzte Werke sind klassischerweise zum Abruf bereitgestellte Computerprogramme unterschiedlichster Art, wie es etwa bei den Cloud-Diensten Office 365 oder Google Docs der Fall ist. Zum anderen kommen aber auch sämtliche an-

---

344 Hierzu vgl. auch Anhang Abb. 2.
345 Amtl. Begr. BT-Drs. 4/270, S. 28; *Kroitzsch/Götting*, in: Möhring/Nicolini, § 15 Rn. 9.
346 I.S.v. § 31 Abs. 1 S. 1 UrhG.
347 *Schulze*, in: Dreier/Schulze, § 15 Rn. 6; *Kroitzsch/Götting*, in: Möhring/Nicolini, § 15 Rn. 3.
348 *Schulze*, in: Dreier/Schulze, § 15 Rn. 47; *Heerma*, in: Wandtke/Bullinger, § 15 Rn. 5.

dere urheberrechtlich geschützte Werke in Betracht, die in digitaler Form ihren Weg in eine Cloud-Umgebung finden. Beispielhaft ist etwa die Bereitstellung von Musik zum Abruf bei Spotify, das Streaming von Computerspielen bei Gaikai oder das Hochladen von Bildern und Videos in Cloud-Speicher wie Dropbox oder Google Drive.

1. Nutzung von Cloud-Software

Nicht selten wird es vorkommen, dass im Rahmen von Cloud-Diensten Computerprogramme eingebunden und genutzt werden, welche der Cloud-Nutzer über seinen Browser oder durch Nutzung einer besonderen Client-Software abrufen kann. Gemäß §§ 2 Abs. 1 Nr. 1, 69a ff. UrhG genießen Computerprogramme urheberrechtlichen Schutz. Legt man die herrschende weite Definition eines Computerprogramms als »ein Satz von Anweisungen an ein informationsverarbeitendes Gerät und an den mit diesem Gerät arbeitenden Menschen zur Erzielung eines Ergebnisses«[349] zugrunde, so kann theoretisch auf jeder Cloud-Ebene ein entsprechendes Programm zum Einsatz kommen. Vor allem auf der SaaS-Ebene, deren Hauptmerkmal die ortsunabhängige Zugriffsmöglichkeit auf bestimmte Software ist, wird der urheberrechtliche Schutz relevant. Beispielhaft sind hier etwa Textverarbeitungsprogramme oder das Streaming von Spielen. Aber auch auf der PaaS-Ebene ist in Gestalt der Entwicklungsumgebung regelmäßig ein zwischengeschaltetes Computerprogramm in Betrieb, das Entwicklern die Ausführung ihrer Tätigkeit ermöglicht.[350] Letztlich kann auch bei der Inanspruchnahme von IaaS-Diensten ein Computerprogramm eingebunden sein, etwa damit überhaupt mit einem Cloud-Speicher kommuniziert werden kann.[351] Im Folgenden werden zum Zweck der Einheitlichkeit, die über Cloud-Dienste genutzten Computerprogramme allgemein als Cloud-Software bzw. Software bezeichnet.

---

349 OLG Hamburg, CR 1998, S. 332 (333 f.); ähnlich § 1 der Mustervorschriften der WIPO; *Kaboth*, in: Möhring/Nicolini, § 69a Rn. 2.
350 *Nägele/Jacobs*, ZUM 2010, S. 281 (286); *Marko*, in: Blaha/Marko/Zellhofer/Liebel, S. 15 (49); *Grützmacher*, CR 2011, S. 697 (704); anders, ohne Begründung *Bierekoven*, ITRB 2010, S. 42 (44).
351 Insofern von Betriebssystemsoftware sprechend *Grützmacher*, CR 2011, S. 697 (704); anders, ohne Begründung *Nägele/Jacobs*, ZUM 2010, S. 281 (286); ebenso *Marko*, in: Blaha/Marko/Zellhofer/Liebel, S. 15 (49) sowie *Bierekoven*, ITRB 2013, S. 42 (44).

C. Urheberrecht

a) Dreiseitiges Verhältnis

Wird ein Cloud-Dienst genutzt, bei welchem Cloud-Software eingesetzt wird, deren Rechtsinhaber ein Dritter ist, gilt es zu unterscheiden, ob die Software durch den Cloud-Anbieter selbst in die Cloud-Umgebung eingebracht worden ist, oder ob der Cloud-Nutzer diese für sich »mitgebracht« hat.

aa) Durch Cloud-Anbieter eingebrachte Cloud-Software Dritter

In der Praxis kommt es häufig vor, dass der Cloud-Anbieter sich von Dritten Software beschafft und diese den jeweiligen Nutzer auf den Cloud-Servern zum Abruf zur Verfügung stellt. In diesem Rahmen muss geklärt werden, ob der Cloud-Anbieter und der Cloud-Nutzer bei der Einbringung sowie der Inanspruchnahme der Cloud-Software relevante Nutzungshandlungen vornehmen.

(1) Handlungen des Cloud-Anbieters

Bei der Bereitstellung fremder Software für Cloud-Nutzer finden häufig zahlreiche Nutzungshandlungen des Cloud-Anbieters statt.

(a) Vervielfältigung (§ 69c Nr. 1 UrhG)

Die naheliegendste Handlung des Cloud-Anbieters bei der Bereitstellung fremder Software ist die Vervielfältigung nach § 69c Nr. 1 UrhG. § 69c UrhG ist im Verhältnis zu den Vorschriften der §§ 15 ff. UrhG lex specialis.[352]

Wie der Wortlaut deutlich macht, geht das Gesetz von einem weiten Vervielfältigungsbegriff aus. So wird jedes dauerhafte und vorübergehende Vervielfältigen während des Ladens, Anzeigens, Ablaufens, Übertragens und Speicherns erfasst. Sofern der Cloud-Anbieter Software für den Cloud-Nutzer bereitstellt, muss er diese in irgendeiner Weise auf den

---

352 *Dreier*, in: Dreier/Schulze, § 69c Rn. 1; *Wiebe*, in: Spindler/Schuster, § 69c Rn. 1.

Cloud-Servern installieren bzw. speichern. Diese Handlungen stellen ohne weiteres eine Vervielfältigung dar[353], da beim Kopieren auf Speichermedien wie einer Festplatte eine dauerhafte Vervielfältigung vorliegt.[354] Ebenfalls als Vervielfältigung einzustufen, ist die vom Cloud-Anbieter durchgeführte Anfertigung von Sicherungskopien.[355] Nichts anderes gilt beim stetigen Datenfluss innerhalb einer Cloud. Jede in diesem Rahmen stattfindende Vervielfältigung ist als eine eigenständige Handlung anzusehen, da sie maßgeblich der Flexibilisierung und Skalierbarkeit der Cloud-Architektur dient und dem Cloud-Anbieter daher auch einen wirtschaftlichen Nutzen ermöglicht. An diesem gezogenen Nutzen ist auch der Rechtsinhaber zu beteiligen.[356]

Fraglich ist jedoch, wie es zu beurteilen ist, dass Teile der Cloud-Software, bedingt durch die Virtualisierungstechnik, über mehrere Standorte verteilt sein können.[357] Zunächst kann es keinen Unterschied machen, ob tatsächlich ein Werk einheitlich im Ganzen vervielfältigt wird oder sich viele kleine Vervielfältigungen im Ergebnis als ein einheitlicher Vorgang darstellen. Denn die zufällige Verteilung bringt für den Vervielfältigenden nicht zwangsläufig einen wirtschaftlichen Nutzen, an dem der Rechtsinhaber beteiligt werden müsste. Etwas anderes gilt jedoch dann, wenn einzelne, an verschiedenen Orten vervielfältigte Teile der Software für sich genommen die Anforderungen an eine persönliche geistige Schöpfung nach § 2 Abs. 2 UrhG erfüllen.[358] Hieran wäre zu denken, wenn einzelne Module der Software auch isoliert vom Mutterprogramm nutzbar sind. Dann würde die Vervielfältigung jedes einzelnen Werkteils auch eine relevante Vervielfältigung i.S.v. § 69c Nr. 1 UrhG darstellen.

Ob auch das beim Betrieb der Cloud-Software und bei deren Abruf stattfindende vorübergehende Einlesen in den Arbeitsspeicher der Cloud-

---

353 *Nägele/Jacobs*, ZUM 2010, S. 281 (286); *Niemann/Paul*, K&R 2009, S. 444 (448); *Mark*, in: Blaha/Marko/Zellhofer/Liebel, S. 15 (50); *Bierekoven*, ITRB 2010, S. 42 (44); *Bisges*, MMR 2012, S. 574 (575).
354 *Czychowski*, in: Fromm/Nordemann, § 69c Rn. 7; *Loewenheim*, in: Schricker/Loewenheim, § 69c Rn. 6; *Dreier*, in: Dreier/Schulze, § 69c Rn. 7.
355 *Loewenheim*, in: Schricker/Loewenheim, § 69c Rn. 6; *Dreier*, in: Dreier/Schulze, § 69c Rn. 7.
356 Als Leitgedanke des Urheberrechts etwa BGH GRUR 2011, S. 714 (715 f.) – Der Frosch mit der Maske; 1955, S. 492 (497) – Magnettonband.
357 Zur Fragmentierung von Daten vgl. C.III.1.b)bb)(3)(a).
358 BGH GRUR 2002, S. 799 (800) – Stadtbahnfahrzeug; GRUR 1988, S. 533 (534) – Vorentwurf II; *Bullinger*, in: Wandtke/Bullinger, § 2 Rn. 42 ff.

C. Urheberrecht

Server eine Vervielfältigung darstellt, war früher noch sehr umstritten, zumal § 69c Nr. 1 UrhG keine konkrete Aussage darüber trifft, wann im Einzelfall eine Vervielfältigung vorliegt. Nach heute ganz herrschender Auffassung[359] erfüllt auch diese temporäre Speicherung im Arbeitsspeicher den Tatbestand des § 69c Nr. 1 UrhG. Andere Ansichten[360] verkennen hierbei, dass § 69c Nr. 1 UrhG mit der Einbeziehung auch »vorübergehender« Vervielfältigungen in diesem Punkt keinerlei Interpretationsspielraum bietet. Zudem würde auch das Partizipationsinteresse des Rechtsinhabers der Cloud-Software nicht angemessen berücksichtigt werden.[361] Begrüßenswerterweise ist deshalb auch beim Cloud Computing die Auffassung herrschend, dass das mit dem Betrieb der Programme auf den Cloud-Servern einhergehende Speichern im Arbeitsspeicher eine Vervielfältigung seitens des Cloud-Anbieters darstellt.[362] Zwar wird diskutiert, ob nicht bereits das bloße Ablaufenlassen einer Software als Vervielfältigungshandlung qualifiziert werden kann.[363] Dies kann jedoch dahinstehen, da ein Ablaufenlassen ohne Laden in den Arbeitsspeicher des Cloud-Servers grundsätzlich gar nicht denkbar ist.[364] Somit ist der Cloud-Anbieter in der Regel auf die Einräumung der zur Vervielfältigung benötigten Nutzungsrechte angewiesen.

---

359 OLG Köln CR 2001, S. 708 (710); OLG Hamburg GRUR 2001, S. 831 – Roche Lexikon Medizin; OLG Celle CR 1995, S. 16; *Grützmacher*, in: Wandtke/Bullinger, § 69c Rn. 5; *Wiebe*, in: Spindler/Schuster, § 69c Rn. 3; *Dreier*, in: Dreier/Schulze, § 69c Rn. 8; *Loewenheim*, in: Schricker/Loewenheim, § 69c Rn. 8.
360 LG Mannheim CR 1999, S. 360; *Schumacher*, CR 2000, S. 641 (645).
361 *Dreier*, in: Dreier/Schulze, § 69c Rn. 8; *Lehmann*, GRUR Int 1991, S. 327 (331); *Bartsch*, CR 1999 S. 361 (362).
362 *Nägele/Jacobs*, ZUM 2010, S. 281 (286); *Niemann/Paul*, K&R 2009, S. 444 (448); *Bisges*, MMR 2012, S. 574 (577); *Trusted Cloud*, Lizenzierungsbedarf, S. 5.
363 Dagegen die herrschende Auffassung BGH GRUR 1991, S. 449 (453) – Betriebssystem; LG Mannheim CR 1999, S. 360 (361); *Loewenheim*, in: Schricker/Loewenheim, § 69c Rn. 8; *Wiebe*, in: Spindler/Schuster, § 69c Rn. 4; *Grützmacher*, in: Wandtke/Bullinger, § 69c Rn. 7; zur Gegenauffassung vgl. ebd.
364 Vgl. *Czychowski*, in: Fromm/Nordemann, § 69c Rn. 8; *Loewenheim*, in: Schricker/Loewenheim; § 69c Rn. 8.

(aa) Ausnahme nach § 69d Abs. 1 UrhG

Da die angesprochenen Vervielfältigungen gerade im Zusammenhang mit der Nutzung der Cloud-Software stattfinden, könnte die Möglichkeit bestehen, dass der Cloud-Anbieter die Handlungen gemäß § 69d Abs. 1 UrhG auch ohne eine gesonderte Zustimmung vornehmen darf. § 69d Abs. 1 UrhG stellt insoweit eine Privilegierung des Werknutzers dar, die sicherstellen soll, dass wirtschaftlich sinnvoll mit einem Computerprogramm gearbeitet werden kann, ohne durch Verbote des Rechtsinhabers unangemessen eingeschränkt zu werden.[365]

(aaa) Einschlägigkeit der Privilegierung

Bei der Anwendbarkeit von § 69d Abs. 1 UrhG stellt sich die Frage, ob die betreffende Vervielfältigung für eine bestimmungsgemäße Benutzung des Computerprogramms durch den Berechtigten notwendig ist. Berechtigter im Sinne der Vorschrift ist vor allem der Erwerber eines Programms.[366] Von einer bestimmungsgemäßen Benutzung erfasst sind insbesondere das Speichern auf der Festplatte und das Laden in den Arbeitsspeicher,[367] also Prozesse die auch beim Cloud Computing auf den Cloud-Servern stattfinden. Derartige Vervielfältigungen sind vor allem auch zur Benutzung »notwendig« und nicht bloß zweckmäßig oder nützlich[368]. Gerade mit Blick auf den On-Demand-Charakter der auf Abruf bereitgestellten Cloud-Dienste, sowie aus Gründen der Skalierbarkeit, sind die auf den Cloud-Servern stattfindenden Vervielfältigungen technisch erforderlich, und können nicht durch andere zumutbare Maßnahmen[369] vermieden werden. Anderenfalls wäre das Cloud Computing per Definition gar nicht möglich.

---

365 *Loewenheim*, in: Schricker/Loewenheim, § 69d Rn. 2.
366 *Wiebe*, in: Spindler/Schuster, § 69d Rn. 8; *Czychowski*, in: Fromm/Nordemann, § 69d Rn. 10; *Loewenheim*, in: Schricker/Loewenheim, § 69d Rn. 4.
367 *Czychowski*, in: Fromm/Nordemann, § 69d Rn. 13; *Loewenheim*, in: Schricker/Loewenheim, § 69d Rn. 3.
368 Dann nicht notwendig, vgl. *Loewenheim*, in: Schricker/Loewenheim, § 69d Rn. 12; *Czychowski* in: Fromm/Nordemann, § 69d Rn. 18.
369 *Loewenheim*, in: Schricker/Loewenheim, § 69d Rn. 12; *Wiebe*, in: Spindler/Schuster, § 69d Rn. 19.

C. Urheberrecht

(bbb) Einschränkung der Privilegierung

Allerdings gehen gewichtige Stimmen bei der dem Cloud Computing nicht unähnlichen Erbringung von ASP-Leistungen – also der Bereitstellung und Ausführung von Software auf festen, nicht-virtualisierten Rechnern zum Fernabruf[370] – davon aus, dass die Nutzung eines zum Abruf zur Verfügung gestellten Programms aufgrund einer einfachen Netzwerklizenz nicht die Privilegierungswirkung des § 69d Abs. 1 UrhG auslösen kann. Vielmehr müsse eine gesonderte Zustimmung des Rechtsinhabers vorliegen, da aufgrund der technischen Besonderheiten und der wirtschaftlichen Relevanz die Erbringung von ASP-Leistungen unter Rückgriff auf urheberrechtlich geschützte Werke als eigene Nutzungsart i.S.v. §§ 31a ff. UrhG anzusehen sei.[371]

Dieser Ansatz erscheint sachgemäß. Der Leitgedanke des Urheberrechts, Urheber an den Früchten der Werkverwertung zu beteiligen, gebietet es, dem Urheber die Entscheidung vorzubehalten, neue und bisher unbekannte Formen der Werknutzung zu erlauben.[372] Die vom Gesetzgeber ausdrücklich geregelten Rechte in §§ 15 ff. und 69c UrhG sind somit – wie sich auch aus den §§ 31a ff. UrhG ergibt – gerade nicht abschließend. Von einer eigenen Nutzungsart wird gesprochen, wenn die in Frage stehende Nutzung gegenüber anderen Formen der Werknutzung, eine in wirtschaftlicher und technischer Hinsicht klar abgrenzbare und eigenständige Nutzungsform darstellt.[373] Technisch eigenständig ist die Nutzungsart immer dann, wenn dadurch technische Möglichkeiten beträchtlich erweitert werden.[374] Hingegen liegt eine wirtschaftliche Eigenständigkeit dann vor, wenn sich durch die Nutzungsart ein neuer Markt entwickelt hat und

---

370 Vgl. A.I.2.
371 *Grützmacher*, in: Wandtke/Bullinger, § 69d Rn. 13; ders., in: ITRB 2001, S. 59 (62); *Czyshowski*, in: Fromm/Nordemann, § 69d Rn. 15; *Dreier*, in Dreier/Schulze, § 69d Rn. 2/8; *Wiebe*, in: Spindler/Schuster, § 69d Rn. 13; *Loewenheim*, in: Schricker/Loewenheim § 69d Rn. 9.
372 BGH GRUR 1974, S. 786 (787) – Kassettenfilm; BGHZ 129, S. 66 (72) – Mauer-Bilder; *Schulze*, in: Dreier/Schulze, § 31a Rn. 27.
373 BGH GRUR 1992, S. 310 (311) – Taschenbuch-Lizenz; *Schulze*, in: Dreier/Schulze, § 31a Rn. 28; *Nordemann*, in: Fromm/Nordemann, § 31 Rn. 10; *Wiebe*, in: Spindler/Schuster, § 31 Rn. 7.
374 BGH GRUR 1986, S. 62 (65) – GEMA-Vermutung; *Wiebe*, in: Spindler/Schuster, § 31 Rn. 7; *Nordemann*, in: Fromm/Nordemann, § 31 Rn. 10.

neue Verbraucherkreise angesprochen werden.[375] Maßgeblich ist hierbei die Sicht eines Endverbrauchers.[376] Tatsächlich treffen diese Kriterien auch auf das ASP zu. Denn beim ASP nutzt nicht mehr nur der zur Nutzung berechtigte Programmnutzer das Programm, sondern es werden darüber hinausgehende Nutzungen durch Dritte vorgenommen.[377] Da durch das ASP-Modell keine Installation an einzelnen Arbeitsplätzen mehr erforderlich ist, kann sich aus technischer Hinsicht, aufgrund der Vereinfachung bei Pflege und Wartung, der Kreis potenzieller Nutzer und Interessenten deutlich erweitern, womit eine wirtschaftlich neue Form der Verwertung ermöglicht wird.[378] Die Inanspruchnahme der Privilegierung des § 69d Abs. 1 UrhG würde bei einem ASP-Einsatz ohne gesonderte ASP-Lizenz den schutzwürdigen wirtschaftlichen Beteiligungsinteressen des Rechtsinhabers in unangemessener Weise zuwider laufen.

Auch beim Cloud Computing kann nichts anderes gelten. Denn hier wird ebenfalls der Grundgedanke des ASP aufgegriffen und noch erweitert. Aufgrund der weitreichenden Flexibilität und gleichzeitigen Möglichkeit der Bereitstellung für einen potenziell größeren Kundenkreis, erscheint das Cloud Computing in wirtschaftlicher und technischer Hinsicht noch selbstständiger. Die orts- und zeitunabhängige Nutzbarkeit von Cloud-Software eröffnet dem Cloud-Anbieter weitreichende Vorteile wirtschaftlicher Art, da ein theoretisch unbeschränkter Nutzerkreis kostengünstig und aufwandsarm komplette IT-Prozesse auslagern, und Zugriff auf die jeweils modernste Technologie erhalten kann. Der Nutzer wird nicht mehr durch begrenzte Kapazitäten eingeschränkt, sondern bekommt Zugriff auf einen weiten Pool bedarfsorientierter Ressourcen. Gerade hierdurch sind neue Vertriebswege und eigene Märkte entstanden. Daher wird auch das Cloud Computing zu Recht als eigene Nutzungsart angesehen[379], welche die Einholung einer gesonderten Cloud-Lizenz erforderlich macht.

---

375 BGH GRUR 1997, S. 215 (217) – Klimbim; *Wiebe*, in: Spindler/Schuster, § 31 Rn. 7.
376 BGH GRUR 1997, S. 215 (217) – Klimbim; *Wiebe*, in: Spindler/Schuster, § 31 Rn. 7; *Nordemann*, in: Fromm/Nordemann, § 31 Rn. 10.
377 *Dreier*, in Dreier/Schulze, § 69d Rn. 2; *Röhrborn/Sinhart*, CR 2001, S. 69 (73).
378 *Bettinger/Scheffel*, CR 2001, S. 729 (735), ähnlich wohl Grützmacher ITRB 2011, S. 697 (704).
379 Vgl. *Grützmacher* ITRB 2011, S. 697 (704); *ders.*, in: Wandtke/Bullinger, § 69d Rn. 13; *Bräutigam/Thalhofer*, in: Bräutigam, Teil 14 Rn. 123; *Nägele/Jacobs*, ZUM 2010, S. 281 (288); *Leupold*, in: Leupold/Glossner, Teil 4. Rn. 121; *Rede-*

C. Urheberrecht

(ccc) Ergebnis

Da das Cloud Computing eine eigene Nutzungsart darstellt, ist festzuhalten, dass der Cloud-Anbieter auf eine gesonderte, über die Gestattung des Einsatzes in einem Netzwerk hinausgehende Zustimmung des Rechtsinhabers angewiesen ist, wenn er Software im Rahmen seiner Dienste zum Abruf bereitstellen möchte. Nur dann würden erforderliche Vervielfältigungshandlungen des Cloud-Anbieters von der »bestimmungsgemäßen« Benutzung i.S.d. § 69d Abs. 1 UrhG erfasst werden.[380]

(bb) Ausnahme nach § 69d Abs. 2 UrhG

Bezüglich der vom Cloud-Anbieter häufig durch Sicherungskopien und Backups ausgelösten Vervielfältigungen kommt zudem § 69d Abs. 2 UrhG in Betracht, der die Vervielfältigungen auch ohne Zustimmung des Rechtsinhabers ermöglicht.

Berechtigter ist, wie im Rahmen von Abs. 1, der Erwerber.[381] Als Sicherungskopie zählt dabei jede Kopie eines Computerprogrammes auf einem beliebigen Datenträger, um dieses bei Nichtnutzbarkeit des ursprünglichen Datenträgers wieder nutzen zu können.[382]

Gerade mit Blick auf die Abhängigkeit des Cloud Computings von einem Netz von Rechnern, muss dem Cloud-Anbieter auch das Recht zugesprochen werden, die mit Cloud-Lizenz eingesetzte Software gegebenenfalls an mehreren Server-Standorten zu sichern. Ein etwaiger Ausfall einzelner Server, die das ursprüngliche Programm beherbergen, wäre besonders schädlich, da dies zu einem Stillstand der Cloud-Funktion führen könnte. Solche Sicherungskopien sind auch »erforderlich«, weil der Cloud-Anbieter den Sicherungsbedürfnissen nicht anders Rechnung tragen kann.[383] Über die erlaubte Anzahl der Sicherungskopien gibt die Vor-

---

ker, in: Hoeren/Sieber/Holznagel, Teil 12 Rn. 402; teilweise zustimmend *Trusted Cloud*, Lizenzierungsbedarf, S. 11.
380 Vgl. hierzu auch C.II.1.a)aa)(1)(e).
381 *Grützmacher*, in: Wandtke/Bullinger, § 69d Rn. 59; *Wiebe*, in: Spindler/Schuster, § 69d Rn. 22.
382 *Grützmacher*, in: Wandtke/Bullinger, § 69d Rn. 53; *Wiebe*, in: Spindler/Schuster, § 69d Rn. 23.
383 Obwohl die Gesetzesbegründung (BT-Drs. 12/4022, S. 12) bei der Lieferung einer Sicherungskopie seitens des Rechteinhabers die Erforderlichkeit einer weite-

schrift hingegen keinen Aufschluss. Der Gesetzgeber ging bei der Umsetzung der Computerprogrammrichtlinie davon aus, dass die Vorschrift nur eine einzige Sicherungskopie zulässt.[384] Demgegenüber vertreten andere, dass je nach Sicherungsbedarf des Nutzers auch mehrere Sicherungskopien erlaubt seien.[385] Eine Begrenzung auf nur eine Sicherungskopie wäre an dieser Stelle unzweckmäßig, zumal der Gesetzgeber bei der Umsetzung der Richtlinie Anfang der 1990er Jahre noch ganz klassisch von »offline«-Software auf einem Datenträger ausgegangen war. Ziel der Schrankenbestimmung ist gerade die Ermöglichung des ununterbrochenen Gebrauchs von Software durch den Berechtigten.[386] Maßgeblicher Anknüpfungspunkt ist zwar immer der konkrete Sachverhalt. Die erlaubte Anfertigung nur einer einzigen Sicherungskopie wäre mit Blick auf Ausfallrisiken im Rahmen des Cloud Computings jedoch deutlich zu niedrig angesiedelt.

(b) Umarbeitung von Cloud-Software (§ 69c Nr. 2 UrhG)

Eine mehr als bloß geringfügige Umarbeitung der in der Cloud eingesetzten Software Dritter durch den Cloud-Anbieter – etwa um sie an Kundenwünsche anzupassen – stellt eine Umarbeitung i.S.v. § 69c Nr. 2 UrhG dar.[387] In Betracht kommen insoweit jegliche Erweiterungen oder Einschränkungen des Quellcodes.[388] Änderungen in der Größenordnung von 5 Prozent des Quellcodes werden allerdings noch nicht als relevante Umar-

---

ren Sicherungskopie ablehnt, kann dies nicht auf Cloud-Sachverhalte übertragen werden. Cloud-Umgebungen bedürfen der kontinuierlichen Verfügbarkeit von Software, sodass beim Ausfall eines Cloud-Servers die Daten an anderen Orten verfügbar sein müssen, um Schäden zu verhindern. Umso mehr gilt dies in Fällen, in denen der Rechtsinhaber verspricht, im Bedarfsfall eine Sicherungskopie zur Verfügung zu stellen.
384 Amtl. Begr. BT-Drs. 12/4022, S. 12; *Lehmann*, NJW 1993, S. 1822 (1823); für nur in absoluten Ausnahmefällen mehr als eine erlaubte Kopie *Kaboth*, in: Möhring/Nicolini, § 69d Rn. 13.
385 *Wiebe*, in: Spindler/Schuster, § 69d Rn. 25; *Grützmacher*, in: Wandtke/Bullinger, § 69d Rn. 56; *Dreier*, in: Dreier/Schulze, § 69d Rn. 17; *Czychowski*, in: Fromm/Nordemann, § 69d Rn. 24.
386 *Dreier*, in: Dreier/Schulze, § 69d Rn. 17.
387 *Niemann/Paul*, K&R 2009, S. 444 (448); *Trusted Cloud*, Lizenzierungsbedarf, S. 12.
388 Beispiele bei *Dreier*, in: Dreier/Schulze, § 69c Rn. 16 ff.; *Wiebe*, in: Spindler/Schuster, § 69c Rn. 18 ff.

beitung angesehen.[389] Auch liegt keine Umarbeitung vor, wenn die bearbeitete Software gemäß § 24 UrhG eine freie Benutzung des ursprünglichen Programmes darstellt,[390] also eine Anregung zum Benutzen schutzfähiger Elemente, welche zu einem selbständigen Werk führen, bei dem die entlehnten Züge des älteren Werkes durch die Eigenart des neuen Werkes verblassen.[391]

Auch eine Umarbeitung kann dem Cloud-Anbieter gemäß § 69d Abs. 1 UrhG erlaubt sein, wenn diese für die bestimmungsgemäße Benutzung der Software notwendig ist; für Einzelheiten sei auf die Ausführungen zur Vervielfältigung verwiesen[392].

Eine Zustimmung ist zudem dann nicht erforderlich, wenn etwaige Umarbeitungen zum Zweck einer Dekompilierung erfolgen, um etwa eine Kompatibilität von Software Dritter mit der Cloud-Architektur herzustellen.[393] Gemäß § 69e UrhG ist es möglich, ohne Zustimmung des Rechtsinhabers, ein Programm zu dekompilieren und in einen menschenlesbaren Quellcode zurückzuübersetzen, um Informationen über Schnittstellen zu erhalten, die zur Herstellung interoperabler Programme oder Hardware benötigt werden.[394] § 69e UrhG ist allerdings durch die kumulativen Voraussetzungen in Abs. 1, die Festlegung ausgeschlossener Handlungen nach Abs. 2 und die rechtsinhaberfreundlichen Auslegungsvorgaben sehr eng ausgestaltet[395], sodass die Möglichkeiten des Cloud-Anbieters zur zustimmungsfreien Umarbeitung eher begrenzt sind.

(c) Verbreitung von Cloud-Software (§ 69c Nr. 3 UrhG)

Weiterhin liegt es zunächst nicht fern, dass im Rahmen des Cloud Computings Verbreitungshandlungen gemäß § 69c Nr. 3 UrhG durch den Cloud-

---

389 BGH, CR 1990, S. 188 (189); *Wiebe*, in: Spindler/Schuster, § 69c Rn. 9.
390 *Dreier*, in: Dreier/Schulze, § 69c Rn. 13; *Wiebe*, in: Spindler/Schuster, § 69c Rn. 8.
391 *Schulze*, in: Dreier/Schulze, § 24 Rn. 5 ff; *Wiebe*, in: Spindler/Schuster, § 24 Rn. 3.
392 Vgl. C.II.1.a)aa)(1)(a)(aa).
393 *Trusted Cloud*, Lizenzierungsbedarf, S. 12.
394 *Wiebe*, in: Spindler/Schuster, § 69e Rn. 2; *Kaboth*, in: Möhring/Nicolini, § 69e Rn. 3.
395 *Kaboth*, in: Möhring/Nicolini, § 69e Rn. 1; *Dreier*, in: Dreier/Schulze, § 69e Rn. 1.

II. Zustimmungsbedürftige Handlungen nach dem UrhG

Anbieter stattfinden. Als ein solches Verbreiten kommt in Übereinstimmung mit § 17 Abs. 1 UrhG jegliches Inverkehrbringen der Werkstücke, wie auch deren Angebot an die Öffentlichkeit in Betracht.[396] Hierbei ist es dem Wortlaut nach unerheblich, ob die Originalsoftware oder deren Vervielfältigungsstücke verbreitet werden.

Insbesondere scheint bei der Bereitstellung von Cloud-Software mit Blick auf die vertragstypologische Einordnung von Cloud-Verträgen[397] eine Nähe zum Tatbestand der Vermietung i.S.v. § 69c Nr. 3 S. 1 UrhG vorzuliegen, die als Unterfall der Verbreitung in § 17 Abs. 3 UrhG geregelt ist. Gemäß des Wortlautes der Vorschrift zählt zur Vermietung jede zeitlich begrenzte Gebrauchsüberlassung, die unmittelbar oder mittelbar Erwerbszwecken dient. Ein solcher Erwerbszweck liegt vor, wenn die Überlassung den wirtschaftlichen Interessen des Vermieters dient.[398] Gerade die entgeltliche Überlassung von Cloud-Leistungen würde auch einem Erwerbszweck dienen.

Ob der Cloud-Anbieter allerdings die Cloud-Software bei der Bereitstellung zum Abruf in den Verkehr bringt, kann nicht ohne weiteres bejaht werden. Zunächst hat die Rechtsnatur eines etwaigen Cloud-Vertrages, der Grundlage der Diensterbringung für den Cloud-Nutzer ist, an sich noch keinen Einfluss auf die urheberrechtliche Betrachtung nach § 69c Nr. 3 UrhG.[399] Zudem reicht nach ganz herrschender Auffassung eine bloß virtuelle Zugangsmöglichkeit des Endkunden zu einem Werk für die Annahme einer Vermietung im urheberrechtlichen Sinne nicht aus; vielmehr müssten derartige Vervielfältigungsstücke auch körperlich überlassen werden.[400] Beim Cloud Computing verhält es sich gerade so, dass der Cloud-Nutzer Zugriff auf Leistungen in der Cloud erhält, welche ihm auf

---

396 *Loewenheim*, in: Schricker/Loewenheim, § 69c Rn. 22; *Wiebe*, in: Spindler/Schuster, § 69c Rn. 13.
397 Vgl. B.I.1.
398 BGH GRUR 1972, S. 617 (618) – Werkbücherei; *Heerma*, in: Wandtke/Bullinger, § 17 Rn. 41.
399 Etwa zu sehen an der Einstufung des »Kaufs mit Rückgabe« als urheberrechtliche Vermietung, BGH GRUR 1989, S. 417 (419); *Jacobs*, GRUR 1998, S. 246 (250); *Grützmacher*, in: Wandtke/Bullinger, § 69c Rn. 43.
400 *Harte-Bavendamm/Wiebe*, in: Kilian/Heussen, Teil 5 A Rn. 60; *Niemann/Paul*, K&R 2009, S. 444 (448); *Loewenheim*, in: Schricker/Loewenheim, § 17 Rn. 36; *Schulze*, in: Dreier/Schulze, § 17 Rn. 46; *Paul/Niemann*, in: Hilber, Teil 3 Rn. 102; *Czychowski*, in: Fromm/Nordemann, § 69c Rn. 29; offen gelassen BGH CR 2007, S. 75 (76); zur allgemeineren »Verbreitung« *Loewenheim*, in: Schricker/Loewenheim, § 69c Rn. 26; ebenso *Dreier*, in: Dreier/Schulze, § 69c Rn. 20.

den Cloud-Servern verfügbar gemacht werden. Hierbei werden keine verkörperten Werke wie etwa Software auf einer CD oder DVD bereitgestellt, sondern unverkörperte Datenströme, die von den Cloud-Servern übertragen werden, um die Software nutzen zu können. Dem könnte man zwar entgegengehalten, dass das Gesetz nur eine »Gebrauchsüberlassung« und keine »Besitzüberlassung« fordert. Beispielsweise wurde bezüglich des Rechenzentrumsbetriebs vertreten, dass der zeitlich begrenzte Fernzugriff auf Programme eine urheberrechtliche Vermietung darstelle.[401]

Bei einer systematischen und grammatischen Auslegung der Vorschrift ergibt sich jedoch, dass bei der Bereitstellung von Cloud-Software keine Verbreitung i.S.v. § 69c Nr. 3 UrhG vorliegt. Denn zunächst müsste in den Begriff der Gebrauchsüberlassung überhaupt eine Unkörperlichkeit hineingelesen werden, was sehr gekünstelt erscheint. Obwohl der BGH, wie bei den vertraglichen Aspekten des Cloud Computings dargestellt wurde[402], in seiner Entscheidung zum ASP[403] auch die unkörperliche Überlassung von Software als Miete anerkannt hat, verbietet sich die Übertragung dieses zivilrechtlichen Verständnisses auf das Urheberrecht.[404] Aus § 17 Abs. 3 UrhG, der von einer »Vermietung im Sinne der Vorschriften dieses Gesetzes« spricht, ergibt sich bereits, dass der urheberrechtliche Begriff der Vermietung nicht dem des BGB zu entsprechen hat. Letztendlich stellt auch § 15 Abs. 1 Nr. 2 UrhG unmissverständlich klar, dass das Verbreitungsrecht – und damit auch das Vermietungsrecht aus § 17 Abs. 3 UrhG – nur ein Recht zur Verwertung eines Werkes in »körperlicher Form« darstellt. Eine andere Sichtweise wäre damit evident systemwidrig. Nach geltendem Recht kann daher nur bei einer körperlichen Überlassung von Werken von einer urheberrechtlichen Vermietung ausgegangen werden, was beim Cloud Computing gerade nicht erfolgt. Der Cloud-Nutzer empfängt lediglich unverkörperte Datenströme.[405]

---

401 *Bartsch*, CR 1994, S. 667 (671).
402 Vgl. B.I.1.a)dd).
403 BGH K&R 2007, S. 91 (91 ff.).
404 *Czychowski*, in: Fromm/Nordemann, § 69c Rn. 30; *Marly/Jobke*, LMK 2007, 209583.
405 Im Ergebnis *Trusted Cloud*, Lizenzierungsbedarf, S. 12; ebenso *Bisges*, MMR 2012, S. 574 (578); vgl. auch *Nägele/Jacobs*, ZUM 2010, S. 281 (286) welche die Diskussion um das Merkmal der Körperlichkeit offen lassen, jedoch beim Cloud Computing, wegen der regelmäßig stattfindenden »eins-zu-eins«-Übertragung, keine Nutzungsform der Vermietung i.S.v. § 69c Nr. 3 UrhG annehmen.

Aus diesem Grund ist § 69c Nr. 3 UrhG auch dann nicht anwendbar, wenn – wie es etwa bei leihvertraglich ausgestalteten Cloud-Verträgen der Fall sein kann – mangels Erwerbszweck der Gebrauchsüberlassung schon keine Vermietung i.S.v. Abs. 3, sondern ein allgemeines »Inverkehrbringen« i.S.v. Abs. 1 Alt. 2 denkbar wäre. Denn auch hier ist notwendig, dass das Werk in körperlicher Form verbreitet wird.[406]

Letztlich kann auch festgehalten werden, dass durch die Normierung des Rechts der öffentlichen Zugänglichmachung gemäß § 19a UrhG, die Verwertung in unkörperlicher Form einheitlich geregelt worden ist[407], sodass es auch mit Blick auf die Interessen des Rechtsinhabers keine Notwendigkeit für die Anwendung von § 69c Nr. 3 UrhG gibt.

(d) Öffentliche Wiedergabe von Cloud-Software in Form der öffentlichen Zugänglichmachung (§ 69c Nr. 4 UrhG)

Somit stellt sich allerdings die Frage, ob der Cloud-Anbieter durch das Anbieten von Cloud-Software an seine Nutzer eine öffentliche Wiedergabe i.S.v. § 69c Nr. 4 bzw. § 19a UrhG dahingehend vornimmt, dass er den Nutzern urheberrechtlich geschützte Werke öffentlich zugänglich macht.

(aa) Zugänglichmachung

Die Zugänglichmachung erfolgt durch das Bereitstellen eines Werkes zum Abruf.[408] Dabei wird ein tatsächlicher Abruf nicht vorausgesetzt; vielmehr reicht bereits die Einräumung einer Abrufmöglichkeit aus.[409] Gerade eine solche Abrufmöglichkeit wird den Nutzern beim Cloud Computing eingeräumt. Allerdings ist bei der Bereitstellung von Cloud-Software teilweise umstritten, ob die Inhalte, die auf den Endgeräten der Cloud-Dienste empfangen werden, eine relevante Werkqualität i.S.v. § 2 UrhG aufweisen.

---

406 BGH GRUR 1954, S. 216 (219); GRUR 1986, S. 742 (743); *Schulze*, in: Dreier/Schulze, § 17 Rn. 5; *Wiebe*, in: Spindler/Schuster, § 17 UrhG Rn. 2.
407 *Dreier*, in: Dreier/Schulze, § 19a Rn. 3; *Götting*, in: Möhring/Nicolini, § 19a Rn. 2.
408 *Bullinger*, in: Wandtke/Bullinger, § 19a Rn. 10; *Wiebe*, in: Spindler/Schuster, § 19a UrhG Rn. 2.
409 *Wiebe*, in: Spindler/Schuster, § 19a Rn. 2; *Dustmann*, in: Fromm/Nordemann, § 19a Rn. 7; *Bullinger*, in: Wandtke/Bullinger, § 19a Rn. 10.

C. Urheberrecht

Wäre dies nicht der Fall, läge auch keine öffentliche Zugänglichmachung gemäß § 69c Nr. 4 UrhG vor. Bevor daher geklärt werden kann, ob die weiteren Voraussetzungen einer öffentlichen Zugänglichmachung gemäß § 69c Nr. 4 UrhG und § 19a UrhG vorliegen, ist zu erörtern, ob dem Cloud-Nutzer überhaupt ein Computerprogramm zur Verfügung gestellt wird.

(aaa) Werkeigenschaft von Benutzeroberflächen im Sinne des UrhG

Der Gesetzesbegründung zufolge sollen Computerprogramme in jeder Gestalt inklusive des Entwurfsmaterials urheberrechtlichen Schutz genießen.[410] Die Computerprogrammrichtlinie, die durch § 69a ff. UrhG umgesetzt wurde[411], spricht von einer Verletzung des Urheberrechts bei einer nicht erlaubten »Vervielfältigung, Übersetzung, Bearbeitung oder Änderung der Codeform einer Kopie eines Computerprogramms«.[412]

Beim Cloud Computing werden dem Cloud-Nutzer zwar Benutzeroberflächen zum Abruf bereitgestellt, jedoch regelmäßig nicht der Programmcode. Die Software verbleibt auf den Cloud-Servern und Nutzer können diese unter Verwendung eines Webbrowsers oder einer speziellen Client-Software abrufen. Was letztlich bei ihnen ankommt, ist lediglich die grafische Darstellung von auf den Cloud-Servern stattfindenden Prozessen. Da weder die Gesetzesbegründung noch die Richtlinie selbst eine klare Aussage darüber treffen, wie bloße Benutzeroberflächen urheberrechtlich einzuordnen sind, ist eine eingehende Prüfung deren Werkeigenschaft erforderlich.[413]

In Literatur und Rechtsprechung haben sich hierzu weit divergierende Ansichten entwickelt.

Einige Stimmen vertreten, die Benutzeroberfläche genieße als Teil der Software nach § 69a UrhG grundsätzlich auch selbst einen urheberrechtli-

---

410 BT-Drs. 12/4022, S. 9.
411 *Wiebe*, in: Spindler/Schuster, § 69a Rn. 1.
412 Erwägungsgrund 15 Richtlinie 2009/24/EG, Abl. EU v. 5.5.2009, Nr. L 111/16.
413 *Grützmacher*, CR 2011, S. 697 (704 f.); *Nägele/Jacobs*, ZUM 2010, S. 281 (287); die Relevanz insoweit übersehend und eine öffentliche Zugänglichmachung annehmend *Pohle/Ammann*, CR 2009, S. 273 (276); ebenso *Leupold*, in: Leupold/Glossner, Teil 4. Rn. 113 sowie *Niemann/Paul*, K&R 2009, S. 444 (449); wohl auch *Bierekoven*, ITRB 2010, S. 42 (44).

chen Schutz.[414] Hierbei wird darauf abgestellt, dass der Schutzbereich von § 69a Abs. 1 und 2 UrhG ein Computerprogramm »in jeder Gestalt« und jeder »Ausdrucksform« umfasse.[415] Der weite Wortlaut lasse daher eine solche Sichtweise zu.

Nach herrschender Ansicht in Literatur und Rechtsprechung sollen demgegenüber reine Benutzeroberflächen keinen urheberrechtlichen Schutz als Software genießen.[416] Denn Benutzeroberflächen würden erst während des Betriebs sichtbar und seien daher ein Ergebnis des Programmlaufs und nicht der Software selbst.[417] Sie zählten damit nicht zur Ausdrucksform nach § 69a Abs. 2 S. 1 UrhG, da als Computerprogramm nicht das Ergebnis, sondern die Art und Weise, wie dieses erreicht wird, geschützt sei.[418] Ein eigenständiger Schutz von Benutzeroberflächen als anderweitige Werkform könne deshalb nur bei entsprechender Schöpfungshöhe i.S.v. § 2 Abs. 2 UrhG angenommen werden[419] – etwa als Sprachwerk gemäß § 2 Abs. 1 Nr. 1 UrhG, als Werk der bildenden Kunst gemäß § 2 Abs. 1 Nr. 4 UrhG oder als wissenschaftlich-technisches Werk gemäß § 2 Abs. 1 Nr. 7 UrhG[420], welche aber im Zweifel nicht erreicht

---

414 OLG München CR 2009, S. 500 (501 f.); so noch OLG Karlsruhe CR 1994, S. 607 (609 f.) sofern die Möglichkeit weiterer Gestaltungsformen besteht; zustimmend *Koch* GRUR 1995, S. 459 (465); pauschal *ders.*, GRUR 1997, S. 417 (418).
415 OLG Karlsruhe CR 1994, S. 607 (609 f.).
416 EuGH, GRUR 2011, S. 220 – BSA/Kulturministerium; OLG Karlsruhe GRUR-RR 2010, S. 234 (235) – Reisebürosoftware; OLG Düsseldorf CR 2000, S. 184 (184) – baumarkt.de; OLG Hamburg ZUM 2001, S. 519 (521); OLG Hamm MMR 2005, S. 106; *Wiebe/Funkat*, MMR 1998, S. 69 (71); *Günter*, CR 1994, S. 611 (614); *Nägele/Jacobs*, ZUM 2010, S. 281 (287); *Raubenheimer*, CR 1994, S. 69 (70 f.); *Dreier*, in: Dreier/Schulze, § 69a Rn. 16; *Loewenheim*, in: Schricker/Loewenheim, § 69a Rn. 7; *Harte-Bavendamm/Wiebe*, in: Kilian/Heussen, 1. Abschnitt Teil 5 A Rn. 32; zu ASP *Grützmacher*, ITRB 2001, S. 59 (60).
417 *Günter*, CR 1994, S. 611 (614); *Nägele/Jacobs*, ZUM 2010, S. 281 (287).
418 *Raubenheimer*, CR 1994, S. 69 (70 f.), der jedoch eine Relevanz für die Frage anspricht, ob ein Plagiat vorliegt, wenn zwei Benutzeroberflächen eine deutliche Ähnlichkeit aufweisen.
419 EuGH, GRUR 2011, S. 220 – BSA/Kulturministerium; *Dreier*, in: Dreier/Schulze, § 69a Rn. 16; *Nägele/Jacobs*, ZUM 2010, S. 281 (287); *Grützmacher*, in: Wandtke/Bullinger, § 69a Rn. 14; *Harte-Bavendamm/Wiebe*, in: Kilian/Heussen, 1. Abschnitt Teil 5 A Rn. 33; *Trusted Cloud*, Lizenzierungsbedarf, S. 6/8.
420 *Dreier*, in: Dreier/Schulze, § 69a Rn. 16; *Grützmacher*, CR 2011, S. 697 (704 f./702).

werde.[421] Nur wenn Programmteile und nicht bloße Grafikdaten übertragen werden, soll § 69c Nr. 4 UrhG einschlägig sein.[422]

(bbb) Stellungnahme

Zwar spricht für die erstgenannte Ansicht, welche auch Bildschirmoberflächen eine Werkeigenschaft zuspricht, dass der Wortlaut von § 69a Abs. 1 UrhG tatsächlich sehr weit formuliert wurde und eine bloße Beschränkung auf den Programmcode für den Rechtsinhaber gegebenenfalls eine zu geringe wirtschaftliche Beteiligung an der Nutzung des Werkes bedeuten könnte.

Was jedoch verkannt wird ist, dass bei der bloßen Bereitstellung von Benutzeroberflächen überhaupt noch keine Software vorliegt, zu deren geschützter Ausdrucksform sie zählen könnten.[423] Bildschirmoberflächen unterfallen bereits deshalb nicht dem Softwarebegriff, da sie auch dann in identischer Weise generiert werden können, wenn die zugrundeliegenden Computerprogramme mit unterschiedlichen Codes programmiert worden sind.[424] Dass es an einer ausreichenden Konnexität von Benutzeroberflächen und Programmcode fehlt, zeigt sich auch daran, dass es die grafische Benutzeroberfläche vor allem nicht ermöglicht, das Programm zu vervielfältigen. Sie stellt lediglich ein Element dar, durch welches die Benutzer die Softwarefunktionen nutzen können.[425] Daher sind Bildschirmoberflächen dem jeweiligen Programmcode gerade nicht immanent und weisen deshalb auch keine Softwarequalität auf. Das OLG München hat zwar im Falle eines ASP-Dienstes die Relevanz der Frage, ob eine öffentliche Zugänglichmachung i.S.v. § 69c Nr. 4 UrhG vorliegt, wenn keine Programmdaten übertragen werden, erkannt[426], schließt jedoch von dem –

---

421 *Grützmacher*, CR 2011, S. 697 (704 f. i.V.m. 702); zum ASP *Grützmacher*, ITRB 2001, S. 59 (60).
422 Zum ASP *Grützmacher*, in: Wandtke/Bullinger, § 69c Rn. 66.
423 *Loewenheim*, in: Schricker/*Loewenheim*, § 69a Rn. 7.
424 OLG Hamburg ZUM 2001, S. 519 (521); *Günter*, CR 1994, S. 611 (613); *Wiebe/Funkat*, MMR 1998, S. 69 (71); *Grützmacher*, in: Wandtke/Bullinger, § 69a Rn. 14; *Loewenheim*, in: Schricker/*Loewenheim*, § 69a Rn. 7.
425 EuGH, GRUR 2011, S. 220 (222) – BSA/Kulturministerium.
426 OLG München CR 2009, S. 500 (501 f.) mit der Begründung, dass auch andere Werkarten ohne die Präsentierung einer körperlichen Form (etwa durch Darbie-

seiner Ansicht nach – erfüllten Merkmal des Zugänglichmachens auf den urheberrechtlichen Schutz von Benutzeroberflächen, ohne die Frage nach deren Werkeigenschaft i.S.v. § 69a UrhG in Betracht gezogen zu haben.[427] Diese Eigenschaft liegt jedoch gerade nicht vor.

Letztlich ergibt sich der fehlende Schutz von per Cloud-Diensten übertragenen Bildschirmoberflächen als Software aus folgender Erwägung. Der Cloud-Nutzer bedient bei der Nutzung von Cloud-Software durch die Eingabegeräte seines Endgerätes faktisch direkt den Cloud-Server. Die Aktion wird sodann vom Cloud-Server beantwortet und löst die Anzeige einer Bildschirmoberfläche auf dem Anzeigegerät des Cloud-Nutzers aus. Das Endgerät des Nutzers nimmt hierbei nur eine mittelbare und dienliche Position ein und der Nutzer erhält lediglich eine Bildschirmoberfläche. Grafische Elemente und der Programmcode – als tatsächlicher Kern der Software – fallen hierbei, entgegen der Situation, dass Software an ein und demselben Ort installiert und genutzt wird, auseinander.[428] Es würde sehr gekünstelt erscheinen, per Cloud Computing übertragenen Bildschirmoberflächen einen urheberrechtlichen Schutz zuzusprechen, um eine Einheitlichkeit herzustellen, die in Wirklichkeit nicht besteht.

Somit macht der Cloud-Anbieter die Cloud-Software regelmäßig nicht nach § 69c Nr. 4 UrhG oder § 19a UrhG öffentlich zugänglich, wenn der zum Nutzer übertragene Teil lediglich aus Grafiken und Benutzeroberflächen besteht. Den Interessen des Rechtsinhabers wird vielmehr dadurch Genüge getan, dass das Cloud Computing eine eigene Nutzungsart nach den §§ 31 ff. UrhG darstellt,[429] für die gesonderte Nutzungsrechte notwendig sind.

Anders wird man allerdings die durch die Nutzung der Cloud-Software ausgelöste Übertragung von Applets beurteilen müssen, also kleinen aus Steuerbefehlen bestehenden Programmen, die auf das Endgerät des Nutzers transferiert werden und im Browser geöffnet werden können[430]. Derartige Programme, wie beispielsweise ein Java-Applet, werden unter Verwendung von Programmteilen übertragen und stellen daher auch Software

---

tung eines Musikwerkes) der Öffentlichkeit zugänglich gemacht werden können und der Wortlaut von § 69c Nr. 4 auch keine derart enge Auslegung zulasse.
427 Ähnlich *Nägele/Jacobs*, ZUM 2010, S. 281 (288).
428 Vgl. auch Anhang Abb. 3.
429 Vgl. C.II.1.a)aa)(1)(a)(aa)(bbb).
430 *Grützmacher*, CR 2001, S. 59 (60); ähnlich *Trusted Cloud*, Lizenzierungsbedarf, S. 7.

C. Urheberrecht

i.S.v. § 69a UrhG dar.[431] Denkbar ist indes auch, dass die übertragenen Benutzeroberflächen selbst eine entsprechende Schöpfungshöhe aufweisen und als ein sonstiges geschütztes Werk zu behandeln sind.[432]

(bb) Weitere Voraussetzungen von § 69c Nr. 4 UrhG

Kommt man nach der obigen Darstellung hingegen zu dem Ergebnis, dass dem Cloud-Nutzer bei der Bereitstellung von Cloud-Software nicht bloß reine Bildschirmoberflächen, sondern – etwa durch die Übertragung von Applets – auch Software i.S.v. § 69a UrhG bereitgestellt wird, so müssen für die Einordnung als öffentliche Zugänglichmachung i.S.v. § 69c Nr. 4 UrhG auch die weiteren Voraussetzungen vorliegen.

(aaa) Drahtgebunden oder drahtlos

Zunächst ist zu klären, auf welchem Weg eine öffentliche Zugänglichmachung erfolgen kann. Das Gesetz ist mit Blick auf die Begriffe »drahtgebunden oder drahtlos« technologieneutral ausformuliert, da es die Zugänglichmachung über drahtgebundene Leitungen und jedwede Funknetze ausreichen lässt.[433] Unabhängig davon, wie der Nutzer im konkreten Fall Zugang zu Cloud-Diensten erhält, ist dieses Merkmal aufgrund der Tatsache, dass beim Cloud Computing ein Netzwerkanschluss vorausgesetzt wird[434], erfüllt.

(bbb) Von Orten und zu Zeiten der Wahl

Das Cloud Computing ermöglicht es Nutzern, auf verschiedenen Ebenen vom Cloud-Anbieter bereitgestellte Inhalte i.S.v. § 69c Nr. 4 UrhG zu jeder Zeit und an jedem Ort abzurufen. Gerade solche On-Demand-Dienste

---

431 *Grützmacher*, CR 2011, S. 697 (704 f.); *Nägele/Jacobs*, ZUM 2010, S. 281 (287); bereits zum ASP *Grützmacher*, CR 2001, S. 59 (60).
432 Hierzu vgl. C.II.2.
433 *Dustmann*, in: Fromm/Nordemann, § 19a Rn. 10; *Wiebe*, in: Spindler/Schuster, § 19a Rn. 2.
434 Vgl. A.I.1.

werden auch vom Recht der öffentlichen Zugänglichmachung erfasst.[435] Unschädlich ist hierbei eine gegebenenfalls eintretende, zeitweise Unverfügbarkeit der Cloud-Dienste, wie sie beispielsweise durch Wartungsfenster hervorgerufen werden kann.[436]

(ccc) Öffentlichkeit der Zugänglichmachung

Die Zugänglichmachung der Software müsste auch »öffentlich« i.S.v. § 69c Nr. 4 UrhG sein. Gemäß § 15 Abs. 3 UrhG reicht es aus, wenn die Wiedergabe eines Werkes für eine Mehrzahl von Mitgliedern der Öffentlichkeit bestimmt ist und diese durch gegenseitige Beziehungen untereinander bzw. durch Beziehungen mit dem Verwertenden persönlich verbunden sind.[437] Ob die Wiedergabe von einer Mehrzahl an Personen tatsächlich wahrgenommen wird, ist dabei unerheblich.[438] Regelmäßig wird ein Cloud-Anbieter, der Software bereitstellt, diese dann der Öffentlichkeit zugänglich machen, wenn Cloud-Nutzer Daten abrufen können, die unter den Werkbegriff der Software fallen. Denn Cloud-Angebote richten sich klassischerweise gerade an die Allgemeinheit.[439]

Diskussionsbedürftig mag indes der Fall erscheinen, dass ein Cloud-Anbieter sein gesamtes Public-Cloud-Angebot nur an ein einziges Unternehmen richtet. Dann wäre an eine Verbundenheit durch persönliche Beziehungen unter den Mitarbeitern zu denken, zumal der Kreis – im Sinne einer Abgegrenztheit – auch einigermaßen überschaubar erscheint. Allerdings werden Beschäftigte eines Betriebes gerade nicht als miteinander persönlich verbunden angesehen.[440] Daher wird vertreten, dass eine Öffentlichkeit im Grundsatz selbst dann vorliege, wenn der Cloud-Anbieter

---

435 *Loewenheim*, in: Schricker/Loewenheim, § 69c Rn. 41; *Kaiser*, in: Erbs/Kohlhaas, UrhG § 19a Rn. 2; *Dustmann*, in: Fromm/Nordemann, § 19a Rn. 17.
436 *Trusted Cloud*, Lizenzierungsbedarf, S. 9; im Ergebnis *Grützmacher*, in: Wandtke/Bullinger, § 69c Rn. 56.
437 *Grützmacher*, in: Wandtke/Bullinger, § 69c Rn. 54.
438 BGH GRUR 1996, S. 875 (876) – Zweitbettzimmer im Krankenhaus; *Wiebe*, in: Spindler/Schuster, § 19a Rn. 3.
439 *Nägele/Jacobs*, ZUM 2010, S. 281 (288).
440 BGH GRUR 1955, S. 549 (551) - Betriebsfeiern; *Grützmacher*, in: Wandtke/Bullinger, § 69c Rn. 54.

nur einem einzigen Unternehmen die Abrufmöglichkeit einräume.[441] Stellt man hierbei statt auf eine pauschale Sichtweise, auf eine durchaus angebrachte Einzelfallbetrachtung ab, so ist jedenfalls bei einer Zugriffsmöglichkeit von einer großen Anzahl an Mitarbeitern regelmäßig ein hinreichendes Indiz gegeben, dass kein allgemeines Vertrauenselement vorliegt und sich das Angebot an die Öffentlichkeit richtet.[442] Anders könnte dies beim Einsatz einer geeigneten Zugangskontrolle bei einem kleineren und besonders vertrauten Personenkreis beurteilt werden,[443] was jedoch bei der Zurverfügungstellung von Cloud-Software durch den Cloud-Anbieter die Seltenheit sein wird.[444]

Erlangen hingegen externe Personen oder Unternehmen eine Zugriffsmöglichkeit auf Cloud-Dienste liegt ohne weiteres eine Öffentlichkeit vor.[445]

(e) Cloud Computing als eigene Nutzungsart

Wie bereits dargestellt wurde[446], stellt sich das Cloud Computing als eine eigene Nutzungsart dar, bei der sich der Cloud-Anbieter ohne ein gesondertes Nutzungsrecht nicht auf die zustimmungsfreie Vervielfältigung von Cloud-Software berufen kann. Die Notwendigkeit der Anerkennung als eigene Nutzungsart ergibt sich auch aus der Erwägung, dass keine öffentliche Wiedergabe vorliegt, wenn ein Cloud-Nutzer vom Programmcode losgelöste und nicht geschützte Bildschirmoberflächen aus der Sphäre des Cloud-Anbieters erhält. Dennoch wird dem Cloud-Nutzer dadurch die Nutzung des zugrundeliegenden Werkes ermöglicht. Es ist deshalb im Interesse des Rechtsinhabers, auch an dieser neuen Form der Nutzung beteiligt zu werden. Somit ist der Cloud-Anbieter für die Bereitstellung von Software im Rahmen von Cloud-Diensten auf die Einräumung eines eigenständigen Nutzungsrechts angewiesen.

---

441 *Niemann/Paul*, K&R 2009, S. 444 (448); wohl auch *Pohle/Ammann*, CR 2009, S. 273 (276); *Trusted Cloud*, Lizenzierungsbedarf, S. 9; allgemein *von Ungern-Sternberg*, in: Schricker/Loewenheim, § 19a Rn. 48.
442 *Niemann/Paul*, K&R 2009, S. 444 (448); in diese Richtung *Kotthoff*, GRUR 1997, S. 597 (600).
443 *Nägele/Jacobs*, ZUM 2010, S. 281 (288).
444 *Bisges*, MMR 2012, S. 574 (576).
445 *Nägele/Jacobs*, ZUM 2010, S. 281 (288).
446 Vgl. C.II.1.a)aa)(1)(a)(aa)(bbb).

(2) Handlungen des Cloud-Nutzers

Ferner ist zu erörtern, ob durch das Benutzen der vom Cloud-Anbieter bereitgestellten Software Dritter, etwaige zustimmungsbedürftige Handlungen seitens des Cloud-Nutzers stattfinden. Grundsätzlich sind bei der bloßen Inanspruchnahme von Cloud-Software nur Vervielfältigungshandlungen des Nutzers denkbar. Zur besseren Veranschaulichung bietet sich eine Unterscheidung zwischen Handlungen auf den Endgeräten des Cloud-Nutzers und auf den Cloud-Servern an.

(a) Auf den Endgeräten des Cloud-Nutzers

Da Cloud-Nutzer zum Abruf von Cloud-Software auf ein Endgerät angewiesen sind, soll zunächst beleuchtet werden, ob gegebenenfalls durch die technischen Vorgänge auf dem Endgerät zustimmungsbedürftige Handlungen stattfinden.

(aa) Vervielfältigung

Denkbar wäre es, während des Empfangs und der Inanspruchnahme der ankommenden Datenströme durch den Cloud-Nutzer eine Vervielfältigung der Cloud-Software gemäß § 69c Nr. 1 UrhG anzunehmen.

Ob die Cloud-Software allein dadurch auf dem Endgerät des Cloud-Nutzers vervielfältigt wird, wird nicht einheitlich beurteilt. Einige Stimmen vertreten hierbei die Auffassung, dass es zu keiner zustimmungsbedürftigen Nutzerhandlung und insbesondere zu keiner Vervielfältigung kommt, wenn lediglich die bereitgestellte Cloud-Software genutzt wird. Vielmehr fänden Vervielfältigungen ausschließlich innerhalb der Cloud-Umgebung statt.[447] Andere führen aus, dass es – da der Nutzer die Cloud-Software in der Regel über seinen Browser nutze – im Browsercache und damit auf der Festplatte, jedenfalls aber im Arbeitsspeicher des Endgerätes zu Vervielfältigungshandlungen komme.[448] Entsprechend dieser Auffassung müsste man dann auch bei der Nutzung spezieller Client-Software

---

447 *Schuster/Reichl*, CR 2010, S. 38 (40); *Niemann/Paul*, K&R 2009, S. 444 (448).
448 *Pohle/Ammann*, CR 2009, S. 273 (276), nur bezüglich SaaS *dies.*, K&R 2009, S. 625 (629).

zumindest von einer Vervielfältigung im Arbeitsspeicher des Endgerätes ausgehen. Gegen eine solche Sichtweise spricht jedenfalls nicht der vorübergehende Charakter der Speicherung im Arbeitsspeicher. Denn obwohl das Laden von Software in den Arbeitsspeicher stromabhängig und damit nicht von Dauer ist, erfüllt es nach ganz herrschender Meinung – mit Blick auf das Partizipationsinteresse des Rechtsinhabers und den Gesetzeswortlaut – den Tatbestand des § 69c Nr. 1 UrhG.[449]

Wie bereits bei der Frage, ob der Cloud-Anbieter die Cloud-Software durch Bereitstellung zum Abruf öffentlich zugänglich macht, gilt auch hier, dass eine pauschale Diskussion nicht zielführend ist. Es muss vielmehr differenziert werden, ob der Cloud-Nutzer lediglich Bildschirmoberflächen empfängt, oder darüber hinaus auch etwaigen geschützten Programmcode.[450]

(aaa) Reine Bildschirmoberflächen

Wird eine Software auf Cloud-Servern installiert, verbleibt der Programmcode in der Regel auch dort. Den Cloud-Nutzer erreichen letztendlich reine Bildschirmoberflächen, die für sich genommen regelmäßig keine Werkeigenschaft aufweisen.[451] Eine Vervielfältigung auf den Endgeräten der Cloud-Nutzer scheidet daher schon aus diesem Grund aus.[452] Sofern die übertragenen Bildschirmoberflächen allerdings eine entsprechende Schöpfungshöhe aufweisen und als Werk i.S.d. UrhG einzustufen sind, könnte dies gegebenenfalls Vervielfältigungen des Nutzers zur Folge haben. Diese Konstellation soll an anderer Stelle näher beleuchtet werden.[453]

---

449 Vgl. C.II.1.a)aa)(1)(a).
450 Vgl. C.II.1.a)aa)(1)(d)(aa).
451 Vgl. C.II.1.a)aa)(1)(d)(aa)(bbb).
452 So auch *Nägele/Jacobs*, ZUM 2010, S. 281 (289); ebenso *Bisges*, MMR 2012, S. 574 (577) sowie *Trusted Cloud*, Lizenzierungsbedarf, S. 6 und *Leupold*, in: Leupold/Glossner, Teil 4. Rn. 113 f.
453 Hierzu vgl. C.II.2.a).

(bbb) Inhalte mit Quellcode

Vervielfältigungen auf dem Endgerät des Cloud-Nutzers treten indes dann ein, wenn tatsächlich Programmcode transferiert wird, also etwa bei zusätzlichen abgrenzbaren Applets. Da solche Applets für eine reibungslose Funktion mitsamt ihres Programmcodes auf der Festplatte des Endgerätes gespeichert werden[454], tritt bereits mit deren Empfang eine durch den Cloud-Nutzer initiierte Vervielfältigung ein. Wird das Applet anschließend auch ausgeführt, werden zudem Teile des Programms in den Arbeitsspeicher eingelesen, was wiederum vorübergehende Vervielfältigungen zur Folge hat.[455] Die Auffassung, welche pauschal eine Vervielfältigung beim Cloud-Nutzer ablehnt, vermag deshalb an dieser Stelle nicht überzeugen.

Diskutiert werden muss allerdings, ob derartige Vervielfältigungen gegebenenfalls nach § 44a UrhG auch ohne Zustimmung des Rechtsinhabers zulässig wären.[456] Ob § 44a UrhG überhaupt auf Computerprogramme anwendbar ist, ist Gegenstand reger Diskussion. Aufgrund der Gesetzessystematik und der Verortung spezieller Schrankenbestimmungen für Software in einem gesonderten Kapitel[457], liegt der Schluss nahe, dass § 44a UrhG vorliegend keine Anwendung finden soll. Aus Art. 1 Abs. 2 lit. a der Informationsrichtlinie[458], die Grundlage für die Normierung von § 44a UrhG ist, ergibt sich zudem, dass die speziellen Schutzbestimmungen der Softwarerichtlinie[459] – als Grundlage der §§ 69a ff. UrhG – »unberührt« bleiben, was auf eine Nichtanwendbarkeit auf Software schließen lässt.[460] Für die Annahme, dass § 44a UrhG auch auf Software anwendbar ist, spricht allerdings, dass der Rechtsinhaber eines Computerprogrammes kein größeres Kontrollbedürfnis hat, als Rechtsinhaber sonstiger urheberrechtlich geschützter Werke.[461] Außerdem hat der EU-Gesetzgeber die

---

454 Vgl. etwa die FAQ zum Leeren des Java-Caches http://www.java.com/de/download/help/plugin_cache.xml.
455 *Bisges*, MMR 2012, 574 (578); zum Vervielfältigungsbegriff vgl. bereits C.II.1.a)aa)(1)(a).
456 Angesprochen von *Pohle/Ammann*, CR 2009, S. 273 (276); nur bezüglich SaaS *dies.*, K&R 2009, S. 625 (629).
457 §§ 69d und 69e UrhG.
458 Richtlinie 2001/29/EG, ABl. EG v. 22.06.2001, Nr. L 167/10.
459 Richtlinie 91/250/EWG, ABl. EG v. 17.05.1991, Nr. L 122/42.
460 *Dreier*, in: Dreier/Schulze, § 69c Rn. 9; *Hoeren*, CR 2006, S. 573 (576).
461 *Dreier*, in: Dreier/Schulze, § 69c Rn. 9; ähnlich *ders.* in: Dreier/Schulze, § 44a Rn. 2; ebenso *Wiebe*, in: Spindler/Schuster, § 4a Rn. 2.

C. Urheberrecht

Definition der Vervielfältigung, wie sie zunächst nur in der Computerrichtlinie zu finden war, nun auch in Art. 2 der Informationsrichtlinie übertragen und so den Stand der Harmonisierung auf alle urheberrechtlich geschützten Werke erweitert. Somit muss § 44a UrhG auch bei der Vervielfältigung von Software einschlägig sein.[462]

Verneint werden kann allerdings, dass die auf den Endgeräten stattfindenden Vervielfältigungen i.S.v. § 44a UrhG nur flüchtiger und begleitender Natur sind. Denn als flüchtig kommen nur sehr kurzlebige Speicherungen, welche im Anschluss an die Sitzung automatisch gelöscht werden, in Betracht.[463] Als begleitende Vervielfältigung zählt hingegen nur eine solche, die beiläufig während eines technischen Vorgangs entsteht.[464] Im Gegensatz zum reinen Browsing werden bei übertragenen Applets die Informationen nicht allein im Arbeitsspeicher gelagert[465], sondern müssen zwangsläufig eine dauerhafte Verankerung auf einem Speichermedium finden, um durch den Nutzer benutzt werden zu können. Derartige Vervielfältigungen erfolgen daher weder flüchtig noch beiläufig, weshalb die Privilegierung des § 44a UrhG keine Anwendung finden kann.[466]

Indes wäre wiederum an die Ausnahme des § 69d Abs. 1 UrhG zu denken.[467] Eine Vervielfältigung ist dann zustimmungsfrei, wenn der Cloud-Nutzer als zur Verwendung des empfangenen Programmcodes berechtigt und die Vervielfältigung für die bestimmungsgemäße Nutzung der Software notwendig ist. Nur sofern der Rechtsinhaber – wenn auch konkludent – seine Zustimmung dazu gegeben hat, dass auch der Cloud-Nutzer die bereitgestellte Software nutzen darf, können dessen Vervielfältigungshandlungen dem Tatbestand des § 69d Abs. 1 UrhG unterfallen.[468] Da die Vervielfältigungen auf dem Endgerät des Cloud-Nutzers auch untrennbar mit Vervielfältigungen auf den Cloud-Servern einhergehen und sich bedingen, wird die nach § 69d Abs. 1 UrhG benötigte Zustimmung in die Gewährung des gesonderten Nutzungsrechts hineinzulesen sein, auf das

---

462 *Dreier*, in: Dreier/Schulze, § 69c Rn. 9; *Kröger,* CR 2001, S. 316 (317).
463 *von Welser*, in: Wandtke/Bullinger, § 44a Rn. 2; *Dreier*, in Dreier/Schulze, § 44a Rn. 4; *Wiebe*, in: Spindler/Schuster, § 44a Rn. 3.
464 OLG Dresden NJOZ 2008, S. 160 (163); *Loewenheim*, in: Schricker/Loewenheim, § 44 a Rn. 4; *von Welser*, in: Wandtke/Bullinger, § 44 a Rn. 2.
465 Zum Browsing vgl. *von Welser*, in: Wandtke/Bullinger, § 44 a Rn. 3.
466 Allgemein zum Downloading *Loewenheim*, in: Schricker/Loewenheim, § 44 a Rn. 15; *Dreier*, in: Dreier/Schulze, § 44 a Rn. 4.
467 Zu den Voraussetzungen vgl. C.II.1.a)aa)(1)(a)(aa).
468 Zum ASP *Grützmacher*, in: Wandtke/Bullinger § 69d Rn. 13.

der Cloud-Anbieter wegen der Natur des Cloud Computings als eigene Nutzungsart[469] angewiesen ist.

Ob tatsächlich eine bestimmungsgemäße Nutzung der Software erfolgt, richtet sich danach, ob der Zweck der Benutzung dem Zweck der Überlassung des Programms entspricht.[470] Das Abrufen und Ausführen der Software ist in der Regel bestimmungsgemäß, da es gerade die Grundlage der Nutzungsgestattung darstellt. Allerdings müssen die Vervielfältigungen auch für diese bestimmungsgemäße Nutzung notwendig sein. Nur zweckmäßige oder nützliche Vervielfältigungen erfüllen den Begriff der Notwendigkeit nicht;[471] die bestimmungsgemäße Nutzung dürfte vielmehr nicht durch andere zumutbare Maßnahmen möglich sein.[472] Da die Nutzung der durch Cloud-Dienste bereitgestellten Software, wie etwa eines Applets, ohne Zwischenspeicherung auf dem Endgerät des Cloud-Nutzers überhaupt nicht erfolgen kann, ist auch das Kriterium der Notwendigkeit erfüllt. § 69d Abs. 1 UrhG kann also dann einschlägig sein, wenn eine Zustimmung des Rechtsinhabers bezüglich der Benutzung bereitgestellter und übertragener Software durch die Cloud-Nutzer erfolgt.[473]

(bb) Ergebnis

Im Ergebnis findet auf dem Endgerät der Cloud-Nutzer bei der Übertragung bloßer Bildschirmoberflächen regelmäßig keine Vervielfältigung von Computerprogrammen statt. Anders ist dies hingegen zu beurteilen, wenn der Cloud-Nutzer tatsächlich Inhalte mit Softwarecharakter empfängt, wie es etwa bei per Cloud-Diensten übertragenen Applets der Fall ist. Diese werden in der Regel vom Cloud-Nutzer auf dessen Endgerät vervielfältigt. Gestattet der Rechtsinhaber hierbei auch eine Nutzung durch die Cloud-Nutzer, werden auch die Nutzer grundsätzlich durch § 69d Abs. 1 UrhG privilegiert. Die Privilegierung des § 44a UrhG kommt

---

469 Vgl. C.II.1.a)aa)(1)(a)(aa)(bbb) und C.II.1.a)aa)(1)(e).
470 *Grützmacher*, in: Wandtke/Bullinger § 69d Rn. 6; *Dreier*, in: Dreier/Schulze, § 69d Rn. 7; *Wiebe*, in: Spindler/Schuster, § 69d Rn. 7.
471 *Loewenheim*, in: Schricker/Loewenheim, § 69d Rn. 12; *Dreier*, in: Dreier/Schulze, § 69d Rn. 11.
472 *Kaboth*, in: Möhring/Nicolini, § 69d Rn. 9; *Dreier*, in: Dreier/Schulze, § 69d Rn. 11.
473 Ähnlich, allerdings ohne Problematisierung von Bildschirmoberflächen als Software *Pohle/Ammann*, CR 2009, S. 273 (276).

C. Urheberrecht

mangels Vorliegen der gesetzlichen Voraussetzungen indes nicht in Betracht. Denkbar wäre auch, dass Teile der vom Cloud-Nutzer empfangenen Bildschirmoberflächen als sonstiges geschütztes Werk i.S.v. § 2 UrhG eingestuft werden können, was allerdings gesondert betrachtet werden muss.[474]

(b) Auf den Cloud-Servern

Zu klären ist sodann, ob der Cloud-Nutzer durch den Abruf und die Ausführung von Cloud-Software zustimmungsbedürftige Handlungen auf den Cloud-Servern vornimmt.

(aa) Vervielfältigung durch Nutzung

Ruft der Cloud-Nutzer die bereitgestellte Cloud-Software ab, so erfolgt durch diese bloße Inbetriebnahme keine durch ihn initiierte Vervielfältigungshandlung i.S.v. § 69c Nr. 1 UrhG. Er benutzt die Software lediglich in urheberrechtlich nicht relevanter Weise.[475] Der Rechtsinhaber wird bereits dadurch ausreichend an der wirtschaftlichen Verwertung der Software beteiligt, dass der Cloud-Anbieter für die auf den Cloud-Servern ausgelösten Vervielfältigungen auf die entsprechenden Nutzungsrechte angewiesen ist.

(bb) Vervielfältigung durch »technische Bewerkstelligung«

Die Erkenntnis, dass Vervielfältigungen auf den Cloud-Servern, welche durch die bloße Nutzung der Cloud-Software ausgelöst werden, nur dem Cloud-Anbieter zuzurechnen sind, könnte allerdings mit Blick auf höchstrichterliche Rechtsprechung zu relativieren sein. Seit den drei parallelen

---

474 Vgl. C.II.2.a).
475 *Nägele/Jacobs*, ZUM 2010, S. 281 (289) welche jedoch die IaaS-Ebene nicht in Betracht ziehen; *Niemann/Paul*, K&R 2009, S. 444 (448); *Schuster/Reichl*, CR 2010, S. 38 (40).

BGH-Entscheidungen zu Online-Videorecordern[476] wird diskutiert, ob der Cloud-Nutzer, der auf Software auf Cloud-Servern zugreift, dadurch eine Vervielfältigungshandlung vornimmt, dass er diese technisch selbst bewerkstelligt.[477]

Hierbei wird auf die Erwägung des BGH Bezug genommen, dass derjenige Nutzer als Hersteller einer Vervielfältigung von Funksendungen[478] gilt, der die körperliche Festlegung der Funksendung technisch bewerkstelligt, selbst wenn dies unter Verwendung technischer Hilfsmittel geschieht, die von Dritten zur Verfügung gestellt worden sind. Beteiligt an den Verfahren waren neben Sendeunternehmen auch Anbieter von Online-Videorecordern (OVR), die ihren Kunden Speicherplatz auf eigenen Servern zur Verfügung gestellt hatten, in dem Funksendungen abgespeichert und anschließend auch heruntergeladen werden konnten. Nach den richterlichen Feststellungen soll bereits das technische Auslösen ausreichen, um dem Nutzer Vervielfältigungen zuzurechnen, da dieser von der Architektur des Anbieters Gebrauch macht und Daten abruft.

Eine ähnliche Mehrpersonenkonstellation besteht häufig auch beim Cloud Computing. Im dreiseitigen Verhältnis stehen sich der Rechtsinhaber, der Cloud-Anbieter und der Cloud-Nutzer gegenüber. Überträgt man die Erkenntnisse der drei OVR-Entscheidungen auf das Cloud Computing, so könnte man erwägen, auch dem Cloud-Nutzer Vervielfältigungen auf den Cloud-Servern zuzurechnen. Tatsächlich wird vertreten, dass der Cloud-Nutzer auch Hersteller von Vervielfältigungen sein soll, die individuell für die jeweilige Sitzung erfolgen[479], und zwar unabhängig davon, ob er diese jederzeit stoppen kann oder nicht.[480] Dem wird jedoch entgegengehalten, dass die durch die Cloud-Architektur vorgegebenen Vorgänge nicht mit denen eines Online-Videorecorders vergleichbar sind[481] und der Nutzer keinen Einfluss auf die technische Bewerkstelligung hat.[482]

---

476 BGH ZUM-RD 2009, S. 508; BGH K&R 2009, S. 573; BGH CR 2009, S. 598 – Internet-Videorecorder I.
477 *Niemann*, CR 2009, S. 661 (662 ff.); *Niemann/Paul*, K&R 2009, S. 444 (448); *Nägele/Jacobs*, ZUM 2010, S. 281 (289); *Schuster/Reichl*, CR 2010, S. 38 (40).
478 Gegenstand der angesprochenen Verfahren waren Vervielfältigungen i.S.v. § 87 Abs. 1 Nr. 2 Fall 1 i.V.m. §§ 15 Abs. 1 Nr. 1 und 16 UrhG.
479 *Grützmacher*, CR 2011, S. 697 (704) mit Verweis auf *ders.*, ITRB 2001, S. 59 (60).
480 *Niemann*, CR 2009, S. 661 (662 f.).
481 *Niemann/Paul*, K&R 2009, S. 444 (448).
482 *Niemann/Paul*, K&R 2009, S. 444 (448); *Schuster/Reichl*, CR 2010, S. 38 (40).

C. Urheberrecht

Letzterer Ansicht ist zuzustimmen. Beim Cloud Computing kann der Cloud-Nutzer Prozesse anstoßen, die durchaus dazu führen können, dass die Cloud-Software zum Zweck der Nutzung vervielfältigt und gegebenenfalls auch auf anderen Servern gespiegelt wird. Wie genau eine Vervielfältigung im konkreten Einzelfall erfolgt, liegt ebenso wenig in der Macht des Cloud-Nutzers, wie die Bestimmung, ob und wann eine solche Vervielfältigung zu erfolgen hat. Aufgrund der weitestgehenden Automatisierung von Cloud-Architekturen trifft der Cloud-Nutzer diese Entscheidungen gerade nicht selbst. Anders ist dies bei den angesprochenen Online-Videorecordern, denn die Sachlage ist hier von simplerer Natur. Der Nutzer nimmt das Werk selbstständig auf und hat hierbei Einfluss auf den kompletten Vervielfältigungsvorgang. Zwar scheint es nach den in der mündlichen Verhandlung geäußerten Erwägungen des BGH unerheblich zu sein, ob der Kunde den Vorgang jederzeit stoppen kann oder nicht.[483] Allerdings stehen die Folgen des Auslösens durch den OVR-Nutzer eindeutig fest: Die Sendung wird aufgenommen. Auf diesen Aufnahmeprozess hat der Kunde die maßgebliche Einflussmöglichkeit, und genau diesen Aspekt wollte der BGH festgestellt wissen. Beim Cloud Computing ist das gerade nicht der Fall, denn was durch einen Abruf der Cloud-Software innerhalb der Cloud-Architektur konkret geschieht, unterfällt nicht dem Einflussbereich des Cloud-Nutzers.[484] Im Ergebnis bleibt es folglich dabei, dass der Cloud-Nutzer durch den Abruf der Cloud-Software keine Vervielfältigungshandlungen auf den Cloud-Servern vornimmt.

bb) Durch Cloud-Nutzer hochgeladene Cloud-Software Dritter

Es ist auch denkbar, dass der Cloud-Nutzer selbst Software Dritter innerhalb der ihm zur Verfügung gestellten Cloud-Umgebung installiert und ausführt. Beispielhaft ist etwa die Einbringung spezieller Unternehmenssoftware, die der Cloud-Anbieter selbst nicht in seinem Angebot hat. In diesen Fällen kann für Einzelheiten im Wesentlichen auf die bisherigen Ausführungen zur Bereitstellung von Software Dritter durch den Cloud-

---

483 *Niemann*, CR 2009, S. 661 (662).
484 Ähnlich *Giedke*, S. 382 ff.; nicht zutreffend daher *Grützmacher*, CR 2011, S. 697 (704) welcher auf *ders.*, ITRB 2001, S. 59 (60) verweist.

Anbieter zurückgegriffen werden[485], mit der Maßgabe, dass nun auch der Cloud-Nutzer teilweise in die Position des Cloud-Anbieters rückt.

(1) Handlungen des Cloud-Nutzers

Da der Cloud-Nutzer in dieser Konstellation das Werk nicht nur in Anspruch nimmt, sondern auch in die Cloud-Umgebung einbringt, erweitert sich das Spektrum seiner zustimmungsbedürftigen Handlungen.

Indem die Software hochgeladen und installiert wird, nimmt auch der Cloud-Nutzer Vervielfältigungen auf den Cloud-Servern i.S.v. § 69c Nr. 1 UrhG vor. Derartige Vervielfältigungen können jedoch nach § 69d Abs. 1 UrhG dann zustimmungsfrei sein, wenn der Nutzer ein gesondertes Nutzungsrecht für den Einsatz der Software in einer Cloud-Umgebung erlangt hat. Da die Einbringung von Software in die Cloud die orts- und zeitunabhängige sowie flexible Nutzung der Software ermöglicht und dadurch auch neue Vertriebswege eröffnet werden, liegt eine eigene Nutzungsart vor, an welcher der Rechtsinhaber beteiligt werden muss. Verändert der Cloud-Nutzer hingegen den Quellcode der Software, so ist an eine Umarbeitung gemäß § 69c Nr. 2 UrhG zu denken. Das Hochladen der Software in die Cloud kann zudem eine öffentliche Wiedergabe in Form der öffentlichen Zugänglichmachung darstellen. Diese scheidet nur aus, wenn die Software lediglich dem Nutzer selbst zugänglich gemacht wird bzw. nur einer kleinen, mit ihm oder untereinander vertrauten Gruppe von Nutzern zur Verfügung gestellt wird und nicht bloß Bildschirmoberflächen, sondern auch Programmcode übertragen wird.

Für den Abruf der eingebrachten Cloud-Software durch den Cloud-Nutzer gelten wiederum die vorherigen Erwägungen. Hat der empfangbare Teil der hochgeladenen Software – wie etwa bei Applets – auch selbst Softwarequalität, tritt auf dem Endgerät des Cloud-Nutzers eine Vervielfältigung ein. Hier ist der Cloud-Nutzer auf entsprechende Nutzungsrechte angewiesen, welche wohl bereits in die Berechtigung zum Einsatz von Software in einer Cloud-Umgebung hineingelesen werden können. Jedenfalls steht ihm dann auch das Privileg von § 69d Abs. 1 UrhG zu. Auf den Cloud-Servern finden beim Abruf von Cloud-Software hingegen keine dem Cloud-Nutzer zurechenbaren Vervielfältigungshandlungen statt.

---

485 Vgl. C.II.1.a)aa).

C. Urheberrecht

(2) Handlungen des Cloud-Anbieters

Bringt der Cloud-Nutzer die Cloud-Software eines Dritten selbst mit, so nimmt der Cloud-Anbieter eine etwas passivere Rolle ein. Dem Anbieter zurechenbar sind dann zum einen Vervielfältigungen i.S.v. § 69c Nr. 1 UrhG, die durch etwaige Sicherungsmaßnahmen wie Backups und Datenspiegelungen ausgelöst werden, um die jederzeitige Verfügbarkeit für den Cloud-Nutzer gewährleisten zu können. Zum anderen sind Vervielfältigungen auch aufgrund des stetigen Datenflusses innerhalb der Cloud-Umgebung denkbar. Der Abruf der Software durch den Cloud-Nutzer führt ebenfalls zu Vervielfältigungen auf den Cloud-Servern, die dem Cloud-Anbieter zuzurechnen sind. Denkbar wäre die Einschlägigkeit von Privilegierungen gemäß § 69d Abs. 1 und 2 UrhG, wobei sich die jeweils vorausgesetzte Berechtigung zur Benutzung des Programms aus dem Lizenzverhältnis zwischen Cloud-Nutzer und dem Rechtsinhaber ableiten lassen wird. Im Anschluss an das Hochladen von Software in die Cloud-Umgebung, kann es – sofern nicht bloße Bildschirmoberflächen, sondern Programmteile übertragen werden – von Seiten des Cloud-Anbieters auch zu einer öffentlichen Zugänglichmachung gemäß § 69c Nr. 4 UrhG kommen, da jedem zugangsberechtigten Nutzer deren netzgebundene Nutzung von Orten und Zeiten seiner Wahl ermöglicht wird.

b) Zweiseitiges Verhältnis

Einfacher gestalten sich zweiseitige Verhältnisse, bei denen entweder der Cloud-Anbieter oder der Cloud-Nutzer als Rechtsinhaber der Cloud-Software auftreten. Bezüglich der Einzelheiten sei hierbei auf die Ausführungen zum dreiseitigen Verhältnis verwiesen.[486]

aa) Cloud-Anbieter als Rechtsinhaber von Cloud-Software

Ist der Cloud-Anbieter selbst Rechtsinhaber der Cloud-Software, so stehen ihm auch sämtliche Verwertungsrechte gemäß §§ 15 ff. UrhG zu. In der Zustimmung des Cloud-Anbieters zur Nutzung der Cloud-Dienste ist in

---

486 Vgl. C.II.1.a).

der Regel auch die Erlaubnis zu etwaigen Vervielfältigungen auf dem Endgerät des Cloud-Nutzers i.S.v. § 69c Nr. 1 UrhG zu sehen, welche in Betracht kommen, wenn die übertragenen Daten auch Programmcode beinhalten. Jedenfalls kann sich der Cloud-Nutzer dann auf die Privilegierung des § 69d Abs. 1 UrhG berufen.

bb) Cloud-Nutzer als Rechtsinhaber von Cloud-Software

Ist hingegen der Cloud-Nutzer selbst Rechtsinhaber der Cloud-Software, ist der Anbieter für die auf den Cloud-Servern zwangsläufig stattfindenden Vervielfältigungen als Folge von Sicherungsmaßnahmen, Datenfluss und Abruf der Software auf die entsprechenden Nutzungsrechte angewiesen. Diese Nutzungsrechte werden regelmäßig Grundlage der Vereinbarung über die Nutzung der Cloud-Dienste sein. Jedenfalls gibt der Cloud-Nutzer mit der Einbringung eigener Software in die Cloud-Umgebung auch zu erkennen, dass er mit diesen notwendigen Nutzungshandlungen des Cloud-Anbieters i.S.v. § 69d Abs. 1 UrhG einverstanden ist.

2. Nutzung sonstiger Werke im Rahmen von Cloud-Diensten

Neben der Implementierung von Cloud-Software zur Fernnutzung können freilich auch andere Daten durch den Cloud-Anbieter oder den Cloud-Nutzer in die Cloud-Umgebung zum Abruf eingebracht werden. Ein urheberrechtlicher Schutz dieser Daten besteht immer nur dann, wenn insbesondere eines der in § 2 Abs. 1 UrhG genannten Werke vorliegt, dieses gemäß Abs. 2 eine persönliche geistige Schöpfung darstellt[487] und zudem eine gewisse Gestaltungshöhe aufweist[488].

Beispielhaft für das Cloud Computing sind etwa abgrenzbare Bilder, Musik oder Videosequenzen, die auf Cloud-Server transferiert werden und von Cloud-Nutzern nach Belieben abgerufen werden können. Die Nutzbarkeit solcher Werke gehört insbesondere zum Leistungsumfang von

---

487 *Ahlberg*, in: Möhring/Nicolini, § 2 Rn. 20; *Bullinger*, in: Wandtke/Bullinger, § 2 Rn. 2.
488 *Bullinger*, in: Wandtke/Bullinger, § 2 Rn. 23 ff; *Wiebe*, in: Spindler/Schuster, § 2 Rn. 5 f.

C. Urheberrecht

Spiele-Clouds[489] und dem Cloud-basierten Streaming von Musik und Videos[490]. Auf der anderen Seite ermöglichen beispielsweise Cloud-Speicher dem Nutzer das Hochladen beliebiger Daten, die im Einzelfall auch urheberrechtlich geschützte Werke darstellen können. Im Unterschied zu reinen Bildschirmoberflächen ohne eigene Schöpfungshöhe haben in diesen Fällen auch die vom Cloud-Nutzer empfangbaren Inhalte Werkqualität, zumal sie für sich genommen aufgezeichnet und als Werk weiter verwendet werden können.

Für die Frage, ob es auch in diesem Rahmen zu zustimmungsbedürftigen Handlungen des Cloud-Nutzers und des Cloud-Anbieters kommt, kann im Wesentlichen auf die Ausführungen zur Cloud-Software[491] verwiesen werden. Im Folgenden werden zur Vermeidung von Wiederholungen nur abweichende Konstellationen dargestellt. Maßgeblicher Unterschied ist zum einen, dass sich weder der Cloud-Anbieter noch der Cloud-Nutzer auf die Schrankenbestimmung des § 69d UrhG berufen können, da dieser als lex specialis nur für die Vervielfältigung von Computerprogrammen gilt. Zum anderen ist die Einschlägigkeit verschiedener Vorschriften denkbar, die Vervielfältigungshandlungen des Cloud-Nutzers auch ohne vorherige Zustimmung erlauben.

a) Vervielfältigungshandlungen des Cloud-Nutzers auf seinem Endgerät

Auf seinem Endgerät vervielfältigt der Cloud-Nutzer gemäß des für alle sonstigen Werkarten geltenden[492] § 16 UrhG Werke, indem er diese aus der Cloud abruft. Zwar stellt die bloße Darstellung einer Datei auf dem Nutzerbildschirm ähnlich des Lesens eines Buches keine Vervielfältigung dar, da keine körperliche Festlegung erfolgt.[493] Zur Darstellung auf dem Bildschirm des Endgeräts muss das digitale Werk jedoch im Arbeitsspeicher[494] bzw. im Speicher der Grafikkarte[495] aufbereitet werden. Diese Pro-

---

489 *Trusted Cloud*, Lizenzierungsbedarf, S. 6/8.
490 *Müller*, ZUM 2014, S. 11 (16); *Nägele/Jacobs*, ZUM 2010, S. 281 (289).
491 Vgl. C.II.1.
492 *Schulze*, in: Dreier/Schulze, § 16 Rn. 3; *Kroitzsch/Götting*, in: Möhring/Nicolini, § 16 Rn. 1.
493 BGH GRUR 1991, S. 449 (453) – Betriebssystem; *Schulze*, in: Dreier/Schulze § 16 Rn. 13; *Heerma*, in: Wandtke/Bullinger, § 16 Rn. 13.
494 *Loewenheim*, in: Schricker/Loewenheim, § 16 Rn. 19.

II. Zustimmungsbedürftige Handlungen nach dem UrhG

zesse stellen, auch dann, wenn sie nur vorübergehend erfolgen, Vervielfältigungen dar.[496] Mit den gleichen Argumenten wie bei den Handlungen des Anbieters, der Software Dritter zum Abruf bereitstellt, muss nämlich davon ausgegangen werden, dass auch die kurzzeitige Speicherung digitaler Werke im Arbeitsspeicher des Endgeräts eine Vervielfältigung darstellt.[497] Es gilt, das Partizipationsinteresse des Urhebers[498] zu berücksichtigen, wofür auch der weite Wortlaut von § 16 Abs. 1 UrhG spricht. Auch eine solche temporäre Zwischenspeicherung ist geeignet, das Werk den menschlichen Sinnen mittelbar wahrnehmbar zu machen, worauf es laut der Gesetzesbegründung[499] auch letztlich ankommt.[500]

Allerdings kann bei sonstigen Werken, anders als bei Applets, bezüglich der vom Nutzer initiierten Vervielfältigungen auf dessen Endgerät die Schrankenbestimmung des § 44a UrhG einschlägig sein. Da die Speicherung solcher Werke etwa im Arbeitsspeicher nicht von Dauer ist, liegt das Merkmal der »vorübergehenden Vervielfältigung« vor. Zudem ist die Vervielfältigung von Werken zum Anzeigen auf dem Bildschirm auch »flüchtig«. Dies ist vor allem dann der Fall, wenn – wie im vorliegenden Fall – die Daten bei Stromentzug und Nichtnutzung wieder gelöscht werden.[501]

Zudem müsste die Vervielfältigung einen »integralen und wesentlichen Teil eines technischen Verfahrens« darstellen. Das Verfahren muss also maßgeblich auf den Vervielfältigungen basieren,[502] und die Vervielfältigungen dürfen nicht auf einer unabhängigen technischen Grundlage beruhen.[503] Auch dies ist der Fall, da die beim Abruf auf dem Nutzergerät initi-

---

495 *Heerma*, in: Wandtke/Bullinger, § 16 Rn. 17; *Loewenheim*, in: Schricker/Loewenheim, § 16 Rn. 20.
496 KG GRUR-RR 2004, S. 228 (231) – Ausschnittdienst; OLG Hamburg GRUR 2001, S. 831 – Roche Lexikon Medizin; *Schulze*, in: Dreier/Schulze, § 16 Rn. 13; *Loewenheim*, in: Schricker/Loewenheim, § 16 Rn. 19.
497 C.II.1.a)aa)(1)(a).
498 *Loewenheim*, in: Schricker/Loewenheim, § 16 Rn. 20.
499 Amtl. Begr., BT-Drs. IV/270 S. 47.
500 *Loewenheim*, in: Schricker/Loewenheim, § 16 Rn. 20; *Kroitzsch/Götting*, in: Möhring/Nicolini, § 16 Rn. 5.
501 *Loewenheim*, in: Schricker/Loewenheim, § 44 a Rn. 5; nur zum Browsing *von Welser*, in: Wandtke/Bullinger, § 44 a Rn. 3; ebenso *Wiebe*, in: Spindler/Schuster, § 44 a Rn. 3.
502 *Loewenheim*, in: Schricker/Loewenheim, § 44 a Rn. 5;
503 *Dreier*, in: Dreier/Schulze, § 44 a Rn. 6.

C. Urheberrecht

ierten Speicherungen gerade dazu erfolgen, die Anzeige der Werke und deren Kenntnisnahme zu ermöglichen.

Weiterhin bedarf es eines legitimen Vervielfältigungszwecks. In Betracht kommt im Falle der Inanspruchnahme von Cloud-Diensten die rechtmäßige Nutzung nach § 44 a Nr. 2 UrhG. Die Nutzung des Werkes ist dann rechtmäßig, wenn der Rechtsinhaber diese erlaubt hat.[504] Maßgeblich ist nach dem klaren Wortlaut der Vorschrift nicht die Frage, ob das vorübergehend vervielfältigte »Ausgangswerk« nach dem Willen des Rechtsinhabers rechtmäßig eingesetzt wird, sondern ob die Nutzung des vorübergehend entstandenen »Vervielfältigungsstücks« rechtmäßig ist.[505] Dies setzt voraus, dass die durch die vorübergehende Vervielfältigung ermöglichte Nutzung des Werkes überhaupt zustimmungsbedürftig ist. Allerdings stellt das bloße Wahrnehmen eines Werkes gerade keine zustimmungsbedürftige Handlung dar.[506] Da in solchen Fällen keine rechtswidrige Nutzung bezweckt ist, ist auch die Anwendbarkeit von § 44a UrhG nicht ausgeschlossen.[507]

Letztlich dürfe die Vervielfältigung auch keine eigenständige wirtschaftliche Bedeutung haben. Eine eigenständige wirtschaftliche Bedeutung liegt nur dann vor, wenn der Urheber eine über die erlaubte Nutzung hinausgehende, eigenständige und isoliert verwertbare Nutzungsmöglichkeit erhält.[508] Die bloße Vervielfältigung von Werken durch eine Anzeige auf dem Bildschirm hat jedoch in der Regel keine eigenständige wirtschaftliche Bedeutung.[509] Denn ein über die Betrachtung des Werkes hin-

---

504 *von Welser*, in: Wandtke/Bullinger, § 44 a Rn. 16; *Loewenheim*, in: Schricker/Loewenheim, § 44 a Rn. 9.
505 Im Ergebnis EuGH MMR 2011, S. 817 (823 f.); so auch *Schulz*, in: Möhring/Nicolini, § 44a Rn. 13 sowie *Galetzka/Stamer*, MMR 2013, S. 292 (296 f.); anders für das Streaming urheberrechtlich geschützter Werke *Dreier*, in: Dreier/Schulze, § 44a Rn. 8, der jedoch ohne weitere Begründung darauf abzielt, die Anwendbarkeit von § 53 UrhG durch die Anwendung von § 44a UrhG nicht abzuschneiden.
506 EuGH MMR 2011, S. 817 (823 f.); BGH GRUR 1994, S. 363 (364 f.) – Holzhandelsprogramm; *Schulz*, in: Möhring/Nicolini, § 44a Rn. 13; *Mitsdörffer/Gutfleisch*, MMR 2009, S. 731 (732).
507 EuGH MMR 2011, S. 817 (823 f.); *Schulz*, in: Möhring/Nicolini, § 44a Rn. 13; *Galetzka/Stamer*, MMR 2013, S. 292 (296 f.).
508 *Dreier*, in: Dreier/Schulze, § 44 a Rn. 9; *Wiebe*, in: Spindler/Schuster, § 44 a Rn. 4; *Loewenheim*, in: Schricker/Loewenheim, § 44 a Rn. 10.
509 *von Welser*, in: Wandtke/Bullinger, § 44 a Rn. 21; *Ernst*, in: Hoeren/Sieber, Teil 7.1 Rn. 57; *Galetzka/Stamer*, MMR 2014, S. 292 (297).

ausgehender Vorteil besteht in solchen Fällen nicht. Somit finden bei der Übertragung sonstiger geschützter Werke auf das Nutzergerät zwar Vervielfältigungshandlungen des abrufenden Cloud-Nutzers statt. Diese erfüllen jedoch regelmäßig den Tatbestand von § 44 a UrhG, und sind daher zulässig.[510]

b) Vervielfältigungshandlungen des Cloud-Nutzers auf den Cloud-Servern

Transferiert der Cloud-Nutzer hingegen Werke Dritter in eine Cloud-Umgebung, vervielfältigt er diese auch auf den Cloud-Servern. Werden die Cloud-Dienste zu privaten Zwecken eingesetzt, ist hinsichtlich des Hochladens solcher Werke an das Recht der Privatkopie i.S.v. § 53 Abs. 1 UrhG zu denken.

aa) Zulässigkeit von Privatkopien

Vervielfältigungen können gemäß § 53 Abs. 1 UrhG auch ohne Erlaubnis des Rechtsinhabers zulässig sein, wenn sie durch den Nutzer oder unentgeltlich durch einen Dritten zum privaten Gebrauch auf beliebigen digitalen[511] Trägern vervielfältigt werden. Die Vervielfältigungen dürften keinen Erwerbszwecken dienen und nicht auf einer offensichtlich rechtswidrig hergestellten oder öffentlich zugänglich gemachten Vorlage basieren. Als privat gilt der Gebrauch in der Privatsphäre zum Zweck der Befriedigung rein persönlicher Bedürfnisse durch die eigene Person oder durch mit der Person mittels persönlicher Bande verbundener Personen.[512] Eine offensichtliche Rechtswidrigkeit liegt nur dann vor, wenn auszuschließen ist, dass der Rechtsinhaber eine Erlaubnis zur Herstellung oder öffentlichen Zugänglichmachung des Werkes gegeben haben könnte.[513] Das pri-

---

510 So pauschal *Bisges*, MMR 2012, S. 574 (577); ebenso *Zech*, ZUM 2014, S. 3 (6); so bezüglich des Cloud-basierten Streamings von Audio- und Videoinhalten *Müller*, ZUM 2014, S. 11 (16 f.); so auch ohne Begründung *Nägele/Jacobs*, ZUM 2010, S. 281 (289).
511 *Grübler*, in: Möhring/Nicolini, § 53 Rn. 10; *Dreier*, in: Dreier/Schulze, § 53 Rn. 8.
512 BGH GRUR 1987, S. 474 (475) – Vervielfältigungsstücke; *Grübler*, in: Möhring/Nicolini, § 53 Rn. 9; *Dreier*, in: Dreier/Schulze, § 53 Rn. 7.
513 *Dreier*, in: Dreier/Schulze, § 53 Rn. 12; *Kaiser*, in: Erbs/Kohlhaas, § 53 Rn. 5 f.

C. Urheberrecht

vate Hochladen von Werken in die Cloud, etwa um diese, statt auf der lokalen Festplatte, nunmehr ortsunabhängig verfügbar zu halten, kann somit auch ohne Erlaubnis zulässig sein.

Über die zulässige Anzahl von Privatkopien trifft das Gesetz hingegen keine Aussage. Weitgehend durchgesetzt hat sich hierbei die Zahl von sieben erlaubten Kopien.[514] Demgegenüber wird vertreten, dass die Anzahl danach bestimmt werden müsse, wie viele Vervielfältigungsstücke im Einzelfall zur Deckung rein persönlicher Bedürfnisse erforderlich seien.[515] Letzterer Ansicht ist aus Gesichtspunkten des Interessenausgleichs zuzustimmen. Da das Recht zur Privatkopie die Interessen von Rechtsinhabern spürbar tangiert, ist es nur in dem Rahmen zuzugestehen, in dem es tatsächlich der Befriedigung privater Bedürfnisse der Werknutzer dienen kann. Beim Cloud Computing wird die erlaubte Anzahl im Grundsatz eher bei einer Vervielfältigung anzusiedeln sein. Wegen des theoretisch jederzeit und ortsungebunden möglichen Zugriffs auf Werke in der Cloud, können diese in jeder Lebenslage genutzt werden, mit der Folge, dass der Begründungsaufwand für die Anfertigung weiterer Cloud-Kopien deutlich höher anzusiedeln ist als bei verkörperten Werken.

bb) Aushöhlung der Vergütungspflicht durch Cloud-Technologie?

In diesem Rahmen wird zudem diskutiert, ob die nach § 54 UrhG bestehende Vergütungspflicht für Werke, von denen ihrer Art nach zu erwarten ist, dass sie Gegenstand einer Privatkopie nach § 53 Abs. 1 UrhG sein werden, durch den zunehmenden Trend zur Verlagerung von Werken in Cloud-Umgebungen ausgehöhlt werde.[516] § 54 UrhG bezweckt einen wirtschaftlichen Ausgleich für die Beschränkung der Rechte von Urhebern, die durch einen Rückgriff auf § 53 Abs. 1 bis 3 UrhG eintreten.[517] Vergütungspflichtig sind Geräte und Speichermedien, die allein oder in Verbin-

---

514 BGH GRUR 1987 – S, 474 (476) – Vervielfältigungsstücke; *Berger*, ZUM 2004, S. 257; *Wiebe*, in: Spindler/Schuster, § 53 Rn. 3.
515 *Grübler*, in: Möhring/Nicolini, § 54 Rn. 6; *Loewenheim*, in: Schricker/Loewenheim, § 53 Rn. 17; so auch *Dreier*, in: Dreier/Schulze, § 53 Rn. 9, welcher jedoch die Anfertigung von mehr als einer Privatkopie nur in Ausnahmefällen als zulässig ansieht.
516 *Bisges*, GRUR 2013, S. 146; *Müller*, ZUM 2014. S. 11; *Dreier/Leistner*, GRUR 2013, S. 881 (891).
517 *Dreier*, in: Dreier/Schulze, § 54 Rn. 1; *Wiebe*, in: Spindler/Schuster, § 54 Rn. 1.

dung mit anderen Geräten, Speichermedien oder Zubehör, zur Anfertigung von Vervielfältigungen i.S.v. § 53 Abs. 1 bis 3 UrhG genutzt werden, worunter insbesondere Festplatten und elektronische Speicher fallen[518]. Da Privatnutzer durch das Speichern eigener Daten in der Cloud auf immer weniger lokalen Speicherplatz angewiesen seien, sei zu befürchten, dass die Anzahl der von den Nutzern erworbenen Speichermedien wie beispielsweise Festplatten und damit auch die Beteiligung der Urheber zurückgehen werde, obwohl weiterhin auf die Privilegierung von Privatkopien zurückgegriffen werden könnte. Vor allem die strikte Kopplung der Vergütungspflicht an Geräte und Speichermedien wird hierbei als problematisch angesehen.[519]

Zwar erscheinen derartige Bedenken nicht völlig unplausibel. Allerdings besteht tatsächlich (noch) kein Handlungsbedarf hinsichtlich einer Reformierung der Vergütungspflicht gemäß § 54 UrhG. Zum einen wird, solange der Mehrheit möglicher Cloud-Nutzer nicht zu jeder Tageszeit ein ortsungebundener Netzwerkzugang mit entsprechend hoher Geschwindigkeit zur Verfügung steht, der Wille zur lokalen Speicherung von Daten weiterbestehen. Zum anderen sind mit dem fortschreitenden Preisverfall bei Festplatten und vor allem SSDs die Anreize für Privatnutzer zu gering, ihre Daten zukünftig nur noch in der Cloud zu speichern. Den Interessen von Urhebern wird indes dadurch Rechnung getragen, dass Endgeräte, die einen Zugang zur Cloud verschaffen, in der Regel auch auf Speichermedien angewiesen sind, mit der Folge, dass Urheber beispielsweise auch am derzeit florierenden Smartphone-Markt[520] beteiligt werden können[521]. Erst bei einem gravierenden Rückgang der Nutzung privater Speichermedien würde das Recht auf Vergütung spürbar tangiert.[522]

---

518 *Dreier*, in: Dreier/Schulze, § 54 Rn. 6; *Grübler*, in: Möhring/Nicolini, § 54 Rn. 14.
519 *Bisges*, GRUR 2013, S. 146 (148 f.).
520 Der weltweite Anstieg verkaufter Smartphones im Jahr 2013 betrug 44 % im Vergleich zum Vorjahr, http://www.gartner.com/newsroom/id/2665715. Für das Jahr 2014 wird mit einer Verkaufszahl von 1,2 Milliarde Smartphones gerechnet, http://www.gartner.com/newsroom/id/2944819. Auch in Deutschland steigt die Zahl der Smartphone Nutzer stetig auf derzeit 41,1 Millionen im Mai 2014, http://de.statista.com/statistik/daten/studie/198959/umfrage/anzahl-der-smartphonenutzer-in-deutschland-seit-2010/.
521 Vgl. zum Gemeinsamen Tarif der ZPÜ, VG Wort, VG Bild-Kunst für Mobiltelefone https://www.gema.de/fileadmin/user_upload/Musiknutzer/Tarife/Tarife_sonstige/Tarif_Mobiltelefone_ab_2011.pdf.
522 *Müller*, ZUM 2014, S. 11 (17).

Letztlich kann jedoch festgestellt werden, dass mit Blick auf neue Cloud-Angebote wie dem Streaming von Musik und Spielen eher ein Trend dahingehend auszumachen ist, dass private Nutzer geschützte Werke nicht mehr »haben« möchten, sondern sich mit einer bloßen Zugangsmöglichkeit hierzu zufriedengeben. Eine gesonderte Vervielfältigung zur privaten Nutzung wird daher immer weniger erstrebenswert. Mit der Inanspruchnahme von Cloud-Diensten scheint deshalb die Privilegierung der Privatkopie gemäß § 53 Abs. 1 UrhG und damit auch die Vergütungspflicht gemäß § 54 UrhG an Bedeutung zu verlieren, sodass wegfallende Vergütungen vielmehr im Rahmen von Lizenzvereinbarungen berücksichtigt werden müssten.[523]

c) Öffentliche Zugänglichmachung des Cloud-Nutzers auf den Cloud-Servern

Im Hochladen geschützter Werke Dritter in eine Cloud-Umgebung wird dann keine öffentliche Zugänglichmachung nach § 19a UrhG zu sehen sein, wenn nur dem Nutzer oder einem kleinen untereinander oder mit dem Nutzer vertrauten Kreis eine Abrufmöglichkeit eingeräumt wird. Bei ungesicherten Diensten wie Dropbox ist allerdings zu beachten, dass auch dann eine öffentliche Zugänglichmachung stattfindet, wenn der Nutzer nicht aktiv weiteren Nutzern den Zugriff auf seine Ordner einräumt. Vergleichbar mit dem Einstellen von Werken Dritter auf Webseiten[524], kann das Werk auch von der Öffentlichkeit mittels Direktlink abgerufen werden[525].

3. Ergebnis

Im Rahmen des Cloud-Computings kann es sowohl auf den Cloud-Servern als auch auf den Endgeräten der Cloud-Nutzer zu zustimmungsbedürftigen Handlungen kommen. Beispiele für genutzte Werke sind hierbei Cloud-Software, die zum Fernabruf auf Cloud-Servern implementiert

---

523 *Dreier*, ZUM 2013, S. 769 (775); ähnlich *Müller*, ZUM 2014, S. 11 (17).
524 *Dreier*, in: Dreier/Schulze, § 19a Rn. 6; *Bullinger*, in: Wandtke/Bullinger, § 19a Rn. 22 f.
525 https://www.dropbox.com/news/20120423.

wird, aber auch andere digitale Werke wie Bilder, Musik oder Videos. Im Einzelnen geklärt werden muss jedoch stets, ob auch die Inhalte, die vom Cloud-Nutzer letztlich empfangen werden können, eine Werkqualität aufweisen. Bei reinen Bildschirmoberflächen ohne eine gewisse Schöpfungshöhe ist dies nicht der Fall. Während es beim Cloud-gestützten Abruf geschützter Werke auf dem Endgerät des Nutzers in der Regel nur zu Vervielfältigungen kommen kann, kann die Übertragung von Werken in eine Cloud-Umgebung und deren Einbindung in Cloud-Dienste mit Vervielfältigungen, Umarbeitungen und öffentlichen Zugänglichmachungen auf den Cloud-Servern einhergehen. Diese Handlungen können jedoch je nach konkreter Ausgestaltung nach §§ 44a, 53 sowie 69d UrhG auch ohne Zustimmung des Rechtsinhabers erlaubt sein. Letztlich stellt die Zurverfügungstellung von urheberrechtlich geschützten Werken im Rahmen von Cloud-Diensten eine eigene Nutzungsart dar, an der auch der Rechtsinhaber beteiligt werden muss.[526]

III. Anwendbares Recht

Da das Cloud Computing durch die Kopplung an das Internet und die ortsunabhängige Abrufmöglichkeit einen grenzüberschreitenden Charakter haben kann, stellt sich auch die Frage nach dem jeweils einschlägigen Urheberrechtsregime.

Das Internationale Privatrecht des Urheberrechts war bis vor einigen Jahren noch größtenteils ungeschrieben und wurde zunächst hinsichtlich urhebervertraglicher Aspekte in der Rom-I-VO, und anschließend im Hinblick auf die Verletzung von Immaterialgüterrechten durch die Rom-II-VO[527] geregelt. Zwar spricht der insoweit ältere Art. 40 EGBGB allgemein von Ansprüchen aus unerlaubter Handlung; die danach maßgebliche Anknüpfung an den Tatort wird allerdings für Immaterialgüterrechte allgemein als ungeeignet angesehen.[528]

---

526 Zu den zustimmungsbedürftigen Handlungen im Rahmen des Einsatzes von Cloud-Diensten vgl. auch Anhang Abb. 4.
527 *Dreier*, in: Dreier/Schulze, Vor §§ 120 Rn. 27.
528 BGH GRUR 2003, S. 328 (329) – Sender Felsberg; BGH GRUR 1999, S. 152 (153) – Spielbankaffaire; *Rojahn*, in: Loewenheim, § 92 Rn. 38; *Dreier*, in: Dreier/Schulze, Vor §§ 120 Rn. 27.

C. Urheberrecht

Vom internationalen Standpunkt aus verbleibt der urheberrechtliche Schutz für Werke nur innerhalb von feststehenden Landesgrenzen. Maßgeblich ist insofern das Territorialitätsprinzip, wonach nationale Schutzsysteme nur für das konkrete Staatsgebiet gelten, in dem die Voraussetzungen für die Geltung eines Urheberrechts vorliegen.[529] Daraus folgt, dass dem Rechtsinhaber eines Werkes nicht ein einheitliches Schutzrecht, sondern ein Bündel nationaler Schutzrechte zusteht.[530] Bei Kollisionen wird das Territorialitätsprinzip durch das allgemein anerkannte Schutzlandprinzip (lex loci protectionis[531]) konkretisiert. Das anwendbare Recht richtet sich demgemäß nach dem Land, für das auch ein Schutz begehrt wird.[532]

Diese Erwägung spiegelt sich nun auch in Art. 8 Abs. 1 Rom-II-VO wieder, der das anwendbare Recht bei der Verletzung von Rechten des geistigen Eigentums und mitunter auch des Urheberrechts[533] regelt. Deutsches Urheberrecht ist also immer dann anwendbar, wenn eine Urheberrechtsverletzung im Inland stattfindet und vom Rechtsinhaber geltend gemacht wird.[534]

Den Parteien steht es nach Art. 8 Abs. 3 Rom-II-VO allerdings nicht frei, das für die Verletzung von Urheberrechten geltende Recht durch Rechtsvereinbarungen zu bestimmen. Dies gilt gemäß Art. 13 Rom-II-VO ebenfalls für Bereicherungsansprüche aus Eingriffen in fremde Urheberrechte.[535] Letztlich gilt das Schutzlandprinzip für alle relevanten Fragen

---

529 *Harte-Bavendamm/Wiebe*, in: Kilian/Heussen, 1. Abschnitt Teil 5 A Rn. 140; *Dreier*, in: Dreier/Schulze, Vor §§ 120 Rn. 28; *Schulz/Rosenkranz*, ITRB 2009, S. 232 (236).
530 BGH GRUR Int 2005, S. 340 (341) – Hundefigur; BGH GRUR 2003, S. 328 (329) – Sender Felsberg; *Katzenberger*, in: Schricker/Loewenheim, Vor §§ 120 Rn. 121; *Dreier*, in: Dreier/Schulze, Vor §§ 120 Rn. 28.
531 *Katzenberger*, in: Schricker/Loewenheim, Vor §§ 120 Rn. 124; *Dreier*, in: Dreier/Schulze, Vor §§ 120 Rn. 28.
532 BGH GRUR 2003, S. 328 (329) – Sender Felsberg; *Schulz/Rosenkranz*, ITRB 2009, S. 232 (236); *Katzenberger*, in: Schricker/Loewenheim, Vor §§ 120 Rn. 129; *von Welser*, in: Wandtke/Bullinger, Vor §§ 120 ff. Rn. 4; *Rojahn*, in: Loewenheim, § 92 Rn. 38; *Harte-Bavendamm/Wiebe*, in: Kilian/Heussen, 1. Abschnitt Teil 5 A Rn. 140.
533 Erwägungsgrund 26 Rom-II-VO.
534 *Harte-Bavendamm/Wiebe*, in: Kilian/Heussen, 1. Abschnitt Teil 5 A Rn. 140; *Rojahn*, in: Loewenheim, § 92 Rn. 38.
535 *Dreier*, in: Dreier/Schulze, Vor §§ 120 Rn. 28; *Pfeiffer/Nordmeier*, in: Spindler/Schuster, 4. Teil B. Art. 13 Rn. 1.

nach dem Bestehen eines Urheberrechts, dessen Inhalt, Umfang und Dauer, der Übertragbarkeit und der Einräumung von Rechten bis hin zu den Rechtsfolgen und der Strafbarkeit einer Urheberrechtsverletzung.[536]

Gerade bei Internetsachverhalten ergibt sich jedoch aufgrund der Ubiquität und der häufig grenzüberschreitenden Natur das Problem der territorialen Zuordnung von Urheberrechtsverletzungen. Vor allem die Bereitstellung von Werken im Internet und insbesondere »in der Cloud«, die dadurch weltweit abrufbar gemacht werden, wirft die Frage auf, welches Urheberrechtsregime zur Anwendung kommt. Schwierigkeiten werfen dabei die für Sachverhalte des Cloud Computings besonders relevanten Tatbestände der Vervielfältigung gemäß §§ 16 und 69c Nr. 1 UrhG bzw. der vereinbarten Erklärungen zu Art. 1 IV WCT[537] sowie der öffentlichen Zugänglichmachung gemäß §§ 19a und 69c Nr. 4 UrhG bzw. Art. 8 WCT auf.

1. Anwendbares Recht bei Vervielfältigung

Im Rahmen des Cloud Computings können Vervielfältigungen sowohl durch den Cloud-Anbieter als auch durch den Cloud-Nutzer ausgelöst werden. Damit deutsches Urheberrecht anwendbar ist, müsste nach dem Schutzlandprinzip die Vervielfältigung auch in Deutschland stattfinden. Dabei kommen Handlungen sowohl auf den eingesetzten Endgeräten als auch auf Servern und damit eventuell auch das Recht mehrerer Staaten in Betracht.[538] Finden die Vervielfältigungen auf den Cloud-Servern statt, sieht man sich mit den üblichen Schwierigkeiten bei der Bestimmung des anwendbaren Rechts konfrontiert.

---

536 *Dreier*, in: Dreier/Schulze, Vor §§ 120 Rn. 30; die rege diskutierte Frage, ob die Anknüpfung nach Art. 8 Abs. 1 Rom-II-VO auch für die Vorfrage gilt, ob und wie ein Urheberrecht besteht, kann deshalb dahingestellt bleiben; zum Meinungsstand *Pfeiffer/Weller/Nordmeier*, 4. Teil B. Art. 8 Rn. 4.
537 WIPO-Urheberrechtsvertrag.
538 *Hoeren*, in: Hoeren/Sieber/Holznagel, Teil 7 C. Rn. 15 ff.; *Dreier*, in: Dreier/Schulze, Vor §§ 120 Rn. 33.

C. Urheberrecht

a) Problem

Problematisch ist nämlich, dass eine Klärung der Frage, an welchem Serverstandort zu einem bestimmten Zeitpunkt Daten vervielfältigt werden, in der Regel nicht zweifelsfrei erfolgen kann.[539] Die sich aus Flexibilitätsgründen ständig im Umfang verändernden Ressourcen erschweren eine klare Feststellung. Werden zudem Datenfragmente vervielfältigt, die für sich genommen eine Werkqualität aufweisen, so ist zwar von einer Zustimmungsbedürftigkeit auszugehen.[540] An welchem Ort ein bestimmtes Fragment vervielfältigt wird, bleibt allerdings nicht selten ungeklärt. Diese Unklarheiten gehen vollständig zu Lasten des Rechtsinhabers. Denn selbst wenn die Gewissheit besteht, dass tatsächlich Vervielfältigungshandlungen stattfinden, kann der Rechtsinhaber seine Rechte nicht durchsetzen, da der konkrete Standort der Vervielfältigung nicht dargelegt werden kann.

Das Schutzland- und letztlich das Territorialitätsprinzip stoßen an dieser Stelle an ihre Grenzen. Zwar ist die Gewährleistung eines Bündels nationaler Urheberrechte in ökonomischer Hinsicht effizient und kann zudem die Arbeit nationaler Gerichte erleichtern.[541] Weiterhin wird es dadurch dem Nutzer eines Werkes in der Theorie ermöglicht, die Folgen seiner Handlung zu kennen und vom Ort der Nutzungshandlung auf das jeweils anwendbare Recht schließen zu können. Da der Rechtsinhaber jedoch im Bereich des grenzüberschreitenden Cloud Computings mangels Klarheit bezüglich des geltenden Rechts nur sehr schwer in den Genuss einer wirtschaftlichen Beteiligung an einer Vervielfältigung kommen kann und dem Nutzer eines Werkes in der Cloud das anzuwendende Recht bei Vervielfältigungen nicht bewusst ist, besteht bereits aus Gründen der Rechtssicherheit die Notwendigkeit, an ein stabileres Kriterium anzuknüpfen.

b) Lösungsvorschlag

Sowohl den Interessen des Cloud-Nutzers als auch den Interessen des Rechtsinhabers wäre ausreichend gedient, wenn jegliche urheberrechtlich relevante Vervielfältigungshandlung – wo auch immer sie stattfinden mag

---

539 Vgl. A.I.2.c) sowie B.II.2.b)bb)(2)(a).
540 Vgl. C.II.1.a)aa)(1)(a).
541 *Dreier*, in: Dreier/Schulze, Vor §§ 120 Rn. 29.

– nach einem einheitlichen, nicht beeinflussbaren Recht bestimmt werden könnte. In diesem Rahmen bietet sich gerade das Universalitätsprinzip mit dem darauf aufbauenden Ursprungslandprinzip (lex originis) an, das in der herrschenden Rechtsprechung und Literatur dem Schutzlandprinzip gewichen ist. Dieses Prinzip besagt, dass urheberrechtlicher Schutz im Ursprungsland des Werkes erworben wird und anschließend weltweite Geltung erlangt.[542] Der Rechtsinhaber erhält in diesem Fall anstatt eines Bündels nationaler Rechte ein universelles, nach dem Recht eines bestimmten Staates entstandenes Urheberrecht.[543] Sinnvollerweise müsste ein solches Prinzip aber auch die volle Bandbreite des Urheberrechts abdecken.[544] Eine von manchen Stimmen vertretene gespaltene Anknüpfung, also etwa die Entstehung des Rechts am Ursprungsort jedoch die Bemessung dessen Inhalts am Recht des Schutzlandes[545], ist für die Zwecke des Cloud Computings nicht zielführend, da gerade der territoriale Aspekt des Schutzlandprinzips dem Rechtsinhaber die Geltendmachung seiner Rechte erschwert.

Für die Ermittlung des betreffenden Ursprungslandes kann an den Ort des Erscheinens des Werkes oder, wenn es an einem Erscheinen fehlt, an das Land des Urhebers angeknüpft werden.[546] Hat etwa der Urheber sein Werk in England geschaffen und dadurch ein Urheberrecht im Vereinigten Königreich erlangt, so bestimmt sich jede Vervielfältigung innerhalb einer Cloud-Umgebung nach dem dortigen Urheberrecht. Auf den Ort der Vervielfältigung und die Serverstandorte kommt es damit nicht mehr an.

Da sich die Vorteile des Schutzlandprinzips im Rahmen des Cloud Computings kaum auswirken können, es vielmehr den Rechtsinhaber in diesem Fall unangemessen benachteiligt, spricht viel für die Anwendung des (vollen) Universalitätsprinzips. Zudem hätte dieser Ansatz den Vorteil, dass der Rechtsinhaber seine Rechte einheitlich durchsetzen kann, ohne sich auf unterschiedliche Rechtsordnungen einstellen zu müssen.[547]

---

542 *Dreier*, in: Dreier/Schulze, Vor §§ 120 Rn. 29; *Stollwerck*, in: Möhring/Nicolini, Sonderbereiche Internationales Urheberrecht Rn. 10.
543 *Klass*, GRUR Int 2007, S. 373 (380).
544 So etwa *Neuhaus*, RabelsZ 1976, S. 191 (191 ff.) sowie *Intveen*, S. 85 ff.
545 So etwa Cour de cassation GRUR Int 1992, S. 304; ebenso *Schack*, MMR 2000, S. 59 (63) sowie *Klass*, GRUR Int 2007, S. 373 (382).
546 *Stollwerck*, in: Möhring/Nicolini, Sonderbereiche Internationales Urheberrecht Rn. 10; *Lauber-Rönsberg*, in: Möhring/Nicolini, Sonderbereiche Kollisionsrecht Rn. 10.
547 Ähnlich *Klass*, GRUR Int 2007, S. 373 (382).

C. Urheberrecht

Der Cloud-Nutzer hat hingegen die Gewissheit, nur nach einer bestimmten Rechtsordnung in Anspruch genommen werden zu können. Zumindest bei grenzüberschreitende Technologien, welche die Geltendmachung von Rechten dadurch schwer bis unmöglich machen, dass sie auf Server in mehreren Ländern zurückgreifen, ist hinsichtlich von Vervielfältigungshandlungen die Einbeziehung des Universalitätsprinzips zur Bestimmung des anwendbaren Urheberrechts geboten.

2. Anwendbares Recht bei öffentlicher Zugänglichmachung

Auch bei der öffentlichen Zugänglichmachung von Werken mittels Cloud-Technologie ist das anwendbare Recht nicht ohne Schwierigkeiten bestimmbar. Hierbei treffen zwei wesentliche Probleme aufeinander. Zum einen ist aufgrund der Ubiquität der Cloud-Technologie zu klären, an welchem Ort eine Zugänglichmachung erfolgt. Da die öffentliche Wiedergabe eine Nutzungs-»handlung« darstellt, müsste dem Wortlaut nach eigentlich an den Ort der Handlung angeknüpft werden. Es könnte jedoch dem anzuerkennenden Interesse des Rechtsinhabers entsprechen, auch an der Empfangbarkeit des Werkes beteiligt zu werden. Zum anderen wäre, sofern es auf den jeweiligen Standort der grenzüberschreitend verteilten Cloud-Server ankäme, auch die Bestimmung des anwendbaren Rechts deutlich erschwert.

Aufgrund der sachlichen Nähe zum Cloud Computing bietet es sich an, bei der Frage nach dem anwendbaren Recht die Fallgruppe des Einstellens von Inhalten auf einen Webserver näher zu betrachten. Diese Konstellation war bereits Gegenstand zahlreicher Diskussionen, wobei sich drei Ansichten besonders hervorgetan haben.

a) Ort der Einstellung ins Internet

Einige Stimmen verorten die Verwertungshandlung des öffentlichen Zugänglichmachens im Internet am Standort des Servers, auf den das Werk hochgeladen und eingestellt wird. Als Begründung wird angeführt, dass die empfangbaren Inhalte gerade auf dem Server bereitgehalten würden und von dort aus auch das Angebot eröffnet würde.[548] Dies erscheint zunächst sinnvoll, da der Einstellende die ihm durch das Internet gegebene, wirtschaftlich vorteilhafte Möglichkeit ausnutzt, das Werk ohne physische Anwesenheit an einem bestimmten Ort, auf dem Server zur Verfügung zu stellen. Allerdings muss dieser Ansicht entgegengehalten werden, dass durch den simplen Akt des Einstellens auch eine Vielzahl von potenziellen Empfängern in den Genuss des Werkes kommen können. Der Einstellende könnte somit einen hohen wirtschaftlichen Nutzen ziehen, ohne dass der Rechtsinhaber hieran angemessen beteiligt werden würde. Zudem könnte der Einstellende geschützte Werke gezielt und manipulativ an Serverstandorten hochladen, an denen das nach dem Territorialitätsprinzip einschlägige Urheberrecht ein geringes Schutzniveau aufweist.[549]

b) Ort der Einstellung und alle Länder, in denen eine Abrufmöglichkeit besteht

Andere Stimmen aus der Literatur und vor allem der Rechtsprechung sehen in Anlehnung an die sog. Bogsch-Theorie[550] die öffentliche Zugänglichmachung durch das Hochladen von Inhalten im Internet nicht nur am Ort der Einstellung als verwirklicht, sondern zusätzlich auch in allen denjenigen Ländern, aus denen die Möglichkeit des Abrufs des geschützten Werkes besteht.[551] Die Erweiterung der Verwertungsrechte über die bloße Einstellungshandlung hinaus verspricht durchaus Vorteile. Der Einstellende kann sich zum einen nicht durch eine geschickte Wahl des Einstellungsortes jeglicher Einholung von Nutzungsrechten beim Rechtsinhaber entziehen. Zum anderen hat der Rechtsinhaber – ökonomisch effizient – die Möglichkeit, auch an der Bereitstellung für Personen, die das Werk abrufen können, beteiligt zu werden. Allerdings erscheint auch eine solche

---

548 *Koch*, CR 1999, S. 121 (123); *Dieselhorst*, ZUM 1998, S. 293 (299).
549 *von Welser*, in: Wandtke/Bullinger, Vor §§ 120 ff. Rn. 19; *Lauber-Rönsberg*, in: Möhring/Nicolini, Sonderbereiche Internationales Urheberrecht Rn. 26; *Intveen*, S. 86.
550 Diese wurde primär für das urheberrechtliche Senderecht nach § 20 UrhG entwickelt; vgl. hierzu *Dreier*, in: Dreier/Schulze, Vor §§ 120 Rn. 38; m.w.N. *Katzenberger*, in: Schricker/Loewenheim, Vor §§ 120 Rn. 141.
551 LG Hamburg GRUR-RR 2004, S. 313 (314 f.) – thumbnails; so auch OLG München, GRUR-RR 2004, S. 252 (253); *Schønning*, ZUM 1997, S. 34 (38); m.w.N. *Katzenberger*, in: Schricker/Loewenheim, Vor §§ 120 Rn. 145.

C. Urheberrecht

Vorgehensweise nicht ideal, da der Rechtsinhaber dann, wenn ein Inhalt – wie im Internet üblich – von jeglichem Endgerät ortsunabhängig abgerufen werden kann, seine Verwertungsrechte theoretisch weltweit geltend machen könnte. Der Einstellende müsste sich demgegenüber für jedes erdenkliche Land entsprechende Nutzungsrechte einräumen lassen. Dies ist nicht sachgerecht, da sich aus der bloßen technischen Abrufbarkeit eines Werkes nicht automatisch ein wirtschaftliches Interesse für den Einstellenden ergibt, an dem der Rechtsinhaber beteiligt werden müsste. Eine reine Anknüpfung an die Abrufbarkeit würde den Werknutzer vielmehr über Gebühr belasten.

c) Ort der Einstellung und alle Orte der bestimmungsgemäßen Abrufbarkeit

Als Abwandlung und Eingrenzung der zweiten Ansicht wird daher vertreten, dass zusätzlich zum Ort der Einstellung nur diejenigen Rechtsordnungen betroffen seien, in denen die online gestellten Werke nicht nur abrufbar, sondern auch für den Abruf bestimmt worden sind.[552] Hierbei wird – ähnlich wie im Markenrecht[553] – auf das Erfordernis eines ausreichenden Inlandsbezugs verwiesen.[554] Damit fiele die Empfangsmöglichkeit in vom Nutzer nicht miteinbezogene Länder aus der Anknüpfung heraus. Indizien für die Intention des Werknutzers sind etwa die Feststellung, an welche Personen sich ein Online-Inhalt richtet[555], was beispielsweise anhand der Sprache[556], der Top-Level-Domain[557], der Werbung und anderer an Nutzer

---

552 EuGH GRUR 2012, 1245 Rn. 31 ff. – Football Dataco u.a.; *Nordemann-Schiffel*, in: Fromm/Nordemann, Vor §§ 120 ff. Rn. 77/79; *Katzenberger*, in: Schricker/Loewenheim; Vor § 120 ff. Rn. 145; *Lauber-Rönsberg*, in: Möhring/Nicolini, Sonderbereiche Internationales Urheberrecht Rn. 26.
553 Beispielhaft BGH GRUR 2005, S. 431 (433) – HOTEL MARITIME.
554 *Nordemann-Schiffel*, in: Fromm/Nordemann, Vor §§ 120 ff. Rn. 77/79.; *Katzenberger*, in: Schricker/Loewenheim, Vor § 120 ff. Rn. 145.
555 *Lauber-Rönsberg*, in: Möhring/Nicolini, Sonderbereiche Internationales Urheberrecht Rn. 26; *Nordemann-Schiffel*, in: Fromm/Nordemann, Vor §§ 120 ff. Rn. 77/79.
556 Wobei ein deutscher Inhalt wohl höhere Indizkraft hat als ein englischer; vgl. *Dreier*, in: Dreier/Schulze, Vor §§ 120 Rn. 42.
557 *Uerpmann-Wittzack*, GLJ 2010, S. 1245 (1255) zum internationalen Recht im Internet.

eines bestimmten Landes gerichteten Inhalte[558] erfolgen kann.[559] Werden hingegen Inhalte auf Seiten mit generischen Domains[560] eingestellt, liegt es nahe, eine Ausrichtung an alle erreichbaren Nutzer anzunehmen, es sei denn, dass beispielsweise der Zugriff bestimmter länderspezifischer IP-Adressbereiche ausgeschlossen wird[561].[562] Diese Ansicht erscheint zweckmäßig und wird den widerstreitenden Interessen am besten gerecht. Der Rechtsinhaber wird angemessen an der Werknutzung beteiligt, da er nicht nur auf das Recht des Landes der Einstellung ins Internet beschränkt ist, welches zudem auch vom Einstellenden beeinflusst werden kann. Der Einstellende kann hingegen nur in dem Maße in Anspruch genommen werden, in dem er das Werk auch in objektiver Hinsicht bereitgestellt hat. Er ist daher nicht notwendigerweise auf die Einholung von weltweiten Nutzungsrechten angewiesen.

d) Übertragung auf das Cloud Computing

Die Bereitstellung von Werken im Rahmen von Cloud-Diensten gestaltet sich faktisch nicht anders als das Hochladen von Werken auf statische Webserver. Auch in diesem Rahmen werden Inhalte auf Servern gespeichert, die dann theoretisch von jedem netzwerkfähigen Endgerät abgerufen werden können. Der Werknutzer kann ein Werk unabhängig von seinem Standort in die Cloud-Umgebung einbringen und es damit einer Vielzahl von Personen zum Abruf bereitstellen. Um den Rechtsinhaber angemessen an der öffentlichen Zugänglichmachung zu beteiligen, erscheint es daher auch sachgemäß, die für die Einstellung auf Webservern entwickelte Ansicht, die Orte der bestimmungsgemäßen Abrufbarkeit zu berücksichtigen, auf den Bereich des Cloud Computings zu übertragen.[563]

---

558 Vertiefend zum internationalen Recht im Internet *Uerpmann-Wittzack*, GLJ 2010, S. 1245 (1256).
559 *Nordemann-Schiffel*, in: Fromm/Nordemann, Vor §§ 120 ff. Rn. 79; *Nägele/Jacobs*, ZUM 2010, S. 281 (286).
560 Domains ohne Staatenbezug wie .com, .org und .edu; vgl. http://icannwiki.com/index.php/GTLD.
561 Sog. »Geoblocking«; vgl. hierzu *Buckler*, CBC News, 17.02.2009; *Mittsdörfer/Gutfleisch*, MMR 2009, S. 731 (731 ff.).
562 *Nordemann-Schiffel*, in: Fromm/Nordemann, Vor §§ 120 ff. Rn. 79; *Katzenberger*, in: Schricker/Loewenheim, Vor § 120 ff. Rn. 145.
563 Im Ergebnis *Nägele/Jacobs*, ZUM 2010, S. 281 (285) sowie *Giedke*, S. 408.

C. Urheberrecht

Möchte man den Einstellungsort mitberücksichtigt wissen, geht dies indes mit der Notwendigkeit einher, den Standort der hierbei genutzten Cloud-Server festzustellen. Dies kann jedoch, wie eingangs dargestellt wurde, nicht oder nur sehr schwer geklärt werden. Die Frage, auf welchen Servern eine Nutzungshandlung stattgefunden hat, kann jedoch dahingestellt bleiben. Dem Einstellungsort kommt nämlich in solchen Fällen nur noch eine geringe Bedeutung zu, da die Nutzung des zugänglich gemachten Werkes beim Cloud Computing keinen zwingenden Bezug mehr zum Einstellungsort aufweist[564] und daher eine zusätzliche wirtschaftliche Beteiligung des Rechteinhabers in diesen Fällen ohnehin nicht erforderlich wäre. Maßgeblich ist vielmehr lediglich, wo die Zugänglichmachung ihre bestimmungsgemäße Wirkung nach außen entfaltet.

3. Ergebnis

Beim grenzüberschreitenden Cloud Computing stellt sich häufig die Frage nach dem anwendbaren Urheberrecht. Gerade die regelmäßig stattfindenden Handlungen der Vervielfältigung und der öffentlichen Zugänglichmachung sind bei grenzüberschreitend verteilten Cloud-Servern nur schwer einem Rechtsregime zuzuordnen, weil das herrschende Schutzlandprinzip an feste Handlungsorte anknüpft, die beim Cloud Computing nicht oder nur schwer zu ermitteln sind. Bei Vervielfältigungen innerhalb einer Cloud-Architektur ist es deshalb sachgerecht, mit dem Universalitätsprinzip jede Vervielfältigungshandlung, wo diese auch stattfinden mag, dem Recht des Ursprungslandes des Werkes zuzuordnen. Würde hier weiterhin am Territorialitäts- und Schutzlandprinzip festgehalten werden, könnten die bestehenden Interessen der Rechtsinhaber nicht adäquat berücksichtigt, und ferner nicht mit den Interessen der Werknutzer in Einklang gebracht werden.

Bei der öffentlichen Zugänglichmachung soll es dagegen für die Bestimmung des anwendbaren Rechts maßgeblich auf die Orte ankommen, an denen das bereitgestellte Werk bestimmungsgemäß abgerufen werden kann, also einen ausreichenden Inlandsbezug aufweist.

---

564 In diese Richtung bezüglich der öffentlichen Zugänglichmachung im Internet *Adolphsen/Mutz*, GRUR Int 2009, S. 789 (792); zum Cloud Computing *Bräutigam/Thalhofer*, in: Bräutigam, Teil 14 Rn. 110.

IV. Fazit zum Urheberrecht

Der Umgang mit urheberrechtlich geschützten Werken wirft im Rahmen des Cloud Computings zahlreiche Fragen auf. Zustimmungsbedürftige Handlungen können, je nachdem ob der Rechtsinhaber der Cloud-Anbieter, der Cloud-Nutzer oder ein Dritter ist, sowohl auf den zur Nutzung der Dienste eingesetzten Endgeräten, als auch auf den Servern der Cloud-Architektur stattfinden.

Unter die Verwertungshandlungen beim Cloud Computing fällt zunächst die Vervielfältigung von Werken, die im Einzelfall aufgrund spezieller Erlaubnisvorschriften zulässig sein kann. Auch das Recht der öffentlichen Zugänglichmachung kann tangiert sein, was allerdings nur dann zutrifft, wenn den Cloud-Nutzer – als Adressat der bereitgestellten Werke – auch urheberrechtlich geschützte Inhalte erreichen. Gerade bei der Bereitstellung von Cloud-Software werden jedoch häufig keine Inhalte mit Werkqualität übertragen. Indes wäre bei Cloud-Software auch an Umarbeitungshandlungen zu denken.

Neben der Notwendigkeit der Einholung von Nutzungsrechten für die angesprochenen Handlungen ist ferner zu beachten, dass dem Cloud Computing eine eigenständige wirtschaftliche Bedeutung zukommt und durch die Cloud-Technologie bisher nicht vorhandene Möglichkeiten der Verwertung eröffnet werden. Diese Erkenntnis rechtfertigt es, Rechtsinhaber bei der Bereitstellung von Werken innerhalb von Cloud-Umgebungen durch das Erfordernis der Einholung eines gesonderten Nutzungsrechts angemessen zu beteiligen.

Bei der Ermittlung des anwendbaren Urheberrechts führen zahlreiche als vorteilhaft empfundene Aspekte des Cloud Computings, wie die Skalierbarkeit und die ortsungebundene Nutzbarkeit der Dienste, zu spürbaren Abgrenzungsschwierigkeiten. Insbesondere die aufgrund des herrschenden Schutzlandprinzips zu erörternde Frage, an welchen Orten es zu einer Nutzungshandlung gekommen ist, kann nicht ohne weiteres auf Cloud-Sachverhalte übertragen werden. Bei Vervielfältigungen sollte aufgrund der regelmäßigen Unkenntnis vom jeweiligen Speicherort der Cloud-Daten für jede stattfindende Handlung an das Ursprungsland des Werkes angeknüpft werden. Anderenfalls würden die Interessen von Rechtsinhabern und Werknutzern unangemessen benachteiligt. Geht es dagegen um die Handlung der öffentlichen Zugänglichmachung, so sollen diejenigen Urheberrechtsregime anwendbar sein, in deren Geltungsbereich das bereitgestellte Werk bestimmungsgemäß abgerufen werden kann. Dies setzt einen ausreichenden Inlandsbezug voraus.

C. Urheberrecht

Somit ist festzustellen, dass bei der Nutzung von Werken im Rahmen des Cloud Computings die Notwendigkeit der Einholung von Lizenzen nicht an Bedeutung verliert. Vielmehr eröffnet die Cloud-Technologie ganz neue Möglichkeiten der Werknutzung, die es gebieten, auch den Rechtsinhaber wirtschaftlich entsprechend hieran zu beteiligen. Ob es allerdings zu zustimmungsbedürftigen Verwertungshandlungen kommt und ob ein bestimmtes Urheberrechtsregime Geltung entfaltet, muss immer auch mit Blick auf die komplexen technischen Besonderheiten des Cloud Computings erörtert werden. Bisherige bewährte Ansätze halten hierfür nicht immer interessengerechte Antworten bereit.

D. Datenschutzrecht

Beim Einsatz von Cloud-Diensten können regelmäßig auch zahlreiche datenschutzrechtliche Aspekte berührt werden, weshalb sich die Frage stellt, ob das auf der Virtualisierungstechnologie basierende Cloud Computing überhaupt datenschutzkonform ausgestaltet werden kann. In diesem Rahmen muss daher zunächst geklärt werden, wer aus datenschutzrechtlicher Sicht beim Einsatz von Cloud-Diensten unmittelbar oder mittelbar beteiligt ist, und in welchem Verhältnis die Beteiligten zueinander stehen. Im Anschluss werden einschlägige spezielle und allgemeine Datenschutzvorschriften des TKG, des TMG und des BDSG auf ihre Anwendbarkeit beleuchtet und die Konformität des Cloud Computings mit geltendem Datenschutzrecht erörtert. Die folgende Darstellung behandelt dabei den Einsatz von Public-Cloud-Diensten im nicht-öffentlichen Bereich.[565]

Vorab ist festzustellen, dass Fragen der Anwendbarkeit von und der Konformität mit geltendem Recht häufig nicht ohne weiteres zu beantworten sind, da die virtualisierte und netzgebundene Natur von Cloud-Diensten die territoriale Eingrenzung von Datenumgängen erschwert. Die Feststellung, zu welcher Zeit und an welchem konkreten Ort personenbezogene Daten zum Gegenstand einer Cloud-basierten Verarbeitung gemacht werden, kann regelmäßig nicht, oder nur unter einem hohen Aufwand getroffen werden.[566]

---

565 Für den Einsatz von Cloud Computing in der öffentlichen Verwaltung wird der Umgang mit personenbezogenen Daten in Public Clouds als ungeeignet angesehen, da die Betreiber regelmäßig keine individuell zugeschnittenen Sicherheits- und Transparenzmaßnahmen anbieten. Vor allem die Gefahr des Zugriffs von Kunden aus dem nicht-öffentlichen Bereich wird als problematisch angesehen, weshalb der Einsatz von Private Clouds empfohlen wird, vgl. *ISPRAT*, Cloud Computing, S. 71/133 f./139; so auch *Schulz*, MMR 2010, S. 75 (77); vorteilhaft sei hierbei der Einsatz einer privaten Hybrid Cloud, auf welche verschiedene Verwaltungsorgane, nicht aber externe Dritte Zugriff haben, *Bräutigam/Thalhofer*, in: Bräutigam, Teil 14 Rn. 126; vgl. auch *ENISA*, Governmental Clouds, S. 85.
566 Vgl. B.II.2.b)bb)(2)(a).

D. Datenschutzrecht

I. Datenschutzrechtliche Verhältnisse beim Cloud Computing

Zur Klärung datenschutzrechtlicher Fragen des Cloud Computings ist es zunächst hilfreich, die am Datenumgang Beteiligten zu ermitteln. Als generelle Richtschnur kann von einem zweiseitigen Verhältnis sowie einem mehrseitigen Verhältnis der Beteiligten untereinander ausgegangen werden. Welche besondere datenschutzrechtliche Rolle sie hierbei einnehmen und inwiefern sie durch datenschutzrechtliche Vorschriften berechtigt und verpflichtet werden, wird indes an anderer Stelle näher beleuchtet.[567]

1. Zweiseitiges Verhältnis

Die aus datenschutzrechtlichen Gesichtspunkten überschaubarste Konstellation stellt das zweiseitige Verhältnis zwischen dem Cloud-Nutzer und dem Cloud-Anbieter dar.[568] Im Mittelpunkt stehen hierbei nur die personenbezogenen Daten[569] des Cloud-Nutzers, die beim Einsatz von Cloud-Diensten Gegenstand eines Datenumgangs sind. Der Cloud-Nutzer wird dadurch zu einem Betroffenen im Sinne des Datenschutzrechts. Üblicherweise kommt ein derartiges Verhältnis vor allem bei der privaten Nutzung von Cloud-Diensten wie etwa den Diensten Google Docs oder Dropbox in Betracht. Denkbar ist jedoch auch, dass die betroffene Person unternehmerisch tätig ist.

2. Mehrseitiges Verhältnis

Sofern der Cloud-Nutzer nicht selbst als Betroffener einzustufen ist, sondern bei der Inanspruchnahme von Cloud-Leistungen ein Umgang mit personenbezogenen Daten einer weiteren Person oder mehrerer weiterer Personen erfolgt, liegt ein mehrseitiges Verhältnis vor. Dieses besteht zwi-

---

567 Hierzu vgl. D.III.1.b)aa).
568 *Borges/Brennscheidt*, in: Borges/Schwenk, S. 43 (48); gegebenenfalls stehen dabei hinter dem Cloud-Anbieter noch Anbieter von Infrastrukturen, die seiner Sphäre zuzuordnen sind, hierzu vgl. auch D.III.2.b)cc).
569 Zum Begriff der personenbezogenen Daten vgl. D.III.1.a)aa).

schen dem Cloud-Nutzer, dem Cloud-Anbieter[570] und dem oder den Betroffenen.[571]

II. TMG und TKG

Zunächst stellt sich die Frage, ob die datenschutzrechtlichen leges speciales des TKG und des TMG auf das Cloud Computing Anwendung finden und somit beim Einsatz von Cloud-Diensten berücksichtigt werden müssen.

1. §§ 91 ff. TKG

Für eine Anwendbarkeit der datenschutzrechtlichen Vorschriften der §§ 91 ff. TKG müssten Cloud-Dienste gemäß § 91 Abs. 1 TKG auch als Telekommunikationsdienste einzustufen sein. Dies setzt gemäß § 3 Nr. 24 TKG voraus, dass Dienste erbracht werden, die »ganz oder überwiegend, in der Übertragung von Signalen über Telekommunikationsdienste bestehen«. Es werden daher nur Transportleistungen eines Anbieters erfasst.[572] Allerdings trifft dies für das Cloud Computing regelmäßig nicht zu.[573] Denn zwar sind die erbrachten Cloud-Dienste dem Cloud-Anbieter zuzurechnen, nicht jedoch die gemäß § 3 Nr. 24 TKG angesprochene »Übertragung«, also der Datentransport zwischen Cloud-Anbieter und Cloud-Nutzer. Diese wird vielmehr vom jeweiligen Telekommunikationsanbieter erbracht.[574] Selbst eine etwaige Signalübertragung durch den Cloud-Anbieter würde lediglich eine vertragliche Nebenleistung darstellen und wäre von nur untergeordneter Natur.[575] Daher unterfallen Cloud-Dienste nach ihrem Gesamtcharakter auch dann nicht dem TKG, wenn die Cloud-

---

570 Inklusive etwaiger nachgeordneter Anbieter.
571 Zu den datenschutzrechtlichen Verhältnissen vgl. auch Anhang Abb. 5.
572 *Säcker*, in: Säcker, § 3 Rn. 70 f.; *Schütz*, in: Geppert/Schütz, § 3 Rn. 79.
573 *Heidrich/Wegener*, MMR 2010, S. 803 (805); *Schmidt-Bens*, S. 24; *Boos/Kroschwald/Wicker*, ZD 2013, S. 205 (206); so bereits zum Cloud-Vorläufer Grid Computing *Koch*, CR 2006, S. 112.
574 *Boos/Kroschwald/Wicker*, ZD 2013, S. 205 (206); *Brennscheidt*, S. 57.
575 *Heidrich/Wegener*, MMR 2010, S. 803 (805); *Boos/Kroschwald/Wicker*, ZD 2013, S. 205 (206); *Schuster/Reichl*, CR 2010, S. 38 (43).

D. Datenschutzrecht

Umgebung durch zusätzliche Dienste wie etwa einer Voice-over-IP-Telefonie oder einer Videotelefonie angereichert wird.[576]

2. §§ 11 ff. TMG

Spezielle datenschutzrechtliche Vorschriften für die Anbieter von Telemediendiensten finden sich in den §§ 11 ff. TMG. Diese regeln Grundsätze für den Datenumgang im Rahmen der Bereitstellung von Telemedien sowie Pflichten der Diensteanbieter und Erlaubnisvorbehalte für den Datenumgang. Zu beachten ist jedoch, dass sich der in den §§ 11 ff. TMG normierte Schutz zwar auf die Nutzer von Telemediendiensten erstreckt, nicht jedoch auf unbeteiligte Personen, die durch die Nutzung von Telemediendiensten betroffen sind.[577] Für letztere gelten vielmehr die Vorschriften des BDSG.[578]

Gemäß § 2 Nr. 1 Hs. 1 TMG ist ein Diensteanbieter jede natürliche oder juristische Person, die eigene oder fremde Telemedien zur Nutzung bereithält oder den Zugang zur Nutzung vermittelt. Telemedien sind gemäß § 1 Abs. 1 TMG alle elektronischen Informations- und Kommunikationsdienste, sofern sie nicht als Telekommunikationsdienst i.S.d. TKG einzuordnen sind. Bei einer weiten Betrachtungsweise, wie sie der Wortlaut von § 1 Abs. 1 TMG suggeriert, müssten Cloud-Dienste – unabhängig von der konkret in Anspruch genommenen Cloud-Ebene – im Grundsatz als Telemedien eingestuft werden,[579] zumal sie keine Telekommunikationsdienste darstellen[580]. Teilweise wird jedoch angenommen, dass die Erbringung von Cloud-Diensten gar keine Telemedien zum Gegenstand habe, da es hierbei an einem kommunikativen Element fehle und stattdessen die Nutzung des Cloud-Dienstes im Vordergrund stehe.[581] Dem wird entgegnet, dass obwohl vielen Telemediendiensten ein kommunikativer Charakter

---

576 *Boos/Kroschwald/Wicker*, ZD 2013, S. 205 (206).
577 *Heidrich/Wegener*, MMR 2013, S. 803 (805).
578 *Hullen/Roggenkamp*, in: Plath, § 11 Rn. 10; *Tinnefeld/Buchner*, in: Wolff/Brink, Syst. I Rn. 64.
579 So im Ergebnis *Schmidt-Bens*, S. 23; *Boos/Kroschwald/Wicker*, ZD 2013, S. 205 (207 ff.); *Heidrich/Wegener*, MMR 2010, S. 803 (805); *Hullen/Roggenkamp*, in: Plath, § 11 Rn. 9.
580 Vgl. D.II.1.
581 *Schuster/Reichl*, CR 2010, S. 38 (42); *Nägele/Jacobs*, ZUM 2010, S. 281 (290).

nicht abgesprochen werden könne, ein derartiges Element keine Anwendungsvoraussetzung des TMG darstelle.[582]

Tatsächlich spricht bei einer Gesamtbetrachtung des TMG nichts für ein kommunikatives Erfordernis; es steht vielmehr der Dienst unabhängig von seiner Wirkungsrichtung im Vordergrund.[583] Auch Cloud-Dienste sind daher als Telemediendienste einzustufen, weshalb der Cloud-Anbieter als Diensterbringer die besonderen Vorschriften der §§ 11 ff. TMG zu beachten hat.

Allerdings fällt nicht jeder, im Rahmen der Diensterbringung erfolgende Datenumgang in den Regelungsbereich des TMG. Dies trifft nur auf den Umgang mit solchen personenbezogenen Daten[584] zu, die bei der Bereitstellung von Telemediendiensten anfallen[585], was sich bereits aus dem Wortlaut des § 12 TMG und den Vorschriften der §§ 14 und 15 TMG ergibt, die den Umgang mit Nutzungs- und Bestandsdaten regeln. Demgegenüber unterfallen Inhalte, die durch Telemedien generiert oder übertragen werden, nicht dem Anwendungsbereich des TMG; abzustellen ist dann vielmehr auf das BDSG.[586] Geht es also um Daten, die mittels Cloud-Diensten transferiert werden und innerhalb der Cloud-Architektur einem Datenumgang unterliegen, kommen die Vorschriften des BDSG zur Anwendung.[587]

Gemäß § 14 TMG sind Bestandsdaten nur solche Daten, die für die Begründung, die inhaltliche Ausgestaltung oder die Änderung eines Vertragsverhältnisses zwischen dem Diensteanbieter und dem Nutzer über die Nutzung von Telemedien von Relevanz sind. Hierunter fallen etwa der Name, die Anschrift und die E-Mail Adresse[588] des Nutzers. Nutzungsdaten i.S.v. § 15 TMG sind demgegenüber solche Daten, die bei der Erbringung sowie – als Unterfall – bei der Abrechnung eines

---

582 *Heidrich/Wegener*, MMR 2013, S. 803 (805); *Schmidt-Bens*, S. 23.
583 Vgl. insoweit auch die ausführliche Argumentation von *Heidrich/Wegener*, MMR 2013, S. 803 (805).
584 Ausführlich zum Personenbezug vgl. D.III 1.a)aa).
585 *Heidrich/Wegener*, MMR 2013, S. 803 (805); *Schmidt-Bens*, S. 23.
586 *Jandt/Roßnagel*, MMR 2011, S. 637 (639); *Heckmann*, in: jurisPK-Internetrecht Kap. 9 Rn. 173; *Hullen/Roggenkamp*, in: Plath, § 11 TMG Rn. 12; zu IaaS und SaaS *Boos/Kroschwald/Wicker*, ZD 2013, S. 205 (208 f.).
587 Hierzu vgl. D.III.
588 *Spindler/Nink*, in: Spindler/Schuster, § 14 TMG Rn. 3; *Hullen/Roggenkamp*, § 14 TMG Rn. 11.

D. Datenschutzrecht

Telemediendienstes anfallen.[589] Zu den Nutzungsdaten zählen beispielsweise Cookies, sofern sie gemäß § 15 Abs. 2 Nr. 2 TMG Aufschluss über das Nutzungsverhalten des Nutzers geben können.[590] Werden Nutzungsdaten zusammengeführt und aussagekräftig gebündelt, ist hingegen die spezielle Regelung über Nutzungsprofile gemäß § 15 Abs. 3 TMG einschlägig.[591]

III. BDSG

Sodann ist das Zusammenspiel von Cloud-Diensten und den Vorschriften des BDSG zu klären. Wie noch zu erörtern sein wird, zeigt die hohe Komplexität von Cloud-Technologien dem BDSG seine Grenzen auf. Dies ist nicht selten mit Unklarheiten und Rechtsunsicherheiten auf Seiten der Nutzer und der betroffenen Personen verbunden, welche die allgemeine Akzeptanz des Cloud Computings empfindlich beeinträchtigen können.

1. Anwendbarkeit des BDSG

Zunächst muss festgestellt werden, ob und wann das BDSG überhaupt Anwendung finden kann. Der Anwendungsbereich des BDSG bestimmt sich nach § 1 Abs. 2 bis 5. Als lex generalis des deutschen Datenschutzrechts ist das BDSG gemäß § 1 Abs. 3 S. 1 immer dann einschlägig, wenn keine spezielleren datenschutzrechtlichen Normen wie die der §§ 11 ff. TMG eingreifen.

a) Sachliche Anwendbarkeit

§ 1 Abs. 2 BDSG regelt den sachlichen Anwendungsbereich des BDSG. Sofern nicht-öffentliche Stellen[592] unter Einsatz von Datenverarbeitungs-

---

589 *Tinnefeld/Buchner*, Syst I. Rn. 87.
590 *Hullen/Roggenkamp*, § 14 TMG Rn. 8; zu Cookies vgl. auch D.III.1.a)bb)(1)(d).
591 *Tinnefeld/Buchner*, Syst I. Rn. 92; *Spindler/Nink*, in: Spindler/Schuster, § 15 TMG Rn. 7.
592 Vgl. die Definition in § 2 Abs. 4 BDSG.

anlagen Daten verarbeiten, nutzen oder dafür erheben[593], ist gemäß Nr. 3 das BDSG einschlägig. In § 2 Abs. 4 BDSG wird der Begriff der »nichtöffentlichen Stellen« näher definiert. Wenn also etwa eine nicht-hoheitlich handelnde Privatperson oder ein privates Unternehmen beim Einsatz von Cloud-Diensten datenschutzrechtlich relevante Handlungen mit und an personenbezogenen Daten vornimmt, ist der Anwendungsbereich des BDSG in sachlicher Hinsicht eröffnet.

aa) Personenbezogene Daten

Als personenbezogene Daten gelten laut § 3 Abs. 1 BDSG Einzelangaben über persönliche oder sachliche Verhältnisse einer bestimmten oder bestimmbaren natürlichen Person, welche als »Betroffener« legaldefiniert wird. Der Begriff des personenbezogenen Datums ist sehr weit ausgestaltet und umfasst jegliche Informationen, die über die Bezugsperson etwas aussagen.[594] Diese weite Auslegung hatte bereits im Volkszählungsurteil des BVerfG Niederschlag gefunden, nach der es im Zeitalter der automatischen Datenverarbeitung kein bangloses Datum mehr gebe[595]. Aus dem Wortlaut von § 3 Abs. 1 BDSG ergibt sich, dass ein Personenbezug dann vorliegt, wenn eine gewisse Relativität zwischen dem Datum und einer Person hergestellt werden kann.[596] Bezieht sich eine Einzelangabe über persönliche und sachliche Verhältnisse also bereits auf eine bestimmte Person, liegt ein personenbezogenes Datum vor. Bestimmbar im Sinne der Norm ist eine Person hingegen dann, wenn die Möglichkeit besteht, dass diese direkt oder indirekt durch die Information identifiziert werden kann.[597]

---

593 Die von § 1 Abs. 2 BDSG erfassten datenschutzrechtlich relevanten Handlungen des Erhebens, Verarbeitens und Nutzens werden in der folgenden Darstellung auch zusammengefasst als Datenumgang bezeichnet. Diese Formulierung findet sich auch in dem durch § 1 Abs. 1 statuierten Zweck des BDSG.
594 *Kühling/Seidel/Sivridis*, S. 79; *Dammann*, in: Simitis, § 3 Rn. 5/7; Artikel-29-Datenschutzgruppe, WP 136 (01248/07/DE), S. 7.
595 BVerfGE 65, S. 1 (45).
596 *Kühling/Seidel/Sivridis*, S. 79; *Dammann*, in: Simitis, § 3 Rn. 20.
597 *Weichert*, in: Däubler/Klebe/Wedde/Weichert, § 3 Rn. 2; *Buchner*, in: Taeger/Gabel, § 3 Rn. 11; vgl. auch Art. 1 Abs. 2 lit. a DSRL.

(1) Beispiele

Zu Angaben über »persönliche« und »sachliche Verhältnisse« gehören etwa alle Formen der Darstellung von Namen, E-Mail Adressen, Ausweisnummern, Telefonnummern, Vermögenverhältnissen, Werturteilen und Standortdaten.[598]

Im Rahmen des Cloud Computings können beispielsweise personenbezogene Daten in der Gestalt von Fotografien auf Cloud-Server gelangen, die durch die Abbildung von Personen einen Aufschluss über deren körperliche Merkmale, berufliche Tätigkeit oder Reiseziele geben[599]. Entscheidet sich etwa ein Unternehmen seinen bisherigen E-Mail-Verkehr zur Sicherung in eine Cloud-Umgebung auszulagern, so beinhaltet dieser Datensatz in der Regel eine Vielzahl personenbezogener Daten. Auch Arbeitnehmerdaten eines Unternehmens, welche ihren Weg in die Cloud finden, stellen personenbezogene Daten dar.[600] Hierunter fallen beispielsweise Gehaltsabrechnungen, archivierte E-Mails[601] oder Informationen über den Inhalt und den Zeitpunkt von Aktivitäten[602]. Angaben darüber, wann ein Arbeitnehmer an welchen Orten und mit welchen Endgeräten wie lange erreichbar ist, zählen ebenfalls hierzu.[603] Weitere Beispiele sind Angaben zu Kundinnen und Kunden[604], Lieferanten, sonstigen Geschäftspartnern oder gar Personen, die in keinem Verhältnis zum Cloud-Nutzer stehen.[605] Zudem stellen auch etwaige, bei der Cloud-Nutzung anfallende Daten wie beispielsweise die Identität des Nutzers sowie die Nutzungsdauer, personenbezogene Daten dar.[606]

Aufgrund des weiten Begriffs des Personenbezugs, kann jedes erdenkliche Datum unter Umständen personenbezogen[607] sein. Es ist daher festzu-

---

598 *Dammann*, in: Simitis, § 3 Rn. 10 f; *Gola/Schomerus*, in: Gola/Schomerus, § 3 Rn. 7.
599 *Dammann*, in: Simitis, § 3 Rn. 10.
600 *Schulz/Rosenkranz*, ITRB 2009, S. 232 (235); *Heidrich/Wegener*, MMR 2010, S. 803 (805).
601 *Heidrich/Wegener*, MMR 2010, S. 803 (805).
602 *Gaul/Koehler*, BB 2011, S. 2229 (2230).
603 *Brisch/Laue*, MMR 1998, S. 813 (815).
604 *Schulz/Rosenkranz*, ITRB 2009, S. 232 (235).
605 *Weichert*, DuD 2010, S. 679 (681).
606 Zur Einstufung solcher Daten als Nutzungsdaten i.S.v. § 15 TMG vgl. bereits D.II.2.
607 Weitere Beispiele bei *Splittgerber/Rockstroh*, BB 2011, S. 2179 (2180).

halten, dass im Rahmen des Cloud Computings häufig mit ein Umgang auch mit personenbezogenen Daten gerechnet werden kann.

(2) Anonymisierung von Daten im Rahmen des Cloud Computings

Ein Personenbezug wäre allerdings dann auszuschließen, wenn die im Cloud-Einsatz erhobenen, verarbeiteten oder genutzten personenbezogenen Daten einem Anonymisierungsprozess i.S.v. § 3 Abs. 6 BDSG unterzogen werden könnten. Durch eine solche Anonymisierung wird der Personenbezug, also die Beziehung zwischen Daten und der betroffenen Person, aufgelöst,[608] mit der Folge, dass das BDSG bei einem Umgang mit derartigen Daten keine Anwendung findet.[609] Vielfach wird daher diskutiert, etwaigen, dem Cloud Computing immanenten Risiken und Schwierigkeiten dadurch zu begegnen, dass der bei der Datenbewegung von und zur Cloud-Umgebung sowie der innerhalb der Cloud-Umgebung stattfindende Datenumgang ausschließlich mit anonymisierten Daten erfolgt.[610] Nachfolgend soll daher der Frage nachgegangen werden, ob eine Anonymisierung im Rahmen des Cloud Computings überhaupt möglich und sinnvoll ist.

Gemäß § 3 Abs. 6 BDSG müssten für eine ausreichende Anonymisierung die in Frage stehenden Daten derart verändert werden, dass der Personenbezug nicht mehr oder nur mit einem unverhältnismäßig großen Aufwand an Zeit, Kosten und Arbeitskraft hergestellt werden kann. Die zweite Alternative, die auf die Unverhältnismäßigkeit des Wiederherstellungsaufwands abstellt, ist dem Umstand geschuldet, dass eine absolute Anonymisierung heutzutage nur in den seltensten Fällen möglich ist.[611] Die in diesem Rahmen für den Personenbezug maßgebliche Bestimmbar-

---

608 *Buchner*, in: Taeger/Gabel, § 3 Rn. 44; *Weichert*, in: Däubler/Klebe/Wedde/Weichert, § 3 Rn. 43.
609 *Plath/Schreiber*, in: Plath, § 3 BDSG Rn. 56; *Gola/Schomerus*, in: Gola/Schomerus, § 3 Rn. 43.
610 *Heidrich/Wegener*, MMR 2010, S. 803 (806); *Heidrich*, c't kompakt Security 03/2011, S. 89 (90); *Heckmann*, in: jurisPK-Internetrecht, Kap. 9 Rn. 639; *Splittgerber/Rockstroh*, BB 2011, S. 2179 (2181); *Stiemerling/Hartung*, CR 2012, S. 60 (65); *Spies*, MMR-Aktuell 2011, 313727; QMUL, Response, http://www.cloudlegal.ccls.qmul.ac.uk/Useful%20links/55027.html.
611 *Gola/Schomerus*, in: Gola/Schomerus, § 3 Rn. 44; *Weichert*, in: Däubler/Klebe/Wedde/Weichert, § 3 Rn. 42.

keit einer Person hängt davon ab, wie einfach oder schwierig es ist, die für die Herstellung des Personenbezugs notwendigen Kenntnisse zu erlangen, ob es also im Rahmen eines realistischen Zeit-, Kosten- und Arbeitsaufwands möglich ist, einen Bezug herzustellen.[612] Es kommt somit auf die Wahrscheinlichkeit einer Deanonymisierung an.[613]

Hinsichtlich der Frage, ob eine Anonymisierung i.S.v. § 3 Abs. 6 BDSG bereits dann vorliegt, wenn die Herstellung des Personenbezugs nur für die verantwortliche Stelle unverhältnismäßig ist oder es vielmehr unwahrscheinlich sein muss, dass auch Dritte eine Deanonymisierung vornehmen können besteht Uneinigkeit.[614] Für die erste Ansicht spricht, dass dem Risiko von Persönlichkeitsverletzungen durch die Weitergabe anonymisierter Daten bereits dadurch Rechnung getragen wird, dass diese jedenfalls für die empfangende Stelle personenbezogen sind, wenn die Stelle den Personenbezug herstellen kann.[615] Zudem würde die Annahme eines absoluten Personenbezugs die Gewichtung der widerstreitenden Interessen über Gebühr in Richtung des Betroffenen verlagern.[616]

Übertragen auf das Cloud Computing ergibt sich folgendes Bild. Sofern der Cloud-Anbieter zusagt, Daten vor der Übertragung eigenhändig zu verschlüsseln und verschlüsselt zu speichern, muss er schon allein aus Sicherheitsgründen im Besitz des Schlüssels sein, weshalb die Daten mit denen er für den Cloud-Nutzer umgeht, einen Personenbezug aufweisen.[617] Auch wenn die Daten durch den Cloud-Nutzer selbst unter aufwändigsten Vorkehrungen verschlüsselt werden, verlieren sie diesen Bezug nicht, weil dem Nutzer als regelmäßig verantwortliche Stelle[618] die Wiederherstellung

---

612 *Buchner*, in: Taeger/Gabel, § 3 Rn. 12; *Gola/Schomerus*, in: Gola/Schomerus, § 3 Rn. 10.
613 *Roßnagel/Scholz*, MMR 2000, S. 721 (723); *Kroschwald*, ZD 2014, S. 75 (76); *Kühling/Klar*, NJW 2013, S. 3611 (3613).
614 Für einen relativen Personenbezug *Dammann*, in: Simitis, § 3 Rn. 32 ff.; *Kühling/Klar*, NJW 2013, S. 3611 (3615); *Kroschwald*, ZD 2014, S. 75 (76); *Schild*, in: Wolff/Brink, § 3 Rn. 97; *Gola/Schomerus*, in: Gola/Schomerus, § 3 Rn. 10; für einen absoluten Personenbezug *Pahlen-Brandt*, K&R 2008, S. 288 (288 ff.); *Weichert*, in: Däubler/Klebe/Wedde/Weichert, § 3 Rn. 13.
615 *Kühling/Klar*, NJW 2013, S. 3611 (3615); *Kroschwald*, ZD 2014, S. 75 (76); *Gola/Schomerus*, in: Gola/Schomerus, § 3 Rn. 44a.
616 *Kühling/Klar*, NJW 2013, S. 3611 (3615).
617 Vgl. etwa zu den von Google und Amazon durchgeführten Verschlüsselungsvorgängen http://www.heise.de/ix/meldung/Automatische-Verschluesselung-fuer-Googles-Cloud-Storage-1936765.html.
618 Vgl. dazu ausführlich D.III.1.b)aa)(2).

des Personenbezugs möglich sein wird. Denn letztlich sind gerade die Möglichkeiten der verantwortlichen Stelle als Adressat des BDSG[619] für die Annahme einer den Personenbezug ausschließenden Anonymisierung maßgeblich.[620] Damit kann festgestellt werden, dass die Anwendbarkeit des BDSG nur dann zu verneinen wäre, wenn der Schlüssel weder dem Cloud-Anbieter noch dem Cloud-Nutzer vorliegt.[621]

Schwierigkeiten ergeben sich im Falle einer solchen Anonymisierung ohne Reanonymisierungsmöglichkeit allerdings hinsichtlich der mangelnden Nutzbarkeit der Daten für den Nutzer. Soll etwa ein Datum verändert werden, müsste dieses unter normalen Umständen innerhalb der Cloud-Umgebung entschlüsselt werden. Ein für die Gewährleistung der Anonymisierung notwendiges Einbringen verschlüsselter Daten sowie deren anschließende verschlüsselte Verarbeitung innerhalb der Cloud ohne jegliche Entschlüsselung ist – etwa mittels der Fully Homomorphic Encryption Technik[622] – zwar denkbar, jedoch hochgradig kompliziert und derzeit noch nicht praktikabel.[623] Selbst bei einer derartigen Verschlüsselungsmethode müsste zudem bedacht werden, dass, wenn sie nicht kontinuierlich dem neuesten Stand der Technik angepasst wird, die Wahrscheinlichkeit steigt, dass der Personenbezug durch Fachkundige hergestellt werden kann.[624] Letztlich wäre es immer nur eine Frage der Zeit und der verwendeten Rechner, wann die Verschlüsselung von Daten aufgehoben werden kann. Aussagen der Cloud-Anbieter zur Sicherheit ihrer Verschlüsselungen würden daher immer nur eine Momentaufnahme darstellen.

---

619 Vgl. D.III.1.b)aa).
620 *Gola/Schomerus*, in: Gola/Schomerus, § 3 Rn. 44; *Dammann*, in: Simitis, § 3 Rn. 200.
621 So wohl auch QMUL, Response, vgl. Fn. 610; in diese Richtung *Splittgerber/Rockstroh*, BB 2011, S. 2179 (2181); vgl. auch *Spies* MMR-Aktuell 2011, 313727, der den Fall anspricht, dass nur der Betroffene im Besitz des Schlüssels ist.
622 Ausführlich *Simonite*, Technology Review, 16.06.2010; *Stiemerling/Hartung*, CR 2012, S. 60 (61 f.).
623 *Heidrich/Wegener*, MMR 2010, S. 803 (806); *Spies*, MMR-Aktuell 2011, 313727; *Splittgerber/Rockstroh*, BB 2011, S. 2179 (2181); QMUL, Response, vgl. Fn. 610; *Stiemerling/Hartung*, CR 2012, S. 60 (61 f./65); *Heidrich*, c't kompakt Security 03/2011, S. 89 (90); zur Vertiefung vgl. beispielhaft die Forschung von Microsoft, http://research.microsoft.com/en-us/projects/cryptocloud/.
624 *Splittgerber/Rockstroh*, BB 2011, S. 2179 (2181); vgl. auch *Spies*, MMR-Aktuell 2011, 313727.

D. Datenschutzrecht

Es ist allerdings schon sehr fraglich, ob unter Berücksichtigung technischer (Entwicklungs-) Möglichkeiten[625] überhaupt ein ausreichender Grad an Anonymisierung erreicht werden kann. Vielmehr scheint heutzutage mit Blick auf den rasanten Fortschritt von Informationstechnologien und deren globaler Vernetzung kein unverhältnismäßig hoher, für die Annahme einer ausreichenden Anonymisierung i.S.v. § 3 Abs. 6 Alt. 2 BDSG benötigter Aufwand mehr erforderlich zu sein, um die Zuordnung von Daten zu einer Person herzustellen.[626] Es erscheint daher naheliegend, auch bei komplexen Verschlüsselungsmethoden regelmäßig von personenbezogenen Daten auszugehen.[627] In solchen Fällen könnte dann lediglich eine den Personenbezug nicht ausschließende Pseudonymisierung gemäß § 3 Abs. 6a BDSG vorliegen.[628]

Unabhängig von der Frage nach dem Grad der Anonymisierung ist eine Verschlüsselungslösung aus zweierlei Aspekten kein generelles Heilmittel zur Reduzierung von Risiken und der Ermöglichung von Rechtssicherheit. Zum einen können aufwändige Datenverschlüsselungen vielfach die Vorteile des Cloud Computings, wie etwa niedrige Kosten, eine jederzeitige Zugriffsmöglichkeit und die Beschleunigung von Geschäftsprozessen, neutralisieren. Zum anderen werden Daten nicht selten gerade wegen ihres Personenbezuges in Cloud-Umgebungen eingebracht bzw. erstellt.[629] Somit wäre die Sicherstellung, dass der Cloud-Nutzer keinen Zugriff auf den Schlüssel hat, um die Möglichkeit einer Reanonymisierung auszuschließen, gerade nicht erstrebenswert. In Fällen, in denen es dem Cloud-Nutzer auf derartige Aspekte nicht ankommt, ist es jedoch angebracht, Verschlüs-

---

[625] Als Kriterium für die Bestimmbarkeit natürlicher Personen, Artikel-29-Datenschutzgruppe, WP 136 (01248/07/DE), S. 18.

[626] So auch *Weichert*, DuD 2009, S. 679 (681), *ders.*, in: Däubler/Klebe/Wedde/Weichert, § 3 Rn. 50.

[627] Im Ergebnis *Heckmann*, in: jurisPK-Internetrecht, Kap. 9 Rn. 639; ähnlich *Weichert*, DuD 2010, S. 679 (681); wohl auch *Splittgerber/Rockstroh*, BB 2011, S. 2179 (2181); a.A. bei Verschlüsselung von Daten vor einem Transfer in die Cloud *Stiemerling/Hartung*, CR 2012, S. 60 (65); ebenso *Heidrich/Wegener*, MMR 2010, S. 803 (806) sowie *Heidrich*, c't kompakt Security 03/2011, S. 89 (90); so, mit weiteren Einschränkungen *Spies*, MMR-Aktuell 2011, 313727; offen gelassen *Schröder/Haag*, ZD 2011, S. 147 (152).

[628] *Schild*, in: Wolff/Brink, § 3 BDSG Rn. 107; *Splittgerber/Rockstroh*, BB 2011, S. 2179 (2181).

[629] In diese Richtung *Schmidt-Bens*, S. 75; BITKOM Leitfaden 2010, S. 69, http://www.bitkom.org/files/documents/BITKOM_Leitfaden_Cloud_Computing-Was_Entscheider_wissen_muessen.pdf.

selungstechniken so weit wie möglich einzusetzen[630], selbst wenn dadurch – wie hier vertreten – kaum der Personenbezug der in Frage stehenden Daten ausgeschlossen werden kann.[631]

bb) Datenschutzrechtlich relevante Handlungen

Das BDSG ist in sachlicher Hinsicht nur dann anwendbar, wenn ein relevanter Datenumgang stattfindet. Zu klären ist daher, ob und wann beim Einsatz von Cloud-Diensten eine Erhebung, Verarbeitung oder Nutzung personenbezogener Daten i.S.v. § 1 Abs. 2 Nr. 3 BDSG stattfindet.

(1) Erhebung

Als Vorphase jedes Datenumgangs[632] stellt das BDSG zunächst auf die Erhebung personenbezogener Daten ab, die aus Sicht des Betroffenen zugleich auch die eingriffsintensivste[633] Handlung darstellt. Gemäß § 3 Abs. 3 BDSG wird die Erhebung als »das Beschaffen von Daten über den Betroffenen« definiert. Dem Akt des Beschaffens liegt ein kenntniserhaltendes bzw. ein verfügungsbegründendes Element zugrunde,[634] wobei es nicht darauf ankommt, auf welchem Weg die Beschaffung erfolgt[635]. Die Erhebung müsste durch den Handelnden allerdings willentlich und aktiv erfolgen.[636] Anknüpfend an die dargestellten Verhältnisse zwischen den Beteiligten im Rahmen des Cloud Computings[637] ist die Frage, wann eine Erhebung erfolgt, anhand verschiedener Fallgruppen zu betrachten.

---

630 Ähnlich *Schröder/Haag*, ZD 2011, S. 147 (152).
631 Die allgemeine Verschlüsselung der Kommunikation zwischen Cloud-Anbieter und Cloud-Nutzer sollte jedenfalls selbstverständlich sein, vgl. auch BSI, Sicherheitsempfehlungen, S. 32, vgl. Fn. 238.
632 *Gola/Schomerus*, in: Gola/Schomerus, BDSG, § 3 Rn. 24.
633 *Dammann*, in: Simitis, § 3 Rn. 100.
634 *Dammann*, in: Simitis, § 3 Rn. 102; *Weichert*, in: Däubler/Klebe/Wedde/Weichert, § 3 Rn. 31.
635 *Gola/Schomerus*, in: Gola/Schomerus, BDSG, § 3 Rn. 24; *Weichert*, in: Däubler/Klebe/Wedde/Weichert, § 3 Rn. 30.
636 *Dammann*, in: Simitis, § 3 Rn. 102; *Gola/Schomerus*, in: Gola/Schomerus, BDSG, § 3 Rn. 24.
637 Vgl. D.I.

D. Datenschutzrecht

(a) Eingabe eigener personenbezogener Daten durch den Cloud-Nutzer

Zunächst stellt sich die Frage, ob eine Erhebung von Seiten des Cloud-Anbieters angenommen werden kann, wenn ein Cloud-Nutzer eigene personenbezogene Daten auf Cloud-Server überträgt bzw. dort entstehen lässt. Denkbar ist beispielsweise, dass der Cloud-Nutzer eigene Bilder auf eine Speicher-Cloud wie Dropbox lädt (IaaS) oder die personenbezogenen Daten während der Nutzung von Cloud-Software wie Google Docs eingibt (SaaS).

Hilfreich ist hierbei ein Vergleich mit dem ähnlich gearteten Fall, dass eine Person ihre eigenen personenbezogenen Daten in ein Online-Formular einer Webseite eingibt. In derartigen Konstellationen liegt eine Erhebungshandlung des Anbieters der Webseite gerade nicht vor. Sofern nämlich der Anbieter seinem Nutzer lediglich die Möglichkeit eröffnet, dessen Webseite aufzusuchen und eigene Daten einzugeben, ist es letztlich der Nutzer, der selbst entscheidet, ob, wann, und welche Daten in den Verfügungsbereich des Anbieters gelangen sollen.[638] Übertragen auf die Cloud kann nichts anderes gelten. Auch hier gibt der Nutzer die Daten wissentlich und willentlich an den Betreiber der Cloud weiter, die dann – wie im Falle von Online-Formularen – auf die Cloud-Server gelangen. Aus datenschutzrechtlicher Sicht kann es keinen Unterschied machen, ob jemand personenbezogene Daten händisch eintippt oder etwa von der ihm angebotenen Möglichkeit Gebrauch macht, eine Datei mit personenbezogenem Inhalt in die Cloud hochzuladen.

(b) Beschaffung personenbezogener Daten des Nutzers durch den Cloud-Anbieter

Anders ist es zu beurteilen, wenn im zweiseitigen Verhältnis die maßgebliche Energie nicht vom Nutzer, sondern vom Cloud-Anbieter ausgeht. Denn der Cloud-Anbieter macht sich, sofern er sich personenbezogene Daten per Fernzugriff auf lokale Quellen wie etwa PCs, Smartphones und Server beschafft, diese lokalen Quellen zu nutze. Dies stellt gemäß der Definition des § 3 Abs. 3 BDSG ein »Erheben« dar.

---

[638] Zur Dateneingabe in eine Webseite durch den Dateninhaber *Dammann*, in: Simitis, BDSG, § 1 Rn. 223; *ders.* in: Simitis, BDSG, § 3 Rn. 110.

Zum einen wäre eine solche Erhebung beispielsweise bei einem feindlichen Angriff durch den Einsatz von Hilfsmitteln wie Spyware[639] denkbar, was allerdings im Bereich des Cloud Computings von Seiten des Cloud-Anbieters eher ausgeschlossen werden kann. Zum anderen kann eine Erhebung aber auch durch user-freundliche Programme[640] erfolgen, die eine Synchronisation der Cloud-Umgebung mit dem Endgerät des Nutzers durchführen. Dies ist etwa der Fall, wenn eine beim Cloud-Nutzer installierte Software die Aktivitäten auf der Datenquelle überwacht, diese mit den vorhandenen Daten auf den Cloud-Servern abgleicht, und bei jeglicher Veränderung des Datensatzes auf dem Endgerät auch die Inhalte auf den Cloud-Servern entsprechend anpasst. Ein solches System bietet beispielsweise der Cloud-Anbieter Dropbox an. Im Rahmen der Nutzung dessen Dienste können bestimmte überwachte Ordner auf der Festplatte des Cloud-Nutzers mit Dateien befüllt werden, die dann automatisch in die Cloud transferiert werden.[641] Durch eine solche Handlung funktionalisiert der Cloud-Anbieter das Endgerät des Nutzers aktiv für den vertraglich vereinbarten Zweck, während der Cloud-Nutzer weitestgehend passiv bleibt. Als handelnde Stelle erhebt der Cloud-Anbieter somit personenbezogene Daten beim Nutzer und für den Nutzer.

Eine Erhebung durch aktives Beschaffen liegt zudem dann vor, wenn der Anbieter nicht nur personenbezogene Daten erhebt, die »in« die Cloud transferiert werden, sondern auch solche Daten, die bei der Nutzung des Cloud Computings anfallen und mitunter »für« die Cloud, also für das reibungslose bzw. bequeme Funktionieren der Cloud-Dienste erhoben werden. Hier ist insbesondere an Standortdaten zu denken, sowie an Cookies, die bei der Nutzung der Dienste im Browser des Nutzers gesetzt werden. Auch hierdurch wird das Endgerät des Nutzers ohne dessen aktives Eingreifen funktionalisiert, weshalb seitens des Cloud-Anbieters eine Erhebungshandlung vorliegt.[642]

---

639 *Dammann*, in: Simitis, BDSG, § 1 Rn. 226.
640 *Dammann*, in: Simitis, BDSG, § 1 Rn. 226.
641 https://www.dropbox.com/tour/2.
642 *Gabel*, in: Taeger/Gabel, § 1 Rn. 59; ähnlich *Kroschwald*, ZD 2013, S. 388 (391); allgemein zur Erhebung personenbezogener Daten durch Cookies Artikel-29-Datenschutzgruppe, WP 56 (5035/01/DE/endg.), S. 11 f.; im Falle der Erhebung durch Cookies werden nicht selten Nutzungsdaten vorliegen, welche den speziellen datenschutzrechtlichen Vorschriften des TMG unterfallen, vgl. D.II.2.

D. Datenschutzrecht

(c) Eingabe fremder personenbezogener Daten durch den Cloud-Nutzer

Bei einem mehrseitigen Verhältnis, in dessen Rahmen ein Cloud-Nutzer personenbezogene Daten anderer Betroffener in die Cloud transferiert, geschieht dies grundsätzlich mit bereits erhobenen Daten oder mit Daten, die gerade zum Zweck des Umgangs im Rahmen von Cloud-Diensten erhoben werden. Diese Konstellation kommt insbesondere bei der Auslagerung von Kapazitäten im Wege des Outsourcings in Betracht, bei der beispielsweise ein Unternehmen Kundeninformationen oder Mitarbeiterdaten erhebt und zur Cloud transferiert. Der Transfer der Daten zur Cloud-Architektur selbst stellt demgegenüber keine Erhebung dar. Auch der Cloud-Anbieter selbst verhält sich in diesem Rahmen passiv. Er beschafft sich in solchen Fällen nicht zielgerichtet die personenbezogenen Daten,[643] sondern erhält diese.[644]

(d) Beschaffung personenbezogener Daten Dritter beim Cloud-Nutzer durch den Cloud-Anbieter

Sofern sich der Cloud-Anbieter hingegen aktiv personenbezogene Daten anderer Betroffener beim Cloud-Nutzer beschafft, gelten im Grundsatz die gleichen Erwägungen wie im zweiseitigen Verhältnis. Wird also das Endgerät des Cloud-Nutzers durch den Cloud-Anbieter funktionalisiert, kann dies eine Erhebungshandlung darstellen.[645]

(2) Verarbeitung

Als weitere Form des Datenumgangs nennt das Gesetz in § 1 Abs. 2 BDSG die Verarbeitung personenbezogener Daten. Der Sammelbegriff der Verarbeitung erfasst gemäß § 3 Abs. 4 S. 2 Nr. 1 bis 5 BDSG die Phasen der Speicherung, Veränderung, Übermittlung, Sperrung und Löschung personenbezogener Daten, ungeachtet der hierzu eingesetzten Verfahren.

---

643 *Gola/Schomerus*, in: Gola/Schomerus, § 3 Rn. 24.
644 Ähnlich *Engels*, K&R 2011, S. 548 (548 f.).
645 Vgl. D.III.1.a)bb)(1)(b).

(a) Speicherung

Gemäß § 3 Abs. 4 S. 2 Nr. 1 BDSG zählt zu einer Speicherung »das Erfassen, Aufnehmen oder Aufbewahren personenbezogener Daten zum Zweck ihrer weiteren Verarbeitung oder Nutzung«. Die Zweckgebundenheit hat jedoch eher deklaratorischen Charakter, da die Handlungen des Erfassens, des Aufnehmens und des Aufbewahrens regelmäßig dazu dienen, Daten verfügbar zu halten.[646] Die Begriffe des Erfassens und des Aufnehmens sind weit ausgestaltet und umfassen jegliche Formen der Verkörperung von Signalen ohne Rücksicht auf deren Inhalt, Sprache und Fixierung.[647] Als »Erfassen« kommt die geistig gesteuerte Tätigkeit einer Person, als »Aufnehmen« die Aufzeichnung ankommender Signale auf ein Medium in Betracht. Die »Aufbewahrung« hingegen ist das entgegennehmen bereits erfasster oder aufgenommener Daten.[648]

Eine Speicherung setzt auch die Verkörperung auf einem Datenträger voraus. Ob die personenbezogenen Daten physisch oder logisch gespeichert werden ist dabei unerheblich,[649] maßgeblich ist vielmehr die Nachlesbarkeit.[650] Auch eine Zwischenspeicherung[651] reicht hierfür im Grundsatz aus. Ausgenommen sind lediglich technisch bedingte Zwischenspeicherungen von kürzester Dauer.[652] Ebenfalls eine Speicherung i.S.v. § 3 Abs. 4 S. 2 Nr. 1 BDSG ist anzunehmen, wenn der Nichtspeicherung von Daten ein weitergehender Informationsgehalt zukommt.[653]

Gerade beim Cloud Computing ist regelmäßig mit Speicherungshandlungen zu rechnen. Klassischerweise erfolgt bei Speicher-Diensten der IaaS-Ebene eine Speicherung von Daten auf den Cloud-Servern in Form der Aufbewahrung. Auch wenn der Cloud-Anbieter etwa Sicherungskopien erstellt[654], deren Anfertigung nach oder mit der Erst-Speicherung von

---

646 *Dammann*, in: Simitis, § 3 Rn. 120; *Gola/Schomerus*, in: Gola/Schomerus, § 3 Rn. 28.
647 *Dammann*, in: Simitis, § 3 Rn. 115; *Schild*, in: Wolff/Brink, § 3 BDSG Rn. 62.
648 *Dammann*, in: Simitis, § 3 Rn. 115; *Schild*, in: Wolff/Brink, § 3 BDSG Rn. 63.
649 *Dammann*, in: Simitis, § 3 Rn. 119.
650 *Gola/Schomerus*, in: Gola/Schomerus, § 3 Rn. 27.
651 *Dammann*, in: Simitis, § 3 Rn. 124; *Buchner*, in: Taeger/Gabel, § 3 Rn. 28.
652 *Kühling/Seidel/Sivridis*, S. 90; *Gola/Schomerus*, in: Gola/Schomerus, § 3 Rn. 28.
653 *Dammann*, in: Simitis, § 3 Rn. 119.
654 IaaS Dienste gehen hinsichtlich der Zurverfügungstellung von Speicherkapazität auch mit automatischen anbieterseitigen Sicherheitskopien einher. Als Beispiel sei auf Amazon S3 verwiesen: »Data stored in Amazon S3, [...] is redundantly

D. Datenschutzrecht

personenbezogenen Daten erfolgt, ist das Merkmal des Vorrätighaltens zum Zweck der weiteren Verarbeitung oder Nutzung erfüllt und zwar auch dann, wenn diese unter normalen Umständen nicht mehr genutzt werden sollen.[655] Dies entspricht gerade dem Schutzbedürfnis des Betroffenen, da die Verfügbarkeit personenbezogener Daten durch eine erneute Speicherung erhöht wird[656] und die Möglichkeit der weiteren Verarbeitung die persönliche Sphäre des Betroffenen empfindlich tangiert. Weiterhin hat die Inanspruchnahme von Rechenkapazität als IaaS-Dienst zumindest eine zeitweise bzw. mehrfache Speicherung von Daten zur Folge. Diese werden in jeder geöffneten Instanz – vergleichbar mit dem Arbeitsspeicher eines lokalen PCs – zumindest temporär aufbewahrt, was den Tatbestand der Speicherung erfüllt.[657]

Gleichsam wird bei PaaS-Diensten eine zumindest zeitweise Speicherung von Daten für die Cloud-Funktion notwendig bzw. von dem Nutzer vorausgesetzt sein. Dies kann am Beispiel Amazon Elastic Beanstalk verdeutlicht werden. Bei diesem Dienst können Cloud-Nutzer ihre eigenen Anwendungen in die von Amazon bereitgestellte Laufzeitumgebung laden und ausführen. Werden in diesem Zusammenhang personenbezogene Daten hochgeladen oder werden diese während der Nutzung der hochgeladenen Anwendungen mitbenutzt, so wird auch hier eine zeitweise Speicherung in Form der Aufbewahrung vorliegen. Hinzu kommt, dass das Unternehmen Amazon auch in solchen Fällen Speicherungen zur Datensicherung vornimmt.[658]

---

stored in multiple physical locations as part of normal operation of those services and at no additional charge.«, http://d36cz9buwru1tt.cloudfront.net/pdf/AWS_Security_Whitepaper.pdf.
655 *Gola/Schomerus*, in: Gola/Schomerus, § 3 Rn. 28; ähnlich *Buchner*, in: Taeger/Gabel, § 3 Rn. 28 f.
656 *Dammann*, in: Simitis, § 3 Rn. 119.
657 Hierzu vgl. etwa den IaaS-Dienst Google Compute Engine: »From a VM image, mount persistent block storage (persistent disk) that maintains state beyond the life cycle of the VM instance. Data on persistent disks are retained even if your virtual machine instance suffers a failure or is taken offline. Persistent disk data is also replicated for additional redundancy.«, https://developers.google.com/compute/docs/.
658 Hier erfolgt die Speicherung der verschiedenen Anwendungsversionen zum Zweck der Wiederherstellung über den IaaS Storage Service Amazon S3, http://www.computerwoche.de/management/cloud-computing/2484729/index3.html.

Ferner ist auch auf der SaaS-Ebene die Speicherung personenbezogener Daten denkbar. Beispielsweise können bei der Nutzung des Dienstes Google Docs innerhalb der Cloud-Umgebung eigene Dateien erstellt und beliebige Daten in Dokumenten gespeichert werden, die dann für den Nutzer aufbewahrt werden. Um die Datenverfügbarkeit zu gewährleisten, erfolgt auch eine Anfertigung von Sicherheitskopien.[659]

Letztlich ist auch der dem Cloud Computing regelmäßig immanente interne Datenfluss von Cloud-Server zu Cloud-Server mit einer stetigen Speicherung zahlreicher Daten(-fragmente) verbunden. Diese Speicherungen finden unmittelbar zur Sicherstellung der Skalierbarkeit und Flexibilität der Cloud-Dienste statt und erfolgen damit auch »zum Zweck« der Ermöglichung einer weiteren Verarbeitung und Nutzung personenbezogener Daten.[660]

Da die Ebenen einer Cloud-Architektur aufeinander aufbauen[661], können Interaktionen auf einer Ebene auch Speicherungen auf einer anderen Ebene auslösen. Eine strikte Trennung wird daher nicht immer möglich sein.

(b) Veränderung

Als Veränderung gilt laut § 3 Abs. 4 Nr. 2 BDSG »das inhaltliche Umgestalten personenbezogener Daten«. Hierunter fallen alle Maßnahmen, durch die der Informationsgehalt der Daten geändert wird, was dazu führt, dass letztlich eine andere Information als vorher vorliegt.[662] Allerdings ist grundsätzlich nicht davon auszugehen, dass der Cloud-Anbieter eine Ver-

---

659 »Daten werden mehrfach repliziert und auf die aktiven Cluster-Server von Google verteilt. Fällt ein Gerät aus, bleiben die Daten somit über ein anderes System verfügbar. Außerdem replizieren wir Daten in sekundären Rechenzentren, um die Daten vor Rechenzentrenfehlern zu schützen.«, http://support.google.com/a/bin/answer.py?hl=de&answer=60762.
660 Anders wohl *Funke/Wittmann*, ZD 2013, S. 221 (222) welche jedoch nur den primären Zweck der Skalierbarkeit thematisieren.
661 Beispielsweise ist der PaaS Dienst Amazon Elastic Beanstalk eng mit dem IaaS Dienst Amazon EC2 verknüpft, http://aws.amazon.com/de/elasticbeanstalk/#functionality.
662 *Dammann*, in: Simitis, § 3 Rn. 129; *Gola/Schomerus*, in: Gola/Schomerus, § 3 Rn. 30.

D. Datenschutzrecht

änderung an Daten innerhalb der Cloud vornimmt.[663] Allenfalls der Cloud-Nutzer ist in der Position derartige Handlungen auszuführen.

(c) Übermittlung

Als dritte Verarbeitungshandlung nennt das Gesetz die Übermittlung personenbezogener Daten. Eine solche liegt gemäß § 3 Abs. 4 S. 2 Nr. 3 BDSG vor, wenn eine Bekanntgabe gespeicherter oder durch Datenverarbeitung gewonnener personenbezogener Daten durch Weitergabe an einen Dritten oder durch Einsicht oder Abruf von zu diesem Zweck bereitgehaltener personenbezogener Daten durch den Dritten erfolgt. Der Tatbestand der Übermittlung unterfällt dem sachlichen Anwendungsbereich des BDSG, weil die Belange der Betroffenen durch jegliche Vergrößerung des Kreises von Personen mit Zugang zu deren personenbezogenen Daten berührt werden.[664] Dritte sind insoweit nach § 3 Abs. 8 S. 2 BDSG alle Personen oder Stellen außerhalb der verantwortlichen Stelle nach § 3 Abs. 7 BDSG, die zudem auch nicht die Daten im Inland, der EU oder in einem EWR-Staat im Auftrag erheben, verarbeiten oder nutzen.

Zunächst ist festzustellen, dass der Cloud-Anbieter selbst regelmäßig keine Übermittlungshandlungen vornimmt, denn die Bekanntgabe an Dritte bzw. die Einsicht oder der Abruf durch Dritte soll beim Cloud Computing gerade dadurch verhindert werden, dass der Anbieter eine klare Grenze zwischen den Daten in der Cloud zieht, um diese eindeutig seinen jeweiligen Kunden zuordnen zu können.[665]

Geklärt werden muss jedoch, ob die Bekanntgabe eigener oder fremder Daten durch den Cloud-Nutzer an den Cloud-Anbieter eine Übermittlung darstellt, wenn also etwa ein Datum zum Zweck der Speicherung in der Cloud bekanntgegeben wird. Dann müsste der Anbieter in der Eigenschaft eines »Dritten« i.S.v. § 3 Abs. 8 BDSG handeln und nicht etwa als Auftragnehmer und damit als »Nicht-Dritter«[666]. Aufgrund der verschiedenen technischen Möglichkeiten des Datentransfers im Rahmen des Cloud

---

663 *Brennscheidt*, S. 54.
664 *Dammann*, in: Simitis, § 3 Rn. 145.
665 *Engels*, K&R 2011, S. 548 (549).
666 *Gola/Schomerus*, in: Gola/Schomerus, § 3 Rn. 34; *Schild*, in: Wolff/Brink, § 3 BDSG Rn. 70.

Computings ist es geboten, die Tatbestandsalternativen der Übermittlung gesondert zu behandeln.

(aa) Bekanntgabe durch Weitergabe

Als Weitergabe kommt jegliches Handeln in Betracht, durch das der Informationsgehalt personenbezogener Daten in die Sphäre des Empfängers gelangt.[667] Hieran ist zu denken, wenn der Cloud-Nutzer durch eigenes aktives Tun personenbezogene Daten in die Cloud-Umgebung transferiert, etwa durch deren Upload oder Erstellung. Da jedoch – wie noch zu sehen sein wird – ein Cloud-Anbieter mit Servern innerhalb des EU/EWR-Raumes regelmäßig nicht als »Dritter«, sondern als Auftragnehmer und damit »Nicht-Dritter« einzustufen ist, kommt es hier zu keiner Übermittlung.[668] Anders ist es hingegen zu beurteilen, wenn der Cloud-Nutzer die Daten an Cloud-Server in Drittstaaten weitergibt, da im Drittausland eine Auftragsdatenverarbeitung nicht denkbar ist und der Cloud-Anbieter deshalb als »Dritter« zu behandeln ist.[669]

Die stetige, dem Cloud Computing immanente Bewegung von Daten innerhalb der Cloud-Architektur stellt jedenfalls keine Übermittlung dar. Cloud-Architekturen sind mit ihrem Rechnernetz regelmäßig als geschlossene Einheit anzusehen, zumal sie gerade abgeschottete Umgebungen ermöglichen sollen. Jeder genutzte Rechner innerhalb der Architektur hat an der Datenherrschaft der verantwortlichen Stelle einen maßgeblichen Anteil[670], sodass am Datenfluss innerhalb der Cloud-Umgebung keine Dritten involviert sind.

Auch aktive Handlungen des Cloud-Anbieters unterfallen nicht dem Tatbestand der Weitergabe. Hier liegt eher ein »Holen« und weniger ein »Geben« vor; also Handlungen die grundsätzlich von der zweiten Tatbestandsalternative[671] erfasst sind.

---

667 *Dammann*, in: Simitis, § 3 Rn. 145.
668 Vgl. unten D.III.1.b)aa)(1) sowie D.III.4.b)aa).
669 Vgl. unten D.III.4.b)bb)(1).
670 Als Kriterium für Nicht-Dritte, *Ambs*, in: Erbs/Kohlhaas, BDSG § 3 Rn. 35.
671 Vgl. unten D.III.1.a)bb)(2)(c)(bb).

D. Datenschutzrecht

(bb) Bekanntgabe durch Einsicht oder Abruf

Eine Übermittlung kann auch vorliegen, wenn die Bekanntgabe durch Einsicht oder Abruf personenbezogener Daten erfolgt. Ein »Einsehen« findet bei jeder Form des »Holens« personenbezogener Daten in die Sphäre des Empfängers statt.[672] Die automatisierte Verschaffung einer Verfügung über die Daten erfüllt hingegen den Tatbestand des »Abrufs«,[673] sofern die übermittelnde Stelle die Daten gerade zum Zweck der Kenntnisnahme bereitgehalten hat.[674]

Gerade die als Erhebung einzustufende Fälle des aktiven Eingreifens des Cloud-Anbieters bei weitestgehender Passivität des Nutzers[675] können auch mit Übermittlungshandlungen des Nutzers verbunden sein. Beispielsweise ist dies beim Beschaffen personenbezogener Daten durch eine Synchronisation denkbar. Dadurch, dass der Cloud-Nutzer dem Cloud-Anbieter die Synchronisation ermöglicht, wird diesem durch ein Netzwerk[676] der Zugriff auf Bereiche des nutzereigenen Endgerätes erlaubt und verschafft, um die dortigen Datensätze mit den Daten innerhalb der Cloud-Architektur abzugleichen und gegebenenfalls zu aktualisieren. Tatsächlich erfolgende Synchronisationshandlungen sind daher nicht nur mit einer Erhebung auf dem Endgerät des Cloud-Nutzers, sondern auch mit einer anschließenden Bekanntgabe durch das beim Abgleich der Daten stattfindende Einsehen und den durch das aktive Beschaffen erfolgenden Abruf zu diesem Zweck bereitgehaltener Daten verbunden.

Allerdings ist auch hier zu unterscheiden, ob eine solche Bekanntgabe lediglich innerhalb des EU/EWR-Raums erfolgt, oder sich auf Cloud-Server in Drittländern erstreckt. Im ersten Fall liegt keine Übermittlung vor, da der Cloud-Anbieter hier regelmäßig als »Nicht-Dritter« einzustufen ist.[677] Etwas anderes gilt jedoch, wenn eine Bekanntgabe in Drittländer erfolgt.[678]

---

672 *Dammann*, in: Simitis, § 3 Rn. 151.
673 *Dammann*, in: Simitis, § 3 Rn. 152.
674 *Plath/Schreiber*, in: Plath, § 3 Rn. 45; ähnlich *Dammann*, in: Simitis, § 3 Rn. 150.
675 Vgl. D.III.1.a)bb)(1)(b).
676 *Däubler/Hjort/Schubert/Wolmerath*, BDSG § 3 Rn. 10; ähnlich *Erbs/Kohlhaas*, BDSG § 3 Rn. 24.
677 Vgl. unten D.III.1.b)aa)(1) sowie D.III.4.b)aa).
678 Vgl. unten D.III.4.b)bb)(1).

Eine Übermittlung durch Einsicht oder Abruf liegt jedenfalls nicht vor, wenn der Cloud-Anbieter personenbezogene Daten erlangt, die bei der Cloud-Nutzung anfallen und vom Endgerät des Nutzers erhoben und automatisiert abgerufen werden. Anders als bei der Freigabe von Daten für eine Synchronisation, fehlt es hier an einem qualifizierten Bereithalten der Daten seitens des Cloud-Nutzers zum Zweck der Kenntnisnahme durch den Cloud-Anbieter.

(d) Sperrung

Auch das Sperren personenbezogener Daten unterfällt dem Verarbeitungsbegriff. Gemäß § 3 Abs. 4 S. 2 Nr. 4 BDSG ist eine Sperrung »das Kennzeichnen gespeicherter personenbezogener Daten, um ihre weitere Verarbeitung oder Nutzung einzuschränken«. Erfasst ist daher eine für die Zukunft wirkende Handlung, die zur Folge hat, dass bestimmte Daten nicht mehr genutzt werden können.[679] Die Anbieter von Cloud-Diensten greifen grundsätzlich nicht eigenmächtig in den Datenbestand des Cloud-Nutzers ein.[680] Eine Sperrung wird – wenn überhaupt – nur durch den Nutzer selbst initiiert.

(e) Löschung

Unter die Handlung der Verarbeitung fällt auch das Löschen personenbezogener Daten. Dies ist gemäß § 3 Abs. 4 S. 2 Nr. 5 BDSG »das Unkenntlichmachen gespeicherter personenbezogener Daten«. Ein Unkenntlichmachen liegt vor, wenn eine Information unumkehrbar nicht mehr aus den gespeicherten Daten gewonnen werden kann.[681] Die Beseitigung verkörperter Daten unterfällt jedoch dann nicht dem Löschungsbegriff, wenn die personenbezogenen Daten bereits an einem anderen Ort festgehalten worden sind.[682]

---

679 *Dammann*, in: *Simitis*, § 3 Rn. 165; ähnlich *Gola/Schomerus*, in: Gola/Schomerus, § 3 Rn. 38.
680 *Engels*, K&R 2011, S. 548 (549); ähnlich *Brennscheidt*, S. 55.
681 *Dammann*, in: Simitis, § 3 Rn. 174; *Schild*, in: Wolff/Brink, § 3 BDSG Rn. 86.
682 *Dammann*, in: Simitis, § 3 Rn. 175.

D. Datenschutzrecht

Im Bereich des Cloud Computings ist festzustellen, dass Cloud-Anbieter in der Regel keine Löschungshandlungen vornehmen;[683] vielmehr wird die Initiative vom jeweiligen Cloud-Nutzer ausgehen.[684] Ein etwaiger, dem Cloud-Anbieter zurechenbarer unfreiwilliger Datenverlust könnte nur dann eine Löschung i.S.v. § 3 Abs. 4 S. 2 Nr. 5 BDSG darstellen, wenn die Daten unumkehrbar, also an allen erdenklichen Speicherorten innerhalb der Cloud-Umgebung verloren gingen. Da Cloud-Anbieter die ihnen überlassenen Daten in der Regel durch Sicherungsmaßnahmen redundant verfügbar halten[685], ist die Wahrscheinlichkeit einer solchen Löschung jedoch sehr gering.

(3) Nutzung

Die dritte Form des Datenumgangs ist die Nutzung personenbezogener Daten. Eine Nutzung ist gemäß § 3 Abs. 5 BDSG »jede Verwendung personenbezogener Daten, soweit es sich nicht um« eine der fünf Verarbeitungshandlungen handelt. Aus dem Wortlaut »soweit« ergibt sich, dass der Norm nur ein Auffangcharakter zukommt.[686] Voraussetzung für eine Nutzung ist, dass ein personenbezogenes Datum gerade in seiner Funktion als personenbezogene Information verwendet wird.[687]

Eine Sicherungskopie, und damit eine Duplikation personenbezogener Daten seitens des Cloud-Anbieters, würde zwar grundsätzlich eine Nutzung darstellen[688]. Allerdings erfolgt der Umgang mit den Daten gerade im Rahmen des Sicherungskopierens, womit eine Verarbeitung in Form der Speicherung[689], und gerade keine Nutzung stattfindet. Auch könnte man erwägen, den kontinuierlichen Datenfluss innerhalb einer Cloud-Architektur als Nutzungshandlung einzustufen. Allerdings sind solche Bewegungen mit fortwährenden und unzähligen Speicherungsakten von Daten(-fragmenten) verbunden.[690] Da bei derartigen – grundsätzlich au-

---

683 So auch *Engels*, K&R 2011, S. 548 (549).
684 Ähnlich *Brennscheidt*, S. 55.
685 Vgl. D.III.1.a)bb)(2)(a).
686 *Gola/Schomerus*, in: Gola/Schomerus, § 3 Rn. 30; *Kühling/Seidel/Sivridis*, S. 95.
687 *Dammann*, in: Simitis, § 3 Rn. 189/191; *Buchner*, in: Taeger/Gabel, § 3 Rn. 42.
688 *Dammann*, in: Simitis, § 3 Rn. 189.
689 Vgl. D.III.1.a)bb)(2)(a).
690 Vgl. D.III.1.a)bb)(2)(a).

tomatisierten – Bewegungen die Verwendung der Daten auch zum Zweck einer zumindest temporären Speicherung der Daten erfolgt, kommt es ähnlich des Sicherungskopierens zu keiner Nutzungshandlung durch den Cloud-Anbieter. Überdies erstreckt sich die bei der Verschiebung von Daten stattfindende Verwendung der Daten gerade nicht auch auf deren Personenbezug, sondern dient lediglich der Aufrechterhaltung der Cloud-Funktion.

Auch wenn der Cloud-Nutzer personenbezogene Daten aus der Cloud anfordert und diese mit Blick auf deren Personenbezug durchgeht, so werden die Daten zum Zweck der Anzeige zumindest temporär auf seinem Endgerät gespeichert. Wegen der Subsidiarität der Norm scheidet damit eine Nutzungshandlung aus. Auch die für die Bereitstellung im Hintergrund stattfindenden Prozesse innerhalb der Cloud stellen – wenn überhaupt – nur eine Speicherungshandlung des Cloud-Anbieters dar.

Somit ist der Tatbestand der Nutzung beim Cloud Computing regelmäßig nicht erfüllt.[691]

cc) Einsatz von Datenverarbeitungsanlagen (§ 1 Abs. 1 Nr. 3 BDSG)

Nach § 1 Abs. 1 Nr. 3 BDSG sind nicht-öffentliche Stellen unter anderem nur dann durch die Vorschriften des BDSG gebunden, sofern beim Umgang mit personenbezogenen Daten auch Datenverarbeitungsanlagen eingesetzt werden oder der Umgang zum späteren Einsatz in solchen Anlagen erfolgt. Gemäß § 3 Abs. 2 BDSG werden derartige Formen des Datenumgangs weitestgehend mit dem Begriff der »automatisierten Verarbeitung« gleichgesetzt, wobei es für § 1 Abs. 1 BDSG bereits ausreicht, wenn die Erhebung für eine nachfolgende automatisierte Verarbeitung und nicht – wie es § 3 Abs. 2 BDSG statuiert – unter Einsatz von Datenverarbeitungsanlagen erfolgt.[692] Datenverarbeitungsanlagen sind Anlagen, die personenbezogene Daten ihrem Informationsgehalt entsprechend unterschiedlich behandeln können.[693] Ermöglicht werden muss also eine automatisierte und technische Auswertung der Daten, sodass diese Daten nutzbar wer-

---

691 So auch im Ergebnis *Brennscheidt*, S. 54 f.
692 *Gola/Schomerus*, in: Gola/Schomerus, § 3 Rn. 15; *Kühling/Seidel/Sivridis*, S. 96 f.
693 *Dammann*, in: Simitis, § 3 Rn. 79; *Kühling/Seidel/Sivridis*, S. 96.

D. Datenschutzrecht

den.[694] Demgemäß sind Anlagen, die Daten lediglich transportieren, kopieren oder – ohne dass der Informationsgehalt geändert wird – in entsprechende Signale umwandeln, keine Datenverarbeitungsanlangen im Sinne des Gesetzes.[695] Da die virtualisierte Serverarchitektur von Cloud-Diensten technisch bedingt in der Lage ist, eingegebene oder generierte Daten durch eine temporäre oder dauerhafte Fixierung derart nutzbar zu machen, dass mit ihnen im Sinne des BDSG umgegangen werden kann, findet bei der Nutzung von Cloud-Diensten auch ein Einsatz von Datenverarbeitungsanlagen statt.[696]

dd) Ausnahme für persönliche oder familiäre Tätigkeiten

Das BDSG gilt hingegen gemäß § 1 Abs. 2 Nr. 3 a.E. BDSG nicht, wenn die durch eine nicht-öffentliche Stelle erfolgende Erhebung, Verarbeitung oder Nutzung der personenbezogenen Daten ausschließlich für persönliche oder familiäre Tätigkeiten erfolgt. Erfasst sind hierbei typischerweise Adressen, Telefonnummern von Verwandten und Freunden sowie privater E-Mail-Verkehr, allerdings nur, wenn alle Bestandteile dieser Daten über den gesamten Zeitraum des Datenumgangs hinweg[697] in den persönlichen oder familiären Bereich fallen.[698] Die Privilegierung des § 1 Abs. 2 Nr. 3 a.E. BDSG ist restriktiv auszulegen[699] und greift nicht, wenn der Kreis derer, die Zugang[700] zu solchen personenbezogenen Daten haben, nicht mehr zum privaten Bereich gezählt werden kann.[701]

Bei der Nutzung von Cloud-Diensten gelangen Daten in den Machtbereich des Cloud-Anbieters. Zwar wird dieser – jedenfalls innerhalb des EU/EWR-Raumes – regelmäßig nicht als Dritter, sondern nur als verlän-

---

694 *Gola/Schomerus*, in: Gola/Schomerus, § 3 Rn. 15a.
695 *Dammann*, in: Simitis, § 3 Rn. 79; *Kühling/Seidel/Sivridis*, S. 96.
696 So auch die Landesbeauftragte für den Datenschutz und für das Recht auf Akteneinsicht Brandenburg, Tätigkeitsbericht 2008/2009, S. 33, http://www.lda.bran denburg.de/media/ lbm1.a.1666.de/TB_15.pdf.
697 *Dammann*, in: Simitis, § 1 Rn. 150.
698 *Kühling/Seidel/Sivridis*, S. 103.
699 *Dammann*, in: Simitis, § 1 Rn. 148.
700 Als relevantes Kriterium für die Beurteilung des persönlichen oder familiären Zwecks, vgl. EuGH C-101/01 vom 6.11.2003 Lindqvist Rz. 47.
701 Artikel-29-Datenschutzgruppe, WP 163 (01189/09/DE), S. 7.

gerter Arm des Cloud-Nutzers tätig.[702] Maßgeblich ist jedoch, dass der Cloud-Anbieter nicht zum Bereich der persönlichen Lebensführung des Cloud-Nutzers zählt. Der Umgang mit Daten wie Kontaktdaten oder Bildern innerhalb von Cloud-Architekturen unterfällt daher auch dann dem BDSG, wenn diese personenbezogene Daten der Verwandtschaft oder des engeren Freundeskreises des Cloud-Nutzers darstellen.

ee) Ergebnis

Die sachliche Anwendbarkeit des BDSG ist beim Einsatz von Cloud-Diensten im nicht-öffentlichen Bereich regelmäßig eröffnet, wenn personenbezogene Daten einem Datenumgang unterliegen. Denkbare Handlungen im Rahmen des Cloud Computings sind das Erheben, Speichern, Verändern, Übermitteln, Löschen und Sperren personenbezogener Daten durch den Cloud-Nutzer. Beim Cloud-Anbieter hingegen kommen im Grundsatz die Handlungen des Erhebens und Speicherns in Betracht, es sei denn, der Cloud-Nutzer hat weitere Handlungen autorisiert. Der Ansatz, die Anwendbarkeit des BDSG dadurch auszuschließen, dass personenbezogener Daten anonymisiert verarbeitet werden, ist mit Blick auf die stetige Gefahr der Entschlüsselung und einem häufig bestehenden Interesse des Cloud-Nutzers, den Personenbezug beizubehalten, regelmäßig nicht zielführend. Als allgemeine Sicherungsmaßnahme sind Verschlüsselungsmechanismen allerdings begrüßenswert.

b) Räumliche Anwendbarkeit

In welchen Fällen das BDSG in räumlicher Hinsicht Anwendung findet, wurde indes nur teilweise ausdrücklich geregelt. Bestimmungen hierzu finden sich in § 1 Abs. 5 S. 1 und 2 BDSG, welche die Vermeidung von Kollisionen bei grenzüberschreitenden Sachverhalten bezwecken.[703] Im Mittelpunkt der Frage nach der räumlichen Anwendbarkeit steht das Handeln einer »verantwortlichen Stelle«. Zu klären ist daher zunächst, in welcher Funktion der Cloud-Anbieter und der Cloud-Nutzer bei der Nutzung

---

702 Vgl. unten D.III.1.b)aa)(1) sowie D.III.4.b)bb)(1).
703 *Plath*, in: Plath, § 1 Rn. 45; *Dammann*, in: Simitis, § 1 Rn. 197.

D. Datenschutzrecht

von Cloud-gestützten Diensten auftreten. Auch auf die Frage nach dem Ort des Datenumgangs muss eingegangen werden, da § 1 Abs. 5 BDSG die räumliche Anwendbarkeit des BDSG an einen Datenumgang im Inland knüpft. Weiterhin ist relevant, an welchem Ort die verantwortliche Stelle belegen ist bzw. an welchem Ort sich deren handelnde Niederlassung befindet.

aa) Verantwortliche Stelle

Die verantwortliche Stelle steht als Normadressat des BDSG[704] gemeinsam mit dem durch einen Umgang mit personenbezogenen Daten Betroffenen im Mittelpunkt des deutschen Datenschutzrechts. Beim Einsatz von Cloud-Diensten ist der Aspekt der Verantwortlichkeit nicht zuletzt deshalb von besonderer Relevanz, weil er unter anderem Auswirkungen auf das anwendbare Recht hat. § 3 Abs. 7 BDSG sieht vor, dass jede Person oder Stelle, welche die Handlungen der Erhebung, Verarbeitung oder Nutzung für sich vornimmt oder durch andere im Auftrag vornehmen lässt, als verantwortliche Stelle anzusehen ist. Hierbei wird klargestellt, dass sich eine Stelle durch die Beauftragung externer Stellen i.S.v. § 11 BDSG nicht ihrer datenschutzrechtlichen Verantwortung entziehen kann.[705] Mangels weiterer Konkretisierung ist ein Blick auf die EU-Datenschutzrichtlinie[706] geboten. Gemäß Art. 2 lit. d S. 1 DSRL gilt als »für die Verarbeitung[707] Verantwortlicher« jede »natürliche oder juristische Person, Behörde, Einrichtung oder jede andere Stelle, die allein oder gemeinsam mit anderen über die Zwecke und Mittel der Verarbeitung von personenbezogenen Daten entscheidet«.

---

704 *Gola/Schomerus*, in: Gola/Schomerus, § 3 Rn. 48.
705 *Gola/Schomerus*, in: Gola/Schomerus, § 3 Rn. 50; *Weichert*, DuD 2010, S. 679 (682).
706 Richtlinie 95/46/EG, Abl. EG v. 23.11.1995, Nr. L 281/31; im Folgenden als DSRL bezeichnet.
707 Der in der Richtlinie genutzte weite Begriff der »Verarbeitung« wird in Art. 2 lit. b DSRL definiert und erfasst jeden Datenumgang i.S.d. BDSG, *Brühann*, in: Grabitz/Hilf/Nettesheim, Richtlinie 95/46/EG Art. 2 Rn. 2.

(1) Stellung des Cloud-Anbieters

Zunächst gilt es, die datenschutzrechtliche Stellung des Cloud-Anbieters zu bestimmen, also jenes Akteurs, der dem Nutzer die Cloud-Dienste zur Verfügung stellt und etwaigen hierbei involvierten personenbezogenen Daten am nächsten steht. Das BDSG kennt zwei Möglichkeiten für das Verhältnis zwischen dem Cloud-Nutzer und dem von ihm eingesetzten Cloud-Anbieter.[708] Der Anbieter kann entweder als Auftragsdatenverarbeiter des Nutzers handeln, ohne verantwortliche Stelle zu sein, oder er ist als sog. »Dritter« einzustufen, der damit gegebenenfalls auch die Kriterien einer verantwortlichen Stelle i.S.v. § 3 Abs. 7 BDSG erfüllt.

(a) Auftragsdatenverarbeitung

Die primär in § 11 BDSG geregelte Auftragsdatenverarbeitung soll verantwortlichen Stellen den Datenumgang durch die Zuhilfenahme anderer Stellen ermöglichen, jedoch gleichzeitig die Verantwortlichkeit des Auftraggebers sicherstellen, damit Betroffene durch die Weggabe derartiger Tätigkeiten nicht über Gebühr belastet werden.[709] Von einer Auftragsdatenverarbeitung kann immer dann ausgegangen werden, wenn der Auftragnehmer weisungsgebunden handelt und hierbei keinen eigenen Ermessensspielraum hat, während die Entscheidungsbefugnis dem Auftraggeber vorbehalten ist.[710]

Im Rahmen der Auftragsdatenverarbeitung fungiert der Auftragnehmer als »verlängerter Arm«, während der Auftraggeber weiterhin die volle Verfügungsgewalt über die Daten behält und damit »verantwortliche Stelle« i.S.v. § 3 Abs. 7 BDSG ist.[711] Der Auftragnehmer ist in diesem Fall hingegen keine verantwortliche Stelle. Denn er geht nicht i.S.v. § 3 Abs. 7 BDSG mit personenbezogenen Daten für sich selbst um und wird auch nicht als externer Akteur angesehen, was sich aus dem Wortlaut des § 3

---

708 *Weichert*, DuD 2010, S. 679 (682 f.); *Eckhardt*, IM 25 (2010) 4, S. 55 (58); *Gaul/Köhler*, S. 2229 (2231).
709 *Spindler*, in: Spindler/Schuster, § 11 Rn. 1 f.
710 *Petri*, in: Simitis, § 11 Rn. 21; *Spindler*, in: Spindler/Schuster, § 11 Rn. 10.
711 *Gola/Schomerus*, in: Gola/Schomerus, § 11 Rn. 3; *Schmidt-Bens*, S. 30.

D. Datenschutzrecht

Abs. 8 S. 1 BDSG ergibt.[712] Auftraggeber und Auftragnehmer bilden vielmehr eine gemeinsame Einheit. Daraus folgt etwa die Privilegierung, dass ein Transfer personenbezogener Daten zwischen Auftraggeber und Auftragnehmer keine Übermittlung i.S.v. § 3 Abs. 4 S. 2 Nr. 3 BDSG darstellt,[713] welche als Verarbeitung personenbezogener Daten nach § 4 Abs. 1 BDSG grundsätzlich unzulässig wäre. Das Konstrukt der Auftragsdatenverarbeitung stellt deshalb keinen allgemeinen Erlaubnistatbestand für den Transfer von Daten zwischen Auftraggeber und Auftragnehmer dar, sondern ist als gesetzliche Fiktion ausgestaltet.[714] Die Auftragsdatenverarbeitung ist zudem dadurch privilegiert, dass der Auftragnehmer, sofern er im Rahmen des Auftragsverhältnisses handelt, die Voraussetzungen für die Zulässigkeit eines Umgangs mit personenbezogenen Daten nicht zu prüfen hat. Vielmehr ist der Auftraggeber nach § 11 Abs. 1 S. 2 BDSG für die Einhaltung der relevanten Datenschutzvorschriften verantwortlich, weshalb Betroffene ihre Rechte gegenüber dem Auftraggeber geltend machen müssen. Dies gilt im Übrigen auch dann, wenn der Auftragnehmer seinerseits Subunternehmer einsetzt.[715]

(b) Funktionsübertragung

Von der Auftragsverarbeitung nach § 11 BDSG ist die Funktionsübertragung zu unterscheiden. Werden Aufgaben des Datenumgangs ganz oder teilweise an eine externe Stelle abgegeben, kann diese nicht mehr als pri-

---

712 *Weichert*, in: Däubler/Klebe/Wedde/Weichert, § 3 Rn. 6; *Kroschwald*, ZD 2013, S. 388 (392); *Buchner*, in: Taeger/Gabel, § 3 Rn. 52. Den Risiken eines Datenumgangs wird bereits dadurch entgegengetreten, dass das Handeln des Auftragnehmers dem Auftraggeber zugerechnet wird und mit dem Auftraggeber eine verantwortliche Stelle vorhanden ist, gegen den Betroffene ihre Rechte umfassend geltend machen können. Eine Erweiterung des insoweit klaren Wortlautes von § 3 Abs. 7 und 8 BDSG und eine Annahme der Verantwortlichkeit von Auftragnehmern, wie von *Dammann*, in: Simitis, § 3 Rn. 228 gefordert, ist daher nicht geboten.
713 *Gola/Schomerus*, in: Gola/Schomerus, § 11 Rn. 4; *Spindler*, in: Spindler/Schuster, § 11 Rn. 1.
714 *Gabel*, in: Taeger/Gabel, § 11 Rn. 2; *Schmidt-Bens*, S. 30; ähnlich *Nielen/Thum*, K&R 2006, S. 171.
715 *Gola/Schomerus*, in: Gola/Schomerus, § 11 Rn. 18e; *Spindler*, in: Spindler/Schuster, § 11 Rn. 22.

vilegierter Auftragnehmer angesehen werden.[716] Das gleiche gilt, wenn die Stelle beim Datenumgang überwiegend eigene Geschäftszwecke verfolgt[717] und nicht aufgrund einer Weisung handelt. Sie wird damit selbst zur verantwortlichen Stelle,[718] was sich auch aus dem Wortlaut von § 11 Abs. 3 S. 1 BDSG entnehmen lässt, der den Datenumgang nur innerhalb der Weisungen des Auftraggebers zulässt. Durch den eigenständigen Entscheidungsspielraum geht die Tätigkeit der externen Stelle über eine schlichte Hilfsfunktion hinaus, weshalb sie als »Dritter« i.S.v. § 3 Abs. 8 S. 2 BDSG handelt.[719] Dies hat zur Folge, dass eine Bekanntgabe von personenbezogenen Daten an den Dritten als Übermittlung gemäß § 3 Abs. 4 S. 2 Nr. 3 BDSG eingeordnet werden kann und somit den allgemeinen Zulässigkeitsvoraussetzungen eines Datenumgangs unterfällt.[720] Auch müssten dann bei einem grenzüberschreitenden Verkehr die besonderen Voraussetzungen einer grenzüberschreitenden Übermittlung gemäß § 4b BDSG erfüllt sein.[721]

(c) Anwendung auf das Cloud Computing

Über die Frage, ob beim Einsatz von Cloud-Diensten eine Auftragsdatenverarbeitung angenommen werden kann und somit nicht der Cloud-Anbieter sondern der Cloud-Nutzer als verantwortliche Stelle handelt, herrscht Uneinigkeit.

(aa) Meinungsstand

Die überwiegende Ansicht in der Literatur sieht – vorbehaltlich der weiteren Voraussetzungen des § 11 BDSG – das Cloud Computing regelmäßig

---

716 *Petri*, in: Simitis, § 11 Rn. 22; *Gola/Schomerus*, in: Gola/Schomerus, § 11 Rn. 9; ähnlich S*plittgerber/Rockstroh*, BB 2011, S. 2179 (2182).
717 *Scheja/Haag*, in: Leupold/Glossner, Teil 5. Rn. 266; *Splittgerber/Rockstroh*, BB 2011, S. 2179 (2182).
718 *Petri*, in: Simitis, § 11 Rn. 22.
719 *Engels*, K&R 2011, 548 (550); *Gaul/Köhler*, in: BB 2011, S. 2229 (2231).
720 *Kühling/Seidel/Sivridis*, S. 183; *Spindler*, in: Spindler/Schuster, § 11 Rn. 10.
721 Zur Abgrenzung der Auftragsdatenverarbeitung von der Funktionsübertragung vgl. auch Anhang Abb. 6.

D. Datenschutzrecht

als eine Form der Auftragsdatenverarbeitung an.[722] Zum Teil wird hierbei auf die einzelnen Cloud-Ebenen abgestellt. So wird das IaaS-Modell stets als Gegenstand einer Auftragsdatenverarbeitung angesehen.[723] Andere möchten darüber hinaus auch die Erbringung von SaaS-Diensten als von der Auftragsdatenverarbeitung umfasst ansehen.[724] Allerdings werden diese Sichtweisen nur selten begründet. So sei das Cloud Computing deshalb als Form der Auftragsdatenverarbeitung anzusehen, weil der Cloud-Anbieter mit einem sehr geringen Ausführungsermessen handele.[725] Dies zeige sich auch dadurch, dass Cloud-Anbieter bei der Erbringung ihrer Dienste auf standardisierte Prozesse zurückgreifen würden.[726] Ähnliche Ansätze verfolgen Autoren, die darauf abstellen, dass Cloud-Anbieter unter völliger Abhängigkeit von der verantwortlichen Stelle handelten[727] und hierbei reine Hilfs- und Unterstützungsfunktionen erfüllten.[728]

Andere wiederum differenzieren. Es sei zu beachten, dass die bloße Aufrechterhaltung der Cloud-Funktion seitens des Cloud-Anbieters nicht als Auftragsdatenverarbeitung qualifiziert werden könne.[729] Erst bei der Übernahme eigener Leistungen – etwa im Bereich der Wartung – wie beispielsweise dem Anfertigen und Aufbewahren von Backups, bei denen der Anbieter Zugriff auf personenbezogene Daten erlangen kann, könne auch eine Auftragsdatenverarbeitung vorliegen.[730] Insoweit lehnt sich die Argumentation an die frühere Auffassung zum Outsourcing an, wonach die

---

722 *Schulz*, MMR 2010, S. 75 (78); *Pohle/Ammann*, CR 2009, S. 273 (276); *Schuster/Reichl*, CR 2010, S. 38 (41); *Schmidt-Bens*, S. 30; *Christmann/Hilpert/Thöne/Hagenhoff*, HMD 275 (2010), S. 62 (66); LDA Brandenburg, Tätigkeitsbericht 2008/2009, S. 34 f., vgl. Fn. 696; *Splittgerber/Rockstroh*, BB 2011, S. 2179 (2181); wohl auch *Gabel*, in: Taeger/Gabel, § 11 BDSG Rn. 18.
723 *Heidrich/Wegener*, MMR 2010, 803 (805 f.).
724 *Gaul/Koehler*, BB 2011, S. 2229 (2231).
725 *Eckhardt*, IM (2010) 4, S. 55 (58), *ders.*, in: Köhler-Schulte, S. 166 (185).
726 *Niemann/Hennrich*, CR 2010, S. 686 (687).
727 *Schuppert/von Reden*, ZD 2013, S. 210 (211); ähnlich *Brennscheidt*, S. 67 f.
728 *Weichert*, DuD 2010, S. 679 (682 f.).
729 *Engels*, K&R 2011, S. 548 (549 f.); *Spindler*, in: Spindler/Schuster, § 11 Rn. 7; *Funke/Wittmann*, ZD 2013, S. 221 (224 f.); *Schulz/Rosenkranz*, ITRB 2009, S. 232 (235); wohl auch *Nägele/Jacobs*, ZUM 2010, S. 281 (290).
730 *Gola/Schomerus*, in: Gola/Schomerus, § 11 Rn. 8; *Spindler*, in: Spindler/Schuster, § 11 Rn. 7; *Gabel*, in: Taeger/Gabel, § 11 Rn. 18; *Engels*, K&R 2011, S. 548 (549 f.) der zudem e contrario § 11 Abs. 5 BDSG argumentiert; ähnlich *Schulz/Rosenkranz*, ITRB 2009, S. 232 (235), vgl. auch *Funke/Wittmann*, ZD 2013, S. 221 (224 f.) die wohl tatsächlichen Zugriff verlangen.

Bereitstellung von Rechenzentrumsleistungen, auf die nur der Auftraggeber Einfluss nimmt, nicht Grundlage einer Auftragsdatenverarbeitung sein können.[731]

(bb) Stellungnahme

Die pauschale Qualifizierung des Cloud Computings als Auftragsdatenverarbeitung ist unpräzise und wird den komplexen Prozessen einer Cloud nicht gerecht. Die erste Prämisse ist nämlich, dass überhaupt ein Datenumgang seitens des Cloud-Anbieters stattfindet. Auf die Abgrenzung von Auftragsdatenverarbeitung und Funktionsübertragung kommt es nämlich dann nicht an, wenn nur der Cloud-Nutzer selbst aktiv Vorgänge mit und an personenbezogenen Daten vornimmt. Dies ist mit dem Fall vergleichbar, dass ein lokaler PC Eingaben eines Nutzers entgegennimmt. In einem solchen Fall fehlt es an einer eigenen relevanten Handlung des Cloud-Anbieters, sodass es auf sein Verhältnis zum Cloud-Nutzer nicht ankommt. Um die Stellung des Cloud-Anbieters zu ermitteln, muss deshalb erst herausgestellt werden, ob dieser überhaupt in datenschutzrechtlich relevanter Weise tätig wird. Erst in einem zweiten Schritt kann dann beurteilt werden, ob diese Handlungen im Rahmen einer Auftragsdatenverarbeitung erfolgen. Dies kann jedoch nur anhand einer Einzelfallbetrachtung entschieden werden, wobei gerade die Entscheidungsbefugnis über den Umgang mit den Daten das entscheidende Abgrenzungskriterium ist.[732] Für die Annahme einer Auftragsdatenverarbeitung ist es jedenfalls unerheblich, dass nur einzelne Phasen eines Datenumgangs ausgelagert werden, andere jedoch beim Auftragnehmer verbleiben.[733]

Eine derart präzise Trennung der Handlungen von Cloud-Nutzer und Cloud-Anbieter ist auch unumgänglich. Denn nur, wenn der jeweilige Datenumgang dem Cloud-Anbieter zugeordnet werden kann, vermag die Frage, ob der Cloud-Anbieter den ihm durch ein etwaiges Auftragsverhältnis auferlegten Pflichtenkatalog überschreitet und damit selbst zur verantwortlichen Stelle wird[734], beantwortet werden.

---

731 So etwa *Müthlein*, RDV 1993, 165 (167 f.).
732 *Gola/Schomerus*, in: Gola/Schomerus, § 11 Rn. 9.
733 *Gola/Schomerus* in: Gola/Schomerus § 11 Rn. 7; *Plath*, in: Plath § 11 Rn. 22; *Petri* in: Simitis, § 11 Rn. 12.
734 Vgl. D.III.1.b)aa)(1)(b).

D. Datenschutzrecht

Klassische datenschutzrechtlich relevante Handlungen des Cloud-Anbieters sind im Einzelnen die Synchronisation von Daten mit dem Endgerät des Nutzers sowie die Erhebung von für die Cloud-Funktion benötigten personenbezogenen Daten.[735] Der Cloud-Anbieter wird zudem bei der Anfertigung von Datensicherung aktiv.[736] Im Regelfall folgt der Cloud-Anbieter hierbei auch den Weisungen des Cloud-Nutzers, da er bezüglich des vom Nutzer verfolgten Zwecks in unterstützender Weise und in dessen Interesse[737] tätig wird und Zugriff auf die involvierten Daten erhält. Insoweit wäre auch der differenzierenden Ansicht zuzustimmen, dass es sich hierbei um eine Auftragsdatenverarbeitung handelt.

Allerdings – und das wird verkannt – ist auch die schlichte Zurverfügungstellung der Cloud-Architektur grundsätzlich Teil einer Auftragsdatenverarbeitung. Da das Cloud Computing auf eine schnelle und bedarfsorientierte Skalierbarkeit zugeschnitten ist, muss die Flexibilität auch durch einen stetigen und zumeist ohne Wissen des Nutzers erfolgenden Datenfluss gewährleistet werden. Dies bedeutet, dass die bloße Bereitstellung einer funktionierenden Cloud-Umgebung untrennbar mit einem Datenfluss, und somit mit zahlreichen Speicherungsvorgängen seitens des Cloud-Anbieters, verknüpft ist. Auch in diesem Fall ist das von Vertretern der differenzierenden Meinung geforderte Element eines tatsächlichen Zugriffs seitens des Beauftragten erfüllt. Selbst bei einem vollkommen automatisierten Datenfluss ist von einem unmittelbaren Zugriff des Cloud-Anbieters auf diese Daten auszugehen, da nur der Anbieter die für die Cloud-Architektur nötigen Datenverschiebungen steuern und beaufsichtigen kann. Hier liegt insoweit auch der Unterschied zum reinen, nicht Cloud-basierten Hosting, bei dem Skalierbarkeitserwägungen gerade keine Rolle spielen. Indem der Cloud-Nutzer die Cloud-Architektur in Anspruch nimmt, unterstellt er den Anbieter samt der von ihm vorgenommenen Datenbewegungen seiner eigenen Entscheidungsbefugnis. Dass diese Prozesse ohne konkretes Wissen und ohne Zugriffsmöglichkeit des Nutzers erfolgen, ist dabei irrelevant. Der Auftragnehmer ist insoweit frei, wie er den Vorgaben und Weisungen des Auftraggebers gerecht wird.

Somit ist festzuhalten, dass, selbst wenn sich die Aufgabe des Cloud-Anbieters nur auf die Bereitstellung der Cloud-Dienste beschränkt und er

---

735 Vgl. D.III.1.a)bb)(1)(b).
736 Vgl. D.III.1.a)bb)(2)(a).
737 Artikel-29-Datenschutzgruppe, WP 169 (00264/10/DE), S. 31.

keine darüberhinausgehenden Tätigkeiten übernimmt, im Grundsatz von einer Auftragsdatenverarbeitung ausgegangen werden kann. Auf eine Unterscheidung zwischen konkreten in Anspruch genommen Cloud-Ebenen kommt es deshalb auch nicht an.[738]

Der Cloud-Anbieter ist somit grundsätzlich weder beim Handeln des Cloud-Nutzers noch bei eigenen, regelmäßig im Auftrag erfolgenden Handlungen als verantwortliche Stelle anzusehen, und zwar auch dann nicht, wenn er zwar weisungsgebunden handelt, jedoch die für die Auftragsdatenverarbeitung normierten Voraussetzungen von § 11 Abs. 2 BDSG nicht erfüllt sind. Diese mögen zwar für den Auftraggeber selbst konstitutiv sein[739] und können sich auf die Zulässigkeit einer etwaigen Bekanntgabe von Daten an den Cloud-Anbieter auswirken. Die im Sinne von Art. 2 lit. d S. 1 DSRL über die »Zwecke und Mittel« des Umgangs mit personenbezogenen Daten entscheidende Stelle bleibt allerdings auch in solchen Fällen der Cloud-Nutzer.[740] Der Cloud-Anbieter wird nur dann als verantwortliche Stelle anzusehen sein, wenn er das Auftragsverhältnis mit dem Cloud-Nutzer überschreitet und personenbezogene Daten für eigene Zwecke verarbeitet.[741] Eine solche Konstellation wird jedoch die Ausnahme darstellen.

(2) Stellung des Cloud-Nutzers

Der Cloud-Nutzer nimmt im Rahmen des Cloud Computings regelmäßig die Funktion einer verantwortlichen Stelle i.S.v. § 1 Abs. 5 i.V.m. § 3 Abs. 7 BDSG ein.[742] Denn er ist grundsätzlich entweder aktiv in die Ent-

---

738 Im Übrigen ist prominenten Cloud-Diensten immanent, dass der Cloud-Anbieter auch unabhängig vom Datenfluss auf jeder Cloud-Ebene einen Zugriff auf Daten erlangt, indem er Sicherungskopien anfertigt, vgl. D.III.1.a)bb)(2)(a).
739 Vgl. D.III.2.a).
740 So im Ergebnis auch *Kroschwald*, ZD 2013, S. 388 (392); vgl. auch *Funke/Wittmann*, ZD 2013, S. 221 (222 f.), die jedoch entgegen der hier vertretenen Auffassung dem ständigen Datenfluss innerhalb der Cloud keine datenschutzrechtliche Relevanz zuschreiben.
741 Artikel-29-Datenschutzgruppe, WP 196 (01037/12/DE), S. 10; bezüglich Hosting bereits dies., WP 169 (00264/10/DE), S. 31; *Kroschwald*, ZD 2013, S. 388 (392/393); *Pötters*, NZA 2013, S. 1055 (1056).
742 *Pötters*, NZA 2013, S. 1055 (1056); *Eckhardt*, IM 25 (2010) 4, S. 55 (59); *Weichert*, DuD 2010, S. 679 (682); ähnlich Artikel-29-Datenschutzgruppe, WP 196 (01037/12/DE), S. 9 f.

D. Datenschutzrecht

scheidung über den Umgang mit personenbezogenen Daten involviert oder lässt den Cloud-Anbieter bewusst handeln.[743] Auch wenn für den Cloud-Nutzer Personen tätig werden, die im Rahmen seines Einflussbereichs mit personenbezogenen Daten umgehen, ändert dies nichts an dessen grundsätzlicher Funktion als verantwortliche Stelle.[744]

Die Verantwortlichkeit des Cloud-Nutzers wird im Einzelnen anhand der im Rahmen des Cloud Computings regelmäßig denkbaren Formen des Datenumgangs deutlich.

(a) Verantwortlichkeit für Erhebungen

Ob und wann personenbezogene Daten erhoben werden, liegt grundsätzlich im Belieben des Cloud-Nutzers. Dies gilt selbst dann, wenn im zweiseitigen Verhältnis beispielsweise eine Synchronisation durchgeführt wird und der Cloud-Anbieter eigenhändig die personenbezogenen Daten am Endgerät des Nutzers erhebt. Denn auch hier entscheidet der Nutzer im Sinne der Richtlinie allein über den »Zweck« und das »Mittel« dieser »Verarbeitung«[745], indem er dem Anbieter Erhebungen ausdrücklich oder konkludent erlaubt, sie ermöglicht und geschehen lässt. Das gleiche gilt für Datenerhebungen, die im Rahmen der Diensterbringung anfallen und mitunter gerade für die Diensterbringung seitens des Cloud-Anbieters vorgenommen werden, also etwa im Bereich von Standortdaten und Cookies.[746] Der Cloud-Anbieter übernimmt hierbei regelmäßig die Funktion eines untergeordneten Auftragsdatenverarbeiters i.S.v. § 3 Abs. 7 a.E. und § 11 BDSG.[747]

---

743 Ähnlich *Funke/Wittmann*, ZD 2013, S. 221 (222 f.).
744 *Plath/Schreiber*, in: Plath, § 3 Rn. 68; ähnlich *Dammann*, in: Simitis, § 3 Rn. 234; vgl. bereits D.III.1.b)aa).
745 Ähnlich *Gaul/Koehler*, BB 2011, S. 2229 (2230 f.)
746 Anders *Kroschwald*, ZD 2013, S. 388 (391), der jedoch nicht auf die im Grundsatz dominierende Stellung des Cloud-Nutzers eingeht. Die Erhebung erfolgt jedoch in tatsächlicher Hinsicht »für« den Nutzer, weshalb er sie auch allein zu verantworten hat. Vgl. auch *Dammann*, in: Simitis, § 1 Rn. 227 der bei Tracking-Cookies eine Verantwortlichkeit des Cookie-Anbieters annimmt, was jedoch wegen der besagten dominanten Stellung des Cloud-Nutzers bei Cloud-Sachverhalten gerade nicht zutrifft.
747 Vgl. D.III.1.b)aa)(1).

(b) Verantwortlichkeit für Übermittlungen

Grundsätzlich vorliegende Formen der Übermittlung vom Cloud-Nutzer zum Cloud-Anbieter sind die Weitergabe in ein Drittland sowie der auf eine Synchronisation folgende Transfer von personenbezogenen Daten, die für diesen Zweck bereitgehalten worden sind.[748] Bezüglich beider Formen ist der Cloud-Nutzer die verantwortliche Stelle, bei ersterer durch aktives Tun und bei zweiterer durch die Entscheidung, die Daten zum Abruf bereit zu halten.

(c) Verantwortlichkeit für Speicherungen

Innerhalb der Cloud-Umgebung leitet der Nutzer Speicherungen ein, indem er Daten in die Cloud lädt oder innerhalb der Cloud entstehen lässt. Speicherungshandlungen des Cloud-Anbieters, wie etwa das Anfertigen von Sicherungskopien und der stetige Datenfluss innerhalb der Cloud, unterfallen jedoch auch der Verantwortlichkeit des Cloud-Nutzers, da sie vom Nutzer autorisiert sind, er den Cloud-Anbieter ausgewählt hat und selbst über »Zweck« und »Mittel« des Datenumgangs entscheidet. Der Cloud-Anbieter hingegen handelt hierbei nur auf Weisung.[749]

(d) Verantwortlichkeit für Veränderungen, Sperrungen und Löschungen

Bei der Veränderung, Sperrung sowie der Löschung personenbezogener Daten, die grundsätzlich nur vom Cloud-Nutzer durchgeführt werden, gilt insoweit nichts anderes. Der Nutzer handelt hierbei als verantwortliche Stelle.

(e) Verantwortlichkeit bei Überschreitung des Auftragsverhältnisses durch den Beauftragten

Selbst in dem seltenen Fall, dass der Cloud-Anbieter das Auftragsverhältnis überschreitet und mit personenbezogenen Daten zu eigenen Zwecken

---

748 Vgl. D.III.1.a)bb)(2)(c).
749 Vgl. D.III.1.b)aa)(1).

D. Datenschutzrecht

umgeht, kann sich der Cloud-Nutzer nicht seiner eigenen Verantwortlichkeit entziehen. Denn durch einen Datenumgang betroffene Personen sollen nicht das Risiko der Unklarheit tragen, wann und in welchem Umfang tatsächlich eine Überschreitung des Auftragsverhältnisses erfolgt ist.[750]

(f) Doppelfunktion des Cloud-Nutzers

Nicht selten wird es jedoch vorkommen, dass der Cloud-Nutzer gleichzeitig als verantwortliche Stelle und als Betroffener auftritt, was vor allem im zweiseitigen Verhältnis der Regelfall sein wird, also wenn der Cloud-Nutzer eigene Dateien in die Cloud transferiert oder diese durch den Cloud-Anbieter übertragen lässt. Dass ein Zusammenfallen der Funktionen des Verantwortlichen und des Betroffenen nicht möglich wäre und diese sich gegenseitig ausschlössen, ist dem BDSG nicht zu entnehmen. Dennoch ist der Betroffene in solchen Fällen gerade nicht als verantwortliche Stelle einzustufen[751], da durch einen derartigen Datenumgang das Recht auf informationelle Selbstbestimmung nicht gefährdet wird.[752] Der Gesetzgeber kann und will einen Betroffenen nicht vor einem Umgang mit eigenen personenbezogenen Daten schützen.[753]

(3) Ergebnis

Die oft getätigte Aussage, das Cloud Computing stelle eine Auftragsdatenverarbeitung dar, kann nicht ohne weitere Differenzierung gelten. Sonst würde suggeriert, dass der Nutzer selbst keinen aktiven Anteil am Datenumgang im Rahmen des Cloud Computings hat. Handlungen des Cloud-Nutzers stellen eine »Eigenverarbeitung« und keine Auftragsdatenverarbeitung dar.

---

750 *Jotzo*, S. 84; *Spindler*, in: Spindler/Schuster, § 11 BDSG Rn. 23; wohl auch *Gola/Schomerus*, § 11 BDSG, Rn. 26; der Datenumgang mit personenbezogenen Daten unter Überschreitung des Auftragsverhältnisses ist etwa denkbar, wenn der Cloud-Anbieter die Daten zu Statistik- oder Werbezwecken auswertet.
751 *Ambs*, in: Erbs/Kohlhaas, BDSG § 3 Rn. 33.
752 *Kroschwald*, ZD 2013, S. 388 (393); *Jandt/Roßnagel*, ZD 2011, S. 160.
753 *Dammann*, in : Simitis, § 3 Rn. 226.

Wird hingegen der Cloud-Anbieter tätig, so liegt regelmäßig eine Auftragsdatenverarbeitung vor und zwar auch dann, wenn sich seine Aufgabe auf die bloße Bereitstellung der Cloud-Umgebung und deren reibungslose Funktion beschränkt. Gerade diese Bereitstellung ist mit Blick auf die Aspekte der Flexibilität und Skalierbarkeit von Cloud-Leistungen untrennbar mit zumeist automatisierten Datenbewegungen seitens des Cloud-Anbieters verknüpft. Die dadurch hervorgerufenen Speicherungshandlungen sind im Rahmen der mittelbaren Entscheidungsgewalt des Nutzers grundsätzlich Teil einer Auftragsdatenverarbeitung. Weitere, regelmäßig der Entscheidungs- und Weisungsbefugnis des Cloud-Nutzers unterliegende Auftragshandlungen sind etwa die Synchronisierung der Cloud-Umgebung mit einem Endgerät, bei der Cloud-Nutzung erfolgende Erhebungen etwa von Standortdaten und die Wartung der Cloud-Umgebung mittels Datensicherungshandlungen. Der Cloud-Nutzer ist somit in der Regel für alle stattfindenden Handlungen die verantwortliche Stelle i.S.v. § 3 Abs. 7 BDSG, der Cloud-Anbieter wird hingegen nur als Auftragsdatenverarbeiter tätig.[754] Damit der Cloud-Nutzer allerdings auch die Privilegierung in Anspruch nehmen kann, müssen auch die weiteren Voraussetzungen der Auftragsdatenverarbeitung vorliegen.[755]

bb) Standort des Datenumgangs und der verantwortlichen Stelle

Für die Frage nach der räumlichen Anwendbarkeit des BDSG ist mit Blick auf § 1 Abs. 5 BDSG maßgeblich, in welchem Territorium der Datenumgang erfolgt und an welchem Standort die verantwortliche Stelle belegen ist bzw. sich ihre Niederlassung befindet. Zu diesem Zweck werden mögliche Konstellationen der Cloud-Nutzung dargestellt und anschließend geklärt, an welchem konkreten Ort datenschutzrechtlich relevante Handlungen stattfinden.

---

754 Hierzu vgl. auch Anhang Abb. 7.
755 Hierzu vgl. D.III.2.

D. Datenschutzrecht

(1) Konstellationen

Bei der Nutzung von Cloud-Diensten ist das BDSG in folgenden Konstellationen anwendbar[756]:

- Sofern die verantwortliche Stelle ihren Sitz[757] in Deutschland hat und im Inland mit personenbezogenen Daten umgeht, gilt bereits aufgrund des Territorialitätsprinzips unausgesprochen[758] das BDSG. Dies ist in der Regel der Fall, wenn ein in Deutschland ansässiger Cloud-Nutzer mit eigenen oder fremden personenbezogenen Daten im Inland umgeht.

- Unter richtlinienkonformer Auslegung ist das BDSG anwendbar, sofern eine verantwortliche Stelle vom Sitz bzw. einer Niederlassung in Deutschland aus einen Datenumgang im EU/EWR-Raum vornimmt, ohne dabei auf eine Niederlassung im EU/EWR-Raum zurückzugreifen.[759] Zum gleichen Ergebnis kommt man durch einen Umkehrschluss zu § 1 Abs. 5 S. 1 Hs. 1 BDSG. Als Niederlassungsort kommt der Ort in Betracht, von dem die verantwortliche Stelle mittels einer festen Einrichtung ihre Tätigkeit tatsächlich und effektiv ausübt.[760] Hierbei ist das Handeln einer Person im Sinne einer menschlichen Tätigkeit erforderlich.[761] Allerdings muss weiterhin ein gewisser Grad an Entscheidungsbefugnis vorliegen, die zwar weiter geht als die eines Auftragsdatenverarbeiters, jedoch nicht an die Kompetenzen der ver-

---

756 Hierzu vgl. auch Anhang Abb. 8.
757 Mit »belegen« im Sinne des Gesetzes ist der Sitz der Niederlassung der verantwortlichen Stelle gemeint, *Dammann*, in: Simitis, § 1 Rn. 204; *Gabel*, in: Taeger/Gabel, § 1 Rn. 54.
758 »Mit Blick auf das im BDSG im Übrigen geltende Territorialprinzip […]«, RegE für ein Gesetz zur Änderung des BDSG und anderer Gesetze, BT-Drs. 13/4329, S. 32; *Gabel*, in: Taeger/Gabel, § 1 Rn. 48; *Arning/Haad*, in: Heise Online-Recht, C. II. Rn. 156.
759 *Dammann*, in: Simitis, § 1 Rn. 206; Datenschutz Wiki, § 1 Abs. 5 Teil 1, http://www.bfdi.bund.de/bfdi_wiki/index.php/1_BDSG_Kommentar_Absatz_5_Teil_1; *Jotzo*, MMR 2009, S. 232 (235); so ohne Begründung *Plath*, in: Plath, § 1 Rn. 51; ebenso *Gabel*, in: Taeger/Gabel, § 1 Rn. 56.
760 Erwägungsgrund 19 DSRL; *Gabel*, in: Taeger/Gabel, § 1 Rn. 55.
761 *Dammann*, in: Simitis, § 1 Rn. 203; *Plath*, in: Plath, § 1 Rn. 54/57.

antwortlichen Stelle heranreicht.[762] Verfügt die verantwortliche Stelle indes über mehrere Niederlassungen, so kommt es maßgeblich darauf an, mit welcher Niederlassung der konkrete Datenumgang untrennbar verbunden ist.[763] Sofern der Datenumgang dazu beiträgt, dass die verantwortliche Stelle ihr Angebot an Einwohner eines bestimmten Staates unter Zuhilfenahme einer in diesem Staat gegründeten Niederlassung ausrichten kann, ist gerade an diese Niederlassung anzuknüpfen.[764] Maßgeblich ist hier also ein »faktisches Marktortprinzip«.[765] Ein in Deutschland ansässiger Cloud-Nutzer, der von Deutschland aus mit personenbezogenen Daten im EU/EWR-Raum umgeht, ist damit regelmäßig den Regelungen des BDSG unterworfen.

- Das BDSG ist gemäß § 1 Abs. 5 S. 1 Hs. 2 BDSG anwendbar, wenn die verantwortliche Stelle zwar innerhalb des EU/EWR-Raumes ansässig ist, jedoch von einer inländischen Niederlassung auf deutschem Territorium datenschutzrechtlich relevante Aktivitäten ausübt. Bestehen mehrere Niederlassungen, gilt das für die vorherige Konstellation gesagte. Somit ist bei einem inländischen Datenumgang einer deutschen Niederlassung des im EU/EWR-Raumes ansässigen Cloud-Nutzers das BDSG anwendbar.[766]

- Gemäß § 1 Abs. 5 S. 2 BDSG findet das BDSG Anwendung, sofern eine in einem Drittstaat belegene verantwortliche Stelle im Inland personenbezogene Daten erhebt, verarbeitet oder nutzt. Die gesonderte gesetzliche Normierung hat letztlich nur klarstellende Funktion, da sich diese Folge bereits aus dem, dem BDSG zugrundeliegenden Territorialitätsprinzip ergibt.[767] § 1 Abs. 5 S. 2 BDSG, der auf Art. 4 Abs. 1 lit. c DSRL beruht, weist allerdings Defizite bei der Umset-

---

762 OVG Schleswig NJW 2013, 1977; *Karg*, ZD 2013, S. 371 (374); ähnlich *Plath*, in Plath, § 1 Rn. 60.
763 EuGH GRUR 2014, S. 895 (898 f.).
764 EuGH GRUR 2014, S. 895 (898 f.).
765 *Kühling*, EuZW 2014, S. 527 (531).
766 *Dammann*, in: Simitis, § 1 Rn. 206; *Gola*, in: Hümmerich/Boecken/Düwell, BDSG § 1, Rn. 6.
767 »Mit Blick auf das im BDSG im Übrigen geltende Territorialprinzip […] lediglich deklaratorisch«, RegE für ein Gesetz zur Änderung des BDSG und anderer Gesetze, BT-Drs. 13/4329, S. 32; *Dammann*, in: Simitis, § 1 Rn. 216; ebenso *Gola/Schomerus*, in: Gola/Schomerus, § 1 Rn. 29.

zung auf und ermöglicht einen weiteren Anwendungsbereich, als vom Gesetzgeber ursprünglich intendiert.[768] Gemäß der Richtlinie soll nationales Recht vielmehr nur dann anwendbar sein, wenn der in Drittstaaten niedergelassene Verantwortliche »zum Zwecke der Verarbeitung personenbezogener Daten auf automatisierte oder nicht automatisierte Mittel zurückgreift, die im Hoheitsgebiet des betreffenden Mitgliedstaats belegen sind«. Um eine Universalgeltung des BDSG auszuschließen,[769] muss § 1 Abs. 5 S. 2 BDSG deshalb – vor allem mit Blick auf den ubiquitären Charakter des Internets – in richtlinienkonformer Weise dahingehend verstanden werden, dass bei einem Datenumgang tatsächlich auf »Mittel« zurückgegriffen wird[770]. Es reicht aus, wenn es der im Drittstaat belegenen verantwortlichen Stelle möglich ist, auf das »Mittel« Einfluss zu nehmen.[771] Auch der Auftragsdatenverarbeiter selbst kann daher als ein solches »Mittels« qualifiziert werden.[772] Zudem können Endgeräte wie PCs und Smartphones von Betroffenen »Mittel« darstellen.[773] So ist beispielsweise das Erheben von Daten mittels Cookies[774] auf dem Endgerät eines Betroffenen ein Rückgriff auf »Mittel«.[775] Im gleichen Sinne wird Einfluss auf ein »Mittel« genommen, wenn Daten auf dem Endgerät eines Betroffenen mit solchen auf Cloud-Servern abgeglichen und synchronisiert und somit erhoben[776] werden. Gerade für die Erbringung von Cloud-Diensten ist weiterhin relevant, dass auch der Einsatz von Servern zum Umgang mit personenbezogenen Daten ein »Mittel« i.S.v. Art. 4

---

768 *Plath*, in: Plath, § 1 Rn. 62; *Dammann*, in: Simitis, § 1 Rn. 218 f.; *Karg*, ZD 2013, S. 371 (373).
769 *Dammann*, in: Simitis, § 1 Rn. 218 f.
770 *Plath*, in: Plath, § 1 Rn. 62; *Dammann*, in: Simitis, § 1 Rn. 218 f.; *Karg*, ZD 2013, S. 371 (373); *Piltz*, K&R 2013, S. 413 (415); Datenschutz Wiki, http://www.bfdi.bund.de/bfdi_wiki/index.php/1_BDSG_Kommentar_Absatz_5_Teil_2.
771 Artikel-29-Datenschutzgruppe, WP 179 (0836-02/10/DE), S. 25; *Dammann*, in: Simitis, § 1 Rn. 220; *Plath*, in: Plath, § 1 Rn. 64.
772 Artikel-29-Datenschutzgruppe, WP 179 (0836-02/10/DE), S. 25; *Gabel*, in: Taeger/Gabel, § 1 Rn. 58; *Plath*, in: Plath, § 1 Rn. 64.
773 *Plath*, in: Plath, § 1 Rn. 66.
774 Vgl. D.III.1.a)bb)(1)(b).
775 *Plath*, in: Plath, § 1 Rn. 66.
776 Vgl. D.III.1.a)bb)(1)(b).

Abs. 1 lit. c DSRL darstellt[777]. Nimmt also ein in einem Drittstaat ansässiger Cloud-Nutzer einen Datenumgang durch Rückgriff auf »Mittel« in Deutschland vor, ist das BDSG einschlägig.

In folgenden Fällen findet das BDSG hingegen keine räumliche Anwendung:

- Unter Einbeziehung der Grundsätze der DSRL ist das BDSG nicht anwendbar, sofern eine verantwortliche Stelle mit Sitz in Deutschland im EU/EWR-Raum von einer dort befindlichen Niederlassung aus agiert.[778] Dies ergibt sich auch aus einem Umkehrschluss zu § 1 Abs. 5 S. 1 Hs. 2 BDSG. Bestehen mehrere Niederlassungen, so ist auf diejenige abzustellen, mit der der Datenumgang untrennbar verknüpft ist.[779] Der Cloud-Nutzer, der zwar in Deutschland ansässig ist, den Datenumgang im EU/EWR-Raum jedoch von einer Niederlassung vor Ort vornimmt, ist somit nicht Adressat des BDSG.

- Hat die verantwortliche Stelle ihren Sitz im EU/EWR-Raum und geht sie ohne Rückgriff auf eine inländische Niederlassung mit personenbezogenen Daten im Inland um, ist das BDSG aufgrund des Sitzprinzips gemäß § 1 Abs. 5 S. 1 Hs. 1 BDSG nicht anwendbar.[780] Für Cloud-Nutzer aus dem EU/EWR-Raum, die einen Datenumgang vornehmen, ohne auf eine deutsche Niederlassung zurückzugreifen, gelten die Vorschriften des BDSG damit nicht.

- Handelt die verantwortliche Stelle mit Sitz in Deutschland ausschließlich in einem Drittstaat, so gilt das BDSG im Einklang mit dem Territorialitätsprinzip nicht.[781] Ist der Cloud-Nutzer also in Deutschland ansässig, so ist, wenn der Datenumgang in einem Drittstaat erfolgt, das BDSG nicht einschlägig.

---

777 Artikel-29-Datenschutzgruppe, WP 148 (00737/DE), S. 12; *Kuan/Hörnle/Millard*, S. 14; *Plath*, in: Plath, § 1 Rn. 66; *Giedke*, S. 208.
778 *Dammann*, in: Simitis, § 1 Rn. 206.
779 Vgl. Fn. 763.
780 *Gola/Schomerus*, in: Gola/Schomerus, § 1 Rn. 27; *Gola*, in: Hümmerich/Boecken/ Düwell, BDSG § 1 Rn. 5.
781 So ohne weitere Begründung *Plath*, in: Plath, § 1 Rn. 51.

D. Datenschutzrecht

(2) Konkreter Ort des Datenumgangs

Die räumliche Anwendbarkeit des BDSG wird mitunter auch vom konkreten Ort des Datenumgangs bestimmt. Werden Cloud-Dienste eingesetzt, muss daher auch erörtert werden, an welchen Orten es in diesem Rahmen zu einem Datenumgang kommen kann. Umgangsort ist insoweit immer der Standort der betroffenen Daten und nicht der Ort, von dem der Umgang veranlasst oder gesteuert wird.[782] Hierbei ist es zweckmäßig, zwischen den jeweiligen Umgangsarten zu unterscheiden.

Beschafft sich der Cloud-Anbieter personenbezogene Daten etwa durch eine automatische Synchronisation zwischen dem Endgerät des Nutzers und den Cloud-Servern, so kommt als Ort dieser Erhebung der Ort der jeweiligen Datenquelle in Betracht,[783] auf die der Cloud-Anbieter letztlich ohne weitere Interaktion des Nutzers zugreift. Sind vom Datenumgang zwischen Nutzer und Anbieter weitere Personen betroffen, ist zudem relevant, an welchem Ort der Nutzer die personenbezogenen Daten erhoben hat, welche letztlich ihren Weg in die Cloud-Umgebung finden. Denkbar ist auch eine Erhebung außerhalb der Cloud-Umgebung mit anschließendem Transfer in die Architektur ohne Anteil des Cloud-Anbieters oder gar eine direkte Erhebung durch den Cloud-Anbieter. In jedem Fall ist bei Zugrundelegung des Erhebungsbegriffs[784] der Ort maßgeblich, an dem tatsächlich von personenbezogenen Daten Kenntnis erlangt bzw. an dem eine Verfügung über diese begründet wird. Wenn der Cloud-Nutzer die Speicherung personenbezogener Daten innerhalb der Cloud veranlasst, Veränderungen hieran vornimmt, diese sperrt oder gar löscht, erfolgen diese Handlungen allesamt auf der vom Cloud-Anbieter genutzten Server-Architektur und somit an den Standorten der jeweiligen Server. Selbiges gilt für Speicherungshandlungen des Cloud-Anbieters, die bei der Synchronisation und dem stetigen Datenfluss stattfinden. Eine Übermittlung personenbezogener Daten erfolgt hingegen regelmäßig nur durch den Nutzer,[785] und zwar an die Cloud-Server. Der Ort der Übermittlungshandlung bestimmt sich in solchen Fällen nach dem Standort des Endgerätes, welches zur Bekanntgabe eingesetzt wird.

---

782 *Gusy*, in: Wolff/Brink, § 1 Rn. 104.
783 So auch *Jotzo*, MMR 2009, S. 232 (236).
784 Vgl. D.III.1.a)bb)(1).
785 Vgl. D.III.1.a)bb)(2)(c).

(3) Problematik länderübergreifender Cloud-Architekturen

Findet innerhalb von Cloud-Architekturen, die nicht nur in einem einzigen Land verortet sind, sondern denen ein länderübergreifender Verbund von Servern[786] zugrunde liegt, ein Umgang mit personenbezogenen Daten statt, so muss zur sicheren Ermittlung der räumlichen Anwendbarkeit des BDSG auch der konkret in Anspruch genommene Serverstandort jederzeit bestimmbar sein. Gerade in diesem Punkt stößt das BDSG jedoch an seine Grenzen.

(a) Problemaufriss

Der gesetzlich vorgesehenen Anknüpfung an den Ort des Datenumgangs liegt die Wertung zugrunde, dass der Standort personenbezogener Daten zu jeder Zeit feststellbar ist.[787]

Sofern außerhalb der Cloud-Architektur automatisierte Handlungen mit und an personenbezogenen Daten vorgenommen werden, stellt die Bestimmung des jeweiligen Umgangsortes grundsätzlich kein Problem dar, da in der Regel auf ein bestimmbares Endgerät abgestellt werden kann. Der Umgangsort bleibt dann entweder konstant und unverändert oder ist zumindest jederzeit ermittelbar.

Ganz anders verhält es sich jedoch beim Cloud Computing, bei dem der Großteil des Datenumgangs innerhalb der »Wolke« stattfindet[788]. Dies birgt, wenn die räumliche Anwendbarkeit bei länderübergreifenden Cloud-Architekturen bestimmt werden soll, ein technisch bedingtes Problem. Es gehört nämlich zu den Charakteristika des Cloud Computings, dass Daten nicht dauerhaft an einem einzigen Ort fixiert werden. Der Speicherort der Daten innerhalb der Cloud ist gerade aus Gründen der Flexibilität und Skalierbarkeit grundsätzlich nicht konstant und kann sich innerhalb von wenigen Millisekunden ändern[789]; an welchem Ort im Einzelfall ein Datum abgespeichert ist, richtet sich vielmehr danach, wo gera-

---

786 Also Server, die in mindestens zwei der Regionen Deutschland, EU/EWR-Raum und Drittstaaten installiert worden sind.
787 *Spies*, MMR 2009, S. XI (XI f.); *Gusy*, in: Wolff/Brink, § 1 Rn. 105.
788 Vgl. D.III.1.a)bb).
789 *Spies*, MMR 2009, S. XI (XII); so auch *Nägele/Jacobs*, ZUM 2010, S. 281 (289).

D. Datenschutzrecht

de Kapazitäten frei geworden sind.[790] Hinzu kommt, dass auch die Bewegung der Daten regelmäßig nur schwierig nachzuvollziehen und dies technisch nicht immer möglich ist.[791] Selbst der Cloud-Anbieter wird selten Kenntnis vom momentanen Standort der Nutzerdaten haben.[792]

Diese Unklarheiten können weitreichende Folgen haben. So ist es denkbar, dass sich ein deutsches Gericht deshalb für unzuständig erklärt, weil nicht genügend Beweise für einen Datenumgang innerhalb dessen Zuständigkeitsbereich vorliegen.[793] Betroffene Personen würden dann womöglich um ihren Rechtsschutz gebracht, obwohl sich die Gefahren des Umgangs mit ihren personenbezogenen Daten bereits verwirklicht haben und sie in keinem Rechtssystem ihre Rechte adäquat geltend machen könnten. Auf der anderen Seite könnte es zu der bedenklichen Situation kommen, dass sich nur bestimmte Gerichte für zuständig erklären und dieser Umstand von Cloud-Nutzern systematisch zum eigenen Vorteil ausgenutzt wird (sog. »Forum-Shopping«).[794]

Die Schwierigkeiten bei der Bestimmung der genutzten Server bei länderübergreifenden Clouds werden zusätzlich verschärft, wenn Cloud-Anbieter auf komplizierte Archivierungssysteme zurückgreifen. Es ist nicht unüblich, dass Daten auf der Speicherebene von Cloud-Architekturen wie etwa dem Google File System in mehrere Fragmente unterteilt werden.[795] Die Fragmente werden dann auf verschiedenen sogenannten »Chunkservern« gespeichert und können nur über einen »Master Server« als Ganzes angefordert werden.[796] Solche Datenfragmente mögen zwar für den Cloud-Nutzer virtuell ein einheitliches Datum darstellen. In der Realität können jedoch eine Vielzahl von Datenteilen entstehen,[797] die für sich allein genommen auch einen Personenbezug aufweisen können.[798]

---

790 Vgl. A.I.2.c).
791 *Niemann/Paul*, K&R 2009, S. 444 (448).
792 *Söbbing*, MMR 2008, S. XII (XIV); *Nägele/Jacobs*, ZUM 2010, S. 281 (289).
793 *Spies*, MMR 2009, S. XI (XII); so auch *Nägele/Jacobs*, ZUM 2010, S. 281 (289).
794 *Spies*, MMR 2009, S. XI (XII); so auch *Nägele/Jacobs*, ZUM 2010, S. 281 (289).
795 https://cloud.google.com/files/Google-CommonSecurity-WhitePaper-v1.4.pdf, S. 5.
796 *Ghemawat/Gobioff/Leung*, S. 2; *Strickland*, S. 3.
797 So wohl auch *Funke/Wittmann*, ZD 2013, S. 221 (222).
798 Legt man der Frage, ob auch derartige isolierte Fragmente überhaupt personenbezogene Daten darstellen können, den herrschenden weiten Begriff des Personenbezugs (vgl. D.III.1.a)aa)) zu Grunde, dann müsste jedes noch so kleine Datenfragment ein datenschutzrechtlich relevantes Datum darstellen. Dies ist auch sachgerecht, denn mit der Cloud-Architektur und insbesondere den die Daten-

Basiert die Cloud-Architektur auf Servern in mehreren Ländern, könnte dies zur Folge haben, dass Betroffene ihre Rechte dann in mehreren, womöglich nicht feststellbaren Rechtsregimen geltend machen müssten.[799] Auf der anderen Seite könnten sich Cloud-Nutzer durch die Fragmentierung einer Vielzahl von gesetzlichen Verpflichtungen gegenübersehen, obwohl sie letztlich nur einen einheitlichen Cloud-Dienst in Anspruch nehmen.

Die Ungewissheit hinsichtlich des anwendbaren Datenschutzrechts kann ein Hemmnis für die Ausschöpfung des wirtschaftlichen Potenzials des Cloud Computings darstellen, wenn Unternehmen, die eigentlich von Cloud-Diensten profitieren könnten, wegen Zweifeln über gesetzliche Pflichten auf deren Einsatz verzichten würden. Vor allem die Möglichkeiten der Einsparung von Zeit und Kosten könnten so nicht ausgeschöpft werden. Zudem würde die Innovationsfähigkeit der stetig wachsenden Cloud-Industrie – von der im Übrigen auch andere Industriezweige und insbesondere die Allgemeinheit profitieren – beschnitten. Auf der anderen Seite könnten sich Cloud-Anbieter einem gewissen Zwang ausgesetzt sehen, eingesetzte Cloud-Architekturen nicht auf verschiedene Länder zu erstrecken, etwa um es Cloud-Nutzern zu ermöglichen, nur Vorschriften eines einzigen Datenschutzregimes beachten zu müssen. Dies wäre insbesondere dann misslich, wenn es eigentlich wirtschaftlich sinnvoll wäre, Server-Architekturen in verschiedenen Ländern zu betreiben oder wenn äußere Umstände, wie etwa das Klima oder die politische bzw. wirtschaftliche Stabilität eines Landes hierfür sprächen.

Mit Blick auf die Problematik der notwendigen Serverermittlung bei länderübergreifenden Clouds ist es daher geboten, für alle Beteiligten ei-

---

fragmente verwaltenden und einen Zugriff ermöglichenden Rechnern sind Mittel vorhanden, welche im Sinne von Erwägungsgrund 26 DSRL »von dem Verantwortlichen für die Verarbeitung [...] eingesetzt werden könnten, um die betreffende Person zu bestimmen.« Sobald nämlich ein Datenfragment eine mit dem Gesamtdatum so untrennbare Verbindung hat, dass ohne das Fragment das Gesamtdatum nicht mehr existieren kann oder nicht mehr mit dem gleichen Informationsgehalt ausgestattet ist, hat es einen Anteil an der Bestimmbarkeit einer Person. Hinzu kommt, dass durch die Fragmentierung auch die Verfügbarkeit von Daten erhöht wird und Betroffene damit noch weiter dem Risiko von Interessenbeeinträchtigungen ausgesetzt sein können.

799 In diese Richtung wohl *Spies*, MMR 2009, S. XI (XI); *Nägele/Jacobs*, ZUM 2010, S. 281 (289).

D. Datenschutzrecht

nen Zustand von Rechtssicherheit herzustellen und der Gefährdung des wirtschaftlichen Potenzials des Cloud Computings entgegenzuwirken.

(b) Lösungsansätze

Die bei länderübergreifenden Clouds bestehenden Schwierigkeiten treten deshalb zu Tage, da der technikneutral ausgestaltete[800] »one-size-fits-all«-Ansatz des BDSG für moderne Technologien keine Antwort parat hat. Das BDSG entstammt vielmehr einer Epoche, in der es noch notwendig war, den Standort jedes Datenumgangs zu kennen. Dieses Erfordernis ist jedoch durch die weitestgehende Automatisierung und Virtualisierung größtenteils entfallen. Die Schwierigkeiten bei der Bestimmung der räumlichen Anwendbarkeit des BDSG können letztlich nur durch andere Faktoren als den Ort des Datenumgangs überwunden werden. Im Folgenden sollen deshalb denkbare Lösungsansätze beleuchtet werden.

(aa) Vertragliche Rechtswahl zwischen Betroffenem und verantwortlicher Stelle

Sofern es dem Betroffenen und der verantwortlichen Stelle möglich wäre, das anwendbare Datenschutzrechtsregime durch eine vertragliche Rechtswahl zu bestimmen, könnten Zweifel bei der Anwendbarkeit des BDSG zum Teil ausgeräumt werden. Obschon an der Effektivität eines derartigen Vorgehens im täglichen Wirtschaftsverkehr gezweifelt werden kann – denn es geht ja um den Abschluss eines zusätzlichen Vertrages, der keinerlei Bezug zum Cloud-Vertrag zwischen Cloud-Anbieter und Cloud-Nutzer aufweist – scheint es nicht völlig ungeeignet, in einem gewissem Maß Rechtssicherheit hinsichtlich datenschutzrechtlicher Rechte und Pflichten zu schaffen.

Zur Frage, ob eine vertragliche Wahl des Datenschutzregimes möglich ist, werden divergierende Ansätze vertreten. Einer Auffassung nach stehe es den beteiligten Parteien bei einem grenzüberschreitenden Bezug frei, für ihr Rechtsverhältnis statt etwa dem deutschen Datenschutzrecht das Regime eines anderen Staates für maßgeblich zu vereinbaren. Das Daten-

---

800 *Pötters*, NZA 2013, S. 1055 (1055).

schutzrecht solle demnach dem Grundsatz der freien Rechtswahl gemäß Art. 3 Abs. 1 Rom-I-VO unterfallen.[801] Auf der anderen Seite wird plädiert, dass § 1 Abs. 5 BDSG eine Eingriffsnorm i.S.v. Art. 9 Rom-I-VO darstelle.[802] Wäre dies der Fall, dann hätte eine Rechtswahl keine Auswirkungen; das gesetzlich vorgegebene Rechtsregime würde zwingend anwendbar bleiben.[803] Somit ist zu klären, ob § 1 Abs. 5 BDSG tatsächlich ein Eingriffscharakter zukommt.

Gemäß Art. 9 Abs. 3 Rom-I-VO sind für die Frage, ob eine Eingriffsnorm vorliegt, Art und Zweck der Norm sowie deren Folgen als relevante Faktoren zu berücksichtigen. Solche zwingenden Normen sind vor allem Vorschriften mit wirtschaftspolitischer Natur,[804] insbesondere Verbots- und Gebotsgesetze, die Auswirkungen auf private Rechtsverhältnisse haben oder Handlungen der Vertragserfüllung unter Strafe stellen.[805] Gemäß Art. 9 Abs. 1 Rom-I-VO muss die Einhaltung der konkreten Vorschrift von einem Staat als entscheidend für die Wahrung seines öffentlichen Interesses angesehen werden. Es ist hierbei nach dem Telos des Gesetzes zu erörtern, ob auch vertragliche Verhältnisse mit Auslandsbezug von der Norm erfasst werden sollen.[806] Ein Kriterium für ein öffentliches Staatsinteresse ist beispielsweise anzunehmen, wenn der betreffende Staat mit hoheitlichen Mitteln für die Einhaltung der jeweiligen Norm Sorge trägt.[807] Sofern die Norm auf der Umsetzung einer EU-Richtlinie beruht, sind für die Ermittlung des Staatsinteresses sowohl die Intention des nationalen Gesetzgebers als auch des supranationalen Gesetzgebers maßgebliche Anhaltspunkte.[808]

---

801 LG Berlin, K&R 2012, S. 300 (302); *Härting*, CR-Online, 25.7.2013; *Polenz*, VuR 2012, S. 207.
802 *Pfeiffer/Weller/Nordmeier*, in: Spindler/Schuster, 4. Teil A. Kap. II Art. 9 Rn. 17; *Barnitzke*, S. 102 ff.; *Piltz*, K&R 2013, S. 292 (296); wohl auch *Trusted Cloud*, Vertragsgestaltung, S. 12; nur bezüglich § 1 Abs. 5 S. 2 BDSG *Piltz*, K&R 2012, S. 640 (643 ff.); generell von Datenschutzbestimmungen sprechend *Stimmel*, GRUR Int 2010, S. 783 (791).
803 *Staudinger*, in: Ferrari u.a., VO (EG) 593/2008 Art. 8 Rn. 1; *ders.*, in: Schulze u.a., VO (EG) 593/2008 Artikel 9 Rn. 1.
804 *Schönbohm*, in: Rolfs/Giesen/Kreikebohm/Udsching, VO (EG) 593/2008 Art. 9 Rn. 4.
805 *Martiny*, in: MüKo BGB, VO (EG) 593/2008 Art. 9 Rn. 11.
806 *Spickhoff*, in: Bamberger/Roth, VO (EG) 593/2008 Rn. 10; *Martiny*, in: MüKo BGB, VO (EG) 593/2008 Art. 9 Rn. 13.
807 *Martiny*, in: MüKo BGB, VO (EG) 593/2008 Art. 9 Rn. 20.
808 *Staudinger*, in: Schulze u.a., VO (EG) 593/2008 Artikel 9 Rn. 6.

D. Datenschutzrecht

§ 1 Abs. 5 BDSG, der die Anwendbarkeit deutschen Datenschutzrechts regelt, wurde vom deutschen Gesetzgeber in ein Sanktionssystem mit Bußgeld- und Strafvorschriften[809] eingebettet. Dies ist ein Indiz für die gesetzgeberische Intention, dass deutsches Datenschutzrecht nicht durch abweichende Parteivereinbarung ausgehebelt werden soll.[810] Hinzu kommt, dass gemäß Erwägungsgrund 7 und 8 der DSRL Unterschiede in den Datenschutzniveaus der Mitgliedstaaten ein Hemmnis für den gemeinsamen Binnenmarkt darstellen können. Aus diesem Grund wurde eine Harmonisierung der mitgliedstaatlichen Datenschutzvorschriften als notwendig erachtet. Es stünde jedoch dem Ziel der Angleichung der mitgliedstaatlichen Rechtsniveaus entgegen, wenn der angeglichene Schutz durch private Vereinbarungen wieder ausgehebelt werden könnte. Denn sonst könnte ein Flickenteppich unterschiedlicher anwendbarer Rechtsregime entstehen, die den, der DSRL zugrundeliegenden Erwägungen komplett entgegenstünde.

Ebenso ergibt sich die Unabdingbarkeit von § 1 Abs. 5 BDSG aus der Vorschrift des Art. 4 DSRL, der von den Mitgliedstaaten die Anwendung der Vorschriften der Richtlinie auf alle Verarbeitungen personenbezogener Daten verlangt.[811] Dies wird durch den klaren Wortlaut von Erwägungsgrund 18 untermauert,[812] der besagt, dass »auf jede in der Gemeinschaft erfolgte Verarbeitung personenbezogener Daten die Rechtsvorschriften eines Mitgliedstaats angewandt werden« müssen, damit »der gemäß dieser Richtlinie gewährleistete Schutz« einer Person nicht vorenthalten wird. Dadurch kommt § 1 Abs. 5 BDSG der Charakter einer Eingriffsnorm gemäß Art. 9 Abs. 1 Rom-I-VO zu. Eine Wahl des Datenschutzregimes durch vertragliche Vereinbarung ist somit nicht möglich. Erst Recht gilt dies, wenn bei länderübergreifenden Clouds noch nicht einmal zweifelsfrei ausgeschlossen werden kann, dass die Möglichkeit der räumlichen Anwendbarkeit des BDSG besteht.

Somit kann eine vertragliche Rechtswahl keine Lösung für die Schwierigkeiten bei der Ermittlung des einschlägigen Datenschutzregimes im Rahmen des Cloud Computings darstellen.

---

809 Vgl. §§ 43 und 44 BDSG.
810 In diese Richtung *Piltz*, K&R 2012, S. 640 (644).
811 So auch *Piltz*, K&R 2012, S. 640 (643).
812 *Härting*, CR-Online, 25.07.2013.

(bb) Vereinbarungen zwischen Cloud-Nutzer und Cloud-Anbieter

Eine andere Möglichkeit wäre es, der Allgegenwärtigkeit des Cloud Computings dadurch zu begegnen, dass Anbieter und Nutzer etwa im Cloud-Vertrag mitregeln, dass Daten nur derart an Server transferiert und gespeichert werden, dass sich der Ort des Umgangs in irgendeiner Weise feststellen und nachvollziehen ließe.[813] Tatsächlich bestehen in der Praxis bereits entsprechende funktionierende Modelle, welche die Schwierigkeiten der Serverermittlung abmildern können und Cloud-Nutzern wie auch Betroffenen helfen, ihre maßgeblichen Rechte und Pflichten zu kennen. Beispielsweise kann der Kunde beim Storage Service Amazon S3 den Speicherort seiner Daten wählen und damit bestimmen, ob diese etwa in den USA oder in der EU verbleiben. So wird bei Auswahl des Gebietes der EU nur auf Server in Irland oder Frankfurt zurückgegriffen.[814] Das Unternehmen IBM bietet entsprechend an, Cloud-Dienste auf deutsche Rechenzentren zu beschränken.[815]

Ein solcher Ansatz ist jedoch nur dann praktikabel, wenn tatsächlich sichergestellt werden kann, dass sich die Cloud-Server lediglich in Deutschland, lediglich innerhalb des EU/EWR-Raumes oder lediglich in Drittstaaten befinden. Sobald nämlich auf genutzte Server in mehr als einem dieser Gebiete zurückgegriffen werden kann, ist meistens[816] wieder unklar, welches Datenschutzrecht Anwendung findet, da die Daten stetig und kaum feststellbar umherwandern. Außerdem wird es, sobald sich die Server auf mehr als einem Staatsgebiet befinden, für den Betroffenen nahezu unmöglich, seine Rechte geltend zu machen. Als Lösung eignen sich Vereinbarungen zwischen Cloud-Anbietern und Cloud-Nutzern daher nur bedingt, zumal es von den Parteien abhängig wäre[817], wie sie ihre Vereinbarung

---

813 *Niemann/Paul*, K&R 2009, S. 444 (449).
814 »Kunden haben die Wahl, sämtliche Daten in der EU zu speichern, indem sie die Region EU (Irland) oder EU (Frankfurt) wählen.«, http://aws.amazon.com/de/s3/faqs/.
815 http://ibmexperts.computerwoche.de/sites/default/files/10irrtuemerdescloudcomputingpocketflyerweb09 2012.pdf.
816 Mit Ausnahme des Falles, dass eine inländische verantwortliche Stelle ohne Niederlassungen im Ausland datenschutzrechtlich relevante Handlungen vornimmt und sich die Server sowohl im Inland als auch im EU/EWR-Raum befinden. In diesen Konstellationen gilt das BDSG.
817 Bzw. von dem sich regelmäßig in der stärkeren Verhandlungsposition befindenden Cloud-Anbieter.

D. Datenschutzrecht

über die Server-Standorte konkret ausgestalten. Eine Universalität kann hierdurch nicht erreicht werden.

(cc) Änderungen durch die Datenschutz-Grundverordnung

Möglicherweise könnte der Vorschlag der Europäischen Kommission für eine Datenschutz-Grundverordnung[818] eine Teil-Antwort auf die Anwendbarkeitsschwierigkeiten im Rahmen von Cloud-Diensten darstellen. Denn sollten sich das Europäische Parlament und der Rat zum Erlass der Verordnung durchringen, würden sämtliche mitgliedstaatlichen Datenschutzgesetze nach einer gewissen Übergangsphase nicht mehr zur Anwendung kommen. Vielmehr erlangt die DSGVO gemäß Art. 288 Abs. 1 und 2 AEUV im gesamten Gebiet der EU unmittelbare Geltung.

Positiv erscheint, dass im Vorschlag der Ort des Datenumgangs kaum Berücksichtigung findet.[819] Der Anwendungsbereich der Grundverordnung geht teilweise sogar noch weiter als der des BDSG. Aus Art. 3 Nr. 1 und Erwägungsgrund 19 DSGVO ergibt sich, dass die Verordnung auch dann Anwendung finden kann, wenn der tatsächliche Umgang außerhalb des EU-Raumes stattfindet. Dies ist der Fall, solange entweder der Umgang im Rahmen der Tätigkeit einer in der Union niedergelassenen verantwortlichen Stelle oder eines innerhalb der Union niedergelassenen Auftragsdatenverarbeiters erfolgt. Ist also entweder der Cloud-Nutzer oder der Cloud-Anbieter innerhalb der EU niedergelassen, gilt die Verordnung auch für Verarbeitungen im Drittausland. Auf eine Ermittlung von Serverstandorten kommt es damit nicht mehr an. Auch der Umgang mit Daten von in der Union ansässigen Personen durch einen nicht in der Union ansässigen Cloud-Nutzer kann gemäß Art. 3 Nr. 2 und 3 DSGVO unterfallen, womit es nicht auf den Ort des Datenumgangs ankommt.

Allerdings werden durch den jetzigen Entwurf – trotz der genannten positiven Aspekte – nicht alle Besonderheiten des Cloud Computings be-

---

818 Vorschlag KOM(2012) 11 endgültig, im Folgenden als DSGVO bezeichnet.
819 Dies ist nur bei Art. 3 Nr. 3 DSGVO der Fall, wonach die Verordnung einschlägig ist, wenn ein nicht innerhalb der Union niedergelassener Verantwortlicher an einem Ort, der nach internationalem Recht dem Recht eines Mitgliedstaates unterliegt, einen Datenumgang vornimmt. Als solche Orte kommen gemäß Erwägungsgrund 22 DSGVO etwa diplomatische oder konsularische Vertretungen eines Mitgliedstaates in Betracht.

rücksichtigt. Da der Anwendungsbereich der geplanten Verordnung häufig nicht eröffnet wäre, wenn der Cloud-Nutzer und der Cloud-Anbieter lediglich in einem Drittstaat niedergelassen sind, würden in der Union ansässige Betroffene gegenüber Cloud-gestützten Datenumgängen häufig schutzlos gestellt.

Die Eröffnung des räumlichen Anwendungsbereichs über Art. 3 Nr. 1 DSGVO kommt nämlich in solchen Fällen nicht in Betracht, da der Cloud-Anbieter als verantwortliche Stelle oder der im Auftrag handelnde Cloud-Anbieter keine Niederlassung in der EU betreiben. Selbst wenn die Cloud-Architektur auf innerhalb der Union installierte Server zurückgreifen könnte, stellen diese mangels der Tätigkeit einer Person keine Niederlassung im unionsrechtlichen Sinne dar[820].

Auch Art. 3 Nr. 2 lit. a und b DSGVO, die sich direkt an verantwortliche Stellen in Drittstaaten richten, können in derartigen Konstellationen nicht als Auffangnormen dienen. Die Verordnung gilt nämlich nur dann, wenn der Umgang mit den Daten dazu dient, in der Union ansässigen Betroffenen Waren bzw. Dienstleistungen anzubieten oder deren Verhalten zu beobachten.

Die erste Variante passt dem Wortlaut nach beispielsweise auf den Umgang mit personenbezogenen Daten im Rahmen von Online-Shopping, sozialen Netzwerken oder Kundendiensttätigkeiten.[821] Gerade beim Cloud Computing wird es jedoch nicht immer so sein, dass der Cloud-Nutzer dem Betroffenen etwas anbieten möchte. Beispielsweise bieten Unternehmen aus Drittstaaten, die die personenbezogenen Daten ihrer innerhalb der EU niedergelassenen Zulieferer oder Arbeitnehmer in einer Cloud-Umgebung aufbewahren, diesen nichts an.[822]

Auch die zweite Variante ist bei Cloud-Sachverhalten nicht immer einschlägig. Gemäß Erwägungsgrund 21 DSGVO dient der Datenumgang der »Beobachtung des Verhaltens«, wenn die Internetaktivitäten einer Person »mit Hilfe von Datenverarbeitungstechniken nachvollzogen werden, durch die einer Person ein Profil zugeordnet wird, welches die Grundlage für sie betreffende Entscheidungen bildet oder anhand dessen ihre persönliche Vorlieben, Verhaltensweisen oder Gepflogenheiten analysiert oder vo-

---

820 Artikel-29-Datenschutzgruppe, WP 179 (0836-02/10/DE), S. 15; *Kuan/Hörnle/Millard*, S. 134; *Jotzo*, S. 127.
821 Zum Begriff von Waren und Dienstleistungen vgl. *Wieczorek*, DuD 2013, S. 644 (647); *Klar*, ZD 2013, S. 109 (113).
822 Ähnlich *Hornung/Sädtler*, CR 2012, S. 638 (640).

rausgesagt werden sollen«. Diese Variante passt dem Wortlaut nach beispielsweise auf sog. »Tracking-Cookies«, also kleinen Dateien, die das Nutzerverhalten im Browser nachverfolgen können.[823] Aber auch eingebettete Elemente wie der Facebook Like-Button, welche die Erstellung eines Nutzerprofils darüber ermöglichen, was dem Nutzer gefällt, wären hiervon erfasst.[824] Das Cloud-gestützte Speichern oder Abrufen einer bloßen Aneinanderreihung von Namen und Adressen wird hingegen nicht zwingend dem Aufschluss über konkrete Verhaltensweisen oder Vorlieben eines Betroffenen dienen. Ein Unternehmen, das Kontaktdaten oder E-Mail Korrespondenz seiner Zulieferer oder Arbeitnehmer in die Cloud auslagert, tut dies nicht immer, um deren Verhalten zu beobachten, sondern vielmehr, um einen reibungslosen Geschäfts- und Lohnabrechnungsprozess zu garantieren. Bloße punktuelle Maßnahmen ohne systematischen Charakter stellen gerade keine Verhaltensbeobachtung dar.[825] Die konkrete Abgrenzung, wann ein Datenumgang der »Beobachtung des Verhaltens« eines Betroffenen dient, kann sich zudem im Einzelfall als schwierig erweisen. Verantwortliche Stellen würden deshalb nicht selten versucht sein, einen derartigen Zweck zu verneinen. Weite Auslegungsspielräume bieten sich im Rahmen von Art. 3 Nr. 2 DSGVO aufgrund der eindeutigen und restriktiven Formulierungen auch nicht an.

Dass die DSGVO im Rahmen des Cloud Computings häufig keine Anwendung findet, stellt eine Verkürzung des Rechtsschutzes von Betroffenen gegenüber dem Status quo dar. Denn die persönlichkeitsrechtlichen Risiken des verteilten Rechnens und des stetigen Datenflusses zwischen verschiedenen Cloud-Servern wirken sich auch dann zu Lasten unionsansässiger Betroffener aus, wenn verantwortliche Stellen ohne Rückgriff auf in der EU niedergelassene Cloud-Anbieter Datenumgänge initiieren, die nicht zum Zweck des Anbietens von Waren und Dienstleistungen oder der Verhaltensbeobachtung erfolgen. Dem Entwurf liegt im Vergleich zur DSRL eine unzumutbare Begrenzung des räumlichen Anwendungsbereichs zugrunde, da die DSRL gemäß Art. 4 Abs. 1 lit. c zumindest dann einschlägig wäre, wenn bei dem Datenumgang auf Server innerhalb der Union zurückgegriffen würde.[826]

---

823 *Wieczorek*, DuD 2013, S. 644 (648); *Klar*, ZD 2013, S. 109 (113); zu Tracking-Cookies vgl. *Herbold*, Zeit Online, 13.04.2012.
824 *Hornung*, ZD 2012, S. 99 (102); *Klar*, ZD 2013, S. 109 (113).
825 *Klar*, ZD 2013, S. 109 (113).
826 Vgl. D.III.1.b)bb)(1).

Letztlich würden Betroffene, deren Daten Gegenstand von Cloud-Aktivitäten sind, durch die geplante Grundverordnung in gewissen Konstellationen noch schutzloser gestellt, als es bereits nach geltendem Recht der Fall ist.

(dd) Aufgabe der Anknüpfung an den Ort des Datenumgangs

Da der Ort des Datenumgangs im Rahmen des Cloud Computings kaum jederzeit ermittelt werden kann, ist es geboten, die Frage nach dem räumlichen Anwendungsbereich an stabilere Faktoren zu knüpfen.
So wird beispielsweise ein Konzept vorgeschlagen, bei dem der »Inhaber« personenbezogener Daten sein eigenes nationales Datenschutzrecht unabhängig davon behält, auf welchem Cloud-Server sich die Daten gerade befinden.[827] Dieser Ansatz vereinfacht zwar dem Betroffenen die Geltendmachung seiner Rechte, zumal er mit seinem eigenen Rechtssystem regelmäßig vertrauter sein wird. Nachteilig wäre jedoch, dass je nachdem, woher der Betroffene stammt, die Daten auf den Cloud-Servern nach unterschiedlichen Rechtssystemen behandelt werden müssten.[828] Für den Cloud-Nutzer würde es einen besonders hohen Aufwand bedeuten, wenn die innerhalb der Cloud-Architektur befindlichen Daten Betroffenen verschiedenster Nationalitäten zuzuordnen sind, und er somit eine Vielzahl von Datenschutzvorschriften zu beachten hätte.[829] Sowohl die Praktikabilität als auch die Wirtschaftlichkeit der Nutzung von Cloud-Diensten würde so spürbar eingeschränkt.
Um die widerstreitenden Interessen von Verantwortlichen und Betroffenen angemessen in Einklang zu bringen, wird daher vorgeschlagen, in Fällen, in denen die Anwendbarkeit des BDSG im Rahmen des Cloud Computings nicht ermittelt werden kann, an den Sitz bzw. der aktiv am Umgang beteiligten Niederlassung der »verantwortlichen Stelle«, also regelmäßig des Cloud-Nutzers[830] anzuknüpfen.[831] Eine solche Anknüpfung wäre vorteilhaft, da der Cloud-Nutzer und der Cloud-Anbieter Gewissheit bezüglich ihrer gesetzlichen Rechte und Pflichten erhielten und nicht mit

---

827 *Spies*, MMR 2009, S. XI (XII).
828 *Barnitzke*, S. 161 f.; ähnlich *Spies*, MMR 2009, S. XI (XII).
829 Wohl auch *Spies*, MMR 2009, S. XI (XII).
830 Vgl. D.III.1.b)aa)(2).
831 Ähnlich, jedoch ohne Entscheidung *Weichert*, DuD 2010, S. 679 (687).

D. Datenschutzrecht

einer Vielzahl von anwendbaren Datenschutzvorschriften konfrontiert würden. Allerdings birgt die Verlagerung der Anknüpfung in die Sphäre der verantwortlichen Stelle auch ein Missbrauchspotenzial. Denn ohne weitere Qualifikation bestünde die Gefahr, dass der Cloud-Nutzer seinen Sitz in ein Drittland mit einem geringem Datenschutzniveau legt, um den eigenen Pflichtenkatalog möglichst klein zu halten, obwohl technisch bedingt nicht ausgeschlossen werden kann, dass er eventuell auch einem europäischen Datenschutzregime unterfallen würde. Betroffene würden damit womöglich um die ihnen an den Serverstandorten zustehenden Rechte gebracht.

Deshalb erscheint es sachgemäß, die Anknüpfung an den Sitz bzw. der aktiv handelnder Niederlassung durch ein Korrektiv zu erweitern, dass, wenn nach dieser Anknüpfung das Recht eines Drittstaates anwendbar sein sollte, dieser Drittstaat auch ein angemessenes Schutzniveau aufzuweisen hat. Nur so würde das Niveau der Datenschutzregime an den Serverorten nicht unterlaufen. Derartige Angemessenheitserfordernisse sind dem europäischen Datenschutzrecht auch nicht fremd. Art. 25 Abs. 1 DSRL und § 4 b Abs. 2 S. 2 BDSG stellen die Zulässigkeit einer Übermittlung personenbezogener Daten in ein Land außerhalb des EU/EWR Raumes unter den Vorbehalt eines in dem Zielland vorherrschenden angemessenen Datenschutzniveaus. Wie eine solche Angemessenheit festgestellt werden kann und welche Kriterien maßgeblich sind, wird im Verlauf der weiteren Ausführungen beleuchtet.[832] Weist das Drittland, in dem die verantwortliche Stelle sitzt oder niedergelassen ist, hingegen kein angemessenes Datenschutzniveau auf, ist an die Datenschutzregime aller genutzten Serverstandorte anzuknüpfen.[833] Dies ist sachgerecht, da bereits die bloße Möglichkeit, dass an Serverstandorten in Deutschland oder des EU/EWR-Raumes ein Datenumgang stattfindet, Risiken für das Recht auf informationelle Selbstbestimmung birgt. Die Ungewissheit, ob tatsächlich ein Datenumgang an diesen Orten erfolgt, soll nicht auf den Betroffenen zurückfallen. Die verantwortliche Stelle wird dann zwar womöglich mehreren verschiedenen Rechtssystemen gegenübersehen. Bei der Abwägung der Risiken des Datenumgangs innerhalb einer Cloud-Umgebung und der Beeinträchtigung der Rechte der Betroffenen durch die Ungewissheit be-

---

832 Vgl. D.III.4.b)bb)(2).
833 In diese Richtung *Brennscheidt*, S. 189 ff., die jedoch in jedem Fall an den Standort aller potenziellen Cloud-Server anknüpfen möchte. Dies würde die Interessen von Cloud-Anbietern allerdings zu einseitig tangieren.

züglich der Datenströme auf der einen, mit den Interessen des Cloud-Nutzers auf der anderen Seite, ist dies allerdings verhältnismäßig. Den Interessen des Cloud-Nutzers wird bereits dadurch Genüge getan, dass er primär die Möglichkeit bekommt, sich in einem Land mit angemessenem Datenschutzniveau niederzulassen. Zumindest für komplexe Konstellationen wie dem Cloud Computing wäre eine zusätzliche, die klassischen Anknüpfungspunkte des § 1 Abs. 5 BDSG modifizierende Regelung wünschenswert.

Das BDSG soll im Rahmen des Cloud Computings nach der hier vertretenen Auffassung somit dann anwendbar sein, wenn sich die zur Datenverarbeitung eingesetzten Server in mehr als einer der drei Regionen Deutschland, EU/EWR-Raum und Drittstaaten befinden und

a) wenn die verantwortliche Stelle ihren Sitz oder ihre aktiv handelnde Niederlassung im Inland hat oder

b) wenn die verantwortliche Stelle ihren Sitz oder ihre aktiv handelnde Niederlassung in einem Drittland hat, Cloud-Server im Ausland und Inland betrieben werden und das Drittland kein angemessenes Schutzniveau aufweist.

(c) Ergebnis

Aus der obigen Darstellung wird klar, dass eine unqualifizierte Anknüpfung an den Ort des Datenumgangs gerade bei modernen Technologien keine zufriedenstellende Lösung mehr darstellen kann. Das digitale Zeitalter hat maßgeblich dazu beigetragen, dass der jeweilige Standort eines personenbezogenen Datums an Bedeutung verliert und deshalb auch nicht immer ohne Zweifel festgestellt werden kann. Werden bei der Verarbeitung und Nutzung personenbezogener Daten Cloud-Server in mehr als einer der Regionen Deutschland, EU/EWR-Raum und Drittstaaten eingesetzt, kann eine Anwendbarkeit deutschen Datenschutzrechts zwar möglich, jedoch kaum zweifelsfrei und zu jederzeit feststellbar sein. Die Ungewissheit hinsichtlich des anwendbaren Datenschutzrechts kann Betroffenen die Geltendmachung ihrer Rechte erschweren. Aber auch potenzielle Nutzer würden von der Inanspruchnahme von Cloud-Diensten abgeschreckt werden.

Als einzige interessengerechte Lösung ist für diesen Fall eine Abkehr von der klassischen Anknüpfung an den Ort des Datenumgangs zu fordern. Das geltende Recht soll sich nach dem Sitz bzw. der aktiv handelnden Niederlassung der verantwortlichen Stelle, also regelmäßig des Cloud-

Nutzers, bestimmen. Um der Gefahr entgegenzutreten, dass verantwortliche Stellen aus unsicheren Drittstaaten heraus agieren, muss der jeweilige Drittstaat ein im Sinne der DSRL angemessenes Schutzniveau aufweisen. Ist dies nicht der Fall, so soll das Datenschutzrecht derjenigen Länder einschlägig sein, in denen auch Cloud-Server betrieben werden.

c) Ergebnis

Das BDSG ist in richtlinienkonformer Auslegung von bzw. im Umkehrschluss zu § 1 Abs. 5 BDSG anwendbar, wenn

- ein in Deutschland belegener Cloud-Nutzer mit Daten im Inland umgeht,

- ein in Deutschland belegener Cloud-Nutzer mit Daten im EU/EWR-Raum umgeht, ohne auf eine dortige Niederlassung zurückzugreifen,

- ein im EU/EWR-Raum belegener Cloud-Nutzer mit Daten im Inland umgeht und dies von seiner inländischen Niederlassung geschieht oder

- ein im Drittstaat belegener Cloud-Nutzer zum Zweck des Datenumgangs auf Mittel im Inland zurückgreift.

Der Cloud-Nutzer ist regelmäßig die verantwortliche Stelle i.S.v. § 3 Abs. 7 BDSG, denn er entscheidet direkt über den Umgang mit personenbezogenen Daten oder lässt zumindest den Cloud-Anbieter bewusst handeln. Der Cloud-Anbieter tritt demgegenüber als Auftragnehmer auf. Seine Verantwortlichkeit entfällt, solange er die ihm im Rahmen des Auftragsverhältnisses übertragenen Befugnisse nicht überschreitet.

Dass es für die Anwendbarkeit des BDSG auch auf den Ort des Datenumgangs – dieser muss in Deutschland oder der EU/EWR-Raumes liegen – ankommt, erweist sich bei Cloud-Sachverhalten als problematisch. Basiert die in Anspruch genommene Cloud-Architektur auf Servern in mehr als einer der Regionen Deutschland, EU/EWR-Raum und Drittstaaten, so kann aufgrund der stetigen Bewegung von Daten und Datenfragmenten häufig keine klare Aussage hinsichtlich des anwendbaren Datenschutzrechts getroffen werden. Nachteile sind insoweit Rechtsunsicherheiten für die Beteiligten, ein etwaiger Zwang der Cloud-Anbieter, nur von Server-Farmen in bestimmten Staaten Gebrauch machen zu müssen, sowie die

Tangierung des Binnenmarktes und von Allgemeininteressen. Aus diesem Grund ist es geboten, sich zumindest bei derart komplexen Sachverhalten, mit mehreren, nicht feststellbaren Umgangsorten, von der Anknüpfung an den Ort der Verarbeitung zu lösen und stabilere Anknüpfungspunkte für maßgeblich zu erachten. In diesem Sinne bietet sich eine Anknüpfung an den Ort des Sitzes bzw. der aktiv handelnden Niederlassung der verantwortlichen Stelle an. Um jedoch die Risiken zu vermeiden, die den Betroffenen dadurch entstünden, dass die verantwortliche Stelle in einem Drittland mit einem geringen Datenschutzniveau belegen ist, soll in derartigen Konstellationen das Recht der Serverstandorte unabhängig davon gelten, ob tatsächlich ein konkreter Datenumgang in diesem Raum festgestellt werden kann.

2. Wirksamkeit der Auftragsdatenverarbeitung (§ 11 BDSG)

Auch wenn der Cloud-Anbieter mit Blick auf den ihm vorgegebenen Handlungsspielraum grundsätzlich die untergeordnete Stellung eines Auftragnehmers i.S.v. §§ 3 Abs. 7 i.V.m. 11 BDSG einnimmt[834], müssen für eine wirksame Auftragsdatenverarbeitung auch die weiteren Voraussetzungen von § 11 BDSG erfüllt sein. Den Cloud-Nutzer treffen diverse Pflichten hinsichtlich der Ausgestaltung des Auftrags sowie der Auswahl und Kontrolle des Cloud-Anbieters; den Cloud-Anbieter trifft hingegen die Pflicht, nur auf Weisung tätig zu werden. Da das Cloud Computing jedoch auf hohe Flexibilität, Sicherheit und Kosteneinsparung zugeschnitten ist, werfen gerade diese Punkte Probleme auf.

a) Schriftformerfordernis und Mindestinhalt des Auftrags

Bereits für die Auftragserteilung an den Cloud-Anbieter sieht § 11 Abs. 2 S. 2 BDSG diverse Regelungen vor. Der Auftrag ist demnach schriftlich zu erteilen, wobei insbesondere ein Katalog von zehn gesetzlich benannten Punkten festzulegen ist.

---

834 Vgl. D.III.1.b)aa)(1).

D. Datenschutzrecht

aa) Konstitutiver Charakter von Schriftformerfordernis und Mindestinhalt

In § 11 Abs. 2 S. 2 BDSG ist zunächst ein Schriftformerfordernis für den dem Auftragsverhältnis zugrunde zulegenden Vertrag normiert. Das Auftragsverhältnis ist nicht auf den Abschluss von »Aufträgen« i.S.v. §§ 662 ff. BGB beschränkt, sondern kann durch jegliche Vertragsform erreicht werden.[835] Typischerweise werden die hierbei zu treffenden vertraglichen Bestandteile zusammen mit vertraglichen Rechten und Pflichten der Beteiligten in einem einheitlichen Cloud-Vertrag geregelt. Der Wortlaut von § 11 Abs. 2 S. 2 BDSG (»ist schriftlich zu erteilen«) lässt auf ein für die Auftragsdatenverarbeitung konstitutives Element schließen, sodass der Vertrag bei fehlender Schriftform nach § 125 BGB als nichtig anzusehen wäre.[836] Vereinzelt wird allerdings mit Blick auf Art. 17 Abs. 4 DSRL ein konstitutiver Charakter abgelehnt, da die Schriftform dort ausdrücklich nur zu Beweiszwecken geregelt worden sei[837] bzw. die Schriftlichkeit nur zum Zweck der Kontrolle durch Aufsichtsbehörden erfolgen solle[838]. Allerdings ist es den nationalen Gesetzgebern unbenommen, strengere Voraussetzungen zu regeln, sofern sie mit den Bestimmungen der DSRL im Einklang stehen.[839] Gerade dies ist der Fall, da durch die Schriftform keine Beschränkung oder Ausweitung des Schutzes personenbezogener Daten erreicht wird, sondern lediglich die weiterhin privilegierte Auftragsdatenverarbeitung unter ein Formbedürfnis gestellt wird.

Auch aus dem Wortlaut von § 11 Abs. 2 S. 2 BDSG ergibt sich, dass der deutsche Gesetzgeber eine solche strengere Voraussetzung normiert hat. Denn in § 11 Abs. 2 S. 2 Nr. 1 bis 10 BDSG ist der im Auftrag festzulegende Inhalt normiert. Die Vorschrift wurde nach zahlreichen Vorkommnissen mit der Weitergabe personenbezogener Daten bei Unternehmen wie der Deutschen Telekom, der Deutschen Bahn und Lidl in den Jahren 2008 und 2009 eingefügt.[840] Der Gesetzgeber hat hierdurch die Anforderungen an die Auswahl, die Dokumentation und die Überprüfung von

---

835 So *Gola/Schomerus*, in Gola/Schomerus, § 11 Rn. 6; *Spindler*, in: Spindler/Schuster, § 11 Rn. 6.
836 *Gola/Schomerus*, in Gola/Schomerus, § 11 Rn. 17; *Wedde*, in: Däubler/Klebe/Wedde/ Weichert, § 11 Rn. 32; ähnlich *Trusted Cloud*, Vertragsgestaltung, S. 21.
837 *Dammann*, in: Dammann/Simitis, Art. 17 Rn. 15.
838 *Hoeren*, in: Roßnagel, 4.6. Rn. 108.
839 EuGH EuZW 2004, S. 245 (252).
840 *Petri*, in: Simitis, § 11 Rn. 5.

Auftragnehmern durch den Auftraggeber konkreter geregelt.[841] Der Katalog von § 11 Abs. 2 S. 2 Nr. 1 bis 10 BDSG ist für das Auftragsverhältnis nach ganz herrschender Auffassung konstitutiv[842] und bildet die Minimalanforderungen[843] an einen Auftrag im Sinne des BDSG.

Bei einer systematischen sowie grammatischen Auslegung ergibt sich, dass auch die Schriftform für das Auftragsverhältnis konstitutiv ist. Zum einen stellen die Schriftform sowie der Mindestinhalt des Auftrags durch die Normierung im gleichen Satz kumulative Voraussetzungen dar. Zum anderen werden Schriftlichkeit und Mindestinhalt durch den Gesetzeswortlaut »ist« und »sind« als gleichwertig behandelt. Da der Mindestinhalt bereits als für die Auftragserteilung konstitutiv angesehen werden muss, kann für die Schriftform nichts anderes gelten. Anderenfalls hätte der Gesetzgeber diese nicht in einem Atemzug genannt und sich auch nicht gleichartiger Formulierungen bedient.

Zuzustimmen ist allerdings der Auffassung, dass das Schriftformerfordernis nicht mehr als zeitgemäß angesehen werden kann.[844] So wie von Cloud-Diensten eine gewisse Effizienz und Schnelligkeit erwartet wird, so muss auch die Auftragsvergabe unkompliziert und nutzerfreundlich – auch direkt über interaktive Kanäle – erfolgen können. Eine gesetzliche Klarstellung, dass der Auftrag auch durch andere Formen wie beispielsweise der Textform nach § 126b BGB vergeben werden kann, wäre daher wünschenswert.

bb) Einhaltung des Mindestinhalts

Im Rahmen des Cloud Computings könnte die erforderliche Festlegung des Mindestinhalts insbesondere hinsichtlich der Erfordernisse der § 11 Abs. 2 S. 2 Nr. 2 und Nr. 3 BDSG Schwierigkeiten aufwerfen.[845]

---

841 *Petri*, in: Simitis, § 11 Rn. 5; *Gola/Schomerus*, § 11 Rn. 1.
842 So im Ergebnis *Gola/Schomerus*, in Gola/Schomerus, § 11 Rn. 17; *Funke/Wittmann*, ZD 2013, S. 221 (226); Eckhardt, IM 25 (2010) 4, S. 55 (58).
843 *Schuppert/von Reden*, ZD 2013, S. 210 (211); *Schröder/Haag*, ZD 2011, S. 147 (149); dies ergebe sich laut *Söbbing*, in: Leible/Sosnitza, S. 35 (69) aus dem Wort »insbesondere«.
844 *Haag*, in: Leupold/Glossner, Teil 4. Rn. 52; *Trusted Cloud*, Datenschutzrechtliche Lösungen, S. 10; *Brennscheidt*, S. 128 f.
845 Für eine Übersicht über den Katalog des § 11 Abs. 2 S. 2 Nr. 1 bis 10 BDSG vgl. *Gola/Schomerus*, in: Gola/Schomerus, § 11 Rn. 18 ff.

Nach § 11 Abs. 2 S. 2 Nr. 2 BDSG müssen unter anderem Art und Umfang der Datenumgänge festgelegt werden. Dies ist insoweit problematisch, da der Auftraggeber in der Regel nicht über alle möglichen Datenbewegungen innerhalb der Cloud Kenntnis haben kann.[846] Vielmehr richten sich die Bewegungen danach, wo gerade Kapazitäten frei geworden sind bzw. wo Kapazitäten gebraucht werden. Auch etwaige im Hintergrund stattfindende Datensicherungen sind nur schwerlich nachvollziehbar. Dies könnte dazu führen, dass der Auftraggeber keine ausreichenden Festlegungen vorgeben und somit auch keinen wirksamen Auftrag erteilen kann. Um den Interessen der Cloud-Nutzer angemessen gerecht zu werden, sollte daher kein allzu strenger Maßstab gelten. Vielmehr muss es ausreichen, mögliche Formen des Datenumgangs darzustellen und beispielsweise sämtliche in Frage kommenden Serverstandorte aufzuzählen.

§ 11 Abs. 2 S. 2 Nr. 3 BDSG erfordert die Festlegung der nach § 9 BDSG zu treffenden technischen und organisatorischen Maßnahmen. § 9 BDSG enthält Verpflichtungen zur Gewährleistung des vom Gesetzgeber intendierten Datenschutzes.[847] Diese werden für den Fall der automatisierten Verarbeitung und Nutzung personenbezogener Daten – also auch für Cloud-Sachverhalte[848] – in der Anlage zu § 9 S. 1 BDSG konkretisiert. Hierzu gehören etwa die Verwehrung von unbefugtem Zutritt zu Datenverarbeitungsanlagen (Nr. 1 Anlage zu § 9 S. 1 BDSG) oder die Gewährleistung, dass Nutzer ausschließlich auf ihre eigene Datenumgebung Zugriff haben (Nr. 2 Anlage zu § 9 S. 1 BDSG).[849]

Es stellt sich somit die Frage nach dem Grad der Detaillierung, mit dem die technischen und organisatorischen Maßnahmen festgelegt werden müssen. Teilweise wird gefordert, dass Cloud-Anbieter ihre relevanten Sicherungsmittel offen zu legen haben und dass diese im Auftrag festgelegt werden sollen, um eine »Sicherheit durch Transparenz« zu erreichen.[850] Dem ist jedoch entgegenzuhalten, dass es mit der fortschreitenden technologischen Entwicklung und dem Übergang von lokalen und physischen, zu

---

846 *Schuster/Reichl*, CR 2010, S. 38 (41 f.); *Heidrich/Wegener*, MMR 2010, S. 803 (806).
847 *Gola/Schomerus*, in: Gola/Schomerus, § 9 Rn. 1.
848 Vgl. D.III.1.a)cc).
849 Für vertiefende Ausführungen darüber, wie diese Maßnahmen aussehen können vgl. *Haag*, in: Leupold/Glossner, Teil 4. Rn. 57 ff.; *Scheja/Haag*, in: Leupold/Glossner, Teil 5. Rn. 249 ff./254 ff.; *Weichert*, DuD 2010, S. 679 (686).
850 *Weichert*, DuD 2010, S. 679 (685 f.).

dezentralen und virtuellen Datenverarbeitungsanlagen deutlich schwieriger geworden ist, derartige Sicherheitsmaßnahmen darzustellen und zu benennen. Denn mit der wachsenden Ortsunabhängigkeit des Datenumgangs steigt auch das Risiko des unbefugten Zugriffs auf Daten in der Cloud. Dementsprechend werden auch die von Providern angewandten Sicherheitsmaßnahmen immer komplexer und aufwendiger. Eine allzu konkrete Benennung dieser umfangreichen Vorkehrungen würde den Auftrag überfrachten und kann zur Folge haben, dass der Detailreichtum die für den Auftrag nötige Transparenz verringert, sodass der Auftraggeber eventuell noch auf die Einholung von externem Wissen angewiesen sein wird.[851] Dies ist vor allem im Massengeschäft ein Hindernis. Hinzu kommt, dass das Interesse des Cloud-Anbieters, seine Sicherheitsmaßnahmen nicht en detail preiszugeben, um eine Angreifbarkeit der Architektur zu verhindern, nicht genügend Berücksichtigung finden würde.[852]

Trotz eines deutlich erhöhten Aufwands für den Cloud-Anbieter würden bei einem derart weiten Verständnis hinsichtlich der konkreten Festlegung zu treffender technischer und organisatorischer Maßnahmen die Nachteile überwiegen. Vielmehr sollte es daher ausreichen, die wesentlichen Sicherheitsmaßnahmen ohne einen übermäßigen Grad an Detaillierung festzulegen, sodass erkennbar wird, welche Maßnahmen berücksichtigt worden sind und welche keine Beachtung gefunden haben. Werden indes ausreichende Zertifikate oder Prüfberichte zum Nachweis der getroffenen Maßnahmen vorgelegt,[853] dann sollte auch ein Verweis auf diese ausreichen. Auftraggeber, Betroffene und Aufsichtsbehörden könnten sich dann ohne weiteres über die Sicherheitsmaßnahmen der Auftragnehmer informieren.[854]

b) Sorgfältige Auswahl und Kontrollpflicht des Auftraggebers

Gemäß § 11 Abs. 2 S. 1 BDSG ist der Auftragnehmer unter besonderer Berücksichtigung der Eignung der von ihm getroffenen technischen und organisatorischen Maßnahmen sorgfältig auszuwählen. Mit der Formulierung »technische und organisatorische Maßnahmen« wird – wie schon in

---

851 *Niemann/Hennrich*, S. 686 (690).
852 *Niemann/Hennrich*, S. 686 (690).
853 Hierzu vgl. D.III.2.b)bb).
854 *Niemann/Hennrich*, S. 686 (690).

D. Datenschutzrecht

§ 11 Abs. 2 S. 2 Nr. 3 BDSG – auf § 9 BDSG Bezug genommen.[855] Auch dieses qualifizierte Auswahlerfordernis ist für die Auftragserteilung konstitutiv.[856] Hinzu kommt eine gemäß § 11 Abs. 2 S. 4 BDSG vor Beginn der Datenverarbeitung bestehende, und sodann regelmäßige Kontrollpflicht des Auftraggebers hinsichtlich der Einhaltung der getroffenen technischen und organisatorischen Maßnahmen durch den Auftragnehmer i.S.v. § 9 BDSG. Das Ergebnis hat der Auftraggeber gemäß § 11 Abs. 2 S. 5 BDSG zu dokumentieren.

aa) Schwierigkeiten bei Auswahl und Kontrolle

Um jedoch überhaupt eine sorgfältige Auswahl vornehmen zu können, hat sich der Auftraggeber ein möglichst umfassendes Bild vom Auftragnehmer zu verschaffen[857] und festzustellen, ob der Auftragnehmer überhaupt fähig und gewillt ist, die technischen und organisatorischen Maßnahmen einzuhalten[858]. Dies bedeutet allerdings auch, dass der Cloud-Anbieter überhaupt bereit sein müsste, sich überprüfen zu lassen, was sich mit Blick auf die Marktführer der Branche wie Amazon oder Google als schwierig erweisen könnte.[859] Nur auf die Bekanntheit von Cloud-Anbietern darf sich der Auftraggeber jedenfalls nicht verlassen;[860] ebenso wenig auf bloße Zusicherungen der Anbieter.[861] Somit ist die Informationsquelle der Auftraggeber häufig auf die öffentlich verfügbaren und oft nicht sehr detaillierten Informationen des jeweiligen Anbieters beschränkt.[862]

Der Nutzer wird zudem kaum fähig sein, die Einhaltung etwa von Zutritts- und Zugriffskontrollen an den Serverstandorten zu überprüfen.[863]

---

855 *Gabel*, in: Taeger/Gabel, § 11 Rn. 32; *Schmidt-Bens*, S. 33.
856 *Funke/Wittmann*, ZD 2013, S. 221 (226); *Heidrich/Wegener*, MMR 2010, S. 803 (806).
857 *Gabel*, in: Taeger/Gabel, § 11 Rn. 32.
858 *Gola/Schomerus*, in: Gola/Schomerus, § 11 Rn. 20; *Spindler*, in: Spindler/Schuster, § 11 Rn. 18.
859 *Gaul/Köhler*, BB 2010, S. 2229 (2232); *Heidrich/Wegener*, MMR 2010, S. 803 (806).
860 *Gabel*, in: Taeger/Gabel, § 11 Rn. 33; *Grützmacher*, ITRB 2007, S. 183 (185).
861 Orientierungshilfe – Cloud Computing, S. 10.
862 *Niemann/Hennrich*, S. 686 (689).
863 *Schuster/Reichl*, CR 2010, S. 38 (42); ähnlich *Niemann/Hennrich*, CR 2010, S. 686 (689).

Erschwerend kommt hinzu, dass oft nicht klar ist, welche Serverstandorte wirklich genutzt werden.[864] Auch die Kontrolle aller erdenklichen Standorte kann dem Auftraggeber kaum zugemutet werden, was umso mehr bei länderübergreifenden Serverfarmen gilt.[865]

Letztlich könnten sich die sorgfältige Auswahl und besonders die anschließenden Kontrollen deshalb als schwierig erweisen, da wohl kein Cloud-Anbieter seinen Auftraggebern einen Zugriff auf zentrale Anlagen einräumen möchte.[866] Denn die Cloud-Anbieter sind kontinuierlich bestrebt, Einblicke in ihre IT-Notfall-Szenarien[867] oder in für feindliche Angriffe interessante Schwachpunkte der Cloud-Architektur zu verhindern, um die Sicherheit von Daten zu gewährleisten und das Vertrauen ihrer Kunden zu erhalten. Die meisten Anbieter schließen deshalb auch den Zugang zu Datenzentren in AGB aus.[868]

Die Schwierigkeiten bei Auswahl und Kontrolle stellen wesentliche Hemmnisse für die wirksame Inanspruchnahme von Cloud-Anbietern im Rahmen einer Auftragsdatenverarbeitung dar.

bb) Abhilfe durch Prüfberichte bzw. Zertifikate

Um den Anforderungen an die gesetzeskonforme Auswahl und Kontrolle gerecht zu werden, ist mit Blick auf die widerstreitenden Belange von Cloud-Nutzern und Cloud-Anbietern eine interessengerechte Lösung erforderlich. Cloud-Nutzer müssten in die Lage versetzt werden, sich zumutbar von der Einhaltung technischer und organisatorischer Sicherheitsmaßnahmen zu überzeugen, ohne dass die Cloud-Anbieter ihre gesamte hochkomplexe Sicherheitsarchitektur offen zu legen haben. Zwar kann die Pflicht zur Kontrolle auch nicht ausnahmsweise entfallen, da die Einhaltung von Sicherheitsmaßnahmen ein wesentlicher Bestandteil zur Wahrung der Interessen der Betroffenen ist. Allerdings wäre insoweit an eine

---

864 *Niemann/Hennrich*, S. 686 (691); *Pohle/Ammann*, CR 2009, S. 273 (278); in diese Richtung *Engels*, K&R 2011, S. 548 (550); LDA Brandenburg, Tätigkeitsbericht 2008/2009, S. 34 f., vgl. Fn. 696.
865 *Niemann/Hennrich*, S. 686 (691).
866 *Engels*, K&R 2011, S. 548 (550); *Heidrich/Wegener*, MMR 2010, S. 803 (806); *Schmidt-Bens*, S. 34.
867 *Heidrich/Wegener*, MMR 2010, S. 803 (806).
868 *Wolf*, Computerwoche, 14.11.2011.

D. Datenschutzrecht

Verlagerung der Aufgaben zu denken. Abhilfe kann hierbei eine Anknüpfung an die Auffassung des Gesetzgebers ermöglichen, dass eine eigene Inaugenscheinnahme der getroffenen technischen und organisatorischen Maßnahmen durch den Auftraggeber nicht zwingend erforderlich ist.[869] Aus diesem Grund wird erwogen, dass der Cloud-Nutzer die Pflicht zur sorgfältigen Auswahl und regelmäßigen Kontrolle durch die Einsicht regelmäßiger Prüfberichte[870] bzw. durch den Nachweis externer Zertifizierungen durch unabhängige Stellen[871] erfüllen kann.[872]

Dem ist zuzustimmen. Bei einem gewissen Grad an Standardisierung und weitreichenden Prüfbefugnissen einer unabhängigen Stelle kann der Auftraggeber dem Ziel, die Einhaltung der Sicherheitsmaßnahmen zu überprüfen, vollends gerecht werden. Weder müsste er detaillierte Kenntnisse vorweisen oder Expertenmeinungen einholen, noch bräuchte er die ihm oft unbekannten Serverstandorte selbst in Augenschein zu nehmen. Stattdessen könnte er sich auf ein ausreichendes Mindestmaß von Sicherheitsmaßnahmen verlassen. Umso mehr würden kleinere Unternehmen profitieren, die als Auftraggeber finanziell nicht imstande wären, sich mit hochkomplexen Sicherheitsmaßnahmen der Cloud-Provider zu befassen.[873] Die Cloud-Anbieter wiederum bräuchten sich nicht mit ihren Auftraggebern auf die konkreten Modalitäten der Kontrolle ihrer technischen und organisatorischen Maßnahmen zu einigen. Anstatt jedem Kunden die getroffenen Sicherheitsmaßnahmen offen zu legen, würde es ausreichen, nur einer unabhängigen Stelle zur regelmäßigen Prüfung Einsicht zu gewähren. Betroffene hätten hingegen die Gewissheit, dass sich eine kompetente Stelle mit der Sicherheit ihrer Daten beschäftigt hat, und nicht bloß ein insoweit überforderter Auftraggeber. Zudem gäbe es dann keine Veranlassung mehr, von den Auftraggebern darüberhinausgehende Kontrollen

---

869 BT-Drs. 16/13 657, S. 29; *Gaul/Köhler*, BB 2010, S. 2229 (2232); *Reindl*, in: Taeger/Wiebe, S. 441 (449); *Gola/Schomerus*, in: Gola/Schomerus, § 11 Rn. 21.
870 *Schuster/Reichl*, CR 2010, S. 38 (42); *Pötters*, NZA 2013, S. 1055 (1058); BITKOM Leitfaden 2009, S. 52, vgl. Fn. 154.
871 *Weichert*, DuD 2010, S. 679 (685); Orientierungshilfe – Cloud Computing, S. 10; *Kühling/Biendl*, CR 2014, S. 150 (152); *Eckhardt*, IM 25 (2010) 4, S. 55 (59); *Schuppert/von Reden*, ZD 2013, S. 210 (211 f.).
872 *Gola/Schomerus*, in: Gola/Schomerus, § 11 Rn. 21; *Gabel*, in: Taeger/Gabel, § 11 Rn. 18; *Gaul/Köhler*, BB 2010, S. 2229 (2232); *Heidrich/Wegener*, MMR 2010, S. 803 (806); *Niemann/Hennrich*, S. 686 (691); ähnlich Artikel-29-Datenschutzgruppe, WP 196 (01037/12/DE), S. 27.
873 *Niemann/Hennrich*, S. 686 (690).

einzufordern.[874] Denn zum einen wäre mit Blick auf die angesprochenen Schwierigkeiten unklar, was genau noch vom Auftraggeber zu fordern wäre,[875] zumal er schon gar nicht die reelle Möglichkeit hätte, seine Kontrollpflicht auszuüben. Zum anderen macht eine Prüfung und Zertifizierung nur Sinn, wenn die angesprochenen Schwierigkeiten auch wirklich überwunden werden könnten, was bei einer weitergehenden Prüfungspflicht jedoch nicht der Fall wäre.[876]

Das BMWi hat das Kompetenzzentrum Trusted Cloud beauftragt, ein Konzept für derartige Zertifizierungsverfahren auszuarbeiten, dass der Cloud-Nutzer seine Kontrollpflichten dadurch erfüllen kann, indem er sich vom Anbieter ein Zertifikat vorlegen lässt, aus dem die Gewährleistung der Sicherheitsmaßnahmen hervorgeht.[877] Dieses detaillierte Konzept sieht vor, dass die Ersetzbarkeit einer Kontrolle durch Zertifikate gesetzlich festgeschrieben wird[878] und die Prüfkriterien für die Erteilung der Testate durch Beteiligung von Datenschutzbehörden und Anwendern in einem Verfahren auf europäischer Ebene festgelegt werden[879]. Das hierzu aufgesetzte Pilotprojekt »Datenschutz-Zertifizierung von Cloud-Diensten« hat im November 2013 seine Arbeit aufgenommen und wird zunächst bis zum Frühjahr 2015 laufen.[880]

Diese Bestrebungen sind ausdrücklich zu begrüßen. Allerdings sollte der Auftraggeber zumindest verpflichtet sein, die Gültigkeit der Zertifikate zu überprüfen[881] bzw. in regelmäßigen Abständen Einsicht in Prüfberichte zu nehmen. Dies ist auch sachgerecht, da Zertifikate für die Auftraggeber eine wesentliche Erleichterung des Prüfungsumfanges ermöglichen und

---

874 So aber Orientierungshilfe – Cloud Computing, S. 10; gegen darüberhinausgehende Kontrollpflichten *Schröder/Haag*, ZD 2011, S. 147 (149); ebenso *Weichert*, DuD 2010, 679 (683).
875 *Schröder/Haag*, ZD 2011, S. 147 (149).
876 Dass Prüfberichte und Zertifikate auch eine vertrauensbildende Maßnahme für die Akquise neuer Kunden sein können, kann dabei dahingestellt bleiben. Zumindest dem Auftraggeber würden sie bei einer fortbestehenden Kontrollpflicht keine Erleichterung verschaffen.
877 http://www.trusted-cloud.de/.
878 *Trusted Cloud*, Datenschutzrechtliche Lösungen, S. 11 ff.; *Borges*, DuD 2014, S. 165 (168).
879 *Trusted Cloud*, Datenschutzrechtliche Lösungen, S. 15 f.; *Borges*, DuD 2014, S. 165 (167).
880 *Borges*, DuD 2014, S. 165 (168).
881 *Schuppert/von Reden*, ZD 2013, S. 210 (212).

D. Datenschutzrecht

sie deshalb nicht auch noch von einem Mindestmaß an Kontrolle – also der »Prüfung der Prüfung« – befreit werden können.

Relevante Gütesiegel sind indes schon erhältlich oder werden derzeit entwickelt. Das BSI empfiehlt eine Zertifizierung nach ISO/IEC 27001 oder einem etablierten Standard[882] und kommt zu der Erkenntnis, dass die Schaffung internationaler Standards das maßgebliche Ziel sein sollte.[883] Die Kopplung an dominierende Standards wie ISO/IEC 27001 ist ein sachgerechter Weg. Denn dieser verlangt eine interne Informationssicherheitsrichtlinie sowie eine lückenlose Dokumentation der Informationsverarbeitung. Erfasst werden insbesondere alle Prozesse, Verfahren und Maßnahmen, die ein Unternehmen für die Gewährleistung von IT-Sicherheit einsetzt.[884] Da der ISO/IEC 27001 Standard jedoch nur auf herkömmliche Rechenzentren und Dienstleitungen und nicht auf die besonderen Risiken einer Cloud-Architektur zugeschnitten ist[885], ist eine Einbindung in eine weitergehende Zertifizierung nötig. So wurde beispielsweise bei dem in Abstimmung mit dem BSI entwickelten[886] »SaaS-Gütesiegel«[887] der EuroCloud verfahren, welches unter anderem einen Fokus auf technische und organisatorische Sicherheitsmaßnahmen legt. Cloud-Dienste werden in diesem Rahmen etwa anhand ihrer technischen Sicherheitsmaßnahmen, der Einhaltung gesetzlicher Vorgaben und der Konformität mit Standards wie ISO/IEC 27001 und SAS-70 gemessen. Ein solches Zertifikat ist zwei Jahre lang gültig.[888] Geprüft wird die IT-Sicherheit eines Unternehmens. Zudem werden etwa Maßnahmen wie Firewall, Verschlüsselung, Schutz vor DoS/DDoS-Angriffen, Sicherheitsmanagement und physische Sicherungsmaßnahmen der Rechenzentren abgefragt. Für die Erlangung der höchsten Zertifikatsstufe müssen zudem regelmäßige Notfallübungen und Penetrationstests zum Nachweis von Sicherheitsfunktionen durchgeführt werden.[889] Als weiteres Beispiel

---

882 BSI, Sicherheitsempfehlungen für Cloud Computing Anbieter – Mindestanforderungen in der Informationssicherheit, S. 25, vgl. Fn. 238.
883 BSI, Sicherheitsempfehlungen für Cloud Computing Anbieter – Mindestanforderungen in der Informationssicherheit, S. 80, vgl. Fn. 238.
884 *Plieth*, Business-Cloud.de, 18.01.2012.
885 *Wolf*, Computerwoche, 14.11.2011.
886 *Hofmann*, IT-Business, 03.03.2011.
887 http://www.saas-audit.de/.
888 *Plieth*, Business-Cloud.de, 18.01.2012.
889 Vertiefend *Leupold*, in: Leupold/Glossner, Teil 4. Rn. 86.

baut auch die »STAR Certification«[890] der Cloud Security Alliance auf den Standard ISO/IEC 27001 und 27002 auf und erweitert diesen.[891] Im August 2014 wurde nun mit ISO/IEC 27018 der erste eigens auf das Cloud Computing zugeschnittene Standard vorgestellt. Dieser baut auf bereits etablierte Standards wie ISO 27001 auf und sieht einen umfangreichen Cloud-spezifischen Pflichtenkatalog für Cloud-Anbieter vor.[892]

cc) Sonderfall Subunternehmer

Es kann zudem vorkommen, dass Cloud-Anbieter für die Erbringung ihrer Dienste ganz oder teilweise auf Mittel von Subunternehmern zurückgreifen. Auch in diesem Verhältnis gelten die Regeln der Auftragsdatenverarbeitung; insbesondere ist weiterhin der Cloud-Nutzer als Auftraggeber die für den Datenumgang verantwortliche Stelle.[893] Ein prominentes Beispiel für eine solche Konstellation ist der Cloud-Anbieter Dropbox, der auf die Dienste von Amazon Web Services zurückgreift.

Problematisch ist insoweit, dass es dem Cloud-Nutzer oft nicht möglich sein wird, zu wissen, welcher Unterauftragnehmer zu welcher Zeit welche Kapazitäten bereitstellt.[894] Durch diese Unkenntnis wird auch die Prüfung der Einhaltung technischer und organisatorischer Maßnahmen beim Subunternehmer erschwert.[895] Da solche Subunternehmer ohne weitere Schwierigkeiten und ohne nach außen tretenden Akt miteinbezogen werden können, ist die Verantwortlichkeit des Cloud-Nutzers vor allem im Interesse der Betroffenen nicht gesichert. Somit ist es gerade bei derart komplexen Sachverhalten wie dem Cloud Computing unumgänglich, dass Cloud-Anbieter alle in Frage kommenden Subunternehmer gegenüber dem Cloud-Nutzer zu benennen haben.[896] Eine Anzeige des jeweils konkret in

---

890 https://cloudsecurityalliance.org/star/certification/.
891 Vertiefend *Leupold*, in: Leupold/Glossner, Teil 4. Rn. 69.
892 Vertiefend *Dinnes*, Computerwoche, 03.11.2014.
893 *Gola/Schomerus*, in: Gola/Schomerus, § 11 Rn. 18e; Orientierungshilfe – Cloud Computing, S. 9.
894 *Schulz*, MMR 2010, S. 75 (78); ähnlich *Weichert*, DuD 2010, S. 679 (685).
895 *Niemann/Hennrich*, S. 686 (691); *Weichert*, DuD 2010, S. 679 (685).
896 Orientierungshilfe – Cloud Computing, S. 9; Artikel-29-Datenschutzgruppe, WP 169 (00264/10/DE), S. 34; *Niemann/Hennrich*, S. 686 (691); zudem kann ohne Kenntnis von den beteiligten Akteuren der als Vertragsinhalt festzulegende As-

D. Datenschutzrecht

Anspruch genommenen Subunternehmers gegenüber dem Nutzer wird hingegen technisch kompliziert und überdies auch zu einschneidend sein.[897] Bezüglich der Prüfung der Einhaltung der technischen und organisatorischen Maßnahmen bei den Subunternehmern sollte der Cloud-Nutzer wiederum auf die angesprochenen Zertifikate zurückgreifen können.[898]

c) Pflicht des Auftragnehmers, nur auf Weisung zu handeln

Ein weiteres Problem im Rahmen der Auftragsdatenverarbeitung stellt die Pflicht des Auftragnehmers gemäß § 11 Abs. 3 S. 1 BDSG dar, den Datenumgang nur nach den Weisungen des Auftragnehmers vorzunehmen. Würde man dies dahingehend verstehen, dass hinreichend konkrete Anweisungen des Auftraggebers ergehen müssten, von denen der Auftragnehmer nicht abweichen darf, würde dies dem Charakter von Cloud-Prozessen nicht gerecht. Denn der Cloud-Nutzer wird häufig nur Leistungen im Umfang von Bereitstellung und Pflege verlangen.[899] Gerade die komplexen Datenbewegungen zwischen den verschiedenen Cloud-Servern kennt der Nutzer in der Regel nicht, und kann deshalb auch keine präzisen Weisungen erteilen, wie der Datenfluss konkret zu erfolgen hat. Bei einer restriktiven Auslegung würde deshalb der Cloud-Anbieter die Weisungen des Nutzers und damit das Auftragsverhältnis überschreiten. Dies wäre allerdings nicht sachgerecht, denn zahlreiche Vorteile des Cloud Computings wie Schnelligkeit, Flexibilität und Preisvorteile würden dabei zunichte gemacht. Eine allzu strenge Sichtweise wäre daher technologiefeindlich.[900] Vor allem aber schlägt sich, solange der Cloud-Anbieter tatsächlich nur im Auftragsverhältnis mit den relevanten Daten umgeht, gerade auch kein Risiko für den Betroffenen nieder, dass sich der Kreis der Personen, die einen Zugriff auf personenbezogene Daten erhalten, vergrößert. Die Interessen von Cloud-Nutzer und Cloud-Anbieter wären bei einer solchen restriktiven Sichtweise zu einseitig beeinträchtigt.

---

pekt der Berechtigung zur Begründung von Unterauftragsverhältnissen i.S.v. § 11 Abs. 2 S. 2 Nr. 6 BDSG nicht sachgerecht erfolgen.
897 So jedoch *Weichert*, DuD 2010, S. 679 (685).
898 *Niemann/Hennrich*, S. 686 (691 f.); *Weichert*, DuD 2010, S. 679 (685).
899 Ähnlich *Niemann/Hennrich*, S. 686 (692) und *Schuster/Reichl*, CR 2010, S. 38 (41); wohl auch *Weichert*, DuD 2010, S. 679 (685).
900 In diese Richtung *Niemann/Hennrich*, S. 686 (692).

d) Ergebnis

Auch wenn die Entscheidungsverteilung zwischen Cloud-Nutzer und Cloud-Anbieter grundsätzlich der einer Auftragsdatenverarbeitung entspricht[901], müssten auch die weiteren Erfordernisse von § 11 BDSG vorliegen. Allerdings erscheinen viele Voraussetzungen der gegenwärtig im BDSG ausgestalteten Auftragsdatenverarbeitung im Lichte des Cloud Computings als veraltet, da das Gesetz bei einer wortlautgetreuen Auslegung keine Antworten auf die beschränkten Kontrollmöglichkeiten des Cloud-Nutzers parat hat. Die dargestellten Probleme offenbaren ein Spannungsfeld zwischen den, dem Cloud Computing zugrundeliegenden Aspekten der Flexibilität und Ökonomie auf der einen Seite, und einem effektiven Schutz von Persönlichkeitsrechten auf der anderen Seite. Die auf klassische und simple Auftragsszenarien zugeschnittene Regelung des § 11 BDSG findet ihre Grenzen in der fortschreitenden Automatisierung und menschenunabhängigen Datenverarbeitungsprozessen und kollidiert insbesondere mit der regelmäßig dezentralen Verteilung der Cloud-Architektur.[902] Abhilfe schafft hier zum einen die Loslösung von einer allzu strengen und wortlautgetreuen Auslegung, ohne dass die Risiken des Datenumgangs beim Cloud Computing verkannt werden. Zum anderen ist die Erkenntnis notwendig, dass fernmündliche Vertragsschlüsse aus Effizienzgründen zum Standard geworden sind und ein Schriftformerfordernis für Aufträge nicht mehr zeitgemäß ist. Weiterhin ist es unumgänglich, die Kontrolle der Einhaltung komplexer Sicherungsmaßnahmen nicht einseitig auf die Cloud-Nutzer abzuwälzen, sondern diesen zu ermöglichen, ihren gesetzlichen Pflichten dadurch nachzukommen, dass Prüfungsergebnisse unabhängiger Stellen miteinbezogen werden können. Die Einführung einer gesetzlichen Klarstellung wäre in diesem Rahmen begrüßenswert.

---

901 Vgl. D.III.1.b)aa)(1).
902 *Niemann/Hennrich*, S. 686 (689).

3. Allgemeine Zulässigkeit des Datenumgangs im Rahmen des Cloud Computings

Der Umgang mit personenbezogenen Daten ist gemäß § 1 Abs. 1 BDSG im Grundsatz verboten. Er ist nur dann zulässig, wenn entweder der Betroffene seine Einwilligung hierzu gegeben hat oder eine Rechtsvorschrift dies erlaubt (»Verbot mit Erlaubnisvorbehalt«).[903] Zu klären ist daher, ob im Rahmen des Cloud Computings diese allgemeinen Zulässigkeitsvoraussetzungen erfüllt werden können.

a) Einwilligung

Die Einwilligung als Ausübung des Rechts auf informationelle Selbstbestimmung i.S.v. Art. 2 Abs. 1 i.V.m. 1 Abs. 1 GG[904] wird in § 4a BDSG näher geregelt. Die Einwilligung des Betroffenen muss danach freiwillig und ohne Kopplung erfolgen.[905] Sie darf ferner nicht pauschal, sondern muss bestimmt[906] sein. Für den Betroffenen muss ohne weiteres zu erkennen sein, mit welchen Daten zu welchem Zweck umgegangen werden soll.[907] Bei einem Umgang mit sogenannten sensitiven Daten (§ 3 Abs. 9 BDSG) muss sich die Einwilligung gemäß § 4a Abs. 3 BDSG zudem ausdrücklich auf solche besonderen Daten beziehen. Sensitive Daten sind Angaben über die rassische und ethnische Herkunft, politische Meinungen, religiöse oder philosophische Überzeugungen, die Gewerkschaftszugehörigkeit, die Gesundheit oder das Sexualleben.[908]

Das Erfordernis der Einwilligung ist eine Antwort auf die zu berücksichtigenden persönlichkeitsrechtlichen Interessen des Betroffenen und kann entsprechend nur unter sehr strengen Voraussetzungen wirksam ausgeübt werden.[909] Beim Einsatz von Cloud-Diensten, die gerade eine erhöhte Flexibilität und Schnelligkeit von IT-Prozessen versprechen sollen,

---

903 *Taeger*, in: Taeger/Gabel, § 4 Rn. 1; *Plath*, in: Plath § 4 BDSG Rn. 2.
904 *Simitis*, in: Simitis, § 4a Rn. 1; *Kühling*, in: Wolff/Brink, BDSG § 4a Rn. 28; *Taeger*, in: Taeger/Gabel, § 4a Rn. 4.
905 *Kühling*, in: Wolff/Brink, BDSG § 4a Rn. 35 f.; *Taeger*, in: Taeger/Gabel, § 4a Rn. 48 ff.
906 *Kühling*, in: Wolff/Brink, BDSG § 4a Rn. 44; *Simitis*, in: Simitis, § 4a Rn. 77.
907 *Kühling*, in: Wolff/Brink, BDSG § 4a Rn. 56; *Simitis*, in: Simitis, § 4a Rn. 72.
908 Vertiefend *Kühling*, in: Wolff/Brink, BDSG § 4a Rn. 1 ff.
909 Hierzu ausführlich *Radlanski*, S. 63 ff.

würde sich die Einholung derartiger Einwilligungen von allen betroffenen Personen allerdings als umständlich und bremsend erweisen.[910] Überdies kann aufgrund der grundsätzlich anzunehmenden Unkenntnis des Betroffenen und auch der verantwortlichen Stelle von Zeit, Ort und Umfang des Datenumgangs[911] nur schwerlich davon ausgegangen werden, dass eine informierte Einwilligung wie sie das Gesetz vorschreibt überhaupt eingeholt werden kann.[912] Eine Generaleinwilligung des Betroffenen würde indes am Erfordernis der Bestimmtheit scheitern, da jede einzelne konkrete Phase des Datenumgangs benannt werden muss.[913] Somit wird dem Nutzer von Cloud-Diensten grundsätzlich nur die Möglichkeit einer Rechtfertigung des Datenumgangs aufgrund einer Rechtsvorschrift verbleiben.

b) Erlaubnisvorschrift

Rechtsvorschriften die in Ausnahmefällen einen Umgang mit personenbezogenen Daten erlauben, finden sich für den nicht-öffentlichen Bereich in den §§ 28 ff. BDSG. Im Rahmen des Cloud Computings sind dabei vor allem die Vorschriften der §§ 28 Abs. 1 S. 1 Nr. 1 und Nr. 2, Abs. 6 bis 9 sowie 32 Abs. 1 S. 1 BDSG von Relevanz.

aa) § 28 Abs. 1 S. 1 BDSG

Gemäß § 28 Abs. 1 S. 1 BDSG sind alle Datenumgänge außer die Sperrung und Löschung personenbezogener Daten, die als Mittel für die Erfüllung eigener Geschäftszwecke erfolgen, unter verschiedenen Voraussetzungen zulässig. Erfasst sind hierbei Fälle, in denen ein hinter dem Daten-

---

910 Ähnlich *Schmidt-Bens*, S. 29.
911 Vgl. A.I.2.c).
912 Ähnlich *Giedke*, S. 216; teilweise zustimmend *Jotzo*, S. 113 ff.; ohne weitere Begründung die Möglichkeit einer Einwilligung bejahend BITKOM Leitfaden 2009, S. 52, vgl. Fn. 154 sowie *Brennscheidt*, S. 150 ff.
913 *Kühling*, in: Wolff/Brink, BDSG § 4a Rn. 44; ähnlich *Bräutigam/Thalhofer*, in: Bräutigam, Teil 14 Rn. 65.

umgang stehender Geschäftszweck verfolgt wird, und der Umgang selbst nicht den Gegenstand des geschäftlichen Interesses bildet.[914]

(1) Nr. 1

Gemäß § 28 Abs. 1 S. 1 Nr. 1 BDSG sind die angesprochenen Formen des Datenumgangs als Mittel für die Erfüllung eigener Geschäftszwecke zulässig, wenn sie für die Begründung, Durchführung oder Beendigung eines Schuldverhältnisses mit dem Betroffenen erforderlich sind. Die Erforderlichkeit eines Datenumgangs ist hiernach nur gegeben, wenn dieser notwendig ist.[915] Der verantwortlichen Stelle muss dabei ein Verzicht auf den konkreten Datenumgang unzumutbar sein.[916] Will der Cloud-Nutzer daher ohne die Einwilligung der anderen Partei im Rahmen eines entstehenden bzw. bestehenden Schuldverhältnisses[917] einen Datenumgang durch Cloud-Dienste vornehmen, so muss er die Unzumutbarkeit einer Verarbeitung beispielsweise auf fest installierten Rechnern – als wohl weniger einschneidendes Mittel als der Rückgriff auf ein verstreutes Netz von Cloud-Servern – auch darlegen. Folgerichtig können bloße Kostensparmöglichkeiten des Cloud-Nutzers die Erforderlichkeit des Datenumgangs für die Begründung, Durchführung oder Beendigung eines Schuldverhältnisses mit dem Betroffenen nicht begründen. Dies gilt umso mehr bei einer – regelmäßig als Übermittlung zu qualifizierenden[918] – Bekanntgabe von Daten an den Cloud-Anbieter der auf Cloud-Server außerhalb des EU/EWR-Raumes zurückgreift, zumal auch entsprechend adäquate Cloud-Dienste innerhalb des EWR-Raumes angeboten werden.[919] Eine Berufung auf den

---

914 *Gola/Schomerus*, in: Gola/Schomerus, § 26 Rn. 4; *Wedde*, in: Däubler/Klebe/Wedde/Weichert, § 28 Rn. 10.
915 *Wolff*, in: Wolff/Brink, § 28 Rn. 33; *Taeger*, in: Taeger/Gabel, § 28 Rn. 47/50.
916 *Wolff*, in: Wolff/Brink, § 28 Rn. 33; *Gola/Schomerus*, in: Gola/Schomerus, § 28 Rn. 15; ähnlich *Plath*, in: Plath, § 28 BDSG Rn. 23 f.
917 Vertiefend zu einzelnen Schuldverhältnissen *Wolff*, in: Wolff/Brink, § 28 Rn. 38 ff.
918 Vgl. D.III.4.b)bb)(1).
919 *Weichert*, DuD 2010, S. 679 (683/686); ähnlich *Schulz*, MMR 2010, S. 75 (78); gegen eine Zulässigkeit nach § 28 Abs. 1 S. 1 Nr. 1 BDSG, jedoch ohne weitere Begründung *Heidrich/Wegener*, MMR 2010, S. 803 (806); ebenso *Nägele/Jacobs*, ZUM 2010, S. 281 (290) und *Schmidt-Bens*, S. 70.

Tatbestand des § 28 Abs. 1 S. 1 Nr. 1 BDSG wird dem Cloud-Nutzer daher nur schwerlich möglich sein.[920]

(2) Nr. 2

Gemäß § 28 Abs. 1 S. 1 Nr. 2 BDSG kann ein Datenumgang im Rahmen des Cloud Computings jedoch zulässig sein, wenn dieser zur Wahrung berechtigter Interessen der verantwortlichen Stelle erforderlich ist und schutzwürdige Interessen des Betroffenen am Ausschluss der Verarbeitung und Nutzung nicht überwiegen. Diese Variante ist vor allem dort relevant, wo keine schuldrechtlichen Beziehungen zwischen Cloud-Nutzer und Betroffenem bestehen. Als ein berechtigtes Interesse der verantwortlichen Stelle kann jegliches von der Rechtsordnung gebilligte Interesse eingestuft werden.[921] Hierunter fallen etwa auch wirtschaftliche Interessen.[922] Der weite Begriff des berechtigten Interesses wird wiederum durch ein Erforderlichkeitskriterium eingeschränkt, welches wie bei Nr. 1 auszulegen ist.[923] Der Umgang mit personenbezogenen Daten im Rahmen des Cloud Computings ist entsprechend nur dann erforderlich, wenn dem Cloud-Nutzer eine andere Form des Datenumgangs, etwa innerhalb einer lokalen, nicht virtualisierten Rechnerarchitektur, unzumutbar ist.

Im Gegensatz zu § 28 Abs. 1 S. 1 Nr. 1 BDSG, wonach das Erforderlichkeitskriterium an ein Schuldverhältnis gekoppelt ist, können im Rahmen von Nr. 2 auch Kosteninteressen theoretisch eine Rolle bei der Frage der Zulässigkeit von Datenumgängen spielen. Richtigerweise wird vertreten, dass erhebliche Kosteneinsparungen ein berechtigtes Interesse des Cloud-Nutzers begründen können, personenbezogene Daten in eine Cloud-Umgebung zu übermitteln.[924] Erforderlich für die Wahrung derarti-

---

920 So im Ergebnis *Jotzo*, S. 107; ebenso *Brennscheidt*, S. 139 sowie *Bräutigam/Thalhofer*, in: Bräutigam, Teil 14 Rn. 63.
921 *Wolff*, in: Wolff/Brink, § 28 Rn. 59; *Taeger*, in: Taeger/Gabel, § 28 BDSG Rn. 55.
922 VGH Mannheim NJW 1984, S. 1911; *Wolff*, in: Wolff/Brink, § 28 Rn. 59; *Gaul/Koehler*, BB 2011, S. 2229 (2232).
923 *Plath*, in: Plath § 28 BDSG Rn. 50; *Gola/Schomerus*, in: Gola/Schomerus, § 28 Rn. 25.
924 *Weichert*, DuD 2010, S. 679 (683); *Schmidt-Bens*, S. 40; *Brennscheidt*, S. 142 f.; Übermittlungshandlungen kommen vor allem bei einer Bekanntgabe an Datenimporteure außerhalb des EWR-Raumes in Betracht, vgl. D.III.4.b)bb)(1).

D. Datenschutzrecht

ger Interessen wäre der Einsatz von Cloud-Diensten etwa dann, wenn die Wettbewerbsfähigkeit des Cloud-Nutzers im Raume steht.[925] Auch kann der Datenumgang aus wirtschaftlichen Erwägungen, wie der Beschleunigung von Geschäftsprozessen und einem effizienterem Zugriff verschiedener Unternehmensteile, erforderlich sein.[926]

Zusätzlich muss zur Wahrung des »schutzwürdigen Interesses« des Betroffenen eine Abwägung zwischen dessen Persönlichkeitsrecht unter Berücksichtigung der Tangierung durch den Datenumgang auf der einen, und den Interessen der verantwortlichen Stelle auf der anderen Seite vorgenommen werden.[927] Beispielsweise setzt der zulässige Umgang mit Daten mit erhöhter Sensibilität ein gewichtigeres Interesse der verantwortlichen Stelle voraus.[928] Das Interesse des Betroffenen wird daher eher gewahrt sein, wenn der Cloud-Anbieter ausreichend verlässlich ist[929], und die in Frage stehenden Daten eine geringe Sensibilität aufweisen[930]. Eine Abwägung der widerstreitenden Interessen kann vor allem dann zu Gunsten des Cloud-Nutzers ausfallen, wenn ausreichende Maßnahmen zum Schutz des Betroffenen getroffen worden sind.[931] Die Vereinbarung ausreichender technischer und organisatorischer Maßnahmen nach § 9 BDSG[932], etwa unter Rückgriff auf ein Zertifikat[933], und die Bindung des Cloud-Anbieters, beispielsweise durch Vertragsstrafen bei zweckwidriger Datenverarbeitung bzw. durch weitere Einflussmöglichkeiten im Cloud-

---

925 *Niemann/Paul*, K&R 2009, S. 444 (449).
926 Ähnlich *Gaul/Koehler*, BB 2011, S. 2229 (2232).
927 BGH NJW 1986, S. 2505; *Gola/Schomerus*, in: Gola/Schomerus, § 28 Rn. 27.
928 *Plath*, in: Plath § 28 BDSG Rn. 54; die Zulässigkeit des Umgangs mit sogenannten »sensitiven Daten« i.S.v. § 3 Abs. 9 BDSG bemisst sich indes ausschließlich nach § 28 Abs. 6 bis 9 BDSG, vgl. *Simitis*, in: Simitis § 28 Rn. 132; hierzu vgl. D.III.3.b)cc).
929 *Schuppert/von Reden*, ZD 2013, S. 210 (212); *Niemann/Paul*, K&R 2009, S. 444 (449); das Kriterium der Verlässlichkeit sollte allerdings mit Blick auf zahlreiche Ausfälle und Pannen in der Vergangenheit mit Vorsicht genossen werden, vgl. A.I.3.
930 *Niemann/Paul*, K&R 2009, S. 444 (449); ähnlich *Brennscheidt*, S. 144.
931 *Bräutigam/Thalhofer*, in: Bräutigam, Teil 14 Rn. 64.
932 *Reindl*, in: Taeger/Wiebe S. 441 (445); *Bräutigam/Thalhofer*, in: Bräutigam, Teil 14 Rn. 64.
933 Vgl. D.III.2.b)bb).

Vertrag[934], kann daher für eine ordnungsgemäße Berücksichtigung der Interessen des Betroffenen sprechen.[935]

Auch Transfers in Drittstaaten führen nicht notwendigerweise zu einem überwiegenden entgegenstehenden Interesse des Betroffenen. Sind die besonderen Voraussetzungen einer Übermittlung in Drittstaaten erfüllt[936], kann ein Datentransfer, welcher gerade zur Wahrung berechtigter Interessen des Cloud-Nutzers erforderlich ist, gemäß § 28 Abs. 1 S. 1 Nr. 2 BDSG zulässig sein,[937] und zwar auch dann, wenn die Daten in einen unsicheren Drittstaat gelangen.[938]

Da der Cloud-Anbieter regelmäßig als Auftragnehmer auftritt, sollten bei derartigen Übermittlungen auch die Grundsätze von § 11 BDSG in die Interessenabwägung mit einbezogen werden.[939] Allerdings dürfen die Anforderungen des § 11 BDSG dann nicht zur Abwägung herangezogen werden, wenn zum Zwecke der Übermittlung personenbezogener Daten in unsichere Drittstaaten Standardvertragsklauseln[940] eingesetzt werden. Denn entgegen einiger Stimmen, ist es gerade nicht notwendig, dass die eingesetzten Standardvertragsklauseln um Regelungen aus § 11 BDSG ergänzt werden.[941] Dies muss konsequenterweise auch für die Interessenabwägung im Rahmen von § 28 Abs. 1 S. 1 Nr. 2 BDSG gelten.

bb) § 32 Abs. 1 S. 1 BDSG

Gemäß § 32 Abs. 1 S. 1 BDSG ist ein Datenumgang für Zwecke eines Beschäftigungsverhältnisses zulässig, wenn dieser für die Entscheidung über die Begründung eines solchen Verhältnisses oder für die Durchführung

---

934 *Weichert*, DuD 2010, S. 679 (683).
935 Gegen eine Zulässigkeit nach § 28 Abs. 1 S. 1 Nr. 2 BDSG, jedoch ohne weitere Begründung *Heidrich/Wegener*, MMR 2010, S. 803 (806); so auch *Nägele/Jacobs*, ZUM 2010, S. 281 (290); ein Kostenspariteresse des Cloud-Nutzers soll nach *Schulz*, MMR 2010, S. 75 (78) nicht ausreichen.
936 Vgl. D.III.4.b)bb).
937 *Bräutigam/Thalhofer*, in: Bräutigam, Teil 14 Rn. 84.
938 So wohl *Schmidt-Bens*, S. 71.
939 *Weichert*, DuD 2010, S. 679 (683); *Niemann/Hennrich*, CR 2010, S. 686 (688); ähnlich Orientierungshilfe – Cloud Computing, S. 16; *Schuppert/von Reden*, ZD 2013, S. 210 (212).
940 Vgl. D.III.4.b)bb)(3).
941 Vgl. D.III.4.b)bb)(3).

D. Datenschutzrecht

oder Beendigung eines solchen Verhältnisses erforderlich ist. Relevant ist die Vorschrift insbesondere für Unternehmen, welche die Daten ihrer Mitarbeiter in Cloud-Umgebungen einpflegen.[942] Der Datenumgang ist dann erforderlich, wenn der Cloud-Nutzer als Arbeitgeber ein derart gewichtiges, schutzwürdiges Interesse an dem Datenumgang hat, dass die Persönlichkeitsinteressen des Beschäftigten zurücktreten müssen.[943] Im Rahmen der vorzunehmenden Abwägung ist zu prüfen, ob dem Arbeitgeber statt des Einsatzes von Cloud-Diensten nicht auch weniger einschneidende Mittel[944] zur Verfügung stehen.

Ebenso wie bei § 28 Abs. 1 S. 1 Nr. 1 BDSG gilt auch hier, dass ein bloßes Interesse an Kosteneinsparungen kein maßgeblicher Faktor sein kann. Da die Erforderlichkeit im Zusammenhang mit der Entscheidung über die Begründung, Durchführung oder Beendigung eines Beschäftigungsverhältnisses stehen muss, sprechen keine Erwägungen dafür, dass der insoweit weniger einschneidende Einsatz von anderen, weniger verteilten Verarbeitungsanlagen unzumutbar wäre. Ohne gewichtigere Interessen kann der Arbeitgeber den Umgang mit personenbezogenen Daten seiner Beschäftigten im Rahmen von Cloud-Diensten daher kaum auf § 32 Abs. 1 S. 1 BDSG stützen.

cc) § 28 Abs. 6 bis 9 BDSG

Erfolgt im Rahmen des Cloud Computings ein Umgang mit sogenannten sensitiven Daten i.S.v. § 3 Abs. 9 BDSG, so bestimmt sich die Zulässigkeit des Umgangs nach § 28 Abs. 6 bis 9 BDSG. In den besonders strengen Voraussetzungen spiegelt sich die Intention des Gesetzgebers wieder, das erhöhte Risiko für die Persönlichkeitsrechte Betroffener beim Umgang mit solchen Daten entsprechend zu berücksichtigen.

Bezogen auf das Cloud Computing wird vertreten, dass die Zulässigkeitsvoraussetzungen des § 28 Abs. 6 bis 9 BDSG grundsätzlich nicht er-

---

942 Hierzu vgl. allgemein *Gola/Schomerus*, in: Gola/Schomerus, § 32 Rn. 10 ff.
943 BAG, NZA 1985, S. 57; *Stamer/Kuhnke*, in: Plath § 32 BDSG Rn. 17; *Zöll*, in: Taeger/Gabel, § 32 BDSG Rn. 16 f.
944 *Zöll*, in: Taeger/Gabel, § 32 BDSG Rn. 17; *Seifert*, in: Simitis, § 32 Rn. 11.

füllt seien.[945] Dem ist zuzustimmen, da kaum ausreichend relevante Erwägungen dafür sprechen, sensitive Daten anstatt durch konventionelle Verarbeitungssysteme im Rahmen des Cloud Computings zu verarbeiten. Beispielsweise ist nicht ersichtlich, dass es dem Schutz lebenswichtiger Interessen dient (§ 28 Abs. 6 Nr. 1 BDSG), sensitive Daten gerade in eine Cloud-Umgebung zu transferieren, selbst wenn diese Daten einen Aufschluss über die Gesundheit des Betroffenen geben. Ebenso kann die Geltendmachung, Ausübung oder die Verteidigung rechtlicher Ansprüche (§ 28 Abs. 6 Nr. 3 BDSG) sowie die Durchführung wissenschaftlicher Forschung (§ 28 Abs. 6 Nr. 4 BDSG) durchaus auf eine andere, zumutbarere Weise erreicht werden. Auch für Zwecke der Gesundheitsvorsorge, der medizinischen Diagnostik, der Gesundheitsversorgung, der Behandlung, der Verwaltung von Gesundheitsdiensten (§ 28 Abs. 7 BDSG) oder für die Tätigkeit einer politisch, philosophisch, religiös oder gewerkschaftlich ausgerichteten Organisation (§ 28 Abs. 9 BDSG) ist nicht ersichtlich, dass der Umgang mit sensitiven Daten in der Cloud erforderlich ist. Einzig eine offenkundige Öffentlichmachung sensitiver Daten durch den Betroffenen (§ 28 Abs. 6 Nr. 2 BDSG) vermag einen Datenumgang durch Cloud-Dienste ermöglichen, wird jedoch praktisch selten vorkommen.[946]

c) Ergebnis

Da die Einholung einer informierten Einwilligung für den Cloud-gestützten Umgang mit personenbezogenen Daten kaum möglich ist, jedenfalls aber den Zwecken des Cloud Computings diametral entgegenläuft, ist der Cloud-Nutzer letztlich auf die Einschlägigkeit von Erlaubnisvorschriften angewiesen. Im Rahmen des Cloud Computings kann ein Datenumgang letztlich nur durch die Vorschrift des § 28 Abs. 1 S. 1 Nr. 2 BDSG erlaubt sein, da mit Blick auf das für die Persönlichkeitsrechte des Betroffenen erhöhte Risikopotenzial ein Interesse des Cloud-Nutzers am Umgang mit personenbezogenen Daten auf verstreuten Rechnerarchitekturen häufig nicht berücksichtigt werden kann. Allerdings steht und fällt im

---

945 Orientierungshilfe – Cloud Computing, S. 40; *Jotzo*, S. 110; *Niemann/Paul*, K&R 2009, S. 444 (449); jedenfalls für den internationalen Datentransfer ablehnend *Schmidt-Bens*, S. 73.
946 Ausführlich zu den Ausnahmetatbeständen § 28 Abs. 6 bis 9 BDSG *Simitis*, in: Simitis, § 28 Rn. 293 ff.

D. Datenschutzrecht

Falle von § 28 Abs. 1 S. 1 Nr. 2 BDSG die Zulässigkeit des Datenumgangs mit dem Ergebnis der im Einzelfall vorzunehmenden Abwägung zwischen den Interessen des Betroffenen und der verantwortlichen Stelle, was für Cloud-Nutzer eine große Rechtsunsicherheit bedeuten kann.

4. Zulässigkeit der Bekanntgabe personenbezogener Daten an den Cloud-Anbieter

Die Bekanntgabe personenbezogener Daten durch Weitergabe an den Cloud-Anbieter oder durch Bereithaltung zum Abruf durch diesen, ist eine der relevantesten Handlungen des Cloud-Nutzers überhaupt. Sobald der Nutzer Daten mit Personenbezug eigenhändig zur Cloud-Architektur transferiert oder dies etwa automatisiert durch eine Synchronisation vornehmen lässt, liegt in der Regel eine solche Bekanntgabe an den Cloud-Anbieter vor.[947] Für verantwortliche Stellen – also regelmäßig auch Cloud-Nutzer[948] – sieht das BDSG bei derartigen Transfers von Daten sowohl Erleichterungen als auch spezielle, über die allgemeinen Voraussetzungen eines Datenumgangs[949] hinausgehende Zulässigkeitsvoraussetzungen vor. Maßgeblich ist hierbei, ob die Daten im Inland bzw. im EU/EWR-Raum verbleiben oder diesen verlassen. Zudem ist in diesem Rahmen relevant, ob der Empfänger als Dritter anzusehen ist und die Bekanntgabe somit als Übermittlung gemäß § 3 Abs. 4 S. 2 Nr. 3 lit. a und b BDSG eingestuft werden kann.

a) Bekanntgabe im Inland

Eine an inländische Cloud-Server erfolgende Bekanntgabe durch den Cloud-Nutzer stellt keine Übermittlung an Dritte dar, da der Cloud-Anbieter regelmäßig als Auftragnehmer auftritt und gemäß § 3 Abs. 8 S. 3 BDSG nicht als Dritter gilt.[950] Zwar ist die Bekanntgabe personenbezoge-

---

947 Vgl. D.III.1.a)bb)(2)(c).
948 Vgl. D.III.1.b)aa)(2).
949 Gemäß § 4 Abs. 1 BDSG steht jeder Datenumgang mit personenbezogenen Daten unter dem Vorbehalt der Einwilligung des Betroffenen oder der Erlaubnis durch eine Rechtsvorschrift, vgl. D.III.3.
950 Vgl. D.III.1.b)aa)(1).

ner Daten eine nutzereigene Handlung und damit nicht selbst Teil des Auftragsverhältnisses.[951] Allerdings wird es dem Cloud-Anbieter durch die Bekanntgabe ermöglicht, seine Tätigkeit als Auftragsdatenverarbeiter dadurch auszuführen, dass er durch einen kontinuierlichen Datenfluss dem Nutzer eine funktionierende Cloud-Umgebung zur Verfügung stellt. Somit findet bei einer Bekanntgabe im Inland keine Übermittlung statt; die Bekanntgabe der Daten ist vielmehr zulässig und privilegiert.

b) Grenzüberschreitende Bekanntgabe

Sofern die Bekanntgabe personenbezogener Daten grenzüberschreitend, also aus dem Inland an Cloud-Server außerhalb Deutschlands erfolgt, so sind, wenn dies den Tatbestand einer Übermittlung gemäß § 3 Abs. 4 Nr. 3 BDSG erfüllt, zusätzlich zu den allgemeinen Voraussetzungen eines Datenumgangs, auch die §§ 4b und 4c BDSG zu beachten. Allerdings ist zu unterscheiden, ob sich die Bekanntgabe an Cloud-Server im EU/EWR-Raum richtet oder in einem Drittstaat.

aa) Bekanntgabe innerhalb des EU/EWR-Raumes

Wenn die Bekanntgabe an Cloud-Server im EU/EWR-Raum erfolgt, stellt dies grundsätzlich keine Übermittlung dar. Als Folge der Harmonisierung durch die DSRL werden Auftragsdatenverarbeiter – und damit in der Regel auch der Cloud-Anbieter[952] – innerhalb des EU/EWR-Raumes gemäß § 3 Abs. 8 S. 3 BDSG so behandelt, als agierten sie im Inland.[953] Da der Cloud-Anbieter als »Nicht-Dritter« behandelt wird, gibt es bei einer Bekanntgabe keine besonderen Einschränkungen zu beachten[954], insbesondere kommt die Zulässigkeitsvoraussetzung des § 4b Abs. 1 BDSG nicht zur Anwendung.

---

951 Vgl. D.III.1.b)aa)(1)(c)(bb).
952 Vgl. D.III.1.b)aa)(1)(c)(bb).
953 *Gola/Schomerus*, in: Gola/Schomerus, § 4 b Rn. 5; *Spindler*, in: Spindler/Schuster, § 4 b Rn. 4.
954 *Kühling/Seidel/Sivridis*, S. 129; *Gola/Schomerus*, in: Gola/Schomerus, § 4 b Rn. 5.

D. Datenschutzrecht

bb) Bekanntgabe ins Drittausland

(1) Keine Privilegierung der Bekanntgabe ins Drittausland

Anders ist es jedoch zu beurteilen, wenn die Bekanntgabe personenbezogener Daten an Cloud-Server in Drittstaaten außerhalb des EU/EWR Raumes erfolgt. Denn selbst wenn die Entscheidungsverteilung zwischen Cloud-Nutzer und Cloud-Anbieter eine Auftragsdatenverarbeitung im Grundsatz ermöglichen würde, unterfällt die Bekanntgabe personenbezogener Daten in einen Drittstaat gerade nicht der Privilegierungswirkung.

Gemäß § 3 Abs. 8 S. 2 und 3 BDSG ist der Auftragnehmer dann kein Dritter, wenn er im Inland oder innerhalb des EU/EWR-Raumes mit personenbezogenen Daten umgeht. Nach ganz herrschender Auffassung stelle deshalb eine Bekanntgabe an Auftragsdatenverarbeiter, die in einem Drittland mit Daten umgehen, im Umkehrschluss immer eine Übermittlung dar.[955] Gleichsam sei – mangels ausdrücklicher Regelung – dem Cloud-Nutzer auch bei einer Bekanntgabe personenbezogener Daten in ein sicheres Drittland mit einem angemessenen Datenschutzniveau bzw. in ein unsicheres Drittland, bei dem die Bekanntgabe ausnahmsweise zulässig ist[956], die Privilegierung der Auftragsdatenverarbeitung versagt.[957]

Dem ist zuzustimmen. Der deutsche Gesetzgeber hat sich für einen starken Schutz von Betroffenen entschieden, was insgesamt auch dem

---

[955] *Petri*, in: Simitis, § 11 Rn. 8; *Niemann/Hennrich*, CR 2010, S. 686 (688); *Weichert*, DuD 2010, S. 679 (682); *Heckmann*, in: jurisPK-Internetrecht, Kap. 9 Rn. 626; *Schuster/Reichl*, CR 2010 S. 38 (42); *Spindler*, in: Spindler/Schuster, § 4 b Rn. 4; *ders.*, in: Spindler/Schuster, § 11 Rn. 14; *Stiemerling/Hartung*, CR 2012, S. 60 (62); *Heidrich/Wegener*, MMR 2010, S. 803 (806); Orientierungshilfe – Cloud Computing, S. 16; *Reindl*, in: Taeger/Wiebe, S. 441 (444); *Gaul/Köhler*, BB 2011, S. 2229 (2233).

[956] Die Angemessenheit des Schutzniveaus ist ein Faktor für die Zulässigkeit der Übermittlung personenbezogener Daten gemäß § 4b Abs. 2 S. 2 BDSG; gemäß § 4c BDSG kann eine Übermittlung auch bei einem fehlenden adäquaten Schutzniveau zulässig sein, vgl. D.III.4.b)bb)(3).

[957] *Niemann/Hennrich*, CR 2010, S. 686 (688); *Heckmann*, in: jurisPK-Internetrecht, Kap. 9 Rn. 628; *Weichert*, DuD 2010, S. 679 (686); *Gola/Schomerus*, in: Gola/Schomerus, § 11 Rn. 16; *Wedde*, in: Däubler/Klebe/Wedde/Weichert, § 11 Rn. 20; EuroPriSe – Datenschutzrechtliche Anforderungen an Cloud Computing, https://www.european-privacy-seal.eu/AppFile/GetFile/1f6d3d2c-f272-44b5-8350-81b01e52af5d; wohl auch *Niemann/Paul*, K&R 2009, S. 444 (449); zu sicheren Drittstaaten vgl. D.III.4.b)bb)(2).

Zweck der DSRL entspricht.[958] Risiken des Datenmissbrauchs in Drittländern können von den EU/EWR-Staaten, selbst bei Vorliegen eines angemessenen Datenschutzniveaus, nicht adäquat verhindert werden. Deshalb ist es auch interessengerecht, dass verantwortliche Stellen vor einer Übermittlung außerhalb der Grenzen des EU/EWR-Raumes die Einwilligung der Betroffenen einholen müssen bzw. dass die Voraussetzungen eines Erlaubnistatbestands erfüllt sein müssen.

Ein solches Vorgehen war dem deutschen Gesetzgeber nicht verwehrt, da die DSRL keine vollumfängliche Harmonisierung voraussetzt.[959] Der Gesetzgeber ist sogar gehalten, Interessen der Betroffenen ausreichend zu berücksichtigen; gewisse Divergenzen in den mitgliedstaatlichen Datenschutzvorschriften werden dabei von der DSRL hingenommen.[960] Auch aus den Erwägungen des EuGH im ASNEF/FECEMD-Urteil ergibt sich nichts anderes. Das Gericht stellte vielmehr fest, dass das Ausmaß der Harmonisierung so weit gehe, dass die Mitgliedstaaten »keine neuen Grundsätze in Bezug auf die Zulässigkeit der Verarbeitung personenbezogener Daten neben Art. 7« der DSRL einführen dürfen und keine »zusätzliche Bedingungen stellen, die die Tragweite eines der sechs in diesem Artikel vorgesehenen Grundsätze verändern würden«.[961] Die § 3 Abs. 8 S. 3 BDSG zugrundeliegende Entscheidung, Auftragnehmer außerhalb des EU/EWR-Raumes von der Privilegierung der Auftragsdatenverarbeitung i.S.v. § 11 BDSG auszunehmen, begründet indes keine neue Zulässigkeitsvoraussetzung oder Bedingung für einen Datenumgang. Es wird lediglich festgestellt, dass die Bekanntgabe an einen Auftragnehmer im Drittausland, unabhängig von der Angemessenheit des Datenschutzniveaus in dem konkreten Staat, eine Übermittlung darstellt, ohne dass eine Aussage darüber getroffen wird, wann diese Übermittlung zulässig ist.

Zwar könnte man erwägen, durch eine richtlinienkonforme Auslegung von § 3 Abs. 8 S. 3 BDSG ein anderes Ergebnis zu erreichen[962], da in Art. 2 lit. e und lit. f der DSRL nicht zwischen Auftragnehmern innerhalb

---

958 Dies ist insoweit eine »Präzisierung« der allgemeinen Bedingungen eines Datenumgangs i.S.v. Erwägungsgrund 22 DSRL.
959 *Dammann*, in: Simitis, § 3 Rn. 246; *Simitis*, NJW 1998, S. 2473 (2476); *Erd*, DuD 2011, S. 275; *Brennscheidt*, S. 77; a.A. *Hoeren*, RDV 2009, S. 89 (93 ff.); *Brühann*, EuZW 2009, S. 639 (642); *Jotzo*, S. 149.
960 *Simitis*, NJW 1998, S. 2473 (2476); *Brennscheidt*, S. 77.
961 EuGH NZA 2011, 1409 (1410).
962 *Funke/Wittmann*, ZD 2013, S. 221 (227 f.).

D. Datenschutzrecht

und außerhalb des EU/EWR-Raumes unterschieden wird. Allerdings finden die Grundsätze der richtlinienkonformen Auslegung ihre Grenzen im eindeutigen Wortsinn der auszulegenden Vorschrift.[963] § 3 Abs. 8 S. 3 BDSG lässt gerade keine Zweifel daran, wer als Auftragnehmer i.S.d. BDSG gilt, und bietet keinen Spielraum für eine anderweitige Auslegung.[964] Im Übrigen steht einer richtlinienkonformen Auslegung der nicht vollumfänglich harmonisierende Charakter der DSRL entgegen.[965] Die DSRL trifft hinsichtlich der Auftragsdatenverarbeitung in Drittstaaten keine eindeutige Entscheidung, welche im vorliegenden Fall einer Auslegung zugrunde gelegt werden könnte.

Auch aus der Tatsache, dass die Kommission besondere Standardvertragsklauseln erlassen hat, welche die Übermittlung personenbezogener Daten an Auftragsdatenverarbeiter in Drittstaaten ohne angemessenes Schutzniveau ermöglichen[966], kann nicht abgeleitet werden, dass eine Bekanntgabe an Auftragnehmer im Drittausland unter die Privilegierung einer Auftragsdatenverarbeitung fallen müsste.[967]

Eine vereinzelt geforderte analoge Anwendung von § 3 Abs. 8 S. 3 BDSG für die Bekanntgabe personenbezogener Daten in Drittländer mit angemessenem Datenschutzniveau bzw. in Drittländer, in die eine Bekanntgabe ausnahmsweise zulässig ist[968], würde eine planwidrige Regelungslücke voraussetzen, die aber mit Blick auf den insoweit klaren Wortlaut von § 3 Abs. 8 BDSG nicht besteht.[969] Hätte der Gesetzgeber eine Ausnahme dahingehend gewollt, dass die Bekanntgabe von Daten an Auftragsdatenverarbeiter im Drittausland privilegiert wäre, so hätte er sich einer anderen Formulierung bedient. Zudem hat der Gesetzgeber, trotz der Möglichkeit einer Änderung im Rahmen der BDSG-Reform im Jahre 2009, keine anderweitige Regelung getroffen.[970] Der Bundesrat hatte zwar

---

963 *Weber*, S. 157 ff.; *Brennscheidt*, S. 81.
964 *Brennscheidt*, S. 81.
965 *Brennscheidt*, S. 81; wohl auch *Weber/Voigt*, ZD 2011, S. 74 (76), die jedoch die Frage nach der Harmonisierungswirkung der DSRL offen lassen.
966 Hierzu vgl. unten D.III.4.b)bb)(3)(a).
967 So aber *Nielen/Thum*, K&R 2006, S. 171 (172); ebenso *Weber/Voigt*, ZD 2011, S. 74 (75).
968 *Nielen/Thum*, K&R 2006, S. 171 (174); *Plath*, in: Plath, § 11 Rn. 53; *Weber/Voigt*, ZD 2011, S. 74 (77 f.); wohl zustimmend *Erd*, DuD 2010, S. 275 (276).
969 Im Ergebnis *Dammann*, in: Simitis, § 3 Rn. 246.
970 *Wybitul/Patzak*, RDV 2011, S. 11 (17).

im darauffolgenden Jahr – allerdings nur mit Blick auf den Beschäftigtendatenschutz – vorgeschlagen, Auftragnehmer in Drittländern, deren Datenschutzniveau als angemessen festgestellt wurde, von der Definition des »Dritten« auszunehmen und die Vorschrift des § 3 Abs. 8 BDSG dahingehend zu ändern.[971] Dies wurde jedoch von der Bundesregierung mit der Begründung abgelehnt, dass sich eine derartige Änderung auf das gesamte BDSG und nicht nur auf den Bereich des Beschäftigtendatenschutzes niederschlagen würde.[972] Sie ging offensichtlich davon aus, dass die Begrenzung der Auftragsdatenverarbeitung auf den EU/EWR-Raum zulässig ist.[973] Ein einheitlicher politischer Wille zur Änderung des Status quo ist deshalb auch nicht erkennbar.

Zwar werden Bedenken hinsichtlich einer Diskriminierung bei sensitiven Daten i.S.v. § 3 Abs. 9 BDSG geäußert, da diese im Rahmen einer Auftragsdatenverarbeitung an den Auftragnehmer ohne Einwilligung bekanntgegeben werden könnten, bei der Inanspruchnahme von Auftragnehmern in Drittländern und einer fehlenden Einwilligung des Betroffenen, allerdings den deutlich strengeren Voraussetzungen von § 28 Abs. 6 BDSG unterlägen.[974] Es ist jedoch nicht ersichtlich, weshalb hier eine Ausnahme greifen sollte. Der Gesetzgeber hat sensitive Daten als derart wichtig eingestuft, dass eigens hierfür besondere Vorschriften normiert worden sind. Selbst wenn die Bekanntgabe in ein Drittland zulässig ist, so unterliegen Änderungen der dortigen Rechtspraxis und von Gesetzesbestimmungen nicht dem Einflussbereich der EU/EWR-Staaten. Sensitive Daten sind gerade besonders gefährdete Daten, die zuallererst datenschutzrechtlichen Risiken ausgesetzt würden.

Somit ergibt sich, dass die Bekanntgabe personenbezogener Daten an Cloud-Server in Drittländern durch Weitergabe oder Bereithaltung zum Abruf eine Übermittlung darstellt und hierfür die allgemeinen Voraussetzungen für Datenumgänge[975] und zusätzlich die besonderen Voraussetzungen des § 4b BDSG erfüllt sein müssen.

---

971 Stellungnahme des Bundesrats, abgedruckt in BT-Drs. 17/4230, S. 26 (28).
972 Gegenäußerung der Bundesregierung, abgedruckt in BT-Drs. 17/4230, S. 38.
973 *Weber/Voigt*, ZD 2011, S. 74 (77).
974 *Nielen/Thum*, K&R 2006, S. 171 (174); *Erd*, DuD 2010, S. 275 (276 f.), in diese Richtung *Schröder/Haag*, ZD 2011, S. 147 (150).
975 Dazu vgl. D.III.3.

D. Datenschutzrecht

(2) Kein schutzwürdiges Interesse des Betroffenen am Ausschluss der Übermittlung (§ 4b Abs. 2 S. 2 BDSG)

Werden personenbezogene Daten in Drittstaaten übermittelt, müssen die in § 4b Abs. 2 S. 2 BDSG aufgeführten besonderen Voraussetzungen vorliegen. Der Cloud-Nutzer hat also zu beachten, dass Datenübermittlungen in Drittstaaten nur erfolgen dürfen, wenn kein schutzwürdiges Interesse des Betroffenen am Ausschluss der Übermittlung vorliegt, insbesondere die Stelle im Drittland ein angemessenes Datenschutzniveau gewährleisten kann. In dieser zusätzlichen Übermittlungsvoraussetzung spiegelt sich der Gedanke wieder, dass bei Datenübermittlungen ins Drittausland mangels hinreichender Kontrolle über den anschließenden Datenumgang besondere Risiken entstehen können.[976]

Gerade das von § 4b Abs. 2 S. 2 BDSG beispielhaft genannte Kriterium der Angemessenheit des Datenschutzniveaus ist beim Cloud Computing von großer Relevanz.[977] Der deutsche Gesetzgeber hat bei der Abfassung des § 4b Abs. 2 S. 2 BDSG entgegen Art. 25 Abs. 2 DSRL das Datenschutzniveau der empfangenden Stelle im Drittland und nicht das Schutzniveau des Drittlandes als maßgebliches Kriterium angesehen. Fehlt es jedoch bereits im Empfangsland an einem angemessenen Schutzniveau, kann das Datenschutzniveau der empfangenden Stelle kein Kriterium für die Zulässigkeit einer Übermittlung darstellen. Mit Blick auf die ratio des § 4b Abs. 2 BDSG und den unmissverständlichen Wortlaut der DSRL, besteht in diesem Aspekt kein Spielraum für den nationalen Gesetzgeber, weshalb es in richtlinienkonformer Auslegung letztlich auf das Schutzniveau des Drittlandes ankommt.[978]

Die Ermittlung, ob das betreffende Drittland ein angemessenes Datenschutzniveau aufweist, kann auf zweierlei Weise erfolgen. Zum einen kann die Europäische Kommission gemäß Art. 25 Abs. 6 DSRL die Gewährleistung eines angemessenen Schutzniveaus durch das in Art. 31 Abs. 2 DSRL vorgesehene Verfahren feststellen. Die bis heute von der Kommission anerkannten Staaten mit angemessenen Schutzniveaus sind

---

[976] *Gaul/Köhler*, BB 2011, S. 2229 (2233); *Heidrich/Wegener*, MMR 2010, S. 803 (806).
[977] Weitere schutzwürdige Interessen sind etwa risikobehaftete Übermittlungen, vgl. mit weiterführendem Überblick *Gola/Schomerus*, in: Gola/Schomerus, § 4b Rn. 8.
[978] Ähnlich *Rittweger/Weiße*, CR 2003, S. 142 (147); *Brennscheidt*, S. 161.

Andorra[979], Argentinien[980], Australien[981], Färöer Inseln[982], Guernsey[983], Isle of Man[984], Israel[985], Jersey[986], Kanada[987], Schweiz[988], Uruguay[989] und Neuseeland[990]. Zum anderen kann die übermittelnde – und gemäß § 4b Abs. 5 BDSG für die Zulässigkeit der Übermittlung verantwortliche – Stelle die Angemessenheit des Schutzniveaus gemäß § 4b Abs. 5 BDSG selbst und eigenverantwortlich feststellen.[991] Die Angemessenheit muss gemäß § 4b Abs. 3 BDSG unter Berücksichtigung aller Umstände beurteilt werden, die bei Datenübermittlungen von Bedeutung sind. Gesetzlich genannte Faktoren sind dabei etwa die Art der Daten, das Endbestimmungsland und die für den betreffenden Empfänger geltenden Rechtsnormen. Sofern das Schutzniveau in dem jeweiligen Drittland nicht angemessen ist, kann die Übermittlung dennoch durch einen Rückgriff auf Ausnahmetatbestände zulässig sein.

(3) Übermittlung trotz unangemessenen Datenschutzniveaus

Für den Fall, dass die Zulässigkeitsvoraussetzungen des § 4b Abs. 2 S. 2 BDSG nicht erfüllt sind, sieht § 4c BDSG die Möglichkeit rechtskonformer Übermittlungen in Drittstaaten vor. Zudem steht dem Cloud-Nutzer ein Rückgriff auf die Safe-Harbor-Vereinbarung offen, welche die Übermittlung personenbezogener Daten an Unternehmen in den USA erlaubt.

---

979 ABl. EU v. 21.10.2010, Nr. L 277/27.
980 ABl. EG v. 5.7.2003, Nr. L 168/19.
981 ABl. EG v. 8.8.2008, Nr. L 213/47.
982 ABl. EU v. 9.3.2010, Nr. L 58/17.
983 ABl. EG v. 25.11.2003, Nr. L 308/27.
984 ABl. EG v. 30.4.2004, Nr. L 151/51; ABl. EG v. 10. 6. 2004, Nr. L 208/47
985 ABl. EU v. 1.2.2011, Nr. L 27/39.
986 ABl. EG v. 28.5.2008, Nr. L 138/21.
987 ABl. EG v. 4.1.2000. Nr. L 2/13.
988 ABl. EG v. 25.8.2000, Nr. L 215/1.
989 ABl. EU v. 23.8.2012, Nr. L 227/11.
990 ABl. EU v. 30.1.2013, Nr. L 28/12.
991 *Kühling/Seidel/Sivridis*, S. 130.

(a) § 4c BDSG

§ 4c BDSG ermöglicht – erkennbar an der Formulierung »auch wenn« – als Ausnahmevorschrift eine Übermittlung in Drittländer ohne angemessenes Schutzniveau. Eine Übermittlung ist demnach zulässig, wenn entweder einer der gesetzlichen Ausnahmetatbestände gemäß § 4c Abs. 1 BDSG erfüllt ist oder die zuständige Aufsichtsbehörde gemäß § 4c Abs. 2 BDSG die Übermittlung genehmigt. Im letzteren Fall müsste die verantwortliche Stelle ausreichende Garantien hinsichtlich des Schutzes des Persönlichkeitsrechts und der Ausübung der damit verbundenen Rechte vorweisen können.

Im Rahmen von § 4c Abs. 1 BDSG ist die Einwilligung des Betroffenen gemäß Nr. 1 regelmäßig von besonderer Relevanz. Die Erlaubnisvorschrift ist nur einschlägig, wenn der Betroffene hinsichtlich der Risiken der Übermittlung in das unsichere Drittland informiert ist und auch sonst die Voraussetzungen einer informierten Einwilligung i.S.v. § 4a BDSG vorliegen.[992] Allerdings ist diese Einwilligungsoption, wie dargestellt wurde, im Rahmen der Nutzung von Cloud-Diensten kaum praktikabel.[993]

Gemäß Abs. 2 kann sich das Vorliegen von Garantien, unter denen Übermittlungen aufsichtsbehördlich genehmigt werden, insbesondere aus Vertragsklauseln zwischen der übermittelnden und der empfangenden Stelle im Drittland ergeben, in welchen sich die empfangende Stelle zur Einhaltung der Grundregeln des unionsweiten Datenschutzrechts verpflichtet.[994] Eine Erleichterung stellen in diesem Sinne die von der Europäischen Kommission gemäß Art. 26 Abs. 4 DSRL anerkannten Standardvertragsklauselwerke[995] dar, bei welchen, sofern sie unverändert

---

[992] *Gola/Schomerus*, in: Gola/Schomerus, § 4c Rn. 5; *Simitis*, in: Simitis, § 4c Rn. 9; zur informierten Einwilligung *Gola/Schomerus*, in: Gola/Schomerus, § 4a Rn. 25 ff.; zu den weiteren Ausnahmetatbeständen von § 4c Abs. 1 BDSG vgl. *Kühling/Seidel/Sivridis*, S. 131 f.

[993] Vgl. D.III.3.a).

[994] *Gola/Schomerus*, in: Gola/Schomerus, § 4c Rn. 11; *Gabel*, in: Taeger/Gabel, § 4c Rn. 21.

[995] Standardvertragsklauseln für die Übermittlung in Drittländer (ABl. EG v. 15. 6. 2001, Nr. L 181/19), Alternative Standardvertragsklauseln für die Übermittlung in Drittländer (ABl. EG v. 27. 12. 2004, Nr. L 385/74) sowie Standardvertragsklauseln für die Übermittlung an Auftragsdatenverarbeitung in Drittländer (2010/87/EU, ABl. EG v. 12.02.2010, Nr. L 39/5); hierzu ausführlich Lensdorf, CR 2010, 735 ff.

übernommen werden, die Genehmigungsbedürftigkeit von Übermittlungen entfällt.[996] Ein angemessenes Schutzniveau gilt hierbei als garantiert.[997] Art. 11 Abs. 1 der Standardvertragsklauseln für Auftragsdatenverarbeiter erlaubt dem Datenimporteur im Drittausland die empfangenen Daten an Unterauftragnehmer weiterzugeben, sofern der übermittelnde Datenexporteur vorher schriftlich eingewilligt hat. Dies ist vor allem dann relevant, wenn Cloud-Anbieter ihre Ressourcen wiederum von anderen Anbietern erhalten bzw. in Spitzenzeiten fremde Ressourcen als Ergänzung anfordern.

Für Auftragsdatenverarbeitungen im Drittausland wird diskutiert, ob Auftraggeber auch dann zur Einhaltung der Voraussetzungen von § 11 BDSG verpflichtet sind, wenn von den besonderen Standardvertragsklauseln für die Auftragsdatenverarbeitung Gebrauch gemacht wird.[998] Dies ist jedoch mit Blick auf den harmonisierenden Charakter der Standardvertragsklauseln nicht sachgerecht[999], vor allem jedoch – wegen § 3 Abs. 8 BDSG – mangels Einschlägigkeit einer privilegierten Auftragsdatenverarbeitung in Drittländern[1000] auch schwerlich begründbar[1001].

Weitere Garantien für die Genehmigung von Übermittlungen können sich gemäß § 4c Abs. 2 BDSG auch aus verbindlichen Unternehmensregelungen (sog. »binding corporate rules« oder »BCRs«[1002]) ergeben. Diese Regelungen sind Leitungsgrundsätze mit Geltung für alle Geschäftsleitungen eines Konzerns[1003], die unabhängig von ihrer rechtlichen Einordnung als Weisungen im Rahmen eines Direktionsrechts ausgestaltet sind[1004]. Sie

---

996 *Backes/Eul/Guthmann/Martwich/Schmidt*, RDV 2004, 156 (160); *Kühling/Seidel/Sivridis*, S. 132; *Spindler*, in: Spindler, in: Spindler/Schuster, § 4 c BDSG Rn. 20; *Heckmann*, in: jurisPK-Internetrecht, Kap. 9 Rn. 606.
997 *Reindl*, in: Taeger/Wiebe, S. 441 (447); *Heckmann*, in: jurisPK-Internetrecht, Kap. 9 Rn. 606; *Spindler*, in: Spindler/Schuster, § 4c BDSG Rn. 20.
998 Zustimmend vor allem die aufsichtsbehördliche Seite, Orientierungshilfe – Cloud Computing, S. 16; *Weichert*, DuD 2010, S. 679 (686); *Wedde*, in: Däubler/Klebe/Wedde/Weichert, § 11 Rn. 20; ablehnend *Schantz*, in: Wolff/Brink, § 4c Rn. 50; *Scholz/Lutz*, CR 2011, S. 424 (427); *Wybitul/Patzak*, RDV 2011, S. 11 (17).
999 Zweifelnd daher *Gabel*, in: Taeger/Gabel, § 11 Rn. 26.
1000 Vgl. D.III.4.b)bb)(1).
1001 *Wybitul/Patzak*, RDV 2011, S. 11 (17).
1002 *Heckmann*, in: jurisPK-Internetrecht, Kap. 9 Rn. 606.
1003 *Spindler*, in: Spindler/Schuster, § 4c BDSG Rn. 27.
1004 *Räther/Seitz*, MMR 2002, S. 520 (526 ff.).

D. Datenschutzrecht

ermöglichen allerdings nur unternehmensinterne Datenübermittlungen[1005] in unsichere Drittstaaten, und stehen deshalb nicht jedem Datenexporteur zur Verfügung.

Werden nicht-standardisierte Vertragsklauseln und verbindliche Unternehmensregelungen eingesetzt, so hat die zuständige Aufsichtsbehörde bei ihrer Entscheidung über die Zulässigkeit von Übermittlungen insbesondere die Datensicherungs-, Kontroll- und Durchsetzungsmechanismen zu berücksichtigen.[1006] Aufgrund des aufwändigen Genehmigungsverfahrens sind Standardvertragsklauseln daher die praxistauglichere Möglichkeit[1007] zur Übermittlung personenbezogener Daten an Cloud-Server, die sich in unsicheren Drittstaaten befinden.

(b) Safe-Harbor-Vereinbarung

Eine weitere Möglichkeit zur Übermittlung personenbezogener Daten trotz grundsätzlicher Unzulässigkeit nach § 4b Abs. 2 BDSG stellt die Safe-Harbor-Vereinbarung[1008] zwischen der EU und den USA dar. Die USA sind ein Drittstaat, deren Datenschutzniveau von der Kommission nicht als angemessen eingestuft worden ist. Sie verfügen über kein einheitliches Datenschutzrecht, sondern haben für einige Bereiche spezifische Datenschutzgesetze (etwa den Video Privacy Protection Act) erlassen.[1009] Mit Blick auf die wirtschaftliche Bedeutung des transatlantischen Datenverkehrs wurde mit dem Safe-Harbor-Übereinkommen zwischen dem US Handelsministerium und der Europäischen Kommission vom 27.7.2000[1010] ein eigenständiges Verfahren[1011] geschaffen, in dem sich ein Empfänger personenbezogener Daten in den USA gegenüber der US Fe-

---

1005 *Grapentin*, CR 2009, S. 693; *Jotzo*, S. 166.
1006 *Kühling/Seidel/Sivridis*, S. 132; ähnlich *Spindler*, in: Spindler/Schuster, § 4c BDSG Rn. 29; zum Genehmigungsverfahren vgl. *Gola/Schomerus*, in: Gola/Schomerus, § 4c Rn. 18; ausführlich zu Angemessenheitskriterien bei verbindlichen Unternehmensregelungen *Spindler*, in: Spindler/Schuster, § 4c BDSG Rn. 28; allgemein zu verbindlichen Unternehmensregelungen *Filip*, ZD 2013, S. 51 ff.
1007 *Thüsing/Forst*, in: Thüsing, § 17 Rn. 25/57.
1008 ABl. EG v. 25.08.2000, Nr. L 215/7.
1009 *Newman*, S. 30; *Söbbing*, in: Leible/Sosnitza, S. 35 (65).
1010 Dokumente abrufbar unter http://www.export.gov/safeharbor/.
1011 Hierzu ausführlich *Söbbing*, in: Leible/Sosnitza, S. 35 (65 ff.).

deral Trade Commission (FTC) verpflichten kann, ein der EU vergleichbares Datenschutzniveau einzuhalten.[1012] Eine unabhängige Prüfung, ob die Prinzipien eingehalten werden, erfolgt hingegen nicht.[1013] Die Kommission hat in diesem Rahmen festgestellt, dass die Safe-Harbor-Vereinbarung ein angemessenes Schutzniveau i.S.v. Art. 25 Abs. 2 DSRL bietet.[1014] Bei der Feststellung wurde auf Elemente von Art. 25 Abs. 6 DSRL zurückgegriffen[1015], ohne jedoch das Datenschutzniveau der USA als solches für angemessen zu erklären. Dem Regelwerk des Übereinkommens liegen sieben zu beachtende Prinzipien (Informationspflichten, Wahlmöglichkeiten, Weitergabe, Sicherheit, Datenintegrität, Auskunftsrecht und Durchsetzung) sowie ein Katalog von konkretisierenden, häufig gestellten Fragen zugrunde.[1016]

(aa) Kritik

Kritik wird zum einen aufgrund des Risikos laut, dass personenbezogene Daten nach ihrer Übermittlung in die USA Gegenstand staatlicher Zugriffe sein können. Tatsächlich stehen Behörden in den USA umfassende Instrumente zur Verfügung, um auch auf Cloud-Daten zugreifen zu können.[1017] Bedenken bestehen hier vor allem hinsichtlich des im Jahre 2001 verabschiedeten USA Patriot Acts[1018], der bereits bestehende staatliche Zugriffsrechte ergänzt bzw. erweitert hat.[1019] Ermöglicht wird dadurch etwa die behördlich angeordnete Beschlagnahme von Dokumenten zum Zweck der Aufdeckung von Terrorismus oder Spionage ohne richterlichen Beschluss und ohne Kenntnis der Betroffenen.[1020] Auch der Wortlaut der

---

1012 *Heckmann*, in: jurisPK-Internetrecht, Kap. 9 Rn. 609; *Söbbing*, in: Leible/Sosnitza, S. 35 (65 ff.)
1013 *Spies/Schröder*, ZD-Aktuell 2013, 03566.
1014 ABl. EG v. 26.07.2000, Nr. L 215/7; *Söbbing*, in: Leible/Sosnitza, S. 35 (65); *Gaul/Köhler*, in: BB 2011, S. 2229 (2233).
1015 *Gola/Schomerus*, in: Gola/Schomerus, § 4b Rn. 15.
1016 Ausführlich *Singer*, MMR 1999, S. VI (VII) sowie *Räther/Seitz*, MMR 2002, S. 425 (428).
1017 Ausführlich *Schuppert/von Reden*, ZD 2013, S. 210 (216 ff.).
1018 *Nägele/Jacobs*, ZUM 2010, S. 281 (290), *Spies*, MMR 2009, S. XI (XII).
1019 *Haag*, in: Leupold/Glossner, Teil 4. Rn. 44; *Schuppert/von Reden*, ZD 2013, S. 210 (216); *Spies*, ZD 2012, 03062.
1020 *Spies*, ZD 2012, 03062.

Safe-Harbor-Vereinbarung selbst scheint einen gewissen Spielraum für staatliche Zugriffe zuzulassen. Anhang 1 der Safe-Harbor-Vereinbarung regelt, dass die Geltung der Grundsätze begrenzt werden kann »a) insoweit, als Erfordernissen der nationalen Sicherheit, des öffentlichen Interesses oder der Durchführung von Gesetzen Rechnung getragen werden muss«. Derartige Bedenken werden auch von Cloud-Anbietern nicht zerstreut, sondern vielmehr genährt. Selbst bei innerhalb der EU gespeicherten Daten kann etwa das Unternehmen Microsoft nicht garantieren, dass Daten – beispielsweise bei einem Abruf auf Grundlage des Patriot Acts – den EWR nicht verlassen und fügt hinzu, dass auch andere Unternehmen dies nicht könnten.[1021] Endgültige Gewissheit brachten schließlich jüngste Vorkommnisse im Jahr 2013. Im Rahmen des PRISM-Programms der NSA wurden personenbezogene Daten an US-Behörden weitergeleitet, die sich auf den Servern bekannter Anbieter wie Microsoft, Yahoo, Google oder Facebook befanden.[1022]

Es ist zwar richtig, dass die Diskussion um derartige staatliche Eingriffsrechte ihre Relevanz eher auf einer nachgeordneten Stufe erlangt und sich nicht auf das bereits als angemessen anerkannte Schutzniveau der Safe-Harbor-Vereinbarung auswirkt.[1023] Allerdings wird durch die Entscheidung der Kommission hinsichtlich der Fortführung der Vereinbarung ohne weitere Anpassungen auch der Sinn und Zweck von Art. 25 Abs. 1 und 2 DSRL untergraben. Dies gilt im Übrigen auch für die Möglichkeit der Nutzung von Standardvertragsklauseln, welche im Prinzip ein angemessenes Schutzniveau beim Empfänger herstellen sollen, was jedoch mit Blick auf die vorherigen Ausführungen nicht mehr zweifelsfrei angenommen werden kann. Die in dieser Frage fehlende Flexibilität des europäischen Datenschutzrechts wird vor allem daran deutlich, dass es an einer gesetzlichen Möglichkeit mangelt, nach welcher staatliche Behörden Datentransfers in die USA, die dem Safe-Harbor-Abkommen unterliegen, unter zusätzliche Voraussetzungen stellen können; dazu ist zunächst nur die Kommission ermächtigt[1024].

1021 *Whittaker*, ZDNet, 28.06.2011.
1022 *Greenwald/MacAskill*, The Guardian, 07.06.2013.
1023 In diese Richtung *Schuppert/von Reden*, ZD 2013, S. 210 (213).
1024 *Spies*, ZD-Aktuell 2013, 03691; insoweit ist die bekundete Absicht der Konferenz der Datenschutzbeauftragten des Bundes und der Länder, Datenübermittlungen auf der Grundlage des Safe-Harbor-Abkommens gegebenenfalls auszusetzen, ein stumpfes Schwert, http://www.bfdi.bund.de/SharedDocs/Publikationen/Ent

Jedoch wird auch eine Reform des europäischen Datenschutzrechts im Bereich der Voraussetzungen für grenzüberschreitende Datentransfers angesichts immer weitreichender staatlicher Befugnisse keine wirkliche Abhilfe schaffen können. Selbst eine wohl unrealistische Aussetzung des Safe-Harbor-Programmes, wie sie von der damaligen Justizkommissarin Viviane Reding ins Spiel gebracht wurde[1025] und auch vom LIBE Ausschuss des Europäischen Parlaments vorgeschlagen wird[1026], wäre kaum hilfreich, da ein Datentransfer auch durch den Einsatz von BCRs und Standardvertragsklauseln ermöglicht werden kann. Die Problematik ist eng mit der Frage verbunden, ob das Datenschutzrecht nicht dadurch zu einem vordergründig vertrauensbildenden Instrument verkommt, dass der Kreis derer, die Zugriff auf Daten eines Betroffenen haben, weiter wächst.[1027] Indes hat der irische High Court am 18. Juni 2014 dem EuGH die Frage vorgelegt, ob die Safe-Harbor-Vereinbarung mit Artt. 7 und 8 der EU Grundrechte-Charta im Einklang steht und ein angemessenes Datenschutzniveau gewährleistet bzw. ob Aufsichtsbehörden bei der Beurteilung der Übermittlungsvoraussetzungen in Drittländer an den Kommissionsbeschluss zu Safe-Harbor gebunden sind.[1028] Die Entscheidung des EuGH steht derzeit noch aus. Eine deutliche Klarstellung wäre, auch mit Blick auf den wichtigen transatlantischen Wirtschaftsverkehr und insbesondere das Cloud Computing, sehr wünschenswert.

Ungeachtet dessen, ist jedenfalls die konkrete Durchsetzung der Safe-Harbor-Grundsätze problematisch. Die Kontrolle der Einhaltung erfolgt durch Stellen wie etwa der von der EU als Kontrollbehörde anerkann-

---

schliessungssammlung/ Ergaenzende Dokumente/ PMDSK_SafeHarbor_Eng.pdf ?__blob=publicationFile.

1025 *Traynor*, The Guardian, 26.11.2013.
1026 *LIBE*, Report on the US NSA surveillance programme, surveillance bodies in various Member States and their impact on EU citizens' fundamental rights and on transatlantic cooperation in Justice and Home Affairs, S. 26 f., http://www.europarl.europa.eu/sides/getDoc.do?pubRef=-//EP//NONSGML+REPORT+A7-2014-0139+0+DOC+PDF+V0//EN.
1027 Im Übrigen spricht einiges dafür, dass nach deutschem Datenschutzrecht ein Transfer personenbezogener Daten in die USA zum Zweck der Weitergabe an US-Behörden ohne Einwilligung des Betroffenen rechtswidrig ist, ausführlich *Becker/Nikolaeva*, CR 2012, S. 170 (174 ff.); so auch *Plath*, in: Plath, § 11 BDSG Rn. 54.
1028 High Court Beschluss v. 18.6.2014 – Az. 2013 765 JR, http://www.dataprotection.ie/docimages/documents/DOC180614.pdf.

D. Datenschutzrecht

ten[1029] FTC.[1030] Es liegt lediglich im Ermessen der FTC auf eine an sie herangetragene Beschwerde nähere Untersuchungen anzustellen. Dazu müsste sie jedoch überhaupt in Kenntnis gesetzt werden.[1031] Auch die Möglichkeit der Selbstzertifizierung der Unternehmen hat besonders tiefgreifende Folgen. Laut einer Studie aus dem Jahr 2008[1032] haben zahlreiche Unternehmen zu Unrecht behauptet, sich den Safe-Harbor-Principles unterworfen zu haben; weitere hielten sich nur teilweise an die Vorgaben von Safe Harbor. Nur die wenigsten Unternehmen erfüllten die Mindestvoraussetzungen des Abkommens.[1033] Die Zahl der Verstöße hat sich gemäß einer Untersuchung aus dem Jahr 2013 seit 2008 bereits verdoppelt, wohingegen Sanktionen der FTC ausgeblieben sind.[1034] Kritisiert wird außerdem, dass die vom US-Handelsministerium geführte Liste der dem Safe-Harbor-Programm beigetretenen Stellen Unternehmen enthalten können, die aus dem Programm ausgeschieden sind bzw. gar nicht mehr bestehen.[1035] Das Safe-Harbor-Abkommen droht dadurch nur zu einer schlichten Marke zu verkommen, die europäischen verantwortlichen Stellen ein Gefühl von Sicherheit geben soll, jedoch für die Betroffenen kaum Vorteile bringt. Als sachdienliche und interessengerechte Instrumente zur Übermittlung personenbezogener Daten in die USA würden dann nur die Standardvertragsklauseln und verbindliche Unternehmensregelungen verbleiben.

1029 Anlage zu Anhang I, ABl. EG v. 26.07.2000, Nr. L 215/7.
1030 *Räther/Seitz*, MMR 2002, S. 425 (430).
1031 *Räther/Seitz*, MMR 2002, S. 425 (430 f.).
1032 Abrufbar unter http://www.galexia.com/public/about/news/about_news-id143.html.
1033 *Schindler*, MMR-Aktuell 2010, 299248.
1034 *Connolly*, S. 4/6; die FTC hat etwa am 21.02.2014 von zwölf Unternehmen die fälschlicherweise behauptet hatten, sich dem Safe-Harbor-Abkommen unterworfen zu haben, lediglich verlangt, diese Aussage in Zukunft zu unterlassen, http://www.ftc.gov/news-events/press-releases/2014/01/ftc-settles-twelve-companies-falsely-claiming-comply.
1035 http://www.bfdi.bund.de/DE/Europa_International/International/Artikel/SafeHarbor.html.

(bb) Lösungsansätze

Auch wenn staatliche Zugriffe auf die in die USA übertragenen personenbezogenen Daten nicht verhindert werden können, sollte zumindest sichergestellt sein, dass die Safe-Harbor-Vorschriften von ihren Anwendern eingehalten werden. In diesem Rahmen erscheinen vor allem zwei Aspekte problematisch. Zum einen fehlt es an konkreten Kontrollen, ob ein Unternehmen, welches behauptet, sich den Safe-Harbor-Grundsätzen unterworfen zu haben, diese auch tatsächlich befolgt. Zum anderen mangelt es an wirklichen Sanktionen und einer effektiven Durchsetzung der Grundsätze.

(aaa) Erweiterte behördliche Pflichten und unbedingte Sanktionen von US-Seite

Zunächst wäre es erforderlich, eine Verpflichtung US-amerikanischer Behörden festzuschreiben, wonach sie die Liste der dem Safe-Harbor-Programm beigetretenen Akteure auf Aktualität zu überprüfen haben. Auch wäre eine Kontrollpflicht dahingehend wünschenswert, dass Behörden nicht erst dann aktiv werden, wenn Beschwerden an sie herangetragen werden, sondern dass die Einhaltung der Safe-Harbor-Grundsätze regelmäßig überprüft wird. Diese Maßnahmen sollten an einen Katalog von spürbaren Sanktionen gekoppelt werden, welche die aus europäischer Sicht erforderliche Einhaltung der Grundsätze sicherstellen, und den Missbrauch des Safe-Harbor-Programms weitestgehend unattraktiv machen würden.

Als schwierig könnte sich dabei jedoch erweisen, dass im US-amerikanischen Raum in der Regel Ansätze der Selbstregulierung favorisiert werden, weshalb eine einseitige Reform des Programms zu einem reinen Wunschdenken verkommen könnte. Aus diesem Grund ist es unumgänglich, auch mögliche Maßnahmen auf europäischer Seite zu beleuchten.

(bbb) Pflichtenkatalog nach EU-Recht für Datenexporteure

Ein vor allem von Seiten deutscher und europäischer Aufsichtsbehörden verlangter Ansatz sieht erweiterte Pflichten für datenexportierende Stellen vor, die ein Safe-Harbor-zertifiziertes Unternehmen in Anspruch nehmen.

D. Datenschutzrecht

So sollen Datenexporteure die Einhaltung der Safe-Harbor-Grundsätze selbst zu überprüfen haben und zwar auch dann, wenn ein Datenimporteur in den USA behauptet, er habe sich den Grundsätzen bereits unterworfen. Diese Überprüfung solle zumindest die Kontrolle der Gültigkeit der Selbstverpflichtung des Datenimporteurs beinhalten sowie die Prüfung, ob der Datenimporteur die ihm durch das Safe-Harbor-Abkommen gegenüber Betroffenen auferlegten Informationspflichten einhalten kann.[1036]

Ein solcher Ansatz geht mit Blick auf die hohen Risiken für die Rechte der Betroffenen, dass ein Unternehmen die Safe-Harbor-Grundsätze tatsächlich nicht einhält, in die richtige Richtung. Kann eine verbesserte Kontrolle und Durchsetzung durch US-Behörden nicht erreicht werden, so sollen Betroffene durch das durchlässige Safe-Harbor-System nicht über Gebühr benachteiligt werden. Entschließen sich Datenexporteure für den Einsatz der Safe-Harbor-Lösung, ist es sachgemäß, ihnen weitere Prüfpflichten aufzuerlegen, bevor ein Transfer als zulässig erachtet wird. Dies ist bereits deshalb nicht unangemessen, da weiterhin die Möglichkeit der Nutzung der Standardvertragsklauseln und der verbindlichen Unternehmensregelungen besteht, auf die ausgewichen werden kann. Allerdings ist zu bezweifeln, dass jede verantwortliche Stelle als Datenexporteur die nötigen Mittel und Fachkenntnisse aufweist, um die Einhaltung der Grundsätze beim jeweiligen US-Unternehmen zu überprüfen. Deshalb sollte für Datenexporteure die Möglichkeit bestehen, die nötigen Informationen durch unabhängige Stellen und Zertifikate zu erhalten und nachweisen zu können, so wie es bereits für die nach § 11 BDSG durchzuführende Auswahl und sorgfältige Kontrolle des Auftragnehmers gefordert wird[1037].

[1036] Bereits de lege lata eine Pflicht annehmend Orientierungshilfe – Cloud Computing, S. 17; so auch Beschluss der obersten Aufsichtsbehörden für den Datenschutz im nicht-öffentlichen Bereich am 28./29. April 2010 in Hannover, http://www.bfdi.bund.de/SharedDocs/Publikationen/Entschliessungssammlung/DuesseldorferKreis/290410_SafeHarbor.pdf?__blob=publicationFile; ähnlich, aber wohl nicht von einer Verpflichtung ausgehend Artikel-29-Datenschutzgruppe, WP 196 (01037/12/DE), S. 21 f.

[1037] Vgl. D.III.2.b)bb).

(ccc) Förderung und Entwicklung von Clouds »made in Europe«

Auch die parallele Förderung und Entwicklung rein im EU/EWR-Raum basierter Cloud-Dienste wäre ein durchaus positiver Ansatz.[1038] Durch die territoriale Begrenzung der Serverstandorte auf den EU/EWR-Raum hätten Betroffene es einfacher, ihre Rechte zu kennen und durchsetzen zu können. Verantwortliche Stellen erhielten hingegen bei der Nutzung von Cloud-Diensten »made in Europe« die Gewissheit, dass sie weder Übermittlungsvoraussetzungen noch drittstaatliche Gesetze zu beachten haben. Durch derartige vertrauensbildende Maßnahmen, kann eine reine EU/EWR-Cloud zudem einen bedeutenden Wirtschaftsfaktor darstellen.[1039] Dies erfordert allerdings enorme Anstrengungen bei der Standardisierung und Anerkennung von Cloud-Systemen seitens der Mitgliedstaaten.[1040] Zudem ist eine solche Lösung nur dann sinnvoll, wenn auch eine gewisse Abschottung von den Rechtssystemen anderer Länder erreicht werden kann. Eine bloße europäische Cloud, die zwar auf Serverstandorte in Europa zurückgreift, deren Anbieter jedoch aufgrund drittstaatlicher Gesetze zur Weitergabe von Daten an Behörden verpflichtet sind, würde daher gegenüber dem Status quo nur wenige Vorteile versprechen.

cc) Ergebnis

Die Bekanntgabe personenbezogener Daten an den Cloud-Anbieter ist innerhalb des EU/EWR-Raumes beim Vorliegen eines wirksamen Auftragsverhältnisses privilegiert und ohne weitere Voraussetzungen zulässig. Außerhalb des EU/EWR-Raumes gilt die Privilegierungswirkung allerdings nicht. Der Cloud-Anbieter ist in diesem Fall als Dritter einzustufen, womit eine Bekanntgabe an diesen unter den Voraussetzungen von § 3 Abs. 4

1038 So auch *Kühling/Biendl*, CR 2014, S. 150 (154).
1039 So auch *Bowden/Bigo*, US surveillance, S. 28. Auch seitens der Europäischen Kommission wurde die Notwendigkeit der Standardisierung und Normung von Cloud-Diensten erkannt, vgl. Mitteilung COM (2012) 529 final an das Europäische Parlament, den Rat, den Europäischen Wirtschafts- und Sozialausschuss und den Ausschuss der Regionen – Freisetzung des Cloud-Computing-Potenzials in Europa, S. 11 f.; die Kommission wird bei der Normfindung durch die ETSI Cloud Standards Coordination unterstützt, http://csc.etsi.org/website/home.aspx.

D. Datenschutzrecht

S. 2 Nr. 3 BDSG eine Übermittlung darstellt, die als Datenumgang grundsätzlich unzulässig ist und weiterhin nur unter den zusätzlichen Voraussetzungen einer grenzüberschreitenden Übermittlung gemäß § 4b Abs. 2 BDSG erfolgen darf. Sofern das Datenschutzniveau des Drittstaates von der Kommission nicht als angemessen anerkannt wurde, ist der Datenexporteur auf die Genehmigung der Übermittlung durch die zuständige Aufsichtsbehörde bzw. den Einsatz von Standardvertragsklauseln angewiesen. Übermittlungen in die USA sind, sofern der Empfänger sich dem Safe-Harbor-Programm unterworfen hat, trotz des sich in der Vergangenheit leider häufenden Zugriffs staatlicher Stellen weiterhin möglich. Dennoch wäre aufgrund der momentan schwachen Durchsetzung der Safe-Harbor-Prinzipien eine strengere Kontrolle seitens US-amerikanischer Behörden sowie die Regelung folgenschwerer Sanktionen wünschenswert. Auf der anderen Seite sollte Datenexporteuren die Pflicht auferlegt werden, die Einhaltung der Safe-Harbor-Grundsätze beim Datenimporteur zu kontrollieren, was ihnen aber auch durch die Einholung geeigneter Zertifikate ermöglicht werden muss. Parallel ist es sinnvoll, rein EU/EWR-basierte Cloud-Architekturen zu fördern, um das Vertrauen potenzieller Nutzer in den Einsatz von Cloud-Diensten zu stärken, Rechtssicherheit zu ermöglichen und die datenschutzrechtlichen Interessen der Betroffenen besser zu berücksichtigen.

IV. Fazit zum Datenschutzrecht

Mit dem Einsatz von Cloud-Diensten geht regelmäßig auch eine datenschutzrechtliche Relevanz einher. Beim Umgang mit personenbezogenen Daten im Rahmen des Cloud Computings kommen regelmäßig die datenschutzrechtlichen leges speciales des TMG sowie die allgemeinen Vorschriften des BDSG in Betracht. Während im Rahmen des TMG lediglich die Beziehung zwischen Dienstenutzern und dem Cloud-Anbieter bei der Bereitstellung der Dienste im Mittelpunkt steht, ist für den Umgang mit personenbezogenen Daten betroffener Personen, der durch Cloud-Dienste erfolgt, das BDSG zu beachten.

Adressat des BDSG ist der Cloud-Nutzer als regelmäßig verantwortliche Stelle, da er aktiv in die Entscheidung über den Umgang mit personenbezogenen Daten involviert ist bzw. den Cloud-Anbieter willentlich Datenumgänge vornehmen lässt. Sofern der Cloud-Anbieter innerhalb des EU/EWR-Raumes tätig wird, handelt er aufgrund der Entscheidungsverteilung regelmäßig als Auftragsdatenverarbeiter und verlängerter Arm des Cloud-Nutzers i.S.v. §§ 11 i.V.m. 3 Abs. 8 BDSG.

§ 11 BDSG stellt strenge Voraussetzungen für die Datenverarbeitung im Auftrag auf, welche jedoch durch die Heranziehung einer technologiefreundlichen Auslegung erfüllt werden können. Insbesondere die vom Cloud-Nutzer vorzunehmende sorgfältige Auswahl und Kontrolle des Cloud-Anbieters wird zwar aufgrund von anbieterseitigen Sicherheitsbedenken und verteilter Rechnerstandorte kaum möglich sein. Da jedoch eine Prüfung vor Ort nicht vorausgesetzt wird, reicht es aus, wenn sich Cloud-Anbieter hinsichtlich der Konformität mit den Vorschriften des BDSG zertifizieren lassen und sich der Cloud-Nutzer bei der Auswahl und Kontrolle auf diese Zertifikate beruft.

Der Einsatz von Cloud-Diensten tangiert auch dann den Anwendungsbereich des BDSG, wenn er im Rahmen einer persönlichen oder familiären Tätigkeit i.S.v. § 1 Abs. 2 Nr. 3 a.E. BDSG erfolgt, da der Cloud-Anbieter selbst nicht zum privaten Bereich gezählt werden kann. Auch eine Anonymisierung personenbezogener Daten i.S.v. § 3 Abs. 6 BDSG steht der Eröffnung des Anwendungsbereichs des BDSG nicht entgegen, da im Zeitalter der globalen Vernetzung kein unverhältnismäßig hoher Aufwand mehr erforderlich sein wird, die Zuordnung von Daten zu einer Person herzustellen. Zum anderen fehlt es bereits an der Praktikabilität von Anonymisierungsmethoden, da Daten nicht selten wegen ihres Personenbezuges Gegenstand eines Umgangs in der Cloud sind und der Personenbezug nur dann ausgeschaltet werden kann, wenn weder der Cloud-Anbieter noch der Cloud-Nutzer den Schlüssel für die Reanonymisierung besitzen.

In räumlicher Hinsicht ist das BDSG anwendbar, wenn

- ein in Deutschland belegener Cloud-Nutzer mit Daten im Inland umgeht,

- ein in Deutschland belegener Cloud-Nutzer mit Daten im EU/EWR-Raum umgeht, ohne auf eine dortige Niederlassung zurückzugreifen,

- ein im EU/EWR-Raum belegener Cloud-Nutzer mit Daten im Inland umgeht und dies von seiner inländischen Niederlassung geschieht oder

- ein im Drittstaat belegener Cloud-Nutzer zum Zweck des Datenumgangs auf Mittel im Inland zurückgreift.

D. Datenschutzrecht

Da es nach § 1 Abs. 5 BDSG auch darauf ankommt, an welchem Ort ein konkreter Datenumgang stattfindet, wirft die Frage nach der räumlichen Anwendbarkeit des BDSG bei länderübergreifenden Cloud-Architekturen immer dann Schwierigkeiten auf, wenn sich der Datenaustausch über Server in mindestens zwei der Regionen Deutschland, EU/EWR-Raum und Drittstaaten erstreckt. Da der Ort des Datenumgangs beim Cloud Computing in der Regel unbekannt bleibt oder sich stetig ändert, Betroffene jedoch spürbar in ihren Persönlichkeitsrechten tangiert werden können, ist zur Herstellung von Rechtssicherheit an andere Kriterien anzuknüpfen. Interessengerecht ist dabei die Anknüpfung an den Sitz bzw. die aktiv handelnde Niederlassung des Cloud-Nutzers. Um allerdings den Betroffenen einen gewissen Standard zu erhalten, soll, wenn der Cloud-Nutzer in einem Drittland mit einem im Vergleich zum EU/EWR-Raum geringen Datenschutzniveau belegen ist, das Recht der Serverstandorte maßgeblich sein.

Der Betroffene kann zwar wegen der Komplexität der Cloud-internen Prozesse kaum eine wirksame Einwilligung für den Cloud-gestützten Umgang mit seinen personenbezogenen Daten erteilen. Sofern der Datenumgang jedoch zur Förderung eines berechtigten Interesses des Cloud-Nutzers erforderlich ist und das Interesse des Cloud-Nutzers einer umfassenden Abwägung mit den Interessen des Betroffenen standhält, kann die Zulässigkeitsvorschrift des § 28 Abs. 1 S. 1 Nr. 2 BDSG einen Datenumgang in der Cloud legitimieren. Aufgrund des engen Anwendungsbereichs und mangels anderer einschlägiger Erlaubnisvorschriften, wäre es allerdings deutlich rechtsicherer, auf konventionelle, nicht netzgebundene Architekturen auszuweichen.

Ist der Datenumgang aufgrund § 28 Abs. 1 S. 1 Nr. 2 BDSG zulässig, müssen Cloud-Nutzer bei grenzüberschreitenden Datentransfers gegebenenfalls weitere Vorschriften beachten. Da Cloud-Anbieter gemäß § 3 Abs. 8 S. 2 und 3 BDSG außerhalb des EU/EWR-Raumes als Dritte zu qualifizieren sind, stellt jede Bekanntgabe personenbezogener Daten an diese eine Übermittlung dar. Solche grenzüberschreitenden Übermittlungen müssen die zusätzlichen Voraussetzungen von § 4b Abs. 2 BDSG erfüllen. Sofern das Datenschutzniveau des Ziellandes nicht als angemessen anerkannt wurde, ist der Cloud-Nutzer auf die Genehmigung der Übermittlung bzw. die Nutzung von Standardvertragsklauseln angewiesen. Sollen die Cloud-Daten in die USA transferiert werden, darf der Cloud-Nutzer diese auch an einen Cloud-Anbieter übermitteln, der am vermehrt kritisierten und reformbedürftigen Safe-Harbor-Programm teilnimmt.

Es ist damit festzuhalten, dass ein datenschutzkonformer Einsatz von Cloud-Technologien auch über Ländergrenzen hinweg möglich ist. Allerdings müssen Cloud-Nutzer als regelmäßig verantwortliche Stelle gerade wegen des ubiquitären Charakters der Cloud und den stetigen Datenbewegungen, ein berechtigtes, die Belange der betroffenen Person überwiegendes Interesse vorweisen können, um personenbezogene Daten im Rahmen von Cloud-Diensten zu erheben, zu verarbeiten und zu nutzen.

E. Zusammenfassung

Die »Cloud« ist zu einem Synonym für die Inanspruchnahme internetbasierter Dienste geworden. Tatsächlich zählen jedoch nur solche Leistungen zum Cloud Computing, die sämtlich auf einem Netz von virtualisierten Rechnern basieren und flexibel und bedarfsorientiert in Anspruch genommen werden können. Der Nutzer ist nicht mehr auf eigene lokale Infrastrukturen, Plattformen und Software angewiesen; vielmehr reicht bereits ein netzwerkfähiges Endgerät zur Bedienung der Cloud-Architektur aus. Die stetig wachsende wirtschaftliche Bedeutung des Cloud Computings liegt vor allem in dem hohen Einsparpotenzial hinsichtlich Kosten und Ressourcen und in der ortsunabhängigen Nutzbarkeit der Dienste begründet. Bereits jetzt bezieht fast die Hälfte aller deutschen Unternehmen Leistungen aus der Cloud. Somit ist auch eine rechtliche Betrachtung des Cloud Computings unumgänglich.

Die technischen Besonderheiten von Cloud-Architekturen und die damit verbundene Unkenntnis vom jeweiligen Standort eingebrachter Daten erfordern es, das Cloud Computing als eigenen Forschungsbereich zu behandeln. Im Bereich des Bürgerlichen Rechts, des Urheberrechts und des Datenschutzrechts wird dabei deutlich, dass bestehende Vorschriften und Prinzipen nicht immer zufriedenstellende Antworten für den Einsatz von Cloud-Diensten geben können.

Cloud-Verträge sind, soweit sie die Bereitstellung Cloud-unmittelbarer Leistungen auf Infrastruktur-, Plattform- und Softwareebene betreffen, regelmäßig als mietvertraglich oder leihvertraglich einzuordnen. Andere Leistungen mit vorbereitendem, pflegendem, sicherndem und unterstützendem Charakter beinhalten dagegen eher dienstvertragliche bzw. werkvertragliche Elemente. Kombiniert der Cloud-Vertrag Elemente verschiedener Vertragsarten, so sind diejenigen Vorschriften anzuwenden, die dem Willen der Parteien entsprechen; bei Kollisionen kommt es hingegen auf den jeweiligen Schwerpunkt des Vertrages an. Im Rahmen der Vertragsgestaltung sind vor allem Fragen der Gewährleistung, der Beendigung und der Rückabwicklung zu konkretisieren, da etwa mietrechtliche Vorschriften nicht ohne Interessenbeeinträchtigungen auf das Cloud Computing übertragen werden können. Hierbei bietet sich eine Gestaltung durch Service-Level-Agreements und anderer AGB an, die bei entsprechender Formulierung auch einer Inhaltskontrolle standhalten können. Andere, sinn-

E. Zusammenfassung

vollerweise zu regelnde Elemente sind unter anderem Vereinbarungen über Vergütung, Pflege, Datenschutz und urheberrechtliche Nutzungsrechte.

Das für Cloud-Verträge anwendbare Recht richtet sich gemäß der Rom-I-VO primär nach dem von den Parteien gewählten Recht. Ist der Vertrag ein Verbrauchervertrag, dürfen allerdings zwingende Vorschriften des gewöhnlichen Aufenthaltsstaates des Verbrauchers nicht unterlaufen werden. Ohne gesonderte Vereinbarung gilt für Cloud-Verträge regelmäßig das Recht der Hauptverwaltung bzw. der Niederlassung des Cloud-Anbieters, es sei denn es wurde ein Verbrauchervertrag geschlossen. In diesem Fall gilt, wenn der Cloud-Anbieter seine berufliche oder gewerbliche Tätigkeit in diesem Staat ausübt oder seine Tätigkeit auf diesen Staat ausrichtet, das Recht des gewöhnlichen Aufenthaltsortes des Verbrauchers. Fehlt es an einer derartigen Tätigkeit, gilt wieder die für alle anderen Verträge maßgebliche Anknüpfung.

Deutlich komplizierter erweist sich die Ermittlung des einschlägigen Deliktsstatuts. Dieses ergibt sich aus der Rom-II-VO bzw. dem EGBGB. Werden Daten in der Cloud geschädigt, so kann das anwendbare Recht nach Eintritt der schädigenden Handlung von den Parteien gewählt werden; im Falle rein kommerzieller Tätigkeiten der Parteien auch vor deren Eintritt. Fehlt eine Vereinbarung, so gilt primär das Recht das Schadenseintrittsortes. Ist die Cloud-Architektur allerdings auf verschiedene Länder verteilt, so ist in der Regel unklar, wo sich ein Datum oder dessen Fragmente zum Zeitpunkt des Schadenseintritts befunden haben. Als einzige interessengerechte Vorgehensweise erscheint es daher, das Recht des (hypothetischen) Cloud-Vertrages als eine »offensichtlich engere Verbindung« anzusehen, welche die Anknüpfung an den Schadenseintrittsort verdrängt. Demgegenüber bestimmt sich das anwendbare Recht bei Persönlichkeitsverletzungen durch Cloud-Daten gemäß einer nach der Entstehung eines deliktischen Anspruchs erfolgten Rechtswahl, ansonsten nach dem Ort der deliktischen Handlung oder, wenn es der Verletzte verlangt, nach dem Ort des deliktischen Erfolges. Da der Handlungsort leicht durch den Schädiger manipuliert werden kann, der Erfolgsort eines deliktischen Datenumgangs bei grenzüberschreitenden Cloud-Architekturen hingegen kaum ermittelbar ist, bietet sich bei einer fehlenden Rechtswahlvereinbarung in diesen Fällen wiederum eine Anknüpfung an das Recht des (hypothetischen) Cloud-Vertrages an.

Urheberrechtlich geschützte Werke werden im Rahmen des Cloud Computings auf den Cloud-Servern vor allem durch Upload, Installation, Abruf und Sicherung vervielfältigt und gegebenenfalls umgearbeitet. Diese Handlungen können jedoch dann zustimmungsfrei erfolgen, wenn der Rechtsinhaber hierzu ein gesondertes Nutzungsrecht eingeräumt hat oder diese zum privaten Gebrauch erfolgen. Ein gesondertes Nutzungsrecht ist gerade notwendig, da das Cloud Computing als neue und unbekannte Form der Werknutzung zahlreiche Vorteile wirtschaftlicher Art ermöglicht und sich neue Vertriebswege und eigene Märkte gebildet haben. Eine öffentliche Zugänglichmachung durch die Bereitstellung eines Werkes zum Abruf über Cloud-Dienste findet dann nicht statt, wenn sich die empfangbaren Inhalte nur – wie etwa bei Software regelmäßig üblich – in ungeschützten Benutzeroberflächen erschöpfen. Ebenfalls kann es auf dem Endgerät des Cloud-Nutzers dann zu Vervielfältigungen empfangener Inhalte kommen, wenn die Inhalte eine urheberrechtlich relevante Werkqualität aufweisen. Solche Vervielfältigungen können gegebenenfalls mit Blick auf deren Notwendigkeit bzw. eines vorübergehenden Charakters zustimmungsfrei erfolgen. Durch den zunehmenden Trend zur Inanspruchnahme von Werken, welche nicht mehr in den unmittelbaren Besitz des Cloud-Nutzers gelangen, scheint das Institut der Privatkopie und der Vergütungspflicht im Zeitalter des Cloud Computings an Bedeutung zu verlieren. Rechtsinhaber werden daher gehalten sein, ihre wirtschaftlichen Interessen gegebenenfalls auf vertraglicher Ebene einzubringen.

Die Frage nach dem anwendbaren Urheberrecht erweist sich vor allem bei der Vervielfältigung und öffentlichen Zugänglichmachung von Werken im Rahmen grenzüberschreitender Cloud-Architekturen als kompliziert. Das herrschende Territorialitätsprinzip stößt hierbei an seine Grenzen und führt dazu, dass der Rechtsinhaber seine Rechte nicht adäquat durchsetzen kann, da unklar ist, an welchem konkreten Ort zustimmungsbedürftige Handlungen erfolgen. Bei Vervielfältigungen sollte daher für jede einzelne Handlung an das Recht des Ursprungslandes des Werkes angeknüpft werden, während bei der öffentlichen Zugänglichmachung das Recht der Orte einschlägig sein soll, an denen bereitgestellte Werke bestimmungsgemäß abgerufen werden können.

Im Rahmen des Cloud Computings kann es an verschiedensten Stellen zu einem datenschutzrechtlich relevanten Umgang mit personenbezogenen Daten kommen. Neben den einschlägigen Vorschriften des BDSG kommen, wegen des Charakters von Cloud-Diensten als Telemedien, auch die speziellen Datenschutzvorschriften des TMG zur Anwendung. Der Cloud-Nutzer tritt hierbei regelmäßig als die für den Datenumgang verantwortliche Stelle auf, während der Cloud-Anbieter im Rahmen der von ihm durchgeführten Handlungen grundsätzlich in der Rolle eines weisungsgebundenen Auftragsdatenverarbeiters handelt. Die räumliche Anwendbar-

E. Zusammenfassung

keit des BDSG bestimmt sich auch nach der Frage, in welchem konkreten Staat ein Datenumgang stattfindet. In der Regel kann jedoch nicht genau ermittelt werden, auf welchem Cloud-Server sich ein personenbezogenes Datum bzw. dessen Fragment zum Zeit des Datenumgangs befunden hat. Bei länderübergreifenden Cloud-Architekturen kann dies zu Rechtsunsicherheiten führen, die Betroffene, Cloud-Nutzer und Cloud-Anbieter gleichsam beeinträchtigen können. Unter Berücksichtigung der Interessen aller Beteiligten ist es daher angebracht, die Anknüpfung an den Ort des Datenumgangs aufzugeben und bei grenzüberschreitenden Technologien, bei denen der Standort von Daten gerade keine Bedeutung hat, das BDSG dann für anwendbar zu erklären, wenn die verantwortliche Stelle entweder ihren Sitz oder ihre aktiv handelnde Niederlassung im Inland hat. Ebenfalls sollte das BDSG gelten, wenn die verantwortliche Stelle ihren Sitz oder ihre aktiv handelnde Niederlassung in einem Drittland hat, Cloud-Server im Ausland und Inland betrieben werden und das Drittland kein angemessenes Schutzniveau aufweist.

Damit auch die übrigen Voraussetzungen einer Auftragsdatenverarbeitung erfüllt sind, muss es dem Cloud-Nutzer als Auftraggeber möglich sein, bezüglich der Auswahl und der Kontrolle des Cloud-Anbieters auf Zertifikate und Prüfberichte unabhängiger Stellen zurückgreifen zu können. Ansonsten könnte der Cloud-Nutzer mit Blick auf die Komplexität von Cloud-Architekturen, ihrer Verteiltheit und die Sicherheitsinteressen der Cloud-Anbieter seinen datenschutzrechtlichen Pflichten nicht ausreichend nachkommen.

Der Umgang mit personenbezogenen Daten ist im Grundsatz unzulässig und nur unter bestimmten Voraussetzungen erlaubt. Die Möglichkeit der Einwilligung des Betroffenen besteht im Rahmen des Einsatzes von Cloud-Diensten nicht, da eine solche mit Blick auf die komplexen Prozesse nicht ausreichend informiert erfolgen kann. Sofern der Cloud-Nutzer hingegen berechtigte Interessen geltend machen kann, ist bei einer ausreichenden Berücksichtigung der Belange des Betroffenen ein Datenumgang im Rahmen des Cloud Computings möglich. Der Cloud-basierte Umgang mit sensitiven Daten ist allerdings mangels einschlägiger Erlaubnisvorschrift regelmäßig unzulässig.

Da die Bekanntgabe personenbezogener Daten an Cloud-Anbieter mit Servern außerhalb des EU/EWR-Raumes nicht im Rahmen einer privilegierten Auftragsdatenverarbeitung erfolgen kann sondern vielmehr eine grenzüberschreitende Übermittlung darstellt, müsste zudem das Drittland entweder ein von der Kommission anerkanntes adäquates Datenschutzniveau aufweisen oder der Cloud-Nutzer dafür Sorge tragen, dass beim Datenimporteur ein angemessenes Schutzniveau vorherrscht. Ausnahmsweise ist eine grenzüberschreitende Übermittlung an den Cloud-Anbieter auch möglich, wenn ausreichende Garantien hinsichtlich des Schutzes des Persönlichkeitsrechts und der Ausübung damit verbundener Rechte gewährt werden und die zuständige Aufsichtsbehörde den Transfer genehmigt. In diesem Rahmen können auch entweder die von der Kommission gebilligten Standardvertragsklauseln oder verbindliche Unternehmensregelungen herangezogen werden.

Für Datentransfers in die USA gibt es ferner die Möglichkeit, einen Cloud-Anbieter in Anspruch zu nehmen, der sich dem Safe-Harbor-Programm unterworfen hat. Eine Übermittlung an derartige Cloud-Anbieter ist zulässig, wenn die allgemeinen Voraussetzungen für Datenumgänge erfüllt sind. Problematisch ist insoweit allerdings, dass staatliche Zugriffe auf in die USA übertragene personenbezogene Daten nicht ausgeschlossen werden können und die Richtigkeit der Aussagen von Datenimporteuren, dem Programm beigetreten zu sein, keiner Kontrolle unterliegt. Ferner ist festzustellen, dass die Grundsätze der Safe-Harbor-Vereinbarung nicht adäquat durchgesetzt werden. Deshalb ist zu fordern, dass die Listen der Safe-Harbor-Teilnehmer auf Aktualität geprüft werden und dass Verstöße gegen die Grundsätze spürbarer sanktioniert werden. Parallel sollten auch die Datenexporteure gehalten sein, zumindest die Gültigkeit der Selbstverpflichtung der dem Programm beigetretenen Cloud-Anbieter zu prüfen und sicherzustellen, dass diese ihre Informationspflichten einhalten können. Dies sollte den Cloud-Nutzern durch die Anforderung von Prüfergebnissen unabhängiger Stellen ermöglicht werden. Zudem ist die Förderung und Entwicklung rein EU/EWR-basierter Cloud-Dienste ein erstrebenswertes Ziel, welche mit Blick auf die Rechte und Pflichten der Beteiligten Rechtssicherheit schaffen, und einen erheblichen Wirtschaftsfaktor darstellen könnten.

Letztlich ist festzuhalten, dass dem Cloud Computing bereits jetzt eine Schlüsselrolle bei der Bereitstellung und Nutzung von IT-Ressourcen zukommt und konventionelle Technologien zukünftig zunehmend durch Cloud-Dienste abgelöst werden. Cloud-Technologien liefern Lösungen für bisher nicht adäquat zu befriedigende Bedürfnisse und gehen mit einem hohen wirtschaftlichen Potenzial einher. Allerdings hält das geltende Recht nur begrenzte Antworten auf zahlreiche, mit dem Cloud Computing verbundene Fragen bereit. Um einen rechtssicheren Rahmen für den Einsatz von Cloud-Technologien zu ermöglichen, ist es daher häufig geboten, auf alternative Auslegungen und Konzepte zurückzugreifen. Vor allem die allzu strikte Anknüpfung an fest definierte Ländergrenzen erscheint im

E. Zusammenfassung

Zeitalter der Globalisierung, eines allgegenwärtigen Informationsflusses und der zunehmenden Belanglosigkeit fester Datenstandorte in virtuellen Umgebungen als ein überkommenes Konzept. Ebenso wird deutlich, dass allzu technikneutral formulierte Vorschriften in Zukunft keine »one-size-fits-all«-Lösung mehr für die angemessene Berücksichtigung widerstreitender Beteiligteninteressen darstellen können.

Anhang

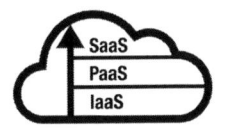

Abb. 1: Aufbau von Cloud-Diensten – Ebenenstruktur

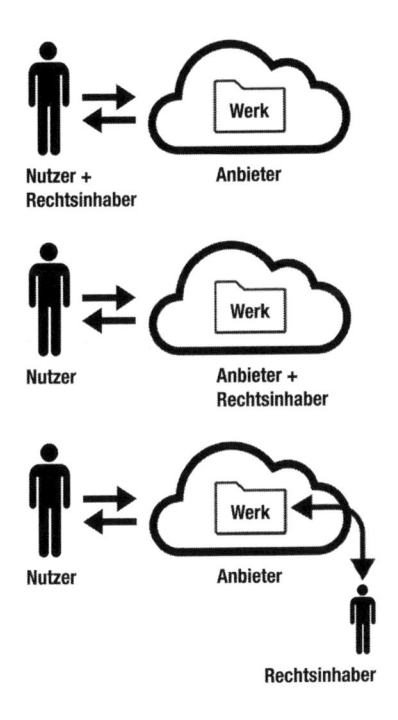

Abb. 2: Urheberrechtliche Verhältnisse

Anhang

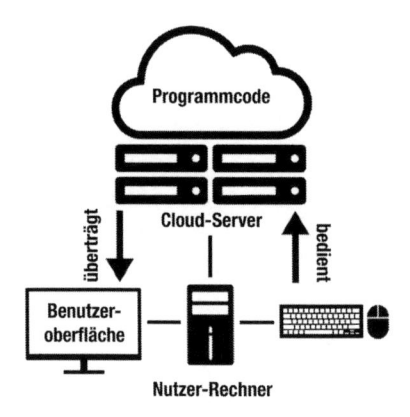

Abb. 3: Übertragung von Benutzeroberflächen am Beispiel eines Rechners

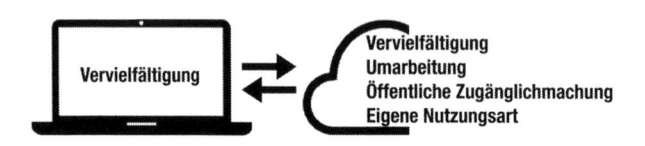

Abb. 4: Urheberrechtliche Nutzungshandlungen im Rahmen des Cloud Computings

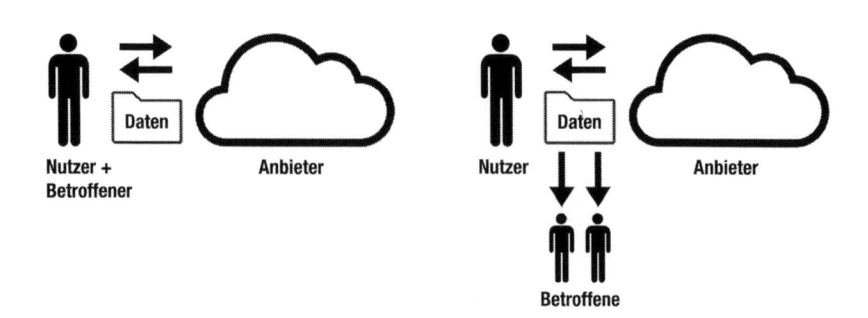

Abb. 5: Datenschutzrechtliche Verhältnisse beim Cloud Computing

Anhang

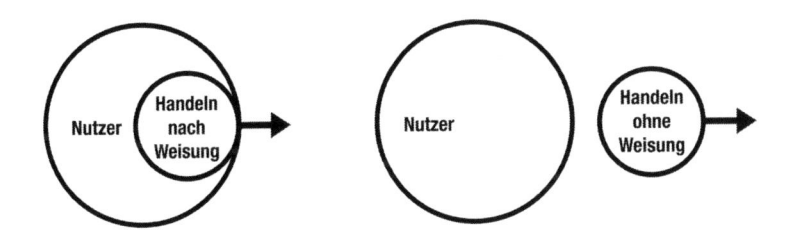

Abb. 6: Abgrenzung Auftragsdatenverarbeitung und Funktionsübertragung

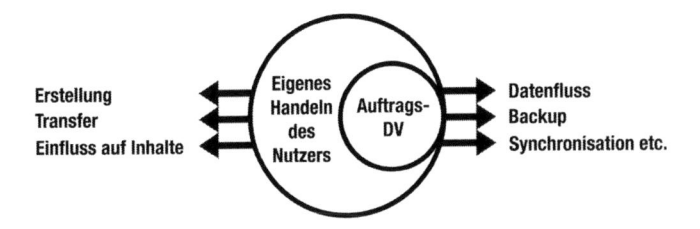

Abb. 7: Verantwortlichkeit des Cloud-Nutzers und Auftragsdatenverarbeitung des Cloud-Anbieters

Anhang

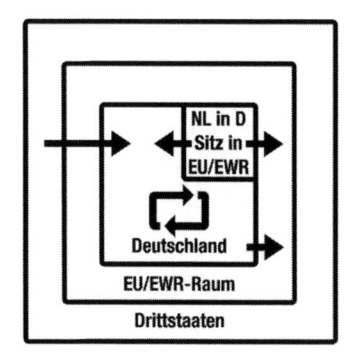

Abb. 8: Anwendungsbereich des BDSG (Pfeilende: Standort der verantwortlichen Stelle, Pfeilspitze: Ort des Datenumgangs)

Literaturverzeichnis

Adolphsen, Jens/Mutz, Martina, Das Google Book Settlement, GRUR Int 2009, S. 789 – 799.

Ahlberg, Hartwig/Götting, Horst-Peter, Urheberrechtsgesetz Kommentar, 3. Auflage, München 2014, zit. als: Möhring/Nicolini.

Ambs, Friedrich, Strafrechtliche Nebengesetze, 199. Ergänzungslieferung, München 2014, zit. als: Erbs/Kohlhaas.

Austinat, Roland/Fechteler, Philipp/Gieselmann, Hartmut, Über den Wolken – Wie Cloud Gaming den Spielemarkt revolutioniert, c't 21/2010, S. 76 – 83.

Backes, Volker/Eul, Harald/Guthmann Markus/Martwich, Robert/Schmidt, Mirko, Entscheidungshilfe für die Übermittlung personenbezogener Daten in Drittländer, RDV 2004, S. 156 – 163.

Bamberger, Georg/Roth, Herbert, Kommentar zum Bürgerlichen Gesetzbuch: BGB, Band 1, 3. Auflage, München 2012, Band 2, 3. Auflage, München 2012, Band 3, 3. Auflage, München 2012.

Barnitzke, Benno, Rechtliche Rahmenbedingungen des Cloud Computing – Eine Untersuchung zur internationalen Zuständigkeit, zum anwendbaren Recht und zum Datenschutzrecht, Baden-Baden 2014.

Barnitzke, Benno, Microsoft: Zugriff auf personenbezogene Daten in EU-Cloud auf Grund US Patriot Act möglich, MMR-Aktuell 2011, Ausgabe 15, 321103.

Bartsch, Michael, Grad der Marktdurchdringung von Software als rechtliches Kriterium, CR 1994, S. 667 – 673.

Bartsch, Michael, Urheberrechtlicher Softwareschutz, CR 1999, S. 362 – 362.

Becker, Philipp/Nikolaeva, Julia, Das Dilemma der Cloud-Anbieter zwischen US Patriot Act und BDSG – Zur Unmöglichkeit rechtskonformer Datenübermittlung für gleichzeitig in USA und Deutschland operierende Cloud-Anbieter, CR 2012, S. 170 – 176.

Behling, Thorsten/Gergner, Jose/Borges, Georg/Cellarius, Matthias/Duisberg, Alexander/Eckhardt, Jens/Glaus, Alexander/Hajek, Björn/Hartmann, Wulf/Hilber, Marc/Jäger, Hubert/Klodt, Kristian/Kramer, Rudi/Kroschwald, Steffen/Landvogt, Johannes/Lepper, Ulrich/Marnau, Ninja/Meents, Jan Geert/Rüdiger, Matthias/Sädtler, Stephan/Schiefer, Gunther/Schulz, Gabriel/Taeger, Jürgen/Trusch, Barbara/Ulmer, Claus-Dieter/Bülow, Thomas von/Wicker, Magda, Kompetenzzentrum Trusted Cloud - Thesenpapier Datenschutzrechtliche Lösungen für Cloud Computing, Oktober 2012, http://www.trusted-cloud.de/media/content/ 140228_Thesenpapier_Datenschutz_gesamt_RZ.pdf, zit. als: Trusted Cloud, Datenschutzrechtliche Lösungen.

Literaturverzeichnis

Berger, Christian, Die Neuregelung der Privatkopie in § 53 Abs. 1 UrhG im Spannungsverhältnis von geistigem Eigentum, technischen Schutzmaßnahmen und Informationsfreiheit, ZUM 2004, S. 257 – 266.

Bettinger, Thorsten/Scheffelt, Michael, Application Service Providing: Vertragsgestaltung und Konfliktmanagement, CR 2001, S. 729 – 741.

Bieber, Nicolai/Schröder, Germar, Kapitel 4 Wie sich Cloud Computing kommerziell vorteilhaft nutzen lässt, in: Niemann, Fabian/Paul, Jörg-Alexander, Rechtsfragen des Cloud Computing – Herausforderungen für die unternehmerische Praxis, Berlin 2014, S. 37 – 57.

Biebl, Jürgen, Wofür steht Cloud Computing eigentlich?, WuM 1/2012, S. 22 – 28.

Bierekoven, Christiane, Lizenzierung in der Cloud, Neue Formen der Vertragsgestaltung, ITRB 2010, S. 42 – 44.

Birk, Dominik/Wegener, Christoph, Über den Wolken: Cloud Computing im Überblick, DuD 2010, S. 641 – 645.

Bisges, Marcel, Beeinträchtigung des Systems der Urhebervergütung für Privatkopien durch Cloud-Dienste, GRUR 2013, S. 146 – 150.

Bisges, Marcel, Urheberrechtliche Aspekte des Cloud Computing – Wirtschaftlicher Vorteil gegenüber herkömmlicher Software-Überlassung?, MMR 2012, S. 574 – 578.

Boos, Carina/Kroschwald, Steffen/Wicker, Magda, Datenschutz bei Cloud Computing zwischen TKG, TMG und BDSG, CR 2012, S. 170 – 176.

Borges, Georg, Cloud Computing und Datenschutz – Zertifizierung als Ausweg aus einem Dilemma, DuD 2014, S. 165 – 169.

Borges, Georg/Brennscheidt, Kristin, Rechtsfragen des Cloud Computing – ein Zwischenbericht, in: Borges, Georg/Schwenk, Jörg, Daten- und Identitätsschutz in Cloud Computing, E-Government und E-Commerce, Heidelberg 2012, S. 43 – 77.

Bowden, Caspar/Bigo, Didier, The US surveillance programmes and their impact on EU citizens' fundamental rights – Note, 01.09.2013, http://www.europarl.europa.eu/meetdocs/2009_2014/documents/libe/dv/briefingnote_/briefingnote_en.pdf.

Bräutigam, Peter, SLA: In der Praxis alles klar? Optimale Konkretisierung von Umfang und Qualität geschuldeter Einzelleistungen beim IT-Outsourcing, CR 2004, S. 248 – 254.

Bräutigam, Peter, Teil 13 Vertragsgestaltung, in: Bräutigam, Peter, IT-Outsourcing und Cloud Computing – eine Darstellung aus rechtlicher, technischer, wirtschaftlicher und vertraglicher Sicht, 3. Auflage, Berlin 2013, S. 907 – 1190.

Bräutigam, Peter/Thalhofer, Thomas, Teil 14 Cloud-Computing, in: Bräutigam, Peter, IT-Outsourcing und Cloud Computing – eine Darstellung aus rechtlicher, technischer, wirtschaftlicher und vertraglicher Sicht, 3. Auflage, Berlin 2013, S. 1191 – 1275.

Brennscheidt, Kristin, Cloud Computing und Datenschutz, Baden-Baden 2013.

Brisch, Klaus/Laue Philip, Unified Communications – Rechtliche Stolpersteine auf dem Weg zur einheitlichen Unternehmenskommunikation, MMR 2009, S. 813 – 818.

Brühann, Ulf, Mindeststandards oder Vollharmonisierung des Datenschutzes in der EG – Zugleich ein Beitrag zur Systematik von Richtlinien zur Rechtsangleichung im Binnenmarkt in der Rechtsprechung des Europäischen Gerichtshofs, EuZW 2009, S. 639 – 644.

Budszus, Jens/Berthold, Oliver/Filip, Alexander/Polenz, Sven/Probst, Thomas/Thiermann, Maren, Orientierungshilfe - Cloud Computing der Arbeitskreise Technik und Medien der Konferenz der Datenschutzbeauftragten des Bundes und der Länder sowie der Arbeitsgruppe Internationaler Datenverkehr des Düsseldorfer Kreises, http://www.datenschutz-bayern.de/technik/orient/oh_cloud.pdf, zit. als: Orientierungshilfe – Cloud Computing.

Buckler, Grant, Putting limits on who can view online video: How it works and why it's done, CBC News, 17.02.2009, http://www.cbc.ca/news/technology/story/2009/02/04/f-tech-geoblocking.html.

Buxmann, Peter/Lehmann, Sonja/Draisbach, Tobias/Koll, Corina/Diefenbach, Heiner/Ackermann, Tobias, Cloud Computing und Software as a Service: Konzeption und Preisgestaltung, in: Leible, Stefan/Sosnitze, Olaf, Online-Recht 2.0, Alte Fragen – neue Antworten?, Stuttgart 2011, S. 21 - 34.

Cáceres, Javier, Spionage Affäre – Weckruf für den Datenschutz, SZ Online, 19.07.2013, http://www.sueddeutsche.de/politik/spionage-affaere-weckruf-fuer-den-datenschutz-1.1726350.

Callies, Christian/Ruffert, Matthias, EUV/AEUV, Das Verfassungsrecht der Europäischen Union mit Europäischer Grundrechtecharta, Kommentar, 4. Auflage, München 2011.

Catteddu, Daniel, Security & Resilience in Governmental Clouds – Making an informed decision, http://www.enisa.europa.eu/activities/risk-management/emerging-and-future-risk/deliverables/security-and-resilience-in-governmental-clouds, zit. als: ENISA, Governmental Clouds.

Chris Connolly, EU/US Safe Harbor – Effectiveness of the Framework in relation to National Security Surveillance – Speaking / backround notes for an appearance before the Committee on Civil Liberties, Justice and Home Affairs (the LIBE Committee) inquiry on »Electronic mass surveillance of EU citizens«, 07.10.2013, http://www.europarl.europa.eu/document/activities/cont/201310/20131008ATT72504/20131008ATT72504EN.pdf.

Christmann, Stefan/Hilpert, Hendrik/Thöne, Meik/Hagenhoff, Svenja, Datensicherheit und Datenschutz im Cloud Computing – Risiken und Kriterien zur Anbieterauswahl, HMD 275 (2010), S. 62 – 70.

Dammann, Ulrich/Simitis, Spiros, EG-Datenschutzrichtlinie, Baden-Baden, 1997.

Däubler, Wolfgang/Klebe, Thomas/Wedde, Peter/Weichert, Thilo, Bundesdatenschutzgesetz, Kompaktkommentar zum BDSG, 4. Auflage, Frankfurt am Main 2013.

Däubler, Wolfgang/Hjort, Peter/Schubert, Michael/Wolmerath, Martin, Arbeitsrecht, Individualarbeitsrecht mit kollektivrechtlichen Bezügen, Handkommentar, 3. Auflage, Baden-Baden 2013.

Literaturverzeichnis

Dekker, Mari Antonius Cornelis, Critical Cloud Computing, A CIIP perspective on cloud computing services, 14.02.2013, http://www.enisa.europa.eu/activities/Resilience-and-CIIP/cloud-computing/critical-cloud-computing, zit. als: ENISA, Critical Cloud Computing.

Deussen, Peter/Strick, Linda/Peters, Johannes, Cloud-Computing für die öffentliche Verwaltung – ISPRAT-Studie, http://isprat.net/fileadmin/downloads/pdfs/cloud_studie.pdf, zit. als: ISPRAT, Cloud Computing.

Diemar, Undine von, Cloud Computing – Abschied von der Software-Lizenz, IP Manager 1/2010, S. 52 – 57.

Dieselhorst, Jochen, Anwendbares Recht bei Internationalen Online-Diensten, ZUM 1998, S. 293 – 300.

Dinnes, Markus, Die neue ISO/IEC 27018 im Überblick, Computerwoche, 03.11.2014, http://www.computerwoche.de/a/die-neue-iso-iec-27018-im-ueberblick,3069892.

Dörner, Heinrich/Ebert, Ina/Hoeren, Thomas/Kemper, Rainer/Saenger, Ingo/Schreiber, Klaus/Schulte-Nölke, Hans/Schulze, Reiner/Staudinger, Ansgar, Bürgerliches Gesetzbuch Handkommentar, 8. Auflage, Baden-Baden 2014, zit. als: Schulze u.a.

Doubrava, Clemens/Münch, Isabel, Damit die Sicherheit nicht zu kurz kommt: Cloud computing-SLAs, BSI Forum 5/2012, S. 36 – 42.

Dreier, Thomas, EuGH, Privatkopie und kein Ende?, ZUM 2013, S. 769 – 775.

Dreier, Thomas/Leistner, Matthias, Urheberrecht im Internet: Die Forschungsherausforderungen, GRUR 2013, S. 881 – 897.

Dreier, Thomas/Schulze, Gernot, Urheberrechtsgesetz, Urheberrechtswahrnehmungsgesetz, Kunsturhebergesetz, Kommentar, 4. Auflage, München 2013.

Duhr, Elisabeth/Naujok, Helga/Schaar, Peter, Anwendbarkeit des deutschen Datenschutzrechts auf Internetangebote, MMR 2001, S. XVI – XVIII.

Eckhardt, Jens, Cloud Computing – ein rechtlicher Überblick, IM 25 (2010) 4, S. 55 – 61.

Eckhardt, Jens, Rechtliche Aspekte des Cloud Computings, in: Köhler-Schulte, Christiana, Cloud Computing: Neue Optionen für Unternehmen: Strategische Überlegungen, Konzepte und Lösungen, Beispiele aus der Praxis, Berlin 2011, S. 166 – 191.

Engels, Thomas, Datenschutz in der Cloud – Ist hierbei immer eine Auftragsdatenverarbeitung anzunehmen?, K&R 2011, S. 548 – 551.

Erd, Rainer, Auftragsdatenverarbeitung in sicheren Drittstaaten – Plädoyer für eine Reform von § 3 Abs. 8 S. 3 BDSG, DuD 2011, S. 275 – 278.

Federrath, Hannes, Technik in der Cloud, ZUM 2014, S. 1 – 3.

Ferrari, Franco/Kieninger, Eva-Maria/Mankowski Peter/Otte, Karsten/Saenger, Ingo/Schulze, Götz/Staudinger, Ansgar, Internationales Vertragsrecht, Rom I-VO, CISG, CMR, FactÜ, Kommentar, 2. Auflage, München 2012, zit. als: Ferrari u.a.

Filip, Alexander, Binding Corporate Rules (BCR) aus Sicht einer Datenschutzaufsichtsbehörde, ZD 2013, S. 51 – 60.

Fritsch, Werner, Börsianer über Quartalszahlen enttäuscht – Oracle forciert Software aus der Cloud, CRN, 25.06.2014, http://www.crn.de/software/artikel-103331.html.

Funke, Michael/Wittmann, Jörn, Cloud Computing – ein klassischer Fall der Auftragsdatenverarbeitung? – Anforderungen an die verantwortliche Stelle, ZD 2013, S. 221 – 228.

Galetzka, Christian/Stamer, Erik, Streaming – aktuelle Entwicklungen in Recht und Praxis – Redtube, kinox.to & Co., MMR 2014, S. 292 – 298.

Gaul, Björn/Koehler, Lisa-Marie, Mitarbeiterdaten in der Computer Cloud: Datenschutzrechtliche Grenze des Outsourcing, BB 2011, S. 2229 – 2236.

Ghemawat, Sanjay/Gobioff, Howard/Leung, Shun-Tak, The Google File System, http://static.googleusercontent.com/external_content/untrusted_dlcp/research.google.com/de//archive/gfs-sosp2003.pdf.

Glaus, Alexander/Hajek, Björn/Hilber, Marc/Klodt, Kristian/Reintzsch, Dirk/Riffer, Claudia/Sädtler, Stephan/Wicker, Magda, Lizenzierungsbedarf beim Cloud Computing – Ein Arbeitspapier der AG Rechtsrahmen des Cloud Computing, November 2012, http://trusted-cloud.de/media/content/140228_Arbeitspapier_Lizenzen_gesamt_RZ.pdf, zit. als: Trusted Cloud, Lizenzierungsbedarf.

Geppert, Martin/Schütz, Raimund, Beck'scher TKG Kommentar, 4. Auflage, München 2013.

Gervais, Daniel/Hyndman, Daniel, Cloud Control: Copyright, Global Memes and Privacy, JTHTL Volume 10, 2010, S. 53 – 91.

Giedke, Anna, Cloud Computing: Eine wirtschaftsrechtliche Analyse mit besonderer Berücksichtigung des Urheberrechts, München 2013.

Gola, Peter/Klug, Christoph/Körffer, Barbara/Schomerus, Rudolf, BDSG Bundesdatenschutzgesetz Kommentar, 11. Auflage, München 2012.

Grapentin, Sabine, Datenschutz und Globalisierung – Binding Corporate Rules als Lösung?, CR 2009, S. 693 – 699.

Grapentin, Sabine, Teil 3 Rechtliche Einordnung von IT-Outsourcing-Leistungen (zivil- und zivilprozessrechtliche Grundlagen), in: Bräutigam, Peter, IT-Outsourcing und Cloud Computing – eine Darstellung aus rechtlicher, technischer, wirtschaftlicher und vertraglicher Sicht, 3. Auflage, Berlin 2013, S. 249 – 315.

Greenwald, Glenn/MacAskill, Ewen, NSA Prism program taps in to user data of Apple, Google and others, The Guardian, 07.06.2013, http://www.theguardian.com/world/2013/jun/06/us-tech-giants-nsa-data.

Grützmacher, Malte, Application Service Providing – Urhebervertragliche Aspekte, ITRB 2011, S. 59 – 63.

Grützmacher, Malte, Datenschutz und Outsourcing, ITRB 2007, S. 183 – 187.

Grützmacher, Malte, Lizenzgestaltung für neue Nutzungsformen im Lichte von § 69 d UrhG (Teil 2) – Die urheber- und die vertragliche Ebene bei Core, Cluster, Cloud & Co, CR 2011, S. 697 – 705.

Grützner, Thomas/Jakob, Alexander, Compliance von A-Z, München 2010.

Günter, Andreas, Zur Reichweite des Urheberrechtsschutzes bei Computerprogrammen, CR 1994, S. 611 – 616.

Literaturverzeichnis

Hansen, Sven, All you can hear – Musikdienste für jeden Geschmack, c't 1/2013, S. 102 – 111.

Hansen, Sven, Meine Musik mobil – Cloud-Musikdienste im Test, c't 23/2011, S. 98 – 105.

Härting, Niko, Internetrecht, 4. Auflage, Köln 2010.

Härting, Niko, Rechtswahlklauseln in Datenschutzbestimmungen – Was ist zu beachten?, CR-Online, 25.07.2013, http://www.cr-online.de/blog/2013/07/25/rechtswahl klauseln-in-datenschutzbestimmungen-was-ist-zu-beachten/.

Heckmann, Dirk, juris Praxiskommentar Internetrecht, 4.Auflage, Saarbrücken 2014.

Heidrich, Joerg, Cloud-Dienste und der deutsche Datenschutz, c't kompakt Security 03/2011, S. 89 – 90.

Heidrich, Joerg/Forgó, Nikolaus/Feldmann, Thorsten, Heise Online-Recht, Der Leitfaden für Praktiker & Juristen, 4. Auflage, Hannover 2011, zit. als: Heise Online-Recht.

Heidrich, Joerg/Wegener, Christoph, Cloud Computing und Datenschutz, MMR 2010, S. 803 – 807.

Herbold, Astrid, Die tägliche Verfolgungsjagd, Zeit Online, 13.04.2012, http://www.zeit.de/digital/datenschutz/2012-04/cookies-tracking-gegenwehr.

Heymann, Thomas, Outsourcing – Neuralgische Punkte der Vertragsgestaltung, CI 1999, S. 173 – 177.

Hilgendorf, Eric/Valerius, Brian, Computer- und Internetstrafrecht – Ein Grundriss, 2. Auflage, Heidelberg 2012.

Hoeniger, Heinrich, Untersuchungen zum Problem der gemischten Verträge – Erster Band: Die gemischten Verträge in ihren Grundformen, Mannheim 1910.

Hoeren, Thomas, Der urheberrechtliche Erschöpfungsgrundsatz bei der Online-Übertragung vom Computerprogrammen, CR 2006, S. 573 – 578.

Hoeren, Thomas, Die Vereinbarkeit der jüngsten BDSG-Novellierungspläne mit der Europäischen Datenschutzrichtlinie, RDV 2009, S. 89 – 146.

Hoeren, Thomas/Sieber, Ulrich, Handbuch Multimedia-Recht, 39. Ergänzungslieferung, München 2014.

Hofmann, Katrin, CeBit 2011: Anbieter können sich zertifizieren lassen – Cloud Gütesiegel von Eurocloud soll Rechtssicherheit erhöhen, IT-Business, 03.03.2011, http://www.it-business.de/management/strategische-ausrichtung/articles/305555/.

Hornung, Gerrit, Eine Datenschutz-Grundverordnung für Europa? Licht und Schatten im Kommissionsentwurf vom 25.01.2012, ZD 2012, S. 99 – 106.

Hornung, Gerrit/Sädtler, Stephan, Europas Wolken – Die Auswirkungen des Entwurfs für eine Datenschutz-Grundverordnung, CR 2012, S. 638 – 645.

Hoyle, Truman, Australia: Cloud computing – legal issues in the cloud, Mondaq, 26.10.2010, http://www.mondaq.com/australia/x/113912/Cloud+computing+legal +issues+in+the+cloud.

Hümmerich, Klaus/Boecken, Winfried/Düwell, Josef, NomosKommentar Arbeitsrecht, 2. Auflage, Bonn 2010.

Intveen, Carsten, Internationales Urheberrecht und Internet, Baden-Baden 1999.

Jacobs, Rainer, Der neue urheberrechtliche Vermietbegriff, GRUR 1998, S. 246 – 251.

Jandt, Silke/Roßnagel, Alexander, Kollektive Verantwortlichkeit für die Datenverarbeitung, ZD 2011, S. 160 – 166.

Jandt, Silke/Roßnagel, Alexander, Social Networks für Kinder und Jugendliche – Besteht ein ausreichender Datenschutz?, MMR 2011, S. 637 – 642.

Joecks, Wolfgang/Miebach, Klaus, Münchener Kommentar zum Strafgesetzbuch: StGB, Band 5, 2. Auflage, München 2014, zit. als: MüKo StGB.

Jotzo, Florian, Der Schutz personenbezogener Daten in der Cloud, Baden-Baden 2013.

Jotzo, Florian, Gilt deutsches Datenschutzrecht auch für Google, Facebook & Co. bei grenzüberschreitendem Datenverkehr?, MMR 2009, S. 232 – 237.

Karg, Moritz, Anwendbares Datenschutzrecht bei Internet-Diensteanbietern – TMG und BDSG vs. Konzernstrukturen?, ZD 2013, S. 371 – 375.

Karger, Michael/Sarre, Frank, Wird Cloud Computing zu neuen juristischen Herausforderungen führen?, in: Taeger, Jürgen/Wiebe, Andreas, Inside the Cloud – Neue Herausforderungen für das Informationsrecht, Edewecht 2009, S. 427 – 439.

Kilian, Wolfgang/Heussen, Benno, Computerrechts-Handbuch, Informationstechnologie in der Rechts- und Wirtschaftspraxis, 32. Ergänzungslieferung, München, 2013.

Klar, Manuel, Räumliche Anwendbarkeit des (europäischen) Datenschutzrechts – Ein Vergleich am Beispiel von Satelliten-, Luft- und Panoramastraßenaufnahmen, ZD 2013, S. 109 – 115.

Klass, Nadine, Das Urheberkollisionsrecht der ersten Inhaberschaft – Plädoyer für einen universalen Ansatz, GRUR Int 2007, S. 373 – 386.

Koch, Frank, Application Service Providing als neue IT-Leistung, ITRB 2001, S. 39 – 42.

Koch, Frank, Grid Computing im Spiegel des Telemedien-, Urheber- und Datenschutzrechts, CR 2006, S. 112 – 120.

Koch, Frank, Grundlagen des Urheberrechtsschutz im Internet und in Online-Diensten, GRUR 1997, S. 417 – 430.

Koch, Frank, Internationale Gerichtszuständigkeit und Internet, CR 1999, S. 121 – 129.

Koch, Frank, Rechtsschutz für Benutzeroberflächen von Software, GRUR 1991, S. 180 – 192.

Koch, Frank, Software-Urheberrechtsschutz für Multimedia-Anwendungen, GRUR 1995, S. 459 – 469.

Koenen, Jens, Trends: Man spricht Denglisch, Handelsblatt, Topic Nr. 86/2012, 03.05.2012, S. 5.

Kotthoff, Jost, Zum Schutz von Datenbanken beim Einsatz von CD-ROMs in Netzwerken, GRUR 1997, S. 597 – 603.

Kröger, Detlef, Die Urheberrechtsrichtlinie für die Informationsgesellschaft – Bestandsaufnahme und kritische Bewertung, CR 2001, S. 316 – 324.

Literaturverzeichnis

Kroschwald, Steffen, Kollektive Verantwortung für den Datenschutz in der Cloud, ZD 2013, S. 221 – 228.

Kroschwald, Steffen, Verschlüsseltes Cloud Computing – Auswirkung der Kryptographie auf den Personenbezug in der Cloud, ZD 2014, S. 75 – 80.

Kuan, W. Hon/Hörnle, Julia/Millard, Christopher, Data Protection Jurisdiction and Cloud Computing – When are Cloud Users and Providers Subject to EU Data Protection Law? The Cloud of Unknowing, Part 3, 07.10.2013, http://papers.ssrn.com/sol3/papers.cfm?abstract_id=1924240.

Kühling, Jürgen, Rückkehr des Rechts: Verpflichtung von »Google & Co.« zu Datenschutz, EuZW 2014, S. 527 – 531.

Kühling, Jürgen/Biendl, Michael, Datenschutzrecht – Basis und Bremse des Cloud Computings – Rechtliche Hemmnisse und Lösungsvorschläge für eine breitere Etablierung von Cloud Diensten, CR 2014, S. 150 – 156.

Kühling, Jürgen/Klar, Manuel, Unsicherheitsfaktor Datenschutzrecht – Das Beispiel des Personenbezugs und der Anonymität, NJW 2013, S. 3611 – 3617.

Kühling, Jürgen/Seidel, Christian/Sivridis, Anastasios, Datenschutzrecht, 2. Auflage, Heidelberg 2011.

Kutter, Inge/Schadwinkel, Alina, Identität in Gefahr – Wie leicht sich Daten aus der Cloud stehlen lassen, Zeit Online, 16.08.2012, http://www.zeit.de/2012/34/C-Wired-Cloud-Datenschutz.

Layton, Jeffrey, Anatomy of SSDs, Linux Mag, 27.10.2009, http://www.linux-mag.com/id/7590/.

Lehmann, Michael, Das neue Software-Vertragsrecht, Verkauf und Lizenzierung von Computerprogrammen, NJW 1993, S. 1822 – 1826.

Lehmann, Michael, Die Europäische Richtlinie über den Schutz von Computerprogrammen, GRUR Int 1991, S. 327 – 337.

Leible, Stefan/Lehmann, Matthias, Die Verordnung über das auf vertragliche Schuldverhältnisse anzuwendende Recht (»Rom I«), RIW 2008, S. 528 – 544.

Lensdorf, Lars, Auftragsdatenverarbeitung in der EU/EWR und Unterauftragsdatenverarbeitung in Drittländern, CR 2010, S. 735 – 741.

Lenz, Ulrich, IT-Systeme: Ausfallsicherheit im Kostenvergleich, Tecchannel, 10.01.2007, http://www.tecchannel.de/server/hardware/458076/it_systeme_ausfall sicherheit_im_kostenvergleich/index5.html.

Leupold, Andreas/Glossner, Silke, Münchener Anwaltshandbuch IT-Recht, 3. Auflage, München 2013.

Loewenheim, Ulrich, Handbuch des Urheberrechts, 2. Auflage, München 2010.

Loewenheim, Ulrich, Urheberrecht Kommentar, 4. Auflage, München 2010, zit. als: Schricker/Loewenheim.

Lotmar, Philipp, Der Arbeitsvertrag nach dem Privatrecht des Deutschen Reiches, Band 2, Leipzig, 1902.

Mankowski, Peter, Das Internet im Internationalen Vertrags- und Deliktsrecht, RabelsZ 1999, S. 203 – 294.

Mankowski, Peter, Die Rom I-Verordnung – Änderungen im europäischen IPR für Schuldverträge, IHR 2008, S. 133 – 152.

Marly, Jochen/Jobke, Nils, Zur Rechtsnatur der Softwareüberlassung im Rahmen eines ASP-Vertrages, LMK 2007, Ausgabe 1, 209583.

Martin, Timothy, Hey! You! Get Off My Cloud: Defining and Protecting the Metes and Bounds of Privacy, Security, and Property in Cloud Computing, JPTOS Volume 92, Issue 2, 2010, S. 283 – 314.

Matzer, Michael, Cloud Computing bietet viele Chancen für den Mittelstand, VDI Nachrichten, 11/2011, S. 11.

Meier, Klaus/Wehlau, Andreas, Die zivilrechtliche Haftung für Datenlöschung, Datenverlust und Datenzerstörung, NJW 1998, S. 1585 – 1591.

Mell, Peter/Grance, Timothy, The NIST Definition of Cloud Computing, Recommendations of the National Institute of Standards and Technology, 01.09.2011, http://csrc.nist.gov/publications/nistpubs/800-145/SP800-145.pdf.

Meyer-Spasche, Georg, Vertragsgestaltung beim Cloud Computing, HMD 275 (2010), S. 71 – 75.

Mitsdörffer, Sven/Gutfleisch, Ulf, »Geo-Sperren« – wenn Videoportale ausländische Nutzer aussperren, MMR 2009, S. 731 – 735.

Müller, Stefan, Cloud und Privatkopie, ZUM 2014, S. 11 – 17.

Müller-Glöge, Rudi/Preis, Ulrich/Schmidt, Ingrid, Erfurter Kommentar zum Arbeitsrecht, 14. Auflage, München 2014, zit. als: ErKo ArbR.

Musielak, Hans-Joachim, Zivilprozessordnung mit Gerichtsverfassungsgesetz Kommentar, 11. Auflage, München 2014.

Müthlein, Thomas, Abgrenzungsprobleme bei der Auftragsdatenverarbeitung, RDV 1993, S. 165 – 171.

Nägele, Thomas/Jacobs, Sven, Rechtsfragen des Cloud Computing, ZUM 2010, S. 281 – 292.

Nettesheim, Martin, Das Recht der Europäischen Union, Band 3, 54. Ergänzungslieferung, München 2014, zit. als: Grabitz/Hilf/Nettesheim.

Neuhaus, Paul Heinrich, Freiheit und Gleichheit im Internationalen Immaterialgüterrecht, RabelsZ 1976, S. 191 – 195.

Newman, Abraham, Protectors of Privacy: Regulating Personal Data in the Global Economy, Ithaca 2008.

Nielen, Michael/Thum, Kai, Auftragsdatenverarbeitung durch Unternehmen im nicht EU-Ausland, K&R 2006, S. 171 – 176.

Niemann, Fabian, Shift der urheberrechtlichen Verwertungsrechte in der arbeitsteiligen digitalen Welt – Auswirkungen der BGH-Entscheidungen zu Online-Videorekordern (shift.tv, save.tv) auf Outsourcing, Virtualisierung und Web 2.0 Dienste, CR 2009, S. 661 – 666.

Niemann, Fabian/Hennrich, Thorsten, Kontrolle in den Wolken? – Auftragsdatenverarbeitung in Zeiten des Cloud Computings, CR 2010, S. 686 – 692.

Literaturverzeichnis

Niemann, Fabian/Paul, Jörg-Alexander, Bewölkt oder wolkenlos – rechtliche Fragen des Cloud Computings, K&R 2009, S. 444 – 452.

Nordemann, Wilhelm/Nordemann, Axel/Nordemann, Bernd, Urheberrecht – Kommentar zum Urheberrechtsgesetz, Verlagsgesetz, Urheberrechtswahrnehmungsgesetz, 11. Auflage, Stuttgart 2014, zit. als: Fromm/Nordemann.

Nordmeier, Carl Friedrich, Cloud Computing und Internationales Privatrecht – Anwendbares Recht bei Schädigung von in der Wolke gespeicherten Daten, MMR 2010, S. 151 – 156.

Palandt, Otto, Bürgerliches Gesetzbuch, 73. Auflage, München 2014.

Pahlen-Brandt, Ingrid, Zur Personenbezogenheit von IP-Adressen, K&R 2008, S. 288 – 291.

Paul, Jörg-Alexander, Kapitel 8 Vertragsgestaltung, in: Niemann, Fabian/Paul, Jörg-Alexander, Rechtsfragen des Cloud Computing – Herausforderungen für die unternehmerische Praxis, Berlin 2014, S. 160 – 228.

Paul, Jörg-Alexander/Niemann, Fabian, Teil 3 Urheberrecht, in: Hilber, Marc, Handbuch Cloud Computing, Köln 2014, S. 257 – 319.

Piltz, Carlo, Der räumliche Anwendungsbereich europäischen Datenschutzrechts, K&R 2013, S. 292 – 297.

Piltz, Carlo, Rechtswahlfreiheit im Datenschutzrecht?, K&R 2012, S. 640 – 645.

Piltz, Carlo, Zur Frage der Anwendbarkeit deutschen Rechts zur Beurteilung der Nichtigkeit von Klauseln in der Datenschutzrichtlinie eines internationalen Unternehmens mit einer Niederlassung in Irland, K&R 2013, S. 413 – 415.

Plath, Kai-Uwe, Kommentar zum BDSG sowie den Datenschutzvorschriften des TKG und TMG, Köln 2013.

Plieth, Clemens, Cloud Computing und IT-Sicherheit: Was Cloud-Provider Zertifikate wert sind, Business-Cloud.de, 18.01.2012, http://www.business-cloud.de/?p=7356.

Pohle, Jan/Ammann, Thorsten, Software as a Service – Auch rechtlich eine Evolution?, K&R 2009, S. 625 – 631.

Pohle, Jan/Ammann, Thorsten, Über den Wolken… – Chancen und Risiken des Cloud Computings, CR 2009, S. 273 – 278.

Polenz, Sven, Die Datenverarbeitung durch und via Facebook auf dem Prüfstand, VuR 2012, S. 207 – 213.

Pötters, Stephan, Beschäftigtendaten in der Cloud, NZW 2013, S. 1055 – 1059.

Prütting, Hanns/Wegen, Gerhard/Weinreich, Gerd, BGB Kommentar, 9. Auflage, Köln 2014.

Quack, Karin, PaaS im Aufwind?, Computerwoche, 02.02.2012, http://www.computerwoche.de/management/it-services/2504296/.

Radlanski, Philip, Das Konzept der Einwilligung in der datenschutzrechtlichen Realität, Tübingen 2016.

Raphael, JR, Die schlimmsten Cloud-Ausfälle, Computerwoche, 02.11.2012, http://www.computerwoche.de/a/die-schlimmsten-cloud-ausfaelle,2492168.

Raines Geoffrey/Pizette, Lawrence, Platform as a Service: A 2010 Marketplace Analysis, Platform as a Service, http://www.mitre.org/sites/default/files/pdf/cloud_platform_service_ paas.pdf.

Räther, Philipp/Seitz, Nicolai, Ausnahmen bei Datentransfer in Drittstaaten – Die beiden Ausnahmen nach § 4c Abs. 2 BDSG: Vertragslösung und Code of Conduct, MMR 2002, S. 520 – 528.

Räther, Philipp/Seitz, Nicolai, Übermittlung personenbezogener Daten in Drittstaaten - Angemessenheitsklausel, Safe Harbor und die Einwilligung, MMR 2002, S. 425 – 422.

Raubenheimer, Andreas, Softwareschutz nach dem neuen Urheberrecht, CR 1994, S. 69 – 78.

Rauscher, Thomas/Wax, Peter/Wenzel, Joachim, Münchener Kommentar zur Zivilprozessordnung mit Gerichtsverfassungsgesetz und Nebengesetzen, Band 1, 4. Auflage, München 2013, zit. als: MüKo ZPO.

Redeker, Helmut, IT-Recht, 5. Auflage, München 2012.

Reindl, Martin, Cloud Computing & Datenschutz, in: Taeger, Jürgen/Wiebe, Andreas, Inside the Cloud – Neue Herausforderungen für das Informationsrecht, Edewecht 2009, S. 441 – 454.

Rittweger, Christoph/Weiße, Björn, Unternehmensrichtlinien für den Datentransfer in Drittländer – Die Bedeutung verbindlicher Unternehmensregelungen bei der Übermittlung personenbezogener Daten ins nichteuropäische Ausland, CR 2002, S. 142 – 149.

Röhrborn, Jens/Sinhart, Michael, Application Service Providing – juristische Einordnung und Vertragsgestaltung, CR 2001, S. 69 – 77.

Rolfs, Christian/Giesen, Richard/Kreikebohm, Ralf/Udsching, Peter, Beck'scher Online-Kommentar Arbeitsrecht, Edition: 32, München, Stand: 01.06.2014.

Roßnagel, Alexander, Handbuch Datenschutzrecht, Die neuen Grundlagen für Wirtschaft und Verwaltung, München 2003.

Roßnagel, Alexander/Scholz, Philip, Datenschutz durch Anonymität und Pseudonymität – Rechtsfolgen der Verwendung anonymer und pseudonymer Daten, MMR 2000, S. 721 – 731.

Roth, Birgit, Verträge zur Netznutzung – wichtige Regelungsinhalte, in: Loewenheim, Ulrich/Koch, Frank, Praxis des Online-Rechts, Weinheim 1998, S. 57 – 158.

Roth-Neuschild, Birgit, Vertragliche Absicherung der Verfügbarkeit bei Software as a Service, ITRB 2012, S. 67 – 71.

Rümelin, Gustav, Dienstvertrag und Werkvertrag, Tübingen 1905.

Säcker, Franz Jürgen, TKG, Telekommunikationsgesetz, 2. Auflage, Frankfurt am Main 2013.

Säcker, Franz Jürgen/Rixecker, Roland, Münchener Kommentar zum Bürgerlichen Gesetzbuch: BGB, Band 1, 6. Auflage, München 2012, Band 2, 6. Auflage, München 2012, Band 3, 6. Auflage, München 2012, Band 4, 6. Auflage, München 2012, Band 5, 6. Auflage, München 2013, Band 6, 6. Auflage, München 2013, Band 10, 6. Auflage, München 2015, zit. als: MüKo BGB.

Literaturverzeichnis

Sädtler, Stephan/Klodt, Kristian/Eble, Günther/Glaus, Alexander/Wicker, Magda/Duisberg, Alexander/Hajek, Björn/Meents, Jan Geert/Borges, Georg/Hilber, Marc, Leitfaden - Vertragsgestaltung beim Cloud Computing, März 2014, http://trusted-cloud.de/media/content/140317_Vertragsleitfaden_gesamt_RZ_Ansicht.pdf, zit. als: Trusted Cloud, Vertragsgestaltung.

Schack, Haimo, Internationale Urheber-, Marken- und Wettbewerbsverletzungen im Internet – Internationales Privatrecht, MMR 2000, S. 59 – 65.

Schaffry, Andreas, 3 Gründe gegen PaaS, Computerwoche, 04.12.2012, http://www.computerwoche.de/management/cloud-computing/2506425/.

Schindler, Stefan, Safe Harbor in Deutschland vor dem Ende?, MMR-Aktuell 2010, Ausgabe 3, 299248.

Schmidt-Bens, Johanna, Cloud Computing Technologien und Datenschutz, Oldenburg 2012.

Scholz, Matthias/Lutz, Holger, Standardvertragsklauseln für Auftragsdatenverarbeiter und § 11 BDSG – Ein Plädoyer für die Unanwendbarkeit der §§ 11 Abs. 2, 43 Abs. 1 Nr. 2b) BDSG auf die Auftragsverarbeitung außerhalb des EWR, CR 2011, S. 424 – 428.

Schønning, Peter, Anwendbares Recht bei grenzüberschreitenden Direktübertragungen, ZUM 1997, S. 34 – 39.

Schulz, Carsten, Rechtliche Aspekte des Cloud Computings im Überblick, in: Taeger, Jürgen/Wiebe, Andreas, Inside the Cloud – Neue Herausforderungen für das Informationsrecht, Edewecht 2009, S. 403 – 418.

Schulz, Carsten/Rosenkranz, Timo, Cloud Computing – Bedarfsorientierte Nutzung von IT-Ressourcen, ITRB 2009, S. 232 – 236.

Schulz, Sönke, Cloud Computing in der öffentlichen Verwaltung, Chancen – Risiken – Modelle, MMR 2010, S. 75 – 80.

Schumacher, Dirk, Wirksamkeit von typischen Klauseln in Softwareüberlassungsverträgen, CR 2000, S. 641 – 651.

Schumacher, Volker, Service Level Agreements: Schwerpunkt bei IT- und Telekommunikationsverträgen, MMR 2006, S. 12 – 17.

Schuppert, Stefan, Vertragstypen von Provider-Verträgen, in: Spindler/Gerald, Vertragsrecht der Internet-Provider, 2. Auflage, Köln 2004, S. 3 – 19.

Schuppert, Stefan/Reden, Armgard von, Einsatz internationaler Cloud-Anbieter: Entkräftung der Mythen, ZD 2013, S. 210 – 220.

Schuster, Fabian/Reichl, Wolfgang, Cloud Computing & SaaS: Was sind die wirklich neuen Fragen?, CR 2010, S. 38 – 43.

Schwenk, Jörg, Angriffe gegen Cloud Computing, in: Borges, Georg/Schwenk, Jörg, Daten- und Identitätsschutz in Cloud Computing, E-Government und E-Commerce, Heidelberg 2012, S. 3 – 20.

Schröder, Christian/Haag, Nils Christian, Neue Anforderungen an Cloud Computing für die Praxis – Zusammenfassung und erste Bewertung der »Orientierungshilfe – Cloud Computing«, ZD 2011, S. 147 – 152.

Schwab, Karl-Heinz/Walter, Gerhard, Schiedsgerichtsbarkeit Kommentar, 7. Auflage, München 2005.

Simonite, Tom, Sicheres Computing für die Cloud, Technology Review, 16.06.2010, http://www.heise.de/tr/artikel/Sicheres-Computing-fuer-die-Cloud-1021071.html.

Simitis, Spiros, Bundesdatenschutzgesetz, 8. Auflage, Baden-Baden 2014.

Simitis, Spiros, Datenschutz – Rückschritt oder Neubeginn?, NJW 1998, S. 2473 – 2479.

Simitis, Spiros, Die EU-Datenschutzrichtlinie – Stillstand oder Anreiz?, NJW 1997, S. 281 – 288.

Singer, Mark, USA: Safe Harbor Privacy Principles, MMR 1999, S. VI – VII.

Söbbing, Thomas, Cloud Computing und Virtualisierung – Rechtliche Fragen, Leible, Stefan/Sosnitza, Olaf, Online-Recht 2.0, Alte Fragen – neue Antworten?, Stuttgart 2011, S. 35 – 75.

Söbbing, Thomas, Cloud und Grid Computing: IT-Strategien der Zukunft rechtlich betrachtet, MMR 2008, S. XII – XIV.

Soergel, Hans Theodor, Bürgerliches Gesetzbuch mit Einführungsgesetz und Nebengesetzen, Band 10, 13. Auflage, Stuttgart 2015.

Spies, Axel, Cloud Computing: Keine personenbezogenen Daten bei Verschlüsselung, MMR-Aktuell 2011, Ausgabe 3, 313727.

Spies, Axel, Europa: Wer hat Angst vor dem US-Patriot Act?, ZD-Aktuell 2012, 03062.

Spies, Axel, USA: Cloud Computing – Schwarze Löcher im Datenschutzrecht, MMR 2009, S. XI-XII.

Spies, Axel, Datenschutzbeauftragte: Keine »Genehmigungen« mehr zum USA-Datenexport nach Safe Harbor – ist das rechtlich möglich?, ZD-Aktuell 2013, 03691.

Spies, Axel/Schröder, Christian, Cloud Computing und EU/US Safe Harbour Principles - US-Handelsministerium bezieht Stellung, ZD-Aktuell 2013, 03566.

Spindler, Gerald/Schuster, Fabian, Recht der elektronischen Medien, 2. Auflage, München 2011.

Splittgerber, Andreas/Rockstroh, Sebastian, Sicher durch die Cloud navigieren – Vertragsgestaltung beim Cloud Computing, BB 2011, S. 2179 – 2185.

Stiemerling, Oliver/Hartung, Jürgen, Datenschutz und Verschlüsselung, CR 2012, S. 60 – 68.

Stimmel, Ulrike, Die Beurteilung von Lizenzverträgen und der Rom I-Verordnung, GRUR Int 2010, S. 783 – 792.

Strickland, Jonathan, How the Google File System Works, howstuffworks, http://computer.howstuffworks.com/internet/basics/google-file-system.htm.

Stürner, Rolf, Bürgerliches Gesetzbuch mit Allgemeinem Gleichbehandlungsgesetz (Auszug), Kommentar, 15. Auflage, München 2014, zit. als: Jauernig.

Sujecki, Bartosz, Internationales Privatrecht und Cloud Computing aus europäischer Perspektive, K&R 2012, S. 312 – 317.

Literaturverzeichnis

Taeger, Jürgen/Gabel, Detlev, Kommentar zum BDSG und zu den Datenschutzvorschriften des TKG und TMG, 2. Auflage, Frankfurt am Main 2013.

Thüsing, Gregor, Beschäftigtendatenschutz und Compliance, Effektive Compliance im Spannungsfeld von BDSG, Persönlichkeitsschutz und betrieblicher Mitbestimmung, 2. Auflage, München 2014.

Trautmann, Arne, Zu Beseitigungsansprüchen betreffend SonyBMGs Rootkit-Kopierschutzsoftware, Law-Blog, 03.11.2005, http://www.law-blog.de/213/zu-beseitigungsanspruchen-betreffend-sonybmgs-rootkit-kopierschutzsoftware/.

Traynor, Ian, NSA surveillance: Europe threatens to freeze US data-sharing arrangements, The Guardian, 26.11.2013, http://www.theguardian.com/world/2013/nov/26/nsa-surveillance-europe-threatens-freeze-us-data-sharing.

Trösch, Thomas, CERN-Chef Rold Dieter Heuer – »Unser Weltbild wird sich verändern«, Handelsblatt Online, 08.09.2008, http://www.handelsblatt.com/technologie/forschung-medizin/forschung-innovation/cern-chef-rolf-dieter-heuer-die-apokalypse-kommt-nicht/3017712-3.html.

Uerpmann-Wittzack, Robert, Principles of International Law, GLJ 2010, S. 1245 – 1263.

Uehlecke, Jens, Wolkige Versprechen, Zeit Online, 23.08.2011, http://www.zeit.de/zeit-wissen/2011/05/Google-Apple-Microsoft/.

Wandtke, Artur-Axel/Bullinger, Winfried, Praxiskommentar zum Urheberrecht, 3. Auflage, München 2009.

Weber, Martin, Grenzen EU-rechtskonformer Auslegung und Rechtsfortbildung, Baden-Baden 2009.

Weber, Marc-Philipp/Voigt, Paul, Internationale Auftragsdatenverarbeitung – Praxisempfehlungen für die Auslagerung von IT-Systemen in Drittstaaten mittels Standardvertragsklauseln, ZD 2011, S. 74 – 78.

Weichert, Thilo, Cloud Computing und Datenschutz, DuD 2010, S. 679 – 687.

Weiss, Andreas, Kapitel 3 Cloud Computing – Technischer Hintergrund, in: Niemann, Fabian/Paul, Jörg-Alexander, Rechtsfragen des Cloud Computing – Herausforderungen für die unternehmerische Praxis, Berlin 2014, S. 18 – 36.

Westphalen, Friedrich Graf von/Thüsing, Gregor, Vertragsrecht und AGB-Klauselwerke, 35. Ergänzungslieferung, München 2014.

Whittaker, Zack, Microsoft admits Patriot Act can access EU-based cloud data, ZDNet, 28.06.2011, http://www.zdnet.com/blog/igeneration/microsoft-admits-patriot-act-can-access-eu-based-cloud-data/11225.

Wicker, Magda, Vertragstypologische Einordnung von Cloud-Computing-Verträgen – Rechtliche Lösungen bei auftretenden Mängeln, MMR 2012, S. 783 – 788.

Wicker, Magda, Haftet der Cloud-Anbieter für Schäden beim Cloud-Nutzer? – Relevante Haftungsfragen in der Cloud, MMR 2014, S. 715 – 718.

Wicker, Magda, Haftungsbegrenzung des Cloud-Anbieters trotz AGB-Recht? – Relevante Haftungsfragen in der Cloud, MMR 2014, S. 787 – 790.

Wiebe, Andreas/Funkat, Dörte, Multimedia-Anwendungen als urheberrechtlicher Schutzgegenstand, MMR 1998, S. 69 – 75.

Wieczorek, Mirko, Der räumliche Anwendungsbereich der EU-Datenschutz-Grundverordnung, DuD 2013, S. 109 – 115.

Witte, Peter, Zollkodex mit Durchführungsverordnung und Zollbefreiungsverordnung, 6. Auflage, München 2013.

Wolf, Eberhard, Softwareplattformen aus der Cloud, Computerwoche, 14.11.2011, http://www.computerwoche.de/management/cloud-computing/2484729/index3.html.

Wolff, Heinrich Amadeus/Brink, Stefan, Datenschutzrecht in Bund und Ländern, Grundlagen, Bereichsspezifischer Datenschutz, BDSG, Kommentar, München 2013.

Wybitul, Tim/Patzak, Andrea, Neue Anforderungen beim grenzüberschreitenden Datenverkehr, RDV 2011, S. 11 – 18.

Zech, Herbert, Lizenzen für die Benutzung von Musik, Film und E-Books in der Cloud – Das Verhältnis von Urheber- und Vertragsrecht bei Verträgen über den Werkkonsum per Cloud Computing, ZUM 2014, S. 3 – 10.

Literaturverzeichnis

Alle zitierten Internetseiten wurden letztmalig am 09.02.2015 auf ihre Erreichbarkeit hin überprüft.

Folgende teilweise abgewandelte Bilder unterliegen der Creative Commons BY 3.0 Lizenzvereinbarung (abrufbar unter https://creativecommons.org/licenses/by/3.0/deed.de) und wurden im »The Noun Project« veröffentlicht: Arrow von *Gollo, André Luiz*; Arrows von *Gajdosik, Anton*; Cloud von *Smits, Pieter J.*; Cloud and Laptop von *Wilson, Joseph*; Computer von *Creative Stall*; Folder von *Purwanto, Agus*; Keyboard von *useiconic.com*; Loop von *useiconic.com*; Mouse von *Farias Leão, Rafael*; Server von *Velichko, Konstantin*.